suhrkamp taschenbuch 2824

Emmanuel Bove ist ein unerklärlicher Mythos: Zu Lebzeiten ein anerkannter, gefeierter Literat, wurde er nach seinem Tod 1945 schnell vergessen. Erst in den siebziger Jahren kam es zu einer Renaissance, im deutschsprachigen Raum durch die Übersetzungen von Peter Handke: *Meine Freunde*, *Armand* und *Bécon-les-Bruyères*.

Emmanuel Bove wird am 20. April 1898 in Paris geboren, seine Kindheit und Jugend sind gekennzeichnet von großer Armut. Nach dreijähriger Militärzeit heiratet er die Lehrerin Suzanne Valois und lebt vorübergehend wegen des günstigen Wechselkurses in Österreich. Hier beginnt er zu schreiben. Mit seinem Erstling *Meine Freunde* wird er sogleich bekannt. Dennoch kann er die Fesseln seiner Kindheit nicht abstreifen. Seine Helden sind stets »antriebsschwache Eigenbrötler, die ihre Tage in ärmlichen Zimmern oder auf den Boulevards von Paris verrinnen lassen, in mehr oder weniger optimistischer Erwartung einer Wende, die ihnen zu Glück und Ansehen verhelfen soll«, so Andreas Nentwich in der *Zeit*.

Der unerklärliche Mythos, der um Bove entstanden war, bildet den Ausgangspunkt für das biographische Unternehmen von Raymond Cousse, dessen Pionierarbeit von Jean-Luc Bitton nach dessen Tod abgeschlossen wurde. Nach mehr als zehn Jahren minutiöser Recherchen gelingt es, den Schleier um Emmanuel Bove und sein Werk zu lüften.

Emmanuel Bove

Eine Biographie von
Raymond Cousse und Jean-Luc Bitton
Aus dem Französischen von
Thomas Laux
Mit einem Vorwort von
Peter Handke

Suhrkamp

Umschlagfoto:
Institut Mémoires de l'Edition contemporaine, Paris

suhrkamp taschenbuch 2824
Erste Auflage 1998
© der französischen Ausgabe: Le Castor Astral, 1994
© der deutschen Ausgabe:
Franz Deuticke Verlagsgesellschaft m.b.H., Wien 1995
Lizenzausgabe mit freundlicher Genehmigung des Deuticke Verlags
Suhrkamp Taschenbuch Verlag
Alle Rechte vorbehalten, insbesondere das
des öffentlichen Vortrags, der Übertragung
durch Rundfunk und Fernsehen
sowie der Übersetzung, auch einzelner Teile.
Druck: Nomos Verlagsgesellschaft, Baden-Baden
Printed in Germany
Umschlag nach Entwürfen von·
Willy Fleckhaus und Rolf Staudt

1 2 3 4 5 6 – 03 02 01 00 99 98

Raymond Cousse zum Gedenken

Lieber Jean-Luc Bitton,

(und beinahe hätte ich hinzugefügt »lieber Raymond Cousse«), Ihre Biographie über Emmanuel Bove hat mich in den letzten Tagen begleitet, über die Hügel der Hauts-de-Seine hinweg, von Ville d'Avray nach Marnes-la-Coquette, von Marnes nach Garches, von Garches nach Vaucresson, durch den Wald von Saint-Cucufa nach Rueil, tags darauf dann durch Sèvres, Saint-Cloud, Boulogne und das 16. Pariser Arrondissement hindurch und, nachdem ich die Mirabeau-Brücke überquert hatte, bis zu einem Café im 15. Ich beendete die Lektüre in einem Zug nach Saint-Quentin-en-Yveslines. Ihr Buch kann einen über das Leben und die Arbeit (und die Tragödie) eines schreibenden Menschen einiges lehren. Beides paßt auch gut zusammen, die Heftigkeit von Raymond Cousse einerseits, Ihre Distanz andererseits. Es ist ein tiefes und weites (luftiges) Buch geworden. An mehreren Stellen kamen mir fast die Tränen (und zwar bei den Bove-Zitaten, die alle am rechten Platz sind). Oft hörte ich beim Lesen die Autos hinter dem Friedhof von Montparnasse vorbeifahren, wo Bove beerdigt ist. Es war ein angenehmes Geräusch, zusammen mit dem Rauschen der Bäume auf dem Friedhof. Und welch einen Bruder er hatte! Der bei seinem Tod sagte, daß er ihn »dennoch geliebt habe« (oder trotz allem?). Emmanuel Bove müßte zum heiligen Schutzpatron der (reinen) Schriftsteller erkoren werden, noch mehr als Kafka und genauso wie Anton Tschechow und Francis Scott Fitzgerald. Bald mache ich mich nach Compiègne auf, wegen der Jahre, die er da unten (da oben) verbracht hat. »Le Piège« (sein viertes Meisterwerk nach »Mes amis«, »Armand« und »Bécon-les-Bruyères«) erscheint bald auf deutsch. Es ist schon eine Schande, daß es mir, einem Ausländer, obliegt, anstelle eines französischen Schriftstellers ein sogenanntes Vorwort für Ihre Biographie zu schreiben. Bei der Lektüre notierte ich mir den Satz von Max Jacob: »Hier stellt die Analyse keinen Luxus dar wie bei Proust ... Ihre Analyse jedenfalls hebt nicht wegen irgendwelcher Luxus- und Kunstbagatellen vom Boden ab.«

Und dann noch die Sätze von Bove selbst, als er schon fast am Ende war: »Wenn ich keine Geschichten erzählen kann, dann kann ich zumindest die Wahrheit sagen. Mag sein, daß dies meine Bestimmung auf Erden ist.« Nun, er konnte Geschichten erzählen. Ich weiß: das Wort »groß« ist einem Schriftsteller sehr selten angemessen und oft schon gar nicht den sogenannten »großen« Schriftstellern. Aber Bove ist groß. Groß, das meint: er überläßt anderen den Platz.

Und ununterbrochen fällt starker Regen in Le Petit-Clamart, wo ich statt eines Vorworts diese Zeilen schreibe. Ich werde diesen Brief in Bièvre oder in Igny aufgeben ...

Gruß,
Peter Handke
10. Januar 1994

»Ich bin nichts.
Ich werde nie etwas sein.
Ich kann nicht einmal etwas sein wollen.
Abgesehn davon trage ich in mir alle Träume der Welt.«
Fernando Pessoa
(»Tabakladen«)

»Denk daran: Die einfachsten Worte,
die flüssigsten Redewendungen sind die,
die am meisten zum Ausdruck bringen.«
Pierre Reverdy
(»Le livre de mon bord«)

»Man darf sich nie
von der Menschheit lösen,
denn aus der Ferne läuft man Gefahr,
ihr mildernde Umstände einzuräumen.«
Albert Cossery
(»Un complot de saltimbanques«)

Für Madé

Alles war zu tun. Zehn Jahre lang jagte Raymond Cousse, das Tonbandgerät über die Schulter gehängt, den Erinnerungen der letzten Zeugen des Schriftstellers Emmanuel Bobovnikoff, genannt Bove, hinterher. Es sollte ein Wettlauf mit der Zeit sein, denn der Autor von »Meine Freunde« wäre heute ja selbst bereits 97 Jahre alt. Mit unendlicher Geduld trug er die einzelnen Teile des Puzzles zusammen, so daß sich nach und nach die Umrisse des aus der literarischen Versenkung hervorgeholten Schriftstellers abzeichneten. Was ihn und mich verband, war dieselbe Passion für Emmanuel Bove. Die Jahre hindurch tauschten wir gleich zwei Detektiven unsere Indizien aus, teilten wir miteinander unsere Entdeckungen, aber auch die Momente der Enttäuschung, die diese Art von Recherche mitunter begleiten. Bei unserem Vorhaben hatten wir permanent mit Zweifeln zu kämpfen, wollten wir doch rekonstruieren, was Bove gerade zu verwischen bemüht war. Darauf bedacht, jegliche Schlußfolgerung oder endgültige Interpretation zu vermeiden, waren wir übereingekommen, dieses Streben nach Anonymität und Diskretion, das uns jedenfalls durch die Geschichte selbst schon aufgezwungen war, zu respektieren.
»Seltsamer Bove«, schreibt der belgische Dichter Christian Dotremont. »Alles ist seltsam in seinem Leben, und alles kommt demjenigen, der ihn kennenlernen will, seltsam vor.« Einige Monate vor seinem Freitod bat mich Raymond Cousse, den biographischen Bericht, den er chronologisch mit der Kindheit begonnen und bis zu den Anfängen der Schriftstellerkarriere weitergeführt hatte, zu vollenden.
Selbst Schriftsteller, stand Raymond Cousse der heiklen Aufgabe, die jegliche Erstellung einer Biographie mit sich bringt, kritisch gegenüber. Folgende in einem seiner Arbeitshefte gefundene Notiz reflektiert seine Zweifel sehr deutlich: »Der Biograph kaschiert syste-

11

matisch das, was er nicht weiß, und organisiert das, was er sagt, im Hinblick auf diese Unkenntnis.« Ich habe seine Recherchen mit genau diesem Wissen im Hinterkopf weiterverfolgt. Nun liegt das Buch vor, für ihn, für die derzeitigen und für die kommenden Leser Boves.

Ich möchte Marie-Claude und Christine Cousse unendlich danken; sie haben mich während meiner Arbeit ermutigt und unterstützt. Ich möchte aber Nora de Meyenbourg, die Tochter Boves, nicht unerwähnt lassen, die mir mit seltener Freundlichkeit Zugang zu ihrem Haus und zu ihren Erinnerungen gewährt hat, und auch diejenigen nicht, die auf die eine oder andere Art zum Zustandekommen dieses Werkes beigetragen haben. Allen ein herzliches Danke.

Jean-Luc Bitton
Paris im Januar 1994

Emmanuel Bobovnikoff[1]

Léon Bobovnikoff, Emmanuel Boves jüngerer Bruder, hatte Mitte der dreißiger Jahre die Erinnerungen seiner Mutter in einem etwa hundertseitigen Heft zusammengetragen. Beide lebten damals zurückgezogen in Saint-Georges-d'Orques, in der Nähe von Montpellier, und konnten sich nur dank der Überweisungen, die Emmanuel ihnen zukommen ließ, über Wasser halten. Die Mutter erzählte ihre Erinnerungen, und Léon brachte sie zu Papier, darum bemüht, ihnen einen literarischen Ton zu verleihen.

Ich lernte Léon 1982 kennen, acht Jahre vor seinem Tod, da war er 80 Jahre alt. Über vier Stunden lang hatte ich ihn interviewt, und er hatte mir aus besagtem Heft Seiten vorgelesen, die er jeweils kommentierte. Später dann, nach zähen Verhandlungen, hatte er mir – ebenso wie seinem Halbbruder Victor und Emmanuels Tochter Nora – ein fotokopiertes Exemplar dieses Heftes ausgehändigt, freilich nicht ohne es zuvor von einigen, in seinen Augen kompromittierenden Details gesäubert zu haben. So hatte er beispielsweise eine Anspielung auf das »zweifelhafte Weiß« der Krawatten seines Vaters unterdrückt, was zumindest dann komisch erscheint, wenn man weiß (und man wird es später sehen), wie er sonst mit ihm umging.

Weder Léon noch seine Mutter gingen einer Arbeit nach. Beide wurden von Emmanuel versorgt, ohne daß sie es jemals in Erwägung zogen, selbst für ihren Unterhalt aufzukommen. Bove hatte sie übrigens, zumindest zu Anfang, in diesem Müßiggang bestärkt. Er besaß damals ein mäßiges Einkommen, doch je mehr seine Einkünfte dem Zufall unterworfen waren, desto mehr verschlechterte sich die Lage. Als Léon 1990 stirbt, findet man in seinen Unterlagen etwa 220 Briefe von seinem Bruder Emmanuel. Diese sind in vielerlei Hinsicht aufschlußreich, besonders interessant ist indes, daß sich keiner darunter befindet, in dem nicht von dem Geld die Rede ist, das der Schriftsteller den beiden zukommen lassen will. Léon und seine Mutter lebten in dieser Hinsicht in einer wahrhaften Paranoia.

---

[1] Für dieses erste Kapitel zeichnet Raymond Cousse allein als Autor. Als Textgrundlage diente das bei seinem Tod 1991 hinterlassene, unfertige Manuskript, das hier, nur leicht überarbeitet, abgedruckt wurde [Anm. des frz. Herausgebers].

Sie glaubten, Emmanuel sei reich, zum einen dank seiner mutmaßlichen Verkaufserfolge, zum anderen, weil seine zweite Frau, Louise, die Tochter eines Bankiers war. In Wirklichkeit lebten Emmanuel und Louise nach anfänglich problemlosen Jahren (1928–1932) in ärmlichen Verhältnissen, umso mehr, als Bove Unterhalt an seine erste Frau, Suzanne, zu zahlen hatte, welche die Obhut über ihre beiden Kinder behalten hatte. Er kam dieser Zahlung im übrigen nur sehr sporadisch nach.

Léon führte pingelig Buch über die überwiesenen oder eben ausgebliebenen monatlichen Beträge seines Bruders. Gleich neben die Beträge notierte er die Adresse und mitunter irgendein Ereignis, so daß Emmanuels Lebensweg von 1924 (Zeitpunkt seiner literarischen Anfänge) bis 1937 (Tod der Mutter) nachverfolgt werden konnte. Darüber hinaus hatte er beim Verfassen dieses Heftes eine synoptische Übersicht über die Jahre 1915 bis 1924 erstellt. Schließlich gibt dieses Heft auch – freilich unbeabsichtigt – umfangreich Aufschluß über Emmanuels Kindheit, von der Zeugung bis hin zum Ende seiner Jugend. Dank Léons Archivierungstrieb läßt sich so eine exakte Chronologie aufstellen, die 39 der insgesamt 47 Lebensjahre Boves umfaßt. Ohne Léons hartnäckige Manie, alles festzuhalten, wäre jeglicher Biographieversuch unmöglich gewesen, zumindest was die Zeit vor Boves Auftritt auf der literarischen Bühne betrifft, und das ist immerhin die Hälfte seines Lebens.

Natürlich liegen die Dinge nicht ganz so einfach. Aufgrund seiner Voreingenommenheit – um es gelinde auszudrücken – widerruft Léon immer wieder, was er zuvor schon eingeräumt hatte. Außer wenn ihn sein Gedächtnis im Stich läßt (was aber sehr selten der Fall ist), entsprechen die von ihm vorgebrachten Fakten stets der Wahrheit. Ein Archivar lügt nicht, das widerspräche seinem Wesen. Nicht ein einziges Mal habe ich ihn diesbezüglich ertappt. Ich glaube, er war der Lüge gar nicht fähig. Freilich aber liefert er seine Interpretation und seine Sicht der Dinge. Bis zum Tod seiner Mutter – da war er 34 – führt er neben ihr eine armselige und kärgliche Existenz. Oftmals schlafen sie im selben Bett, und seine Mutter untersagt ihm, sich mit Frauen einzulassen. Und wie er selbst einräumt, hat er niemals daran gedacht, gegen dieses ungeheuerliche Verbot aufzubegehren. Von da an lebten die beiden in einem ewigen Ressentiment, zunächst dem Vater gegenüber, aber dann auch gegenüber Emily, der

»reichen Engländerin«, die beschuldigt wird, ihnen Vater und Ehemann »geraubt« zu haben; schließlich aber auch gegenüber Emmanuel, der dafür verantwortlich gemacht wird, daß sie im Elend dahinvegetieren mußten, wo er sie doch retten können hätte, wenn er es nur gewollt hätte.

Noch vierzig Jahre nach dessen Tod nahm Léon es seinem Bruder übel, sie so »im Stich gelassen« zu haben, ihn und seine »arme Mutter«. Unausweichlich liefen da bei ihm die Tränen. Während einer entkrampfteren Unterhaltung mußte er freilich zugeben, daß sich seine Klagen über seinen Bruder und sogar über seinen Vater auf Voreingenommenheit gründeten, doch immer wieder kam er auf seine Ur-Obsession zurück, auf die Ungerechtigkeit, deren Opfer er und seine Mutter gewesen seien. Darüber kam er nicht hinweg, wenn es nicht überhaupt sein Lebenssinn war. Seine Mutter war eben eine arme Frau, die nicht imstande war, ihm etwas anderes zu vermitteln. Aber Léons Mutter war auch die Mutter Emmanuels, und man wird später sehen, wie sehr seine Psyche und sein Werk von ihr geprägt sind. Emmanuel wird versuchen, die unglücklichen Umstände, die Léon akzeptierte, durch die Literatur zu bannen. Sein ganzes Leben lang glaubt er, daß ihm dies gelingen könne. Als er später dann begreift, daß es seine Kräfte übersteigt, stirbt er – an einer ordnungsgemäß registrierten Krankheit, sicherlich, aber mehr noch aus Erschöpfung, ein Elend zu überwinden, das letztendlich sein gesamtes Leben bestimmt hat. Er stirbt mit 47, Léon mit 88 Jahren. Nicht ganz zufällig konnte der eine das ihm Innewohnende freisetzen und der andere nicht. Was heißen soll, daß im Falle Emmanuel Boves die Literatur daran nicht ganz unschuldig sein dürfte.

Léons Aussagen sind von entscheidender Bedeutung, und von daher ist es notwendig, ihn hier kurz zu porträtieren. Als ich ihn kennenlernte, wohnte er schon seit etlichen Jahren in Versailles, in einer Wohnung, die ihm selbst gehörte. Er war in jeder Hinsicht eine Figur der Vergangenheit, sowohl von seiner Mentalität als auch von seiner Kleidung her – dicker Überzieher, schwere Schnürstiefel und Baskenmütze zu jeder Jahreszeit – oder auch in bezug auf seine Ernährung (so kochte er sein Gemüse noch nach der antiquierten »Carton«-Methode, das heißt, indem er öfter das Wasser wechselte). Seine Wohnungseinrichtung war dementsprechend: Sie war wie die Dekoration für einen der Romane seines Bruders, etwa für »Mes amis« (dt.: »Meine Freunde«) oder für »Un père et sa fille«. Er lebte abgeschnitten von der Welt, besaß keinen Fernseher, hörte kaum Radio und las nur selten Zeitung. Er führte ein Tagebuch, in das er mit geradezu manischer Präzision den Preis des Gemüses vom Markt eintrug, die geführten Telefongespräche und das, was ihm geantwortet wurde, ob die angerufene Person dagewesen war oder die Leitung belegt war. Alle Jahre wieder verschickte er Neujahrsglückwünsche und notierte in verschiedenen Farben, ob darauf geantwortet worden war, und wenn, auf welche Weise, brieflich oder telefonisch, ohne dabei freilich das genaue Datum zu vergessen. Nach dem Tod der Mutter war er verschiedenen Beschäftigungen nachgegangen und war schließlich als technischer Zeichner in Pension gegangen. Er spekulierte auch an der Börse und verbuchte am Ende sogar bedeutende Gewinne, die er dann auf etwa zehn verschiedene Bankkonten verteilte – zum Leidwesen des Notars, der, als das Testament eröffnet wurde, sich die Haare raufte. Bei sich zu Hause hortete er Radiergummis, Stifte und anderes Büromaterial, das bei der Wohnungsauflösung mehr als zehn Müllbeutel füllte.

Die Neuherausgabe der Werke seines Bruders kam für ihn überraschend. Sie war auch Gelegenheit, mehr als dreißig Jahre nach Emmanuels Tod die Verbindung mit der Familie herzustellen – und insbesondere alle Beschwerden ihm gegenüber erneut auf den Tisch zu bringen. Er fertigte Kopien des besagten Heftes an und verteilte sie mit offenkundiger Lust auf Rache an die Angehörigen. Von den Artikeln über die Bücher seines Bruders behielt er nur die Verrisse. Als ein Redakteur von »L'Express« Bove auf einer ganzen Seite niedermachte, bewahrte er den Artikel in seiner Brieftasche auf und ließ es sich nicht nehmen, ihn jedem, der ihn hören wollte, vorzulesen.

Im Mai 1983 hatte ich ihn für ein verlängertes Wochenende zu mir aufs Land eingeladen. Er war trotz seiner 80 Jahre noch sehr rüstig und fuhr noch beinahe jeden Tag von Versailles nach Paris. Es war vorgesehen, daß ich ihn Abend des dritten Tages bei mir mit dem Auto nach Versailles zurückbringen sollte. Als der Augenblick des Aufbruchs gekommen war, fragte er mich: »Könnte ich nicht ein paar Tage länger bleiben?« Der flehende Ton war haargenau der von Victor Bâton aus »Mes amis«.

Zwei Jahre später spielte ich eines meiner Theaterstücke in Paris. Fünf Minuten bevor ich auf die Bühne muß, eröffnet man mir, daß ein älterer Herr an der Kasse ein Heidenspektakel veranstalte, weil man ihn daran hindere, mich zu sehen. Ich bestätige, daß dies nicht möglich sei, sage aber auch, daß man sich gerne nach der Veranstaltung treffen könne. Eine Minute später höre ich, wie heftig gegen alle Logentüren getrommelt wird, währenddessen die Logenschließerin den Kopf verliert und bettelt: »Aber Monsieur, so nehmen Sie doch Vernunft an!« Es war Léon. Er war ganz aus dem Häuschen. Ich dachte, irgend etwas Schlimmes sei vorgefallen, aber nein, er wollte mich lediglich sehen und mir die Hand schütteln. Mit fast 83 Jahren war er extra deshalb aus Versailles gekommen. Danach war er beruhigt wieder abgezogen. Wie soll man da nicht an ein typisches Verhalten bestimmter Bovescher Helden oder gar an den Boveschen Helden par excellence denken?

Léon war als Person ebenso rührend wie lästig. Er hatte ein krankhaftes Bedürfnis danach, geliebt zu werden. Doch wenn es dazu kam, dann forderte er immer mehr, bis er den Bruch provozierte. Gewiß verlangte er unbewußt nach diesem Bruch, damit er wieder zu seiner Verbitterung und seinem Groll zurückfinden konnte. Man spürte, daß er das Schicksal provozieren mußte, um die Welt verabscheuen, in Einsamkeit versinken und mit bestem Gewissen am Schäbigen kleben zu dürfen. Denkt man an Oblomow[2], an Raskolnikow[3] oder an die Figuren Tschechows, dann hat man es da vielleicht mit etwas zu tun, was man gemeinhin als die »slawische Seele« bezeichnet. Wie auch immer, Boves Werk bewegt sich in diesem Universum. Nur unternahm er, im Unterschied zu Léon, zumindest den Versuch, diesem Schicksal, das ihn schließlich doch erdrücken sollte, mittels der Literatur zu entkommen.

Die Mutter

Henriette Michels, Emmanuels Mutter, wurde am 7. Dezember 1874 im Großherzogtum Luxemburg, in dem kleinen, nahe der Hauptstadt gelegenen Dorf Bertrange (Bertringen) geboren. Die Winter

---

[2] Iwan Iljitsch Oblomow, Held des Romans »Oblomow« von Iwan Alexandrowitsch Gontscharow (1859).
[3] Raskolnikow ist die Hauptfigur aus Dostojewskis Roman »Schuld und Sühne«.

dort waren streng. Mitunter konnte der Schnee jeglichen Verkehr für längere Zeit zum Erliegen bringen. Das Haus der Familie lag mitten im Dorf.

»Vater Michels war ein aufrechter Landwirt, der mit Holz und Kalköfen handelte. Unglücklicherweise trank dieser Mann eine Menge Gläschen Schnaps, was zu seinem allmählichen Ruin führte. Da er seine Geschäfte schlecht verwaltete, machte er Schulden, deren Ursache er selbst kaum wahrnahm. Schließlich brachte man ihn dazu, sein Hab und Gut zu verkaufen. Kurz und gut: Eines Abends kam er betrunken nach Hause und starb am darauffolgenden Tag mit 54 Jahren an einem Schlaganfall.« Und Léons Schlußfolgerung: »Sein Körper war nach seinem Tod violett angelaufen: Er vertrug halt keinen Alkohol.«[4]

Henriette war damals 13 oder 14 Jahre alt. Sie war das sechste von zwölf Kindern; zwei von ihnen starben früh: »Jeden Tag, von ihrem zartesten Alter an, mußten die Kinder in die 8-Uhr-Messe gehen. Von da aus marschierte man in die Schule, die von Ordensschwestern geführt wurde. Besser, man wußte seine Lektionen, ansonsten schlug die Lehrerin einem mit dem Lineal auf die Fingerspitzen. Geschenke in Form von Naturalien wurden nicht abgelehnt, und die Kinder von reichen Bauern wurden nur selten bestraft.«

Die Michels-Geschwister mochten einander nicht besonders. Boves Mutter erinnerte sich an die eine oder andere ungerechte Tracht Prügel, die sie von ihren Brüdern verabreicht bekam. Léon sah in diesen brutalen Ausschreitungen die Folge eines »Wiederaufkeimens germanisch-keltischer Barbarei«. Wegen ihrer »Arglosigkeit« war sie auch den Boshaftigkeiten ihrer älteren Schwestern ausgesetzt, die, wie Léon verdeutlicht, »in einer Zeit ersonnen wurden, als der Vater noch gesund war«. Tatsächlich aber hat es den Anschein, als ob Emmanuels Mutter geistig nicht ganz auf der Höhe gewesen sei: »Durch den väterlichen Alkoholmißbrauch vorbelastet, war Henriette wahrscheinlich geistig zurückgeblieben, was ihre ungeheuerliche Ignoranz in allen Dingen begreiflich machen könnte. Von daher erklärt sich auch ihre völlige Unfähigkeit, sich gegen die Wechselfälle des Lebens zu wehren. Ihre Arglosigkeit und ihre Unschuld waren so groß, daß

---

[4] Alle nicht eigens belegten und als Zitate ausgewiesenen Passagen dieses ersten Kapitels stammen aus dem Heft, das Léon Bobovnikoff Mitte der dreißiger Jahre führte.

sie die Boshaftigkeit der anderen nicht einmal begriff. Da sie mit 17 noch nicht ihre Regel hatte, bildete sie sich ein, schwanger zu sein, wobei sie keinen blassen Schimmer hatte, wie ein Mädchen überhaupt in einen solchen Zustand geraten konnte.«

Léon kommentierte diesen Passus des Heftes mit den Worten: »Von vornherein war meine Mutter durch ihren alkoholkranken Vater vorbelastet. Deshalb war sie unfähig, sich mit anderen zu raufen. Sie war ein Opfer, verstehen Sie? Es ist sogar ein Wunder, daß mein Bruder und ich damit fertig geworden sind. Ja, meine arme Mutter war vom Kopf her zurückgeblieben.«[5]

Freilich sollte man diese Schwäche nicht überbewerten. Henriette hatte nichts von einem Dorftrottel. Ich stieß auf einige von ihr beschriebene Zettel, die vom Ende des letzten Jahrhunderts stammen müssen. Sie notiert da einige Küchenrezepte auf deutsch, hier und da gibt es Einsprengsel auf französisch, eine Sprache, die sie damals noch äußerst schlecht sprach. Ihre Schrift ist primitiv, aber sorgfältig – es ist die deutsche Schreibschrift (Sütterlin) der damaligen Zeit –, und die französischen Worte sind fehlerfrei.

Henriette war nicht etwa geistig behindert, sondern litt vielmehr an einer Blockade ihrer Gefühle. Sie war eine etwas einfältige Frau, die streng erzogen und durch die schweren Lebensbedingungen hart geworden war. Sicherlich war sie kaum in der Lage, ihren Kindern ein Gefühl der Geborgenheit zu geben. So ist das ungeheure emotionale Defizit zu erklären, das man bei Léon, aber auch, und kaum minder, bei Emmanuel und seinen Helden vorfindet, während Victor, ihr Halbbruder, der Sohn Emilys, sich in dieser Hinsicht absolut ausgeglichen zeigte. Im Gegensatz zu Léon, den erst der Tod der Mutter von dieser löst – da ist er 34 –, war Emmanuel bereits ab seinem zwölften Lebensjahr von ihr getrennt und lebte von da an mit seinem Vater sowie mit Emily zusammen, die er übrigens seit seiner frühesten Kindheit kannte, von der er umhegt wurde und die er immer als seine Adoptivmutter ansah. Wir werden auf Emmanuels Beziehung zu seiner Mutter zurückkommen müssen, wie im übrigen auch auf die Beziehung zu Emily, denn hier liegen wichtige Schlüssel zum Verständnis seines Werkes.

Das Leben in Bertrange war nicht gerade fröhlich. Die Ablenkungen waren es auch nicht, und dies vor allem ist wichtig: »Dann und

---

[5] Gespräch zwischen Léon Bobovnikoff und Raymond Cousse.

wann zogen preußische Vagabunden bettelnd durch das Dorf. Man gab ihnen ein Stück Brot mit einer Zwiebel drauf. Die Straßenjungen im Dorf rannten schreiend hinter ihnen her, sangen im Dialekt:

DE ACHE FOL FLE	Den Arsch voller Flöh'
DE BOCKEL FOL LEISS	Den Buckel voller Läus'
KNACHTIG PREISS!	Dreckige Preuß!«

Man nannte diese Bettler auch verächtlich »Pruscos« (von »Prussien« – Preuße). Das gesamte Heft hindurch ist dies der Name, den Henriette dem Vater ihrer Kinder gibt, der da schon zwanzig Jahre tot ist. Von Zeit zu Zeit nennt sie ihn in Abwandlung auch mal »den Russen«. Nicht ein einziges Mal wird sein Vorname genannt, auch nicht das Wort »Vater«. Hier erhält man einen Eindruck von dem Verhältnis der Eltern Boves zueinander, sowie von dem familiären Klima seiner Kindheit.

Henriette kam kurz vor ihrem 17. Geburtstag, im Oktober 1891, in Paris an. Sie wohnte eine Zeitlang bei einem ihrer Brüder und suchte eine Anstellung. Keine leichte Aufgabe, denn zur damaligen Zeit herrschte ein Überangebot an Domestiken und Mädchen vom Lande, von denen Tag für Tag welche nach Paris kamen. Dennoch fand sie schließlich eine Stelle als Mädchen für alles. Die triumphierende Bourgeoisie der Belle Époque war nicht der Inbegriff der Großzügigkeit: »Die Frau des Hauses war von einer Kleinlichkeit, wie man sie nur selten antrifft, und von besonderer Bosheit. Sie machte das Essen selbst, weil sie offensichtlich jedwede Verschwendung vermeiden wollte. Alle Speisen wurden aufgetischt, nichts ließ sie in der Küche stehen. Henriette wartete auf das Ende des Essens, aber es blieb nie etwas übrig. Diese Leute taten so, als existiere sie gar nicht. Sie nagte buchstäblich am Hungertuch und mußte sich mit ein paar Brotkanten begnügen. [...] Henriette ging jeden Sonntag in die Kirche, aber ihre Herrin erlaubte ihr nur die 6-Uhr-Messe, damit sie den Tag wie alle anderen Tage der Woche auch um sieben Uhr beginnen konnte.«

Lohn und Wertschätzung waren natürlich dieser Großherzigkeit entsprechend veranschlagt. Bevor sie Emmanuels Vater traf, war Henriette vier derartigen Beschäftigungen nachgegangen, in Paris, in Orléans und in Marseille, wo sie zweieinhalb Jahre gelebt hatte.

Der Vater

Vater Emmanuel Bobovnikoff wird 1868 im jüdischen Ghetto von Kiew geboren. Die Annexion Polens hatte in Rußland, speziell in Kiew, die bedeutendste Konzentration von Juden in Europa nach sich gezogen. Als Alexander II. 1881 einem Mordanschlag zum Opfer fällt, werden Juden dieser Tat bezichtigt, obwohl der Täter ein Russe ist. Danach sind unter den wohlwollenden Augen der zaristischen Polizei Pogrome, vor allem im Süden, in Odessa und in Kiew, an der Tagesordnung. Ebenso wird – vor allem in Kiew – jüdisches Wohngebiet eingeschränkt. Schließlich führt Alexander III. 1887 einen Numerus clausus für Juden ein, der sie von den Universitäten, von öffentlichen Ämtern, vom Anwaltsberuf etc. ausschließt. Dies ist der Beginn einer riesigen Emigrationswelle, vor allem in Richtung Vereinigte Staaten, die zwischen 1860 und 1910 gewaltige Ausmaße annehmen sollte.

Boves Vater betritt sehr wahrscheinlich Anfang 1897 französischen Boden. Er hatte Deutschland zu Fuß durchquert, sich einige Zeit in Berlin und Straßburg aufgehalten, und sprach auch danach noch länger normalerweise deutsch. Schon zu dieser Zeit war der Antisemitismus in Deutschland nicht gerade ein gemäßigter. Boves Vater beschließt jedenfalls, sich in Paris niederzulassen.

Ohne Zweifel war er von armseliger Herkunft. Den Besuch seines Großvaters bei seinem Vater (die Szene spielt sich um 1908 in Emilys Wohnung ab) kommentiert Léon folgendermaßen: »Auf dem Boulevard du Montparnasse kam eines Tages auch Pruscos Vater an, aus Rußland, in kleinen Etappen (und mit Läusen!). Er blieb etwa vierzehn Tage, diskutierte in russischer Sprache mit seinem Sohn und gab sich, was das Essen anging, stets mit einem Hering zufrieden. Dann kehrte er nach Rußland zurück, um seine Frau zu holen. Drei oder vier Jahre später ließen sich beide zusammen in der Schweiz nieder.«

Einige Jahre zuvor hatte Boves Vater eine seiner Schwestern nach Versailles kommen lassen, wo diese eine Zeitlang mit Henriette und den beiden Kindern zusammenwohnen sollte: »Sie war über die Schweiz aus Rußland gekommen. Sie war etwa 25 Jahre alt, keineswegs bösartig, dafür aber so abgestumpft, daß Henriette nicht glauben konnte, daß sie die Schwester des Prusco war, den sie ja für listig hielt. Man spürte, daß sie aus einem fernen Land kam, und daß sie in tiefem Elend gelebt hatte.«

Dies sei immerhin zu seiner Ehrenrettung gesagt: Vater Emmanuel Bobovnikoff ließ seine Familie aus Rußland nachkommen. Sie ließ sich in Bern nieder, wo es ihr dann allmählich besser ging.

Ansonsten ist Vater Bobovnikoff vor allem eine Figur aus den Romanen seines Sohnes, und zwar bevor es diese Figuren überhaupt gibt: zaghaft, Bohemien und Kauz in einem. Je nach Lust und Laune nennt er sich Student, Professor, Schriftsteller, Buchdrucker und sogar Verleger. Seine offiziellen Papiere sind allerdings prosaischer: »Ohne Beruf« heißt es da. Vor allem aber ist er ein ewiger Träumer, der permanent von Tricks und Bauernschläue lebt. Oder mit Léons Worten, der sich in diesen Dingen auskannte: »Das war so ein Typ, der sich sagte: ›Wenn es nun einmal Leute gibt, die zuviel Geld haben, dann muß man versuchen, davon zu profitieren.‹ Na ja, wenn man die Welt sieht, so wie sie ist, dann ist diese Position vertretbar.«

Mit knapp dreißig Jahren schreibt er sich als Jurastudent an der Sorbonne ein, auch wenn er kaum einmal den Fuß dort hineinsetzt. Als »Professor« versucht er bestenfalls, hier und da ein paar Deutschstunden zu geben. Er verfaßt ein Wörterbuch – zumindest einen Teil davon, denn er sprach damals sehr schlecht Französisch –, ein Wörterbuch für wohlhabende Russen, die 1900 zur Weltausstellung kommen. Man stößt darin auf Formulierungen wie diese: »Ich würde gern einen Tisch im Maxim's reservieren lassen« oder: »Haben Sie eine Suite, die auf den Monceau-Park hinausgeht?« usw. Das Erscheinen des Buches wird durch ein zweisprachiges Miniplakat angekündigt, das da lautet:

»In Kürze erhältlich:
FRANZÖSISCH FÜR RUSSEN
von
E. BOBOVNIKOFF
Lehrbeauftragter an der
École des Ponts-et-Chaussées.«

Vermutlich handelte es sich um einen Kurs für deutschsprachige Russen, denn Victor versichert, daß sein Vater und seine Mutter sich untereinander sehr lange nur auf deutsch verständigten, da das Französisch des Vaters eben zu schwach war. Tatsächlich ist Vater Bobovnikoff verlegerisch tätig, denn er veröffentlicht sein Wörterbuch auf Autorenkosten und erhält eine Ausstellgenehmigung, mit der er es im April 1900 auf einem Stand der Weltausstellung selbst verkaufen darf. Das Druckereiunternehmen sollte übrigens einige Jahre später in einem rasanten und aufsehenerregenden Fiasko enden.

Einige wollten in Boves Vater ein wichtiges ins Exil gezwungenes Mitglied der anarchistischen Bewegung sehen. Aber das ist nur Legende. Emmanuel Bobovnikoff gehörte keiner Bewegung an, auch wenn er in Paris und später in Genf häufig die russische Kolonie aufsuchte und folglich mit Lenin und Trotzki in Kontakt kam. Überdies waren es, als er mit Emily auf dem Boulevard du Montparnasse Nummer 123 wohnte, nur ein paar Schritte bis zur russischen Kolonie, die sich damals in der Rotonde niedergelassen hatte. Was den Anarchismus als Geisteshaltung – nicht als Parteicredo – angeht, so verfügte Boves Vater über ausreichende Ressourcen in sich selbst, um diese Bewegung ganz allein zu verkörpern. Vater Bobovnikoff war das exakte Gegenteil eines engagierten Menschen. Diesbezüglich liefert Léon eine Beschreibung, die ausnahmsweise einmal nicht parteiisch ist: »Unter seiner ironischen Maske machte der Prusco so gut wie nie den Mund auf, und Henriette hatte über seine Vergangenheit nie etwas erfahren, auch kaum mehr über seine Gegenwart, sieht man mal von seiner elenden Situation ab. Er kannte eine Menge exilierter Russen, Studenten, Freunde, die bereit waren, ihm einen Louisdor zu leihen, und er diskutierte gerne über soziale Fragen, über die Ungerechtigkeit in der Gesellschaft, und meinte etwa: ›Eines Tages wird man noch die Luft zum Atmen bezahlen müssen.‹ Betrat er ein Café auf dem Boul'Mich', redete er den Kellner mit ›Bürger‹ an, was dieser nicht gerade als Kompliment verstand. Obwohl immer knapp bei Kasse, war er ein unverbesserlicher Schürzenjäger. Er spielte den Kavalier, konnte die Straße überqueren, um einer beschämten Passantin den offenen Schnürstiefel zuzubinden. Er nahm an den Festen im Quartier latin teil und versäumte es nicht, Allotria zu treiben und die hübschen Mädchen mit Konfetti zu bewerfen. Er war ein mit einer lebhaften Intelligenz ausgestatteter Träumer, der von dem Wunsch beseelt war, es zu etwas zu bringen: Advokat, Professor, Schriftsteller, er wehrte sich dagegen, die in seinen Augen entwürdigende Situation eines unterjochten Proletariers zu akzeptieren. Er verachtete nicht die Arbeiter, dafür aber die kleinen eingebildeten Bürokraten, die er als ›Scheißkerle‹ bezeichnete. Häufig kam er zu unmöglichen Zeiten heim: drei Uhr, ja fünf Uhr morgens, und natürlich ohne irgendeine Erklärung abzugeben. Eines Tages sagte Henriette zu ihm: ›Du benimmst dich wie ein Apache.‹ Worauf er erwiderte: ›Na und? Bin ich denn keiner?‹«

Und Léon kommentiert: »Mein Vater war kein schlechter Kerl, trotz allem nicht. Er besaß einen Fundus an vornehmer Verhaltensweisen, hatte aber Ansprüche, die in einer fürchterlich ungerechten Gesellschaft seine Möglichkeiten überstiegen. Die erste Ungerechtigkeit war sein Entwurzeltsein, wo doch jeder Mensch nach Stabilität und Gleichgewicht strebt, danach, ein anständiges Leben zu führen. Vor allem wollte er kein Proletarier sein. Deshalb berauschte er sich an Titeln, die er nicht hatte, eben weil er sie erstrebte.«

Von einem politisch Militanten und von den Bombenlegern des abklingenden Nihilismus sind wir also meilenweit entfernt.

Sein Glück, so wird man sehen, bestand darin, zu Beginn des Jahres 1900 Emily, der »reichen Engländerin«, zu begegnen. Glück für ihn, natürlich, aber vor allem auch für Emmanuel. Ohne diese Begegnung hätte es zwar einen zweiten Emmanuel Bobovnikoff gegeben, ganz bestimmt aber keinen Emmanuel Bove.

Der Schriftsteller hat sich nie öffentlich zu seinen Eltern geäußert; in diesem Punkt schwieg er, sowohl aus natürlich gegebener Diskretion als auch ganz bewußt. Es besteht kein Zweifel daran, daß er sich seiner Abstammung schämte – eine Scham, die zudem von einem sehr ausgeprägten Schuldgefühl begleitet war. Der Roman »Le Beau-Fils« (Der Stiefsohn) – ein in Boves Produktion unvergleichliches Buch, weil es sich dabei um eine kaum kaschierte Autobiographie handelt – ist in dieser Hinsicht leicht zu durchschauen. Das Bild der leiblichen Mutter – Henriette – wird zugunsten einer idealisierten Stiefmutter – Emily – systematisch entwertet, bis hin zum latenten, aber mythisierten Inzest. Zwischen diesen beiden Extremen erscheint die Figur des Vaters als schwankend. Geschildert wird dieser als ein

finsterer Mann, etwa dreißig Jahre alt, mit Spitzbart, recht feierlich mit einem Cut bekleidet. [...] Mit seinem apathischen Naturell war er für keine geregelte Arbeit geschaffen. Faulenzen und Flanieren sagten ihm mehr zu als dieses Leben nach Zeitplan. [...] Seine Ausbildung hatte er fast vollständig an den Nagel gehängt. Er stand spät auf. [...] Er war unfähig, sich seine Zukunft vorzustellen. Er lebte in den Tag hinein, [...] bei der kleinsten Verstimmung verschloß er sich in ein Schweigen, das mehrere Tage andauern konnte und das er dann jäh brach, verbittert. [...] Er klapperte die Straßen ab, um Deutschstunden zu geben. [...] Ab und zu unterrichtete er, oder er nahm irgendeine Stelle an, die er zwei Monate später wieder kündigte. [...] Unter dem Vorwand, Geld aufzutreiben, was ihm nur selten gelang, verließ er schon morgens seine Geliebte, um erst zurückzukehren, wenn sie schon schlief.[6]

Es ist immer heikel, von einem Roman auf das Leben des Autors zu schließen, ganz besonders bei Bove, aber hier gibt es eine übereinstimmende Analogie in den Porträts, die jeweils Léon und Emmanuel von ihrem Vater zeichnen. Es hieß, Emmanuel habe eine tiefe Zuneigung zu seinem Vater gehabt; wahrscheinlich ist dies auch so. Zugleich empfand er großes Mitleid mit seiner Mutter, zahlreiche Briefe belegen dies. Doch änderte das sicherlich nichts daran, daß er sich auf sich selbst zurückgeworfen und emotional alleingelassen fühlte. Wir haben bereits gesehen, daß seine Mutter nicht in der Lage war, ihm auch nur das geringste Gefühl von Geborgenheit zu geben. Sein Vater im übrigen auch nicht, weil er zu instabil und zu willensschwach war, um als ausgleichender Faktor eine Rolle zu spielen. Wie man heute sagen würde, war er überhaupt kein »durchstrukturiertes« Kind – sicherlich wie Millionen anderer Kinder auch, nur haben diese leider keine dreißig Bücher geschrieben, unter denen sich mehrere Meisterwerke befinden, die auf die rätselhafte Persönlichkeit ihres Autors verweisen. Man versteht, warum er sich an Emily wie an einen Rettungsring klammert. Trotz ihrer turbulenten Beziehung ist sie es, durch die er zum Schriftsteller wird.

Man hat sich oft gefragt, was es mit Boves Hang zum Fatalismus, ja sogar zu einer gewissen Morbidität auf sich hat. Sicherlich gab es dafür eine Veranlagung. Doch ein aufmerksamer Blick auf seine Kindheit, auf die Persönlichkeit seiner Eltern und ihre – milde ausgedrückt – mangelnde Übereinstimmung liefert etliche Anworten auf diese Fragen. Es ist auch bezeichnend, daß das Schicksal des Sohns sich mit dem des Vaters fast deckt. Die Parallelität ist in jeder Hinsicht frappierend. Insbesondere die Familienstrukturen sind exakt die gleichen, und sie sollten im gleichen Alter und unter den gleichen Bedingungen ihr Leben beenden. Hier dürfte wohl mehr als nur Zufälligkeit vorliegen.

[6] Vgl. Emmanuel Bove, »Le Beau-Fils«, Critérion, Paris 1991, S. 9–15. A.d.Ü.

Emmanuels Geburt und Kindheit

Zu Beginn des Jahres 1897 kehrt Henriette aus Marseille zurück und nimmt in Paris, Rue Soufflot Nummer 9, wieder eine Stelle an. Diese Adresse ist deshalb so wichtig, weil an diesem Ort Emmanuel gezeugt wird. Henriettes neue Arbeitgeber sind Juden, wie Léon mehrfach erwähnt. Obwohl selbst Halbjude, war Léon ein erbitterter Antisemit. Als 1945 zahlreiche Zeitungen über den Tod seines Bruders berichteten, bewahrte er die Artikel auf und kritzelte einen Davidstern neben diejenigen Namen von Zeitungen, die seiner Meinung nach von Juden gestützt wurden, »Le Monde« etwa, oder auch »Les Nouvelles Littéraires«.

Dieser Arbeitsplatz nun war strapaziös: »Um sechs Uhr morgens, winters wie sommers, mußte man in der Wohnung bei der Arbeit sein. Henriette stand also gegen fünf Uhr auf. Jeden Tag mußte sie einen Teil des Morgens auf den Knien herumrutschen, um den Parkettboden zu bohnern. Den ganzen Tag hatte sie ihre Herrin im Rücken, und was für eine! Sie war kratzbürstig, unangenehm, und sie gab – einen winzigen Staubwedel in der Hand – in einem fort Gebote zur Sauberkeit von sich. Henriette bat darum, das Bohnern nicht auf Knien verrichten zu müssen. ›Nein‹, schrie die Herrin, ›ich will, daß das auf Knien gemacht wird.‹«

Es gibt kaum einen Grund, an der Richtigkeit dieser Aussage zu zweifeln. Denn zeigt eine Herrin ausnahmsweise einmal einen Anflug von Menschlichkeit gegenüber der Mutter Léons, läßt er dies nie unerwähnt.

Die Unterkunft war entsprechend: »Sie wohnte in einem Loch in der sechsten Etage. Kein Fenster, nur eine kleine Dachluke, die zehn Zentimeter weit geöffnet werden konnte. Dieses Loch war anderthalb Meter breit und zwei Meter lang. Gerade genug Platz für das Bett, einen Koffer und eine kleine Anrichte, mit einer Emailschüssel, um sich das Gesicht zu waschen; kein Stuhl, kein Tisch, nichts außer den nackten Wänden und der Tür.«

Und so schildert Henriette (in Léons Fassung) ihre Begegnung mit Emmanuels zukünftigen Vater. Sie war damals 22, und er, gerade frisch in Paris gelandet, 29 Jahre alt: »Wenn sich Henriette, die nach ihrem Arbeitstag fix und fertig war, gegen zehn Uhr abends in ihr Loch zurückschleppte, stieß sie fast jeden Abend auf einen Studenten, der in einer kleinen Mansarde auf demselben Treppenabsatz wohnte. Bei diesem Studenten handelte es sich um einen etwa dreißigjährigen Russen, der abgewetzte und zerlumpte Sachen anhatte, einen Spitzbart trug, welcher sich von einer weißen, nicht gerade sauberen Krawatte abhob, und der einen Klappzylinder auf dem Kopf hatte, so wie es für die Herren damals Mode war. In Wahrheit führte dieser Student ein elendiges Bohemeleben, schlug sich notdürftig durch, hatte ständig Krach und lebte vor allem auf Schulden, um das nicht endenwollende Studium weiterzufinanzieren. Er wußte nicht, wie er die unwissende und naive Henriette um den Finger wickeln konnte. Allabendlich schob er ihr Zettel unter die Tür, auf denen er seine Liebe beteuerte. Henriette sprach ziemlich schlecht Französisch, dafür verstand sie Deutsch umso besser. Der russische Student, der in Berlin und Straßburg gelebt hatte, konnte Deutsch. Daher versäumte er es nicht, sie in dieser Sprache anzusprechen. Als Henriette eines Abends auf dem Treppenabsatz stand und die Tür zu ihrer Bude offengelassen hatte, um mit anderen Hausmädchen zu sprechen, gelang es dem Studenten, sich in Henriettes Zimmer zu schleichen und sich unter ihrem Bett zu verstecken. Als Henriette sich fertig ausgezogen hatte und in ihr Bett gehen wollte, kam der Russe zu Henriettes großem Entsetzen aus seinem Versteck hervor. Sie riß die Tür auf, schrie, rief um Hilfe. Andere Hausmädchen erschienen, während der Russe sich in sein Zimmer fortstahl – eine von ihnen jagte hinter ihm her und schüttete ihm aus einer Karaffe Wasser über den Kopf.

Doch obwohl er einen Korb nach dem anderen bekam, gelangte er kraft seiner unangebrachten Hartnäckigkeit und einer seltenen Dreistigkeit, die in absolutem Gegensatz zu ihrer Schwäche und unerhörten Naivität stand, schließlich ans Ziel. Jedoch hatte Henriette einige Tage zuvor, als sie auf dem Balkon stand und einen Teppich ausklopfte und den mageren, bärtigen Russen schnellen Schritts herankommen sah, wohl aus irgendeiner Ahnung heraus einen Brechreiz verspürt. So als hätte sie vor dem Teufel persönlich gestanden oder vor einer Schlange. Sie sagte zu sich selbst: ›Egal, was für ein Mann, bloß nicht der da!‹ In der Folge dieser Ereignisse arbeitete Henriette wie ein Tier noch sechs oder sieben Monate bei den Salomons, obwohl sie schwanger war.«

Zu dieser Version existiert freilich keine andere Fassung. Boves Vater hat leider keine Memoiren verfaßt. Aber die Angaben sind wie alles in dem Heft plausibel. Von daher soll es hier nicht darum gehen, über den Vater des Schriftstellers ein Urteil zu fällen oder für seine Mutter Partei zu ergreifen, sondern darum, zu zeigen, wie die Art ihrer Beziehung von Anfang an war. Da der Haß der Mutter unversöhnlich ist, so muß auf ihn hingewiesen werden, denn dies sagt einiges aus über das Unsicherheitsgefühl, das Bove während seiner Kindheit empfand. Die Beziehung zwischen seinem Vater und seiner Mutter ist, will man die Genese seines Werkes begreifen, von entscheidender Bedeutung.

Zwei Monate vor ihrer Niederkunft steckt der Prusco – wir werden mitunter, freilich ohne negative Konnotation, diese Bezeichnung beibehalten, um eine Verwechslung mit seinem Sohn zu vermeiden – Henriette mangels Geld in ein Haus der staatlichen Fürsorge für »ledige Mütter«. Sie bleibt dort etwa zwölf Tage und verläßt es dann auf ihren eigenen Wunsch hin.

Im März 1898 ziehen Emmanuels Eltern in ein leeres Zimmer auf der sechsten Etage eines Hauses gegenüber dem Friedhof Montparnasse.[7] Knapp zwei Monate später wird Emmanuel geboren: »Als es soweit ist, begleitet der Prusco Henriette zu Fuß ins Entbindungsheim auf dem Boulevard de Port-Royal. Er kannte dort einen Assistenzarzt, dem er Karten für das Théâtre-Français gab, denn er hatte entfernt etwas mit der Werbeabteilung zu tun. Henriettes Sohn wird also im Entbindungsheim des Boulevard de Port-Royal geboren, und zwar am Mittwoch, dem 20. April 1898, zwischen elf Uhr dreißig und zwölf Uhr. Das Kind wog sechseinhalb Pfund. Der Prusco wollte ihm seinen Vornamen geben: Emmanuel. Und so geschah es.«

Emmanuels Mutter bleibt etwa zehn Tage im Entbindungsheim. Sie kann ihren Sohn nicht stillen und muß wegen eines Abszesses an der linken Brust behandelt werden. 39 Jahre später wird sie an einem Krebs dieser linken Brust sterben. Léon beteuert, daß dieser Abszeß, der nie richtig entfernt worden war, daran schuld gewesen sei.

Weil nun das Geld fehlt, muß Henriette sich schnell von ihrem Sohn trennen: »Während Henriette noch im Entbindungsheim war, machte der Prusco in Palaiseau eine Bäuerin ausfindig, die er mit ins Entbindungsheim nahm, um den kleinen Emmanuel abzuholen und ihn unverzüglich dieser Amme zu übergeben. Denn kaum genesen,

---

[7] Derselbe, auf dem Bove begraben werden sollte.

mußte Henriette sich wieder daranmachen, eine Stelle als Dienstmädchen zu finden.«

Sie kehrt also für einige Zeit auf den Boulevard Raspail zurück, verläßt gar den Vater Emmanuels, sucht einige Tage Zuflucht bei einem ihrer Brüder und findet eine Anstellung in Passy, wo sie ein paar Monate bleibt; danach, bis zum Herbst 1899, ist sie bei einem Notar auf dem Boulevard Haussmann. Da sie bei ihren Arbeitgebern den ganzen Sommer über in einem feuchten Keller in der Bretagne untergebracht ist, ist sie zu diesem Zeitpunkt vor Schmerzen in den Beinen wie gelähmt, so sehr, daß sie kaum noch gehen kann. Aus diesem Grund muß sie ihre Anstellung kündigen und zieht wieder mit dem Vater ihres Sohnes zusammen, zu dem sie den Kontakt, kurz nachdem sie von ihm weggegangen war, wieder aufgenommen hatte. Da sie die Amme nicht mehr bezahlen kann (40 Franc von den 50 Pfund Monatseinkommen gingen dafür drauf, und der Vater beteiligte sich an diesen Unterhaltskosten nicht im geringsten), holt sie sich ihren Sohn zurück, und die Familie zieht Ende 1899 in eine kleine Wohnung in der Rue Lhomond.

»Henriette landet da mit dem kleinen Emmanuel, den man gerade einer Amme entrissen hat, die nicht mehr bezahlt werden konnte. Es handelte sich nicht um die von Palaiseau. Tatsächlich hatte der kleine Emmanuel innerhalb von 20 Monaten fünf oder sechs Ammen, so daß man etwas Geld sparen konnte, denn bei jedem Wechsel blieb man für mehrere Tage oder Wochen das Geld schuldig.« Am Rande erläutert Léon, daß Emmanuel mit 16 oder 18 Monaten laufen kann.

Zu dritt vegetiert man nun einige Monate in dieser Wohnung dahin: »Der kleine Emmanuel hatte also seine Mutter wieder. Da sie nicht laufen kann, bleibt Henriette über einen Monat lang mit ihrem Sohn in dieser kleinen Behausung im Bett liegen. Das Elend bleibt fortan an ihnen haften. Der Prusco unternahm verzweifelte, aber auch unergiebige Versuche, an Geld zu gelangen; da und dort gab er eine Stunde, pumpte ein paar Kumpel an, insbesondere d'Ostoya, den talentierten, aber nicht eben reichen Karikaturisten von ›L'Asiette au beurre‹, oder er erhielt Kredit bei den Ladenbesitzern. Nur zwei von drei Vierteljahresmieten für die Wohnung wurden bezahlt.« Bei Léon taucht diese Formulierung immer wieder auf. Während Emmanuels gesamter Kindheit werden seine Eltern und er selbst regelmäßig aus den Wohnungen, für deren Miete sie nicht mehr aufkommen können, hinausgeworfen.

Zu dieser Zeit ist die Beziehung der Eltern Emmanuels nicht ganz so zerrüttet, wie sie es im weiteren Verlauf sein wird. Léon räumt dies selbst ein, zumindest was die zwei in der Rue Lhomond verbrachten Jahre betrifft: »Es scheint, daß der Prusco damals Skrupel hatte, Henriette sitzen zu lassen. Und er liebte seinen Sohn.«

Angesichts der im Heft enthaltenen Anschuldigungen sind solche Bemerkungen wertvoll. Es ist sicher, daß Emmanuels Vater von dem Gedanken, sein Leben an Henriettes Seite zu verbringen, nicht gerade begeistert war. So erwiderte er, als sie ihn darum bat, ihr Verhältnis per Heirat zu regeln, in ironischem Ton: »Ja, genau! Steigen wir doch für drei Sou aufs Oberdeck des Omnibusses, und fahren wir zur Bürgermeisterei!« Andererseits ließ er sie nie ganz im Stich und seine Kinder noch weniger. Als er sich dann mit Emily eingerichtet hatte, sorgte er im Rahmen seiner Möglichkeiten und nach Maßgabe seines schwachen und unsteten Charakters, das heißt unregelmäßig und beiläufig, für den Unterhalt seines ersten Haushalts. Léon räumte das ein: »Mein Vater machte immer Versprechungen, die er nicht halten konnte. Trotzdem besaß er noch soviel Gewissen, um meine Mutter nicht ganz fallen zu lassen, weil da eben zwei Kinder waren, die seinen Namen trugen, die er anerkannt hatte und von denen er wußte, daß sie wirklich von ihm stammten. Er wußte genau, daß meine Mutter nur ein armer Teufel war. Alles in allem hatte er Mitleid mit ihr.«

Für Léon war er »ein komischer Kauz«. Und Louise, Emmanuels zweite Frau – sie hatte ihn nicht gekannt und berichtete deshalb, was Bove ihr von ihm erzählt hatte –, charakterisierte ihn als »sehr verspielt und sehr eigenwillig«. Victor, sein dritter Sohn, sprach von ihm, als handle es sich um einen exilierten Revolutionär und Schriftsteller. Sicherlich handelte es sich dabei um Emilys Version, denn beim Tod seines Vaters war Victor erst neun Jahre alt, und den ersten Haushalt seines Vaters hatte er gar nicht gekannt.

Nachdem sie aus der Rue Lhomond verjagt worden waren, bezogen Emmanuels Eltern eine Wohnung in der Rue Tournefort, ein paar Straßen weiter. »Es war ein großes Arbeiterhaus«, berichtet Léon, was für ihn stets ein Greuel war. Unbewußt reproduziert er hier die zwanghafte Angst seines Vaters, mit der Arbeiterschaft in Berührung zu kommen oder ihr gar gleichgesetzt zu werden. Wie prekär die Lage auch immer sein mag, wichtig ist stets, nicht ins Elend zu geraten oder wenigstens nicht den Anschein davon zu geben. Zu akzeptieren, mit einem Proletarier gleichgestellt zu sein, hieße für Boves Vater, in das Elend des Ghettos, aus dem er gekommen war, zurückgestoßen zu werden. Daher träumt er unentwegt von Achtbarkeit und dem großen Geld, ohne jemals imstande zu sein, seine Ansprüche auch nur ansatzweise in die Wirklichkeit umzusetzen.

»Anderthalb Jahre verstrichen so, ohne daß sich etwas geändert hätte an der Verzweiflung Henriettes, die damit belastet war, mittellos ein Kind zu ernähren und so etwas wie einen Haushalt in Gang zu halten, der vom Prusco ab und zu einmal aufgesucht wurde. Immer dasselbe elendige Leben. Der Prusco rückte kein Geld raus und lebte weiter das Leben eines jungen Mannes. Einmal kam er in die kleine Wohnung sogar mit einer russischen Köchin, einer Bekanntschaft; er alberte mit ihr herum und warf sie schließlich aufs Bett, während Henriette ins andere Zimmer ging, verstimmt, brummig, aber nicht hart genug, um etwas zu unternehmen.«

Die Szene entspricht vollkommen der »Extravaganz« dieser Person. Bove selbst wird in »Le Beau-Fils« eine ähnliche Szene schildern. Der Vater entdeckt da die Liebesbeziehung seines Sohnes mit einer Halb-Prostituierten. Er kanzelt ihn ab und zieht von dannen, um das Mädchen ausfindig zu machen, dessen ständiger Liebhaber er schließlich selbst wird. Der Sohn erfährt dies erst nach dem Tod seines Vaters:

Er fand Gisèle schließlich wieder. Zu seinem Erstaunen mußte er dabei erfahren, daß [sein Vater] diese junge Frau bis zum Ausbruch seiner Krankheit fast täglich aufgesucht hatte, daß er sie unter seine Fittiche genommen hatte, [...] daß sie es ihm verdankte, daß sie die ziemlich unerwartete Position einer Gesellschaftsdame neben einer alten Engländerin [Emilys Mutter?] hatte einnehmen können. Er glaubte zunächst, all das sei erfunden. Doch Gisèle lieferte ihm solch präzise Angaben, insbesondere über seine eigene Familie, daß seine Zweifel alsbald verschwanden. Daß sein Vater zu einer Frau wie Gisèle gehen konnte, ohne daß [seine Stiefmutter] davon etwas wußte, beschämte ihn. Er erkannte darin sehr wohl diese fehlende Würde, unter der er genauso litt wie unter der Gewöhnlichkeit seiner Mutter. Trotz der erlittenen Erniedrigung nahm er die Beziehung zu Gisèle wieder auf.[8]

---

[8] »Le Beau-Fils«, a.a.O., S. 38. A.d.Ü.

Andere, ähnliche Anspielungen durchziehen den Roman, von dem bekannt ist, wie stark autobiographisch er ist. Das Porträt der Mutter erweist sich im übrigen als noch weniger nachsichtig entworfen. Nach all dem könnte man sagen, daß das Bild des Vaters zwar prinzipiell aufgewertet wird, ständig aber auseinanderfällt – und damit betreten wir nun vollends das Feld der Autobiographie –, während das der Mutter systematisch entwertet ist. Henriettes Charakterzüge tauchen, wenngleich karikaturistisch überzeichnet, nunmehr hier auf.

Boves Vater begegnet Emily wahrscheinlich im Laufe des Jahres 1899. Jedenfalls bestätigen das sowohl Victor als auch Léon. Außerdem hätte niemand außer Emily die Druckkosten des französisch-russischen Wörterbuchs von Vater Bobovnikoff auslegen können – es sei denn natürlich, ihm wäre es gelungen, den Drucker um den Finger zu wickeln. Emily ist Engländerin. Sie wurde 1865 in Rohampton, in der englischen Grafschaft Surrey, südlich von London, geboren. Sie ist also drei Jahre älter als Boves Vater und knapp zehn Jahre älter als Henriette. Die Geburtsurkunde belegt, daß ihr Vater, Charles Overweg, ein »general merchant« war, also ein Händler. Victor sagt, daß Charles danach britischer Konsul in Shanghai gewesen und daß seine Mutter viel herumgekommen sei. In der Tat hatte sie mit ihrem Bruder William, an dem sie sehr hing, fast die ganze Welt gesehen: »Meine Mutter hatte einen sehr unabhängigen, sehr offenen Bruder, der das Leben in Europa nicht gut ertragen konnte. Sie beschlossen, nach Kanada auszuwandern, eine Ranch zu bauen und Pferde zu züchten. Als einzige Nachbarn waren da Rothäute, die über ihre Anwesenheit, wie sie mir sagte, sehr erstaunt gewesen seien. Sie haben Pferde gezüchtet bis zum Burenkrieg, in dem ihr Bruder dann getötet wurde.« Der Burenkrieg dauert von 1899 bis 1902. Emilys Bruder wird im Februar 1902 getötet, was sie zutiefst aufwühlt. Ihr ganzes Leben bewahrt sie das Telegramm mit der Todesnachricht auf sowie ein Foto seines Grabs. Victor vertraut sie an, daß ihr Bruder, kurz bevor sie die Nachricht erhielt, ihr im Traum erschienen war, das Gesicht voller Blut.

Nach Europa zurückgekehrt, wohnt sie in Paris auf dem Boulevard du Montparnasse Nummer 123 und arbeitet als Kunstmalerin. Victor über seine Mutter: »Sie war eine energische Frau und zugleich eine wirklich kreative Künstlerin. Sie malte nicht nur, sondern war auch sehr musikalisch und hatte vor allem das Klavierspielen gelernt, in Stuttgart. Später, nach dem Tod meines Vaters, ließ sie in Sainte-Agnès, nicht weit von Menton, in den Bergen, ein Haus bauen. Sie selbst entwarf dazu die Pläne. Dieses Haus war damals nur über einen sieben Kilometer langen Maultierpfad zu erreichen. Sie ließ ihr Arbeitsmaterial samt Piano mit Mauleseln dorthin transportieren. Sie spielte viel Klavier, vor allem Chopin. Lange Zeit blieben wir alle beide in den Bergen, mit diesem wundervollen Blick auf die Bucht von Menton. Wir besaßen einen Hund, und ich war heilfroh, daß ich nicht in die Schule mußte. Meine Mutter hatte die Leute aus der Nachbarschaft kennengelernt. Zu Weihnachten baute sie ein Marionettentheater für die Kinder auf. Sie war eine sehr charmante und sehr tolerante Frau.«

Emily war reich, keine Frage. Außer der Wohnung auf dem Boulevard du Montparnasse – »eine 5-Zimmer-Wohnung mit Sonnenseite, Miete: 2000 Franc im Jahr«, erläutert Léon – besaß sie auch ein Atelier auf der Rue Campagne-Première. Sicherlich hatte sie von ihrem Vater geerbt, der gestorben war, als sie noch jung war. Léon behauptete, daß er als Offizier in Indien nach einigen Fieberanfällen verstorben sei, konnte es aber nicht mit Sicherheit sagen. Wie dem auch sei, Emilys Mutter heiratete wieder, und zwar einen reichen Engländer namens Lamont, der Witwer und Vater zahlreicher Kinder war. Emilys Mutter begab sich, obwohl in England lebend, mit ihrem zweiten Mann häufig an die Côte d'Azur und in die französischen Kurorte. Sie hielt sich auch, diesmal aber alleine, länger bei ihrer Tochter auf dem Boulevard du Montparnasse auf.

Bevor sie das Haus in Sainte-Agnès bauen ließ, hatte Emily auch eine Wohnung in der Rue Saint-Michel in Menton. Sie lebte dort mehrere Jahre lang mit Boves Vater und ihrem gemeinsamen Sohn Victor zusammen. Ein Foto aus dem Jahre 1914 zeigt sie zusammen. Das Hausmädchen läuft ein wenig abseits und hat Victor im Auge. Die Familie ist im Sonntagsstaat und allem Anschein nach von sehr bürgerlichem Status. Aber es ist keine Frage, daß Emily in dieser Rolle viel natürlicher wirkt als Vater Bobovnikoff, der in seiner Prunkhose und seinem Gehrock geradezu untergeht (das Foto wurde auf der Straße gemacht, an einem Karnevalstag, wie an Victors Kostüm abzulesen ist). Während Emily sich also ganz natürlich gibt, hat man bei Vater Bobovnikoff eher das Gefühl einer sich windenden, sich selbst im Weg stehenden Person, die dabei noch ein bißchen wichtigtuerisch wirkt. Dieser Eindruck stellt sich auch ein, wenn man sich das Foto auf dem Ausweis ansieht, den er zur Weltausstellung erhielt, oder eine andere Aufnahme kurz vor seinem Tod. Schleichender Gang, angeberischer oder ironischer Blick, alles trägt zu dem Gefühl bei, es mit einer verschlagenen Person zu tun zu haben.

Der Kontrast zu den Aufnahmen von Emily ist schlagend. Auf den wenigen verfügbaren Fotos blickt sie ungekünstelt, ja mit einer geradezu frappierenden Einfachheit und Natürlichkeit in die Kamera. Mit 50 – frühere Fotos existieren kaum – ist sie eine Frau in den allerbesten Jahren, robust und zielbewußt. Léon sagte, sie sei nicht hübsch gewesen und dies sei der Grund dafür, warum sein Vater ihre Gunst errungen habe. »Wie war es möglich, daß er die Bekanntschaft dieser Engländerin hatte machen können? Es ist schon erstaunlich, daß Emily sich in ihn verknallt hat.« Nun, Schönheit ist eine Sache von Geschmack und vorgefaßten Ansichten, aber es gibt kaum einen Zweifel daran, daß Emily eine ausdrucksstarke, offene und tolerante Frau war. Der Blick auf einem ihrer Paßbilder besticht durch Tiefe, Generosität und Aufrichtigkeit. Im Vergleich dazu verblaßt Vater Bobovnikoff geradezu, wirkt er noch unscheinbarer und vor allem noch durchtriebener. Doch gleichzeitig bleibt er mehr im Hintergrund, man könnte auch sagen, er ist weiblicher – lauter Charakteristika, die man bei Emmanuel wiederfindet. In bestimmter Hinsicht haben sowohl Vater als auch Sohn sich Frauen ausgesucht, die, wenn nicht männlicher, so doch zumindest markanter waren. Das einzige erhalten gebliebene Foto von Henriette bestärkt dieses Gefühl. Die Wirkung der Abwesenheit der Mutter ist bei dem einen wie dem anderen offenkundig.

Wegen des Krieges werden Emilys Konten in England 1914 gesperrt. Nach dem Krieg ist das Geld nichts mehr wert, so daß ihr nicht unbeträchtliches Vermögen auf ein Nichts zusammengeschrumpft ist. Hier beginnen nun die schwierigen Jahre, umso mehr, als Boves Vater 1915 stirbt. Emily verläßt daraufhin Genf, wo die Familie, Emmanuel eingeschlossen, seit 1910 lebte, und läßt mit ihrem letzten Geld das Haus in Sainte-Agnès bauen. Danach lebt sie lange Jahre über fast im Elend, dergestalt, daß sie die Schule ihres Sohnes Victor nicht mehr bezahlen kann; dieser wird bei einem Elektriker in die Lehre gehen. Später finanziert dann eine begüterte Freundin von Emily Victors Studium am Gymnasium Henri IV, wo er als schon

Achtzehnjähriger die erste Klasse besucht. Beide müssen sich jahrelang hart durchbeißen.

Obwohl sie weiterhin malt und ihre Gemälde auch unterbringt, geht Emily vor allem in Paris einer Reihe zeitlich begrenzter Beschäftigungen nach. So ist sie etwa Übersetzerin und Dolmetscherin bei einer Agentur für Künstleraustausch, aber auch Gouvernante bei einer reichen Lady im Hotel Byron oder Angestellte in einem Maleratelier. Ihre Zeugnisse gehen bei weitem über die gewöhnlichen Floskeln hinaus: »Ich kann sie wärmstens empfehlen. Sie ist absolut vertrauenswürdig und in der Kindererziehung sehr kompetent«, schreibt besagte Lady. Als Malerin stellt sie regelmäßig im Grand-Palais aus, aber auch in Lyon, wo eines ihrer Werke vom französischen Staat angekauft wird. Ihre Bilder sind gegenständlich, lassen Gemütsverfassungen nicht erkennen. Sie hat eine Vorliebe für Blumenbuketts und Porträts. Dabei schwankt die Qualität ihrer Bilder. Das Porträt von Emmanuel etwa vermasselt sie – was möglicherweise kein Zufall ist –, aber das seines Vaters gelingt ihr gut. Sie malt mit Geschmack, zumeist auf Sperrholzplatten oder, aus ökonomischen Gründen, auf weniger »edlen« Trägern, als es die Leinwand ist. Obwohl niemals verheiratet, unterschreibt sie ihr Leben lang mit »Emily Bobovnikoff«. Es steht außer Zweifel, daß sie eine wirkliche Zuneigung zu dem Vater ihres Sohnes hatte. Léon selbst, der ja nicht gerade im Verdacht steht, sie besonders gemocht zu haben (seine Mutter und er nannten sie »die Schlampe«), räumte das ein: »Ich denke, sie empfand eine abgöttische Liebe für meinen Vater. Sie kam übrigens seinen Ansprüchen durch ihren Reichtum entgegen. Das war ihre eigentliche Qualität. [lacht.] Er lebte vor allem von Emilys Geld. Er wälzte zwar andauernd intellektuelle Theorien, aber im Grunde war er froh, wie ein Bourgeois leben zu können. An Emily erinnere ich mich als an eine eher magere und spröde Frau. Vor allem anderen war sie Engländerin, das heißt zutiefst in die Gebräuche ihres Landes verwurzelt.«

Emily war in der Tat eine charaktervolle Frau. So tolerant sie auch gewesen sein mag, aufgezogen worden war sie in dem puritanischen England unter Königin Victoria: von Grund auf ehrlich und reserviert – und mit Prinzipien. Ihre Beziehung mit Vater Bobovnikoff war nicht frei von Spannungen – jedenfalls ist das die Meinung Léons: »Der Prusco tat alles, um sich an die Engländerin zu klammern. Wie oft hatte er sich bei Henriette beschwert und gesagt: ›Wenn ich nur ein bißchen Geld hätte, würde ich sie fallenlassen wie eine heiße Kartoffel.‹ Geduldig ertrug er die erniedrigenden Zurückweisungen der Engländerin, der es nicht gelang, von diesem lästigen Bohemien loszukommen. Mehrere Jahre ging das so.«

Man braucht nicht alles für bare Münze zu nehmen, was Léon hier sagt. Sicher aber mußten beim Aufeinanderprallen dieser beiden ungleichen Charaktere die Funken sprühen. Die Beziehung zwischen Emily und ihrem Stiefsohn war nicht weniger gespannt. Wenn man sich auf den Roman[9] und auf die dort verhandelte, fast pathologische Idealisierung der Stiefmutter bezieht, kann man sich vorstellen, daß Emily sich von Emmanuels Wünschen nach Zuwendung bedrängt fühlte. Doch selbst wenn sie es gewollt hätte, wäre sie außerstande gewesen, eine existentielle Unsicherheit, die weit vor ihrem Zusammenleben mit Emmanuel ihren Ursprung hatte, aufzuheben, denn schließlich lebte er mit seinem Vater und ihr ja nur zwischen seinem zwölften und siebzehnten Lebensjahr zusammen. Bove betrachtete Emily als seine Adoptivmutter. 1937, als sein Roman »Adieu Fombonne« erschien, schrieb er ihr diese Widmung: »À Emily, love from her son«. Und darunter: »Emmanuel«. Die ganze Bedeutung dieses Details läßt sich ermessen, wenn man weiß, daß er die Briefe an seine Mutter systematisch mit seinem Schriftstellernamen unterschrieb, also entweder mit »Emmanuel Bove« oder mit »E. Bove«. Man könnte sagen, daß Emmanuel, indem er seine leibliche Mutter verleugnete, bei Emily stellvertretend seinen Ödipuskomplex auslebte. Dies ist im übrigen das Hauptthema von »Le Beau-Fils«:

Was sollte ohne seine Stiefmutter aus ihm werden? Obwohl es immer zahlreiche Konflikte zwischen [ihr] und ihm gegeben hatte, war sie dennoch der einzige Mensch auf der Welt, der ihm am Herzen lag. Sie war seine ganze Familie, sein Daseinsgrund, weil er sie liebte und weil sie den einzigen Bezug darstellte zu einem Milieu, in dem er nicht akzeptiert war und dem er doch sehnlichst angehören wollte.[10]

Einige im Roman verstreute Sätze sagen etwas aus über Emilys Charakter und über ihre Beziehung zu Emmanuel:

[Sie] mochte kein Geschrei, keinen Protest, doch berührt war sie durch die, wie sie

---

9 Gemeint ist »Le Beau-Fils«. A.d.Ü.
10 Vgl. »Le Beau-Fils«, a.a.O. S. 142. A.d.Ü.

es nannte, gezügelte Sensibilität sowie durch die Gemütsbewegung, die sich über ein Detail zu erkennen gibt.[11]

Mit soviel Härte fragte sie ihn, was er wohl gesagt haben konnte [...], daß der junge Mann die Fassung verlor. Er fing an zu weinen. Niemand liebte ihn. Alles, was er machte, wendete sich gegen ihn. Unbewegt sah [sie] ihn an: »Na, komm schon«, sagte sie, wobei sie ihm eine Hand auf die Schulter legte, was ihn nur heftiger weinen ließ, »reiß dich zusammen.«[12]

Sie war davon überzeugt, daß der Grund für die Zuneigung ihres Stiefsohnes sich stärker aus dem speiste, was sie repräsentierte, als aus dem, was sie wirklich war.[13]

Sie wurde vor Wut ganz blaß [...] und wollte gerade etwas sagen [...], hielt sich dann aber zurück. Sie begnügte sich damit, ihr Taschentuch an die Lippen zu führen. Sobald sie innerlich aufgewühlt war, biß sie sich auf die Lippen.[14]

Man könnte hier ein Zitat an das andere reihen, da Emily ja zusammen mit dem Stiefsohn die zentrale Figur dieses Buches ist. Ihr Einfluß auf Emmanuel war beträchtlich. Wir werden sehen, daß sein Entschluß, Schriftsteller zu werden, in die Zeit fällt, da er mit ihr zusammenlebte – aus Liebe zu ihr, könnte man sagen, mag es auch eine verhinderte Liebe gewesen sein. Wenn er Emily nicht gekannt hätte, wenn er, wie Léon, bei seiner Mutter geblieben wäre, hätte er dann überhaupt nur einen Gedanken darauf verschwendet? Ganz sicher nicht.

Sobald Emmanuel laufen kann, das heißt Anfang 1900, stellt sein Vater ihn Emily vor: »Der kleine, etwa zweijährige Emmanuel war ein charmantes Kind. Sein Vater versäumte es nicht, ihn der Engländerin zu präsentieren, die sich sehr für ihn interessierte. Er nahm ihn oft mit zu ihr. Gerne verhätschelte sie das Kind, das sie ›Boublie‹ nannte und das zauberhaft, rosig und mollig war.« »Boublie« wird Emmanuels Spitzname sein, selbst seine eigene Mutter wird ihn mitunter so rufen.

Und so kommentierte Léon die Passage aus dem Heft: »Mein Vater hatte meinen Bruder meiner Mutter weggenommen, er hatte ihn geraubt, um ihn Emily zu bringen, weil Emily davon träumte, ein Kind zu haben, und weil sie zu dieser Zeit keins hatte. Hinzu kam

11 Ebd., S. 158. A.d.Ü.
12 Ebd., S. 51. A.d.Ü.
13 Ebd., S. 140. A.d.Ü.
14 Ebd., S. 113. A.d.Ü.

der Umstand, daß meine Mutter es nicht schaffte, mit dem bißchen Geld klarzukommen, das mein Vater – wie auch immer – zusammenkratzte. Emily hatte sich also in dieses Kind verknallt.«

Ungeachtet der konstanten Gehässigkeit gegenüber Emily steckt in dieser Feststellung ein Funken Wahrheit. Als sie Emmanuels Vater begegnet, ist Emily 35 Jahre alt. Sie hatte noch kein Kind und dachte wohl, daß sie auch keins mehr haben würde. Woraus eine zusätzliche Motivation herrührte, sich an Emmanuel zu hängen. Als 1906 ihr Sohn Victor geboren wird, ist Emily schon über 41. Gewöhnlich ist das ein Alter, in dem man bereits darauf verzichtet hat, zum ersten Mal Mutter zu werden.

Nichts ist darüber bekannt, wie sich Victors Geburt auf Emmanuel ausgewirkt hat. Es ist bezeichnend, daß er in »Le Beau-Fils« nicht in Erscheinung tritt, so als hätte es gegolten, einen potentiellen Rivalen aus dem Weg zu räumen, indem man seine Existenz einfach verschweigt. Womöglich paßte er aber als Figur einfach nicht in die Anlage des Romans. Jedenfalls ist Victor der einzige Verwandte Boves, der in diesem Roman nicht auf der Bildfläche erscheint. Victor sprach wenig über seine Beziehung zu Emmanuel, und wenn, dann tat er dies stets reserviert und maßvoll. Im Höchstfall stichelte er ihm gegenüber mit der Bemerkung, daß er bis zu drei Konjunktive in ein und demselben Satz verwende, worin man ihm nicht ganz unrecht geben kann. Es scheint, daß sie sich gut vertrugen und untereinander eine Art Komplizenschaft unterhielten. Victor erinnert sich, daß Emmanuel ihn zu diversen Reportagen mitgenommen hat, oder auch, daß er ihn eines Tages darum bat, ihn zu Max Jacob zu begleiten. Ihr Verhältnis als Erwachsene war jedenfalls normal und entspannt. Dasselbe läßt sich von dem Verhältnis, das Léon sowohl zum einen als auch zum anderen hatte, nicht sagen.

Fortan teilt Vater Bobovnikoff sein Leben zwischen diesen beiden Haushalten, wenn auch zu ungleichen Teilen, das heißt mit einer stärkeren Präsenz bei Emily. Die Folge ist, daß Emmanuel seine ganze Kindheit über von einem sozialen Milieu ins andere gezerrt wird. Das eine Mal lebt er mit Emily und seinem Vater, das andere Mal allein mit seiner Mutter, da der Vater sich generell zu Hause nicht blicken läßt. Um die Situation noch weiter zu komplizieren, brachte Henriette im Dezember 1902, also ungefähr drei Jahre nach dem Anfang der Liaison zwischen Vater Bobovnikoff und Emily,

Léon zur Welt. Es hat den Anschein – dies ist zwar Léons Version, aber Emmanuel spielt in »Le Beau-Fils« ebenfalls darauf an –, daß Emily das, was man gemeinhin als »glückliches Ereignis« qualifiziert, nicht angemessen einzuschätzen wußte. Jedenfalls war sie Léon gegenüber reservierter als gegenüber Emmanuel, und das umso mehr, als dann Victor, ihr eigener Sohn, dreieinhalb Jahre später geboren wurde. Unter solchen Umständen waren Spannungen, die obendrein durch das chronisch verantwortungslose Verhalten des Vaters angestachelt waren, unvermeidbar. Er selbst hielt sich dabei im Grunde stets schadfrei. Die wirklich Zukurzgekommenen dieser Situation – selbst wenn sie sich darin gefielen – waren vor allem Léon und seine Mutter. Emmanuel blieb freilich nur auf den ersten Blick davon verschont. Hätte er wie Léon einzig und allein mit seiner Mutter gelebt, dann hätte er keine Ahnung davon gehabt, was Misere und Armut bedeuteten, oder zumindest wäre er darüber nicht unglücklich gewesen, aus dem einfachen Grund, weil er sich etwas anderes gar nicht hätte vorstellen können. Nun kann man sich gut denken, daß ihn die Tatsache, zwei sozial so ungleichen Haushalten zugeteilt zu sein, zutiefst prägte. Es kam zu einem irreparablen Trauma. Boves Figuren werden später seine Unfähigkeit zum Ausdruck bringen, diese Angst vor der Misere, der Armut, zu bewältigen. Er selbst wird versuchen, sich von dieser Zwangsvorstellung, dieser Angst vor dem Abgrund, freizumachen, indem er sie in seine Romane hinein verlagert. Bove wurde vorgeworfen, immer dieselben durch ihr Ohnmacht gezeichneten, ewig unreifen und zaghaften Figuren in Szene gesetzt zu haben. Hätte er statt dessen versucht, positive Helden darzustellen, hätte sich herausgestellt, daß er dazu schlicht und einfach nicht in der Lage gewesen wäre. Eigentlich hatte er überhaupt keine Wahl, was die Natur seiner Helden angeht. Sie sind nolens volens die Abwandlungen eines Ur-Traumas, das er selbst noch in seinem Wunsch, sich davon zu lösen, unendlich reproduziert.

Wegen ein paar nicht bezahlter Mieten – es ist immer dasselbe Lied – müssen Emmanuels Eltern zwischen Sommer 1901 und März 1903 zweimal umziehen. Zunächst in die Rue du Val-de-Grâce (wo ein gewisser Blutel wohnte – Zentralfigur eines späteren Romans von Bove), danach zum Boulevard de Port-Royal. Es ist die Zeit, in der Léon geboren wird, und zwar genau am 28. Geburtstag seiner Mutter: »Als es zur Niederkunft kam, brachte sie der Prusco ins Entbindungsheim auf dem Boulevard de Port-Royal, wo sie bereits von Emmanuel entbunden worden war. Der Prusco, zufrieden darüber, neuen Nachwuchs in die Fürsorge zu bringen, begann mit der Chef-Hebamme herumzupoussieren. Es war dieselbe Hebamme wie bei der Geburt des kleinen Emmanuel, und sie hatte die beiden natürlich wiedererkannt. Sie behandelte den Prusco von oben herab und ließ ihn spüren, daß er keinen Grund hatte, stolz darauf zu sein, einer unglücklichen Frau Kinder anzuhängen. Er war stocksauer und schimpfte lange Zeit auf die Klinik.«

Henriette und ihr Baby – es wiegt bei der Geburt nur fünf Pfund – kehren in ihre Wohnung auf dem Boulevard de Port-Royal zurück und bleiben dort den Winter 1902/1903. Emmanuel hat nun seine Mutter wieder, und alle drei kommen bei der Kälte mit einer unzureichenden Ernährung gerade über die Runden. Der Vater hingegen lebt größtenteils bei Emily.

Im Frühjahr 1903 steht ein neuer Umzug an, diesmal nach Versailles, wo man bis Anfang 1905 bleibt. Emmanuel, Léon und seine Mutter zogen auch dort noch einmal um. Eine Schwester des Vaters, wir erwähnten es bereits, wohnte bei ihnen. Pruscos Besuche wurden hingegen noch seltener: »Er blieb in Paris, wahrscheinlich bei der Engländerin, und ließ sich in Versailles nur gelegentlich blicken. Und immer wieder gab's die schönen Versprechungen vom glücklichen Leben und sonstige Luftschlösser.«

Angesichts der Tatsache, daß er kaum persönliche Einkünfte hat, ist es mehr als wahrscheinlich, daß es Emily ist, die für den Unterhalt der Familie aufkommt, allerdings in unregelmäßigen Abständen, das heißt abhängig von den durch diese Situation provozierten Spannungen. Alles spielt sich auch mehr oder weniger im dunkeln ab, was zur Folge hat, daß Henriettes Einkünfte und die ihrer Kinder noch unsicherer werden. Man kann sich das daraus resultierende gereizte und verbitterte Klima vorstellen, von dem Emmanuels Kindheit unweigerlich geprägt ist. Hinzu kommt das Gefühl von Unsicherheit in einem Leben, bei dem es heißt, von der Hand in den Mund leben zu müssen.

»Da war kein Geld«, sagt Léon, »die Not ging weiter. Das Brot, das man kaufte, wurde angeschrieben.« Und sein Kommentar dazu: »Wir hatten Probleme mit der Bäckerin. Die gute Frau war uns noch 15 Jahre später böse. Als wir wieder in Versailles wohnten, erkannte sie uns und machte einen Skandal. Es stimmt, wir hatten sie übers Ohr gehauen. Wir hatten bei ihr Brot geholt, das nie bezahlt wurde [bricht in schallendes Gelächter aus].« Da sich der Vater in den Kopf gesetzt hatte, Emmanuel in die École Alsacienne gehen zu lassen, kehren Henriette und ihre Kinder mit der Schwester des Prusco 1905 nach Paris zurück. Zu viert wohnen sie auf dem Boulevard Saint-Michel, bis sie wegen nicht bezahlter Miete vor die Türe gesetzt werden. Emmanuel geht ab dem 1. Mai 1905 in besagte Schule.

»Emmanuel, damals sieben Jahre alt, kam aufgrund der Bemühungen seines Vaters in die École Alsacienne (die den Kindern reicher Eltern vorbehalten war). Es ging also der Prusco, mit Klappzylinder und weißer Krawatte angetan, zum Direktor, betitelte sich selbst als ›Professor‹ und bezahlte die Aufnahme des Schülers mit dem Geld, das die Engländerin vorgestreckt hatte. Diese zeigte, wie gesehen, von Anfang an viel Interesse für den kleinen Emmanuel. Sie verwöhnte ihn wie ihren eigenen Sohn, half ihm bei den Schulaufgaben und versorgte ihn mit Spielzeug. Sie beglich die fälligen Zahlungen für die Schule, doch in der Folgezeit fehlte das Geld erneut, was Scherereien mit der Direktion nach sich zog, so daß der kleine Emmanuel abgehen und die Schule mehrere Monatszahlungen in den Wind schreiben mußte.«

Tatsächlich schließt Emmanuel das Trimester ab, kehrt aber dann, während des Schuljahres 1905/1906, in die École Alsacienne zurück (und besucht dort die 9. Klasse). Er verläßt sie ohne besondere Erwähnung, was laut der heutigen Schuldirektion bedeutet, daß er ein eher mittelmäßiger Schüler gewesen sein muß. Nora de Meyenbourg, Emmanuel Boves Tochter, bestätigt nicht nur, daß ihr Vater ein ewig miserabler Schüler war (bis hin zum Rausschmiß aus mehreren Anstalten wegen schlechter Führung), sondern auch, daß er sich dieser Periode seines Lebens mit Stolz erinnerte und sich befriedigt darüber zeigte, ein Faulpelz gewesen zu sein. Darüber hinaus waren Boves Schulbesuche unregelmäßig. Monatelang betrat er keine Lehranstalt, und zwar aus dem einfachen Grund, weil sein Vater sich weigerte, Emmanuel in eine staatliche Schule einzuschreiben; der Besuch einer solchen Institution wurde von ihm als Niederlage angesehen. Seine Kinder besuchten also, und zwar mit Intervallen, ausschließlich Privatschulen, aus denen sie regelmäßig hinausgeschmissen wurden.

Bove wurde häufig vorgeworfen, er schreibe pennälerhaft und aufgesetzt. Diese Vorwürfe sind in mancherlei Hinsicht berechtigt, vor allem dann, wenn er ein wenig dahinschludert – wie in einigen seiner Romane –, weil er es eilig hat. Tatsächlich ist seine Verachtung für alles, was mit Lernen zu tun hat, tief in ihm angelegt. Er ist kein Ideenmensch und wird nie einer sein. Er besitzt keine sogenannte »Weltanschauung«. Er strebt lediglich danach, die Wirklichkeit hautnah, mit den einfachsten Mitteln wiederzugeben. In diesem Sinne ist seine Schreibweise eine »kleine«, so wie man es etwa von der Kafkas oder Becketts hat sagen können, eben deshalb, weil sie nicht versucht, ein System oder eine »Weltanschauung« zu entwickeln. Kennt man die Kindheit Boves, seine Entwurzelungen, sein Gefühl existentieller Unsicherheit, dann ermißt man, daß seine »écriture« von jenem bereits erwähnten Trauma herrührt. Als ob es in der Kindheit zu einer Gefühlsblockade gekommen wäre, die er durch das Schreiben zu überwinden suchte, ohne daß es ihm jemals gelingt, sie ganz aufzulösen. Woher eben häufig dieser schülerhafte und sogar infantile Eifer rührt – was hier natürlich ohne jegliche pejorative Nuance gemeint ist –, den man in seinem Werk vorfindet. Im übrigen ist Léons Schreibstil im Heft von dem seines Bruders nicht von Grund auf verschieden. Er ist lediglich primitiver. In beiden Fällen liegt die gleiche Prägung vor.

Victor wird 1906 zu Hause von seiner Mutter entbunden; zu dem Zeitpunkt ist Emmanuel acht Jahre alt. Von nun an kann er von Emily nicht mehr jene ausschließliche Zuwendung erwarten, die er so zu schätzen gelernt hat. Natürlich trifft ihn das tief. Zum Schuljahresbeginn im Herbst kehrt er nicht mehr in die École Alsacienne zurück und muß zu allem Überfluß – immer aus demselben Grund (nicht bezahlte Miete) – mit seiner Mutter, mit Léon und der Schwester seines Vaters umziehen. Wenn es darum ging, eine neue Wohnung zu finden, war das Szenario immer dasselbe: »Wenn Henriette und die Kinder wegen ausstehender Mieten kurz davor waren, rausgeschmissen und auf die Straße gesetzt zu werden, reiste der Prusco, ausgestattet mit Klappzylinder, Gehrock und seiner professoralen Miene, aufs Land. Immer war er es, der sich um das Anmieten einer Wohnung kümmerte. Bei seinem gepflegten Aussehen faßten die Leute Vertrauen. Die Concierge war höflich, man bezahlte die erste Vierteljahresmiete und zog um. Ein paar Tage später war das Haus über die neuen Mieter im Bilde: eine unglückliche Frau mit zwei Kindern, ein Gatte, der sich nicht oft blicken ließ, der nachts um zwei Uhr heimkehrte oder auch überhaupt nicht, der nicht arbeitete und der kein Geld mitbrachte.«

Zwischen Herbst 1906 und Januar 1910 ziehen Henriette und ihre beiden Kinder sechsmal um. Das eine Mal kommen sie in einem Mietshaus unter, das andere Mal teilen sie sich die Wohnung mit einer Näherin, deren Mann im Krankenhaus liegt, noch ein anderes Mal finden sie sich nach einem Rauswurf in einem heruntergekommenen Hotelzimmer wieder: »Meistens stand Henriette mit ihren zwei Bälgern auf der Straße, das erbärmliche Mobiliar im Treppenhaus, ohne einen Sou in der Tasche, und lief wie eine Verrückte hin und her, ohne zu wissen, wohin oder an wen sie sich wenden sollte. Unter diesen fürchterlichen Umständen hatte sich der Prusco aus dem Staub gemacht – keiner wußte, wohin. Eines Tages wurde mittags an die Tür geklopft. Es waren jene Herren von der Polizei, die kamen, um Henriette und ihre Kinder kraft eines Papiers, das sie ihr hinhielten, aus der Wohnung zu werfen. Der Rauswurf erfolgte auf der Stelle und wurde auch unverzüglich durchgeführt. In zehn Minuten hatte man alles irgendwie aufeinandergestapelt; die Inspektoren rafften alles, so wie es gerade kam, zusammen: die Petroleumlampe mit den Bettüchern, die Kochtöpfe mit den Decken, die Matratze mit der Bratpfanne usw. Es gab keinen Protest. Als die Wohnung leer war, sperrten diese Herren die Tür zu und brachten ein amtliches Siegel an. Henriette in ihrer Angst mußte sich aus diesem Kuddelmuddel im Treppenhaus allein heraushelfen. Sie machte sich also auf die Suche nach einem Lagerraum für Möbel, ohne überhaupt zu wissen, wohin sie gehen sollte, denn ein Möbelpacker war ja zu teuer.«

Die Auftritte des Vaters sind und bleiben gespenstisch. Ab und zu, immerhin, meldet er sich: »Einmal, Henriette hatte den Prusco drei Tage lang nicht gesehen, war sie hinuntergegangen mit ihrem letzten halben Franc, um Kartoffeln zu kaufen, und hörte auf einmal, wie nach ihr gerufen wurde: ›Henriette! Henriette!‹ Sie hatte die Stimme des Prusco zwar erkannt, war aber entnervt und ging, als ob nichts gewesen wäre, weiter. Da holte er sie ein und drückte ihr einen 20-Franc-Louisdor in die Hand. Sie erfuhr niemals, wie er dazu gekommen war.«

Will man sich ein Bild machen, welchen Wert 20 Franc damals hatten, so muß man sich vergegenwärtigen, daß dies etwa drei Tage Durchschnittslohn eines Facharbeiters entsprach oder einem wöchentlichen Mindestlohn. Darüber hinaus ist wichtig zu vermerken, daß die vom Vater ausgesuchten Wohnungen nicht gerade zu den bescheidensten gehörten. Nie vergißt es Léon, den Mietpreis jeder Wohnung ins Spiel zu bringen: zwischen 400 und 500 Franc – eine Summe, die keinesfalls für jeden Geldbeutel erschwinglich war. Die Angestellte eines großen Kaufhauses, die damals bis zu 15 Stunden am Tag arbeitete, hätte dafür mindestens die Hälfte ihres jährlichen Gehalts berappen müssen. Überdies stellt Léon immer wieder heraus, daß diese Wohnungen in recht ordentlichem Zustand waren, und wenn es ausnahmsweise einmal vorkam, daß die Wasserentnahmestelle sich im Treppenhaus befand – was zu der Zeit ja nicht gerade selten der Fall war –, dann bedeutete das für den Prusco eine Katastrophe. Für Boves Vater kam es ebenso wenig in Frage, in eine bescheidene Wohnung zu ziehen, wie seine Kinder auf eine öffentliche Schule zu schicken. Für sich wie für seine Familie erträumte er Komfort und bürgerliche Achtung, ohne allerdings auch nur im geringsten imstande zu sein, die vorhandene Situation in den Griff zu bekommen, oder überhaupt zu versuchen, sich für so etwas das nötige Geld zu verschaffen. Vor allem hatte er eine panische Angst davor, in das Elend zurückzufallen, aus dem er gekommen war, daher griff er nach jedem noch so zweifelhaften Strohhalm, um dies zu verhindern. In dieser Hinsicht war Emily seine, wie Léon sich ausdrückt, »letzte Rettung«. Wenn auch kein Zweifel besteht, daß Emily in ihn vernarrt war, ist ungewiß, bis zu welchem Grad dies auch umgekehrt der Fall war, jedenfalls kann man ohne Gefahr zu laufen, sich zu täuschen, behaupten, daß seine Liebe weniger selbstlos war. Dabei soll es hier nun nicht darum gehen, Boves Vater zu belasten, irgendein moralisches Urteil über ihn zu fällen; es ist aber wichtig, seine Persönlichkeit bestmöglich einzukreisen, umso mehr, als Emmanuel sich stark mit ihm identifizierte, so sehr, wir sagten es bereits, daß die eine Existenz auf die andere abfärbte. Emmanuel wird also einen abwesenden Vater haben, einen geisterhaften, hochgradig entschlußlosen, kurz: einen unzuverlässigen Vater, auf den er sich niemals wird stützen können. Dies ist insofern wichtig, als sein gesamtes Werk, und zwar in den geschilderten Situationen ebenso wie in den Charakteren der Romane, das kraftlose Bild des Vaters echohaft reproduziert.

Von Zeit zu Zeit indes wirft sich der Prusco in umfangreiche Unternehmungen. Da er keinen besonderen Sinn fürs Praktische hat, enden sie jedesmal katastrophal. So setzt er sich im Jahre 1907 in den Kopf, eine Druckerei aufzubauen. Die ersten Gelder – einige Millionen Franc – besorgt Emily. Die Maschinen kommen auf Kredit aus Deutschland, dann werden zwei Arbeiter angestellt, die er nicht bezahlen kann. Das Unternehmen macht alsbald pleite, und die Maschinen werden beschlagnahmt.

Victors Geburt beschwört Reibereien in beiden Haushalten herauf. Emily hätte gerne den Vater ihres Kindes bei sich, und Henriettes Groll wird darob nur noch heftiger: »Der Prusco war aggressiv und böse geworden gegenüber Henriette, die nur zu gut die Gründe für diese Einstellung verstand. Er versuchte, sie für jede Bagatelle zu schikanieren. Mitunter kam es zu gewaltigen Wutausbrüchen, und einmal, bei Tisch, warf er der gerade aus der Küche zurückkommenden Henriette ein Ei an den Kopf; sie ließ die Schüssel, die sie in den Händen hatte, fallen.«

Im Herbst 1908 beschließt Emily, Paris den Rücken zu kehren und mit ihrem Sohn nach Menton zu ziehen. Mit einem Schlag werden dem zweiten Haushalt die Ressourcen abgeschnitten, so daß Henriette und ihre beiden Kinder von einer Näherin aufgenommen werden müssen, deren Mann im Krankenhaus ist; dann landen sie in einer Wohnung in der Rue Nansouty, wo sie ohne Möbel auskommen müssen, da diese vom Besitzer der letzten wegen offener Mietrechnungen konfisziert wurden. Emmanuel schläft auf dem Boden auf einer Notmatratze und Léon in einem zu kleinen Bett, in dem er seine Beine nicht ausstrecken kann. Der Vater wiederum lebt in Emilys Wohnung auf dem Boulevard du Montparnasse. Sie korrespondieren ständig miteinander. Emily schreibt, Victor nenne seinen Vater »Ja-Ja«, was bestätigt, daß sie zu dieser Zeit noch deutsch miteinander gesprochen haben.

Schließlich faßt der Prusco den Entschluß, zu Emily und seinem Sohn nach Menton zu stoßen, so daß Emmanuel, Léon und ihre Mutter nunmehr in kompletter Mittellosigkeit leben: »Von da unten aus schrieb er trostreiche Briefe mit lauter Versprechungen, aber er schickte nichts, wovon man hätte leben können. Einmal, nachdem man mehrere Tage bereits dem Briefträger aufgelauert hatte, erhielt Henriette eine Postanweisung über 0,95 Franc. Auf dem Postabschnitt hatte er hinzugefügt, daß er in den nächsten Tagen etwas mehr schicken würde.«

Die Mutter Emmanuels – er war damals zehn – hätte sich gewünscht, daß er die Schule besucht, doch traute sie sich nicht, den Befehlen des Vaters zuwiderzuhandeln, der ihn nur in »höheren Schulen« sehen wollte. »Emmanuel ging also nicht zur Schule und erfuhr seine Erziehung, indem er mit den Strolchen aus dem Viertel und den Randgebieten durch den Montsouris-Park zog, Knallfrösche auf die Eisenbahngleise legte, die Kabelleitungen der Signale bewarf usw. Diese Jungs bildeten Banden, die sich untereinander zankten und von den Soldaten vor der Kaserne auf dem Boulevard Jourdan lauthals Kekse einforderten.«

Henriette und ihre beiden Kinder fristen so über ein Jahr lang ein kümmerliches Dasein in der Rue Nansouty. Der Vater bleibt in Menton, schreibt hin und wieder und schickt nur selten ein paar mickrige Postanweisungen. Da die Miete nicht bezahlt wird, geht der Ärger nunmehr von neuem los: »Seit langem bereits forderte uns die Concierge auf, die Wohnung zu verlassen. Wir erhielten eine gerichtliche Mahnung. Eines Morgens hatte Henriette, die gerade losgegangen war, um etwas zu besorgen, den Schlüssel an der Wohnungstür steckengelassen. Unbekannte waren daraufhin in die Wohnung eingedrungen, und als Henriette sie bei ihrer Rückkehr dort vorfand, behaupteten sie frech, ›bei sich zu Hause‹ zu sein. Nach bösem Hin und Her begab sich Henriette mit ihren beiden Kindern aufs Polizeirevier, begleitet von der Concierge, deren Spott nicht enden wollte. Die dortigen Herren hörten der zitternden Stimme Henriettes, deren Worte von der schreienden Concierge übertönt wurden, gleichgültig zu. Das Ergebnis war gleich Null, und Henriette sah sich gezwungen, an einem verregneten Dezembernachmittag zusammen mit ihren verängstigten Kindern wie eine Verrückte herumzulaufen, um irgendwo eine Bleibe zu finden. Nirgendwo war etwas aufzutun, alles war entweder vermietet oder zu teuer. So ging Henriette auf die Rue Nansouty zurück, wo die Leute, die die Wohnung in Beschlag genommen hatten, nach erneuten Diskussionen unsere Anwesenheit für ein paar weitere Tage ›tolerierten‹. Sie hatten unsere Sachen im hinteren Zimmer abgestellt und sich im vorderen Zimmer breitgemacht – zum allergrößten Entsetzen Henriettes, die nicht wußte, wie sie sich nachts verbarrikadieren sollte. Es kam natürlich nicht in Frage, in die Küche zu gehen, und wir mußten kalt essen.«

Schließlich landen einige Tage später alle drei in einem schäbigen Hotelzimmer in der Rue d'Alésia. »Emmanuel schlief mit seiner Mutter in einem wenig vertrauenerweckenden Bett und Léon auf seiner von der Rue Nansouty mitgebrachten Unterlage. Selbst im Januar gab es da noch Wanzen. Die Kinder sahen zu, wie sie über die Wände krochen, und zerquetschten sie mit ihren Fingern.«

Henriette schreibt nun dem Vater ihrer Kinder und teilt ihm ihre Situation mit. Von Emily erhält er Geld und »befiehlt« (so Léon) Henriette zu kommen, aber nicht nach Menton, sondern nach San Remo. Dieses Wort »befiehlt« ist hier deshalb hervorgehoben, weil es häufig im Heft wiederkehrt. Henriette verhält sich dem Prusco gegenüber stets als überaus gehorsame Frau. Er ist derjenige, der über alles entscheidet, und sie diejenige, die willig, wenn nicht unterwürfig seinen Anweisungen folgt, mögen sie noch so extravagant sein. Obwohl er kaum Gefühle für sie hat, spürt man, daß sie ganz unter seinem Einfluß steht. Ihm gegenüber – aber auch gegenüber allen anderen – fehlt ihr der eigene Wille, jegliche Autonomie. Dies ist ein weiterer Hinweis auf ihren zugleich unentwickelten und naiven Charakter wie auch darauf, daß sie geistig etwas zurückgeblieben war. Wer Léon gekannt hat – er war im übrigen der erste, der dies einräumte –, weiß, daß diese »Behinderung« Spuren bei ihm hinterlassen hatte. Und es wäre illusorisch zu glauben, Emmanuel sei davon verschont geblieben. Das gewissermaßen krankhafte emotionale Defizit, das man bei ihm vorfindet (etwa die fieberhafte Suche nach der Mutter über die Figur, die in »Le Beau-Fils« Emily verkörpert), ist meines Erachtens in erster Linie auf das Verhältnis zur Mutter zurückzuführen. Falls es so ist, daß sich alles schon im frühesten Kindesalter entscheidet, dann war sein geistiger Horizont von Anfang an begrenzt. Zwischen einer schwachen Mutter und einem nicht existierenden Vater hatte er sozusagen keine Chance, sich zu profilieren. Und doch gelingt es ihm später: Er entzieht sich diesen gemeinhin fatalen Beeinträchtigungen (und im Prinzip sind sie es auch für ihn) durch die Literatur. Und wenn einige seiner Bücher – »Mes amis« in erster Linie – so persönlich und so außergewöhnlich sind, dann womöglich deshalb, weil für ihn mehr als für jeden anderen das Schreiben eine Frage des Überlebens war.

Ende Januar 1910 brechen Henriette und ihre beiden Kinder also nach San Remo auf. Léon erinnert sich: »Wir nahmen den Zug nach Vintimille. Inmitten der überfluteten Ebenen – es war während der Überschwemmung von 1910 – kam der Zug nur langsam voran. Sandsäcke lagen entlang der Gleise, und Hausdächer tauchten an der Wasseroberfläche auf. Als wir durch den Bahnhof von Menton fuhren, erkannten wir den Prusco, der ohne uns zu sehen über den Bahnsteig lief. Henriette war nicht auf Draht gewesen, hatte keinen Zug ausgesucht, der dort anhielt.«

Alle drei machen einen Zwischenhalt in Vintimille, wo der Vater alsbald zu ihnen stößt: »Er kam von Menton und begann, mit Henriette über das Thema ›Familienpension‹ zu sprechen, die er in San Remo eröffnen wollte, eine in seinen Augen großartige Angelegenheit, die allen aus dem Schlamassel helfen sollte. Also fuhren wir nach San Remo zurück, wo der Prusco eine auf den Höhen der Altstadt errichtete und möblierte Villa gemietet hatte. Übrigens hatte er für diese Anmietung nicht einen Sou vorgestreckt. Emmanuel und Léon trugen die Netze mit all den Kochtöpfen, mit dem Bügeleisen, den Bratpfannen usw. nach oben, und dann ließ man sich in dieser Villa nieder, von wo aus das Meer zu sehen war. Der Prusco blieb noch ein paar Tage mit Henriette zusammen, kam die Nacht sehr spät aus dem Kasino zurück, um, wie er sagte, dort nachzusehen, ob er nicht ein paar Ausländer für die Pension auftreiben könne, in der wiederum Henriette, die kein Wort Italienisch sprach, zugleich Chefin und Köchin hätte sein sollen.«

Mehrere Aussagen bestätigen indes, daß der Vater ein unverbesserlicher Spieler war, weit mehr damit beschäftigt, die Verluste wieder auszugleichen, als damit, Kunden zu finden. Davon abgesehen entsprach diese Villa in keiner Weise dem anvisierten Gebrauch. Zum einen gab es keine getrennten und im übrigen beheizbaren Zimmer, zum anderen war es unmöglich, dort eine Küche einzurichten, weil kein Platz dafür vorgesehen war. Allenfalls konnte von einem möblierten Appartement die Rede sein für eine Familie im Sommer.

Léons Kommentar zu dieser Episode: »Damit brach er wieder nach Menton auf, und wir konnten sehen, wie wir aus dieser Pension herauskamen. Natürlich lief die Pension nicht und hatte auch keine

Chance zu laufen. In einem Wort: Es war wieder einmal so ein Traum des Prusco. Er hatte mit der Sache nichts mehr am Hut. Und zudem hatte er kein Geld dagelassen, um die Miete zu bezahlen, so daß der Eigentümer, der die Etage über uns bewohnte, Scherereien machte und, da er das, was ihm zustand, nicht bekam, sich anschickte, jeden Morgen ab fünf Uhr auf den Fußboden zu trampeln, und zwar stundenlang, damit wir endlich abzogen.« Nach einer Woche mußte der Prusco einsehen, daß es mit dieser Pension nie funktionieren würde. Man kam überein, daß er die Kinder zu Emily bringen und daß Henriette versuchen würde, ihrerseits einen Ausweg zu finden.

»Der kleine Léon erinnert sich, daß Ja-Ja seinen beiden Söhnen die Frage folgendermaßen gestellt hatte: ›Wollt ihr mit Ja-Ja zusammenbleiben oder mit Mami zurückfahren?‹ Emmanuel antwortete spontan: ›Bei Ja-Ja bleiben.‹ Léon seinerseits, dem es schwer ums Herz war und der um das Leid wußte, das er seiner armen Mami antun würde, wollte auch lieber mit Ja-Ja zusammenbleiben. Mami zog sich zurück und weinte. Das war im übrigen die beste Lösung. Was hätte denn die arme Henriette mit einem Kind auf dem Buckel tun sollen? Also fuhr der Prusco nach Menton und nahm seine beiden Söhne mit.«

Boves Mutter bleibt noch etwa eine Woche in San Remo und reist dann ihrerseits ab, ohne die Miete zu begleichen. Sie hat nicht einmal Geld für die Rückfahrt und begibt sich nach Menton, um den Prusco darum anzugehen, der wiederum selbst fast pleite ist und deshalb Emily um Geld bitten muß. Diese fügt sich: »Die Engländerin hatte, wie viele ihrer Landsleute, eine verrückte Angst vor Skandalen. Im Handumdrehen beschaffte sie Geld, um sich Henriette vom Halse zu halten. Und somit konnte Henriette erneut den Zug nach Paris nehmen.«

Wie immer gilt es hier, Léons Voreingenommenheit zu berücksichtigen. Allerdings besteht wohl kein Zweifel daran, daß Emily sich vor Henriettes Auftauchen und vor den regelrechten Erpressungsversuchen seitens Léons und seiner Mutter in den darauffolgenden Jahren fürchtete. In seinem Roman »Le Beau-Fils« sagt Bove, daß Emily allein schon bei dem Anblick Henriettes »den Kopf verlor«. Trotzdem wird sie, direkt oder indirekt, alles in ihrer Macht Stehende tun, um ihnen zu helfen. Aber es war nie genug. Tatsächlich schwört zunächst Henriette und daraufhin Léon Emily wie auch dem Prusco und später dann Emmanuel einen unversöhnlichen Haß. Ihr Credo lautete, man habe sie fallengelassen und schulde ihnen Entschädigung. Noch lange nach dem Tod des Vaters bedrängten sie Emily weiter und forderten unermüdlich Geld von ihr ein, dies sogar noch nach dem Krieg, als ihr vermuteter Reichtum auf Null zusammengeschmolzen war und sie gezwungen war, kleinste Anstellungen zu finden, um überleben zu können. Wenn es hart auf hart kam, zögerten sie keinen Moment, den Skandal zu provozieren, um an ihr Ziel zu kommen. »Le Beau-Fils« ist diesbezüglich voller Anspielungen, die durch die Aussagen von Léon und Victor gestützt werden.

Weniger als drei Wochen nachdem sie Paris verlassen hat, ist Henriette wieder zurück und findet eine Anstellung als Mädchen für alles bei einer Wirtin, die genauso wenig entgegenkommend ist wie die meisten zuvor. Emmanuel und Léon sind bei ihrem Vater, Emily und Victor halten sich zunächst in Menton auf – wo Emily und der Prusco in den nächsten Jahren ihr Winterquartier aufschlagen – und dann in Genf, wo die Familie sich für den Rest des Jahres niederläßt. Der Februar 1910 markiert einen Bruch in Emmanuels Leben. Bis dahin – also insgesamt zehn Jahre, wenn man die ersten Monate bei der Amme einmal ausnimmt – hatte er im wesentlichen mit seiner Mutter zusammengelebt. Natürlich besuchte er Emily oft und blieb auch, mit Intervallen, bei ihr, aber im wesentlichen lebte er mit Henriette zusammen. Fortan lebt er mit Emily, mit seinem Vater und Victor zusammen. Diese Situation dauert fünf Jahre, bis er sich 1915 nach England aufmacht. Dennoch müßte man von diesen fünf Jahren jene Perioden abziehen, in denen er in verschiedenen schulischen Einrichtungen als Interner geführt wird, in Genf, womöglich auch in Lausanne. Über diese Zeit ist nichts bekannt, sieht man einmal davon ab, daß er in Genf das Collège Calvin besuchte. In »Monsieur Thorpe« beschreibt er glaubhaft sein Leben als Pensionär. Als sein Vater und Emily nach Menton gingen, befand Emmanuel sich wahrscheinlich im Internat. Er taucht nämlich auf dem Foto, das im März 1914 in Menton gemacht wurde, nicht auf, an jenem Karnevalstag, an dem man Victor in Begleitung seiner Eltern sieht. Doch wie dem auch sei, sechs Jahre lang lebte Emmanuel nicht mit seiner Mutter zusammen. Bei seiner Rückkehr aus England war seine Mittellosigkeit derart, daß er bis zu seinem Militärdienst wieder mit

Henriette und Léon zusammenwohnte. Was Léon betrifft, so lebte er lediglich ein Jahr bei Emily und seinem Vater. Seine Mutter nahm ihn im Frühjahr 1911 wieder zu sich, und er verließ sie bis zu ihrem Tod, 26 Jahre später, nicht mehr.

Für Emmanuel ist dies die entscheidende Phase seiner Jugend. Louise betont, daß er sich zwischen seinem 12. und 14. Lebensjahr entschließt, Romancier zu werden. Und Léon kann das bestätigen: »Einmal, da spazierten wir durch den Schloßpark. Ich fragte ihn: ›Was willst du später mal machen?‹ Er erwiderte: ›Ich hoffe, Schriftsteller zu werden.‹ Ich fiel aus allen Wolken. Ich fragte: ›Schriftsteller? Und du glaubst, dafür das Zeug zu haben?‹ Er schien sich seiner sicher zu sein und hatte diesbezüglich keine Zweifel.«

Diese Szene ereignet sich 1917 in Versailles. Emmanuel ist zu diesem Zeitpunkt 19 Jahre alt, aber sicher hat er seine Entscheidung schon mehrere Jahre zuvor getroffen. Léon gegenüber erklärt er überdies, daß dies auch der Grund sei, warum er diese kleinen Jobs mache, nämlich um so Stoff für seine Bücher zu sammeln.

Es sieht nicht so aus, als wäre sein Leben bei Emily und seinem Vater wesentlich geborgener gewesen als jenes, das er mit seiner Mutter zusammen führte. Nur wechselt er radikal sein Milieu und erhält das, was man gemeinhin als eine »gute Erziehung« bezeichnet. Er reitet, spielt Golf, lernt Tennis- und Schachspielen. Vor allem, so erinnert sich Victor im Gespräch, »nimmt er in seiner Umgebung viele intellektuelle und künstlerische Äußerungen wahr. In einem anderen Milieu wäre er sicherlich nie auf den Gedanken gekommen, Schriftsteller zu werden.«

Ansonsten hat man es bei ihm mit einem labilen Kind zu tun, einem undisziplinierten Schüler, der aus den schulischen Einrichtungen, die er besucht, hinausfliegt. Er entwickelt auch einen gewissen Geschmack an Schelmenstreichen und Lausbübereien. Victor entsinnt sich, daß er das Haus gerne heimlich verließ oder exzentrische Kleidung anzog, die die seines Vaters übertraf. Und Léon steuert folgende für Emmanuel wie für das familiäre Milieu bezeichnende Anekdote bei: »Ich erinnere mich an einen kleinen Zwischenfall, als ich mit ihnen in Genf lebte, das war also 1910 oder 1911. Eines Tages, bei Tisch, da glaubte Emmanuel, einen intelligenten Streich spielen zu müssen. Er hatte ein metallenes Figürchen gefunden, das, wenn man es aufzog, zu scheißen anfing – verzeihen Sie mir den Ausdruck. Dieses Gerät hatte er nun neben Emilys Teller gestellt; Emily hatte ja eine sehr strenge Erziehung gehabt – dort wurde mir beigebracht, wie man die Gabel hält, wie man das Fleisch schneidet, in einem Wort, es war der bourgeoise Haushalt schlechthin. Emmanuel stellte also dieses Ding an, und irgend etwas, das so aussah wie das, was ich eben beschrieb, begann da herauszulaufen. Im Grunde war das eher harmlos. Doch wie Emily dies sah, stand sie vom Tisch auf und verließ, das Gesicht in den Händen, den Raum, entsetzt, daß man solche Scherze treiben konnte. Na, und mein Vater, der eigentlich gerade loslachen wollte, schwenkte sogleich um und erteilte Emmanuel eine Rüge.«

Léon ergänzt, daß sein Vater nicht streng mit seinen Kindern umging, daß er sogar eher zärtlich zu ihnen war. In »Le Beau-Fils« wird auch auf »seinen Charme und seine Milde« angespielt. Trotz seines inkonsequenten Verhaltens und der Katastrophen, die sein traumtänzerisches, chaotisches und lavierendes Naturell hervorriefen, war Boves Vater eine Person mit einer gewissen Distinguiertheit. Da selbst Léon dies einräumt, besteht kein Grund, daran zu zweifeln. Mit Bezug auf seinen Bruder fügt er hinzu: »Zu der Zeit war er ein Schelm, er besaß einen ausgeprägten Sinn für Humor. Man kann nicht sagen, daß er ein sehr lebhaftes Kind war, das nicht. Ich würde sagen, er war eher unkonzentriert. Er besaß bereits diese Zurückhaltung, etwas von einem Spion und Beobachter. Er sprach nicht allzuviel über das, was er machte.«

In »Monsieur Thorpe«, einer im Jahre 1930 erschienenen Erzählung, liefert Emmanuel sein Selbstporträt. Der von ihm beschriebene Jugendliche ist wie er Interner eines Genfer Internats, während seine Eltern in Menton leben. Der Erzähler verlegt die Szene in das Jahr 1910 oder 1911, erläutert aber, daß er da 16 oder 17 war. Vergleicht man diese Angaben mit der Wirklichkeit, dann zeigt sich, daß Bove in diesem Text die gesamte Periode miteinschließt, in der er mit seinem Vater und Emily zusammenlebt.

Das Selbstporträt frappiert durch seine Exaktheit, weil es das, was man von Emmanuel aus dieser Zeit bereits weiß, bestätigt und komplettiert. Gezeigt wird ein verschwiegener Jugendlicher, der gerne beobachtet und mit einer extremen und dabei unterdrückten Sensibilität ausgestattet ist:

Ich war damals maßlos und für jeden sichtbar schüchtern. Die Verdächtigung, ich könne einen bösen Gedanken hegen oder auf den eigenen Vorteil aus sein, machte mich krank. Der kleinste Vorwurf brachte mich aus der Fassung. Für nichts und wieder nichts errötete ich. Und dennoch, trotz all meiner Skrupel beging ich unaufhörlich Taktlosigkeiten. So fand ich mich andauernd in unangenehmen Situationen wieder, insbesondere in der, mich für eine Tat zu rechtfertigen, die ich häßlich fand und die ich trotzdem begangen hatte, um mich dann vor Leuten zu verteidigen, denen ich tausendmal recht gab. Das hatte mir nach und nach in meiner Umgebung den Ruf eingebracht, falsches Spiel zu spielen.[15]

Diese Passage läßt eines der zentralen Themen des Boveschen Werkes erkennen – das der Schuld. Eine Schuld, von der sich der Erzähler nicht freimachen kann und die er zur Selbstverteidigung noch potenziert, indem er das daraus resultierende Einsamkeitsgefühl überbetont.

In diesem Zimmer [...] habe ich zwölf Monate meines Lebens zugebracht, Monate, die ich nie vergessen werde. [...] Kaum eingetreten, schloß ich mich immer auf der Stelle ein. Mein erster Gedanke war, den Schlüssel abzuziehen, damit die zurückfallende Metallscheibe das Schlüsselloch verbergen konnte. Denn es war einer meiner lebhaftesten Wünsche, mich in Sicherheit zu fühlen, an einem Ort, zu dem allein ich Zugang hatte, ein Wunsch nach Abkapselung, vergleichbar jenem anderen, den ich ebenfalls hatte, nämlich ein winziges Stück Land zu besitzen, das dennoch sehr ausgedehnt war, weil es mir bis zur Unendlichkeit in seiner Tiefe gehörte, ein Stück Land, in dessen Untergrund ich einen Palast gegraben hätte, selbst auf die Gefahr hin, bis unter die Nachbargrundstücke vorzudringen – denn niemand hätte es je erfahren.[16]

Abgesehen von der kindlichen Phantasie ist der Erzähler hier jenem aus Kafkas Erzählung »Der Bau«[17] vergleichbar. In seiner Ohnmacht, sich der Welt, der äußeren Wirklichkeit zu stellen, zieht er sich bis zum Punkt angestrebter Selbstauflösung in sich selbst zu-

---

15 Vgl. Emmanuel Bove, »Monsieur Thorpe«, Reclam Verlag Leipzig 1993, S. 12f. A.d.Ü.

16 Ebd., S. 11f. A.d.Ü.

17 Franz Kafka, »Der Bau« [in: »Beschreibung eines Kampfes«. A.d.Ü.]. Die Novelle schrieb Kafka in den letzten Jahren seines Lebens. Es ist einer der seltenen Texte, die Kafka in der ersten Person verfaßte. Sein Held ist ein Dachs, ein Maulwurf oder ein Hamster und je nach Auslegung eine Art perfide Selbstkarikatur Kafkas: ein egoistischer, listiger, gieriger, grausamer, misanthropischer, narzißtischer Junggeselle, der sich diesen Bau gegraben hat. Der Bau stellt in erster Linie die mütterliche Umgebung dar, den Bereich der Regression in die Kindheit, Bereich von Leben und Tod (vgl. Pietro Citati, »Kafka«, Gallimard, Paris 1989).

rück. Er flüchtet vor der grauenhaften Wirklichkeit, aber nicht nach außen, das heißt in eine aktive Tat hinein, sondern nach innen, in die eigene Auslöschung und in das Vergessen. Das ist einer der Gründe, warum seine Figuren sich a priori weigern, sich selbst zu verwirklichen und eben aktiv zu werden. Ihre Handlungsvorsätze haben ihren Ursprung stets in der Phantasie oder im Traum:

Oftmals stellte ich mich ans Fenster und verharrte dort mitunter eine geschlagene Stunde, wobei ich dem Kommen und Gehen zusah, über meine Zukunft nachdachte, mir das Leben vorstellte, das ich führen würde, wenn ich einmal verheiratet wäre. Merkwürdig, ich sah mich immer nach Hause kommen und das Zimmermädchen, das mir öffnete, fragen: »Ist Madame zu Hause?« Zwei oder drei Jahre lang in meinem Leben hat es nicht einen Tag gegeben, an dem ich diese Frage nicht einem imaginären Dienstmädchen gestellt hätte [...].[18]

Dazu noch dieses kurze Zitat: »Meine Phantasie war zu rege, ›arbeitete mehr als der Rest‹, wie einer meiner Lehrer sagte.«[19]

Aufgrund der Wechselfälle seiner Kindheit darf man urteilen, daß Bove über seine natürliche Veranlagung hinaus viele »objektive« Gründe hatte, sich in sich selbst zu verkriechen. Denn hier lag eigentlich sein einzig mögliches Refugium. Im weiteren wird man sehen, daß er sein Leben eher erträumte als wirklich lebte.

»Monsieur Thorpe«, Text der »Lehrzeit« im Sinne einer »Einführung ins Leben«, liefert noch andere Aspekte über die Persönlichkeit des heranwachsenden Bove. Beispielsweise spielt er auf seine Kindheitsängste an, die sich zum Geist der Erzählung gegenläufig verhalten, da der Vater des Erzählers als ehrenvoller Bürger gilt.

Was mich mit den meisten Kindern verband, die die Kämpfe ihrer Eltern aus zu großer Nähe mitbekommen haben, war diese dauernde Furcht, ihnen zu schaden, sie zu verraten, sie auszuliefern, sie wegen mir als Gefangene zu sehen. [...] Mich verfolgte die Vorstellung, daß mein Vater eines Tages niedergeschlagen und von anderen Männern als Gefangener gehalten werden könnte. Das war krankhaft. Als ich ganz jung war, da pochte mein Herz, wenn an unsere Tür geklopft wurde, ich war schweißgebadet, so sehr fürchtete ich, daß man ihn abholen kam.[20]

Solche Passagen stehen so sehr im Widerspruch zum Geist der Er-

---

18 »Monsieur Thorpe«, a.a.O., S. 11. A.d.Ü.
19 Ebd., S. 13. A.d.Ü.
20 Ebd., S. 15. A.d.Ü.

zählung, daß sie mehr intimes Geständnis sind als die Phantasie des Romanciers. Obendrein läßt sich ermessen, wie real Boves Zuneigung zu seinem Vater gewesen sein muß. Falls es sich dabei nicht nur um reines Wunschdenken handelt, sind beide Sichtweisen keineswegs unvereinbar. Das übersteigerte Schuldgefühl wendet sich bisweilen um in Selbstbestrafung. So idealisiert der Erzähler Monsieur Thorpe, dessen ganze Willensschwäche er im übrigen gleich im Anschluß daran aufzeigt:

In meinem ganzen Leben bin ich nur selten auf ähnliche Wesen gestoßen. Aber jedesmal, wenn dies passierte, fühlte ich so etwas wie ein Unbehagen. Ich kam mir dann so niederträchtig vor, so würdelos, daß ich darunter litt. All die Verwirrung meines Lebens, all das Böse, das ich getan hatte, war mir ins Gesicht geschrieben. Die Laster, gegen die ich zunächst gekämpft hatte, [...] erschreckten mich plötzlich wieder so wie beim ersten Mal. Selbst mein Aussehen widerte mich an. Ich kam mir grob, vulgär und häßlich vor. Wenn diese auserlesenen Wesen mir eine gewisse Freundlichkeit entgegenbrachten, beschlich mich irgendwie das Gefühl, sie in einer gemeinen Weise zu betrügen.[21]

Man hat es da mit Gefühlen zu tun, die in die Adoleszenz gehören und die »der reife Mensch«, indem er sich vorgeblich der Realität stellt, indem er ein erwachsener Mensch wird, tunlichst zu verdrängen sucht. In diesem Sinne wird Bove niemals ganz erwachsen sein. Er wird sein Leben lang in einer ständigen »Unreife« verharren. Zu keinem Zeitpunkt tritt er als Akteur seines Lebens oder als Demiurg seiner Figuren in Erscheinung, vielmehr immer als Zeuge menschlicher Untiefen, das heißt als ein Romancier am Rande des Abgrunds. Die Erzählung endet – oder zumindest fast – mit einer kurzen Passage, die, obwohl sie nicht den Erzähler betrifft, doch Boves Leben sehr wohl zusammenfaßt:

Diese Wesen sind dazu da, alles, was sie besitzen, zu verlieren, ihr Vermögen, ihre Kinder, ihre Freunde. Am Ende sind sie vereinsamt, krank, verbittert, und dennoch gibt es da eine Sache, die das Leben nicht in ihnen abgetötet hat: ihre Arglosigkeit. Das sind arme Kerle.[22]

Arglosigkeit, Naivität, so wird man sehen, ist eines der Hauptmerkmale des Boveschen Charakters. Bald eine Qualität, aber auch

---

[21] Ebd., S. 19. A.d.Ü.
[22] Ebd., S. 45. A.d.Ü.

ein Bollwerk gegen die Schwärze und den Pessimismus, die tief in ihm verankert waren; bald ein Mangel, und zwar in dem Sinne, da sie – die naturgegebene Diskretion des Schriftstellers komplettierend – mitunter dramatische Mißverständnisse mit seinen Angehörigen heraufbeschwört: mit Léon und seiner Mutter, aber auch mit seiner ersten Frau und seinen Kindern.

Es hat nicht den Anschein, als seien die fünf Jahre, die Emmanuel bei seinem Vater und bei Emily verbracht hat, für ihn mit einem Gefühl der Geborgenheit verbunden gewesen. Mindestens zweimal ist davon die Rede, daß er wieder zu seiner Mutter zurückkehrt. So wendet sich der Prusco ab Oktober 1910 brieflich an Henriette und bittet sie, »sich häuslich einzurichten« (sie ist zu diesem Zeitpunkt Mädchen für alles), denn er plant, ihr die Kinder zurückzugeben. Er bittet sie auch, zu ihm zu kommen, nicht nach Genf, sondern nach Bern. All dies spielt sich wahrscheinlich ohne Emilys Wissen ab.

Einen Monat später »brach Henriette also nach Bern auf, wohin der Prusco wie zugesagt kommen würde. Nach einer Reise, in deren Verlauf sie dreimal in den verkehrten Zug stieg, kam sie schließlich an einem Novemberabend an. Sie fand ein möbliertes Zimmer und wartete eine Woche vergeblich darauf, daß der Prusco sich blicken lassen würde. Sie beschloß daraufhin, nach Genf zu fahren, und begab sich auf die Bürgermeisterei, um seine Adresse ausfindig zu machen, denn der Prusco ließ sich seine Korrespondenz postlagernd zuschicken. Er kam doch noch zu Henriette. Wie immer wurde das Blaue vom Himmel versprochen, es gab auch die Zusage, die Kinder würden zurückgegeben. Damals war die Engländerin mit Victor und Emmanuel nach England verreist. Letztlich führte diese Reise zu keiner Veränderung, weder für die Kinder noch für Henriette, die allein nach Paris zurückfahren und eine neue Anstellung finden mußte.«

Im Frühjahr 1911 erhält sie einen Brief von Bobovnikoff, der ihr »befiehlt« (so Léon), ein möbliertes Zimmer in Versailles zu suchen, damit er ihr seine beiden Söhne anvertrauen kann. Sie kommt dieser Aufforderung nach, und einige Monate später treffen alle drei unvermutet zusammen: »Der Prusco kam hereingeschneit wie ein Pascha, zusammen mit dem jungen Emmanuel, der wie ein Sohn reicher Leute angezogen war und ein Fahrrad vor sich her schob, sowie mit dem kleinen, ebenfalls ordentlich gekleideten Léon. Dieser erinnert sich noch an das Verlangen seines Vaters, an Bedeutung zu gewinnen, indem er seine beiden Söhne in ein Restaurant mitnahm. Er kann sich nicht entsinnen, seine Mutter während des Essens gesehen zu haben. Er erinnert sich nur, daß sein Vater unsichere Scherze über die Rechnung machte, die einen Louisdor nicht überschreiten durfte. [...] Der Prusco blieb etwa zehn Tage in Versailles. Genauso wie zu den Zeiten, als sie zusammen in Paris lebten, stand Henriette gegen 9 Uhr auf und kochte etwas Tee, den sie ihm ans Bett brachte, wo er ziemlich lange liegenblieb. Dann erbettelte sie sich 20 Sou, um ihre Besorgungen zu machen, ganz so wie in der Zeit, als sie in Paris lebten. Damals hatte der Prusco selten dieses Geld. Manchmal, wenn es mit dem Kredit zu Ende ging, zog er sich an wie ein Professor und pumpte sich was bei den Kaufleuten der Engländerin, wo man ihn ein bißchen kannte. Henriette machte dann ein bescheidenes Essen, und er zog nachmittags wieder los, um seine Geschäfte in Gang zu bringen, den Boul'Mich' abzuschreiten, mit Russen und Polen auf du und du zu machen, einige Mädchen respektvoll zu grüßen und seine Besuche bei der Engländerin fortzusetzen.«

Während seines Aufenthalts in Versailles kommt es zu einem kuriosen Zwischenfall, der Léon sichtlich erheitert: »Eines Tages, als er bis zum Grand Canal hinunter marschiert war, betrat er den Landesteg, machte einen falschen Schritt und fiel senkrecht, wie ein Pflock, zwischen zwei Boote. Er war völlig verschwunden, bis auf seine Melone, die kurze Zeit allein oben dahinschwamm. Er hatte sich an beide Boote geklammert und konnte sich auf diese Weise wieder leicht aus dem Wasser ziehen. Pudelnaß, wie er war, tastete er als erstes die Westentasche ab, in der sich einige Louisdor befanden. Zum Glück war es ein schöner Sommertag. Begleitet vom kleinen Léon, ein bißchen herumalbernd, ließ er seine Kleider auf einem Heuhaufen trocknen, in der Nähe des Petit Trianon[23], wo Emmanuel dann mit seinem Rad zu uns stieß. Henriette bereitete ein nicht zu teures Picknick vor. Der Prusco hatte vor allem auf Brathähnchen bestanden. Henriette hatte den Auftrag, das Ganze in den Garten des Petit Trianon zu bringen. Als sie da endlich ankommt, ist sie stocksauer, weil sie den Proviant von der Innenstadt zu Fuß heranschleppen mußte. Der Prusco nahm's philosophisch und verschlang dabei einen Hähnchenschenkel. Er schob Emmanuel die Schuld in die

---

[23] Unter Ludwig XV. erbautes Schloß im Park von Versailles. A.d.Ü.

Schuhe, weil es ihm nicht eingefallen war, seiner Mutter zu helfen, indem er das Netz an sein Fahrrad hängte.«

Emmanuel kehrt mit seinem Vater nach Genf zurück, während Léon der Obhut seiner Mutter überantwortet wird, die er bis zu ihrem Tod dann nicht mehr verläßt. Einige Wochen später schreibt Bobovnikoff an Henriette, sie solle Versailles verlassen und nach Paris gehen, damit Léon in das Henri-IV-Gymnasium, für dessen Besuch damals noch bezahlt werden mußte, eingeschrieben werde. Wie jedesmal kommt man der ersten Zahlungsaufforderung noch nach, dann aber wird das Kind, weil die Schule nicht mehr bezahlt werden kann, nach Hause geschickt.

Für Léon und seine Mutter sind die folgenden Jahre von Armut, Umzügen und Hinauswürfen geprägt. Der Vater greift ihnen auf seine Art und Weise unter die Arme, soll heißen: unregelmäßig, um nicht zu sagen: beiläufig. Man muß ihm immerhin zugute halten, daß er sie nie im Stich läßt. Darüber hinaus »befiehlt« er Henriette 1913, sich mit ihrem Sohn in Lausanne einzuquartieren, weil, so schreibt Léon, »sein Verhältnis zur Engländerin von da an gesichert schien«. Er stellt so die Situation wieder her, die in Paris herrschte, und die Doppelexistenz wird nach dem gleichen Modus weiterlaufen, mit den ewigen Reibereien bis zu seinem Tod zwei, drei Jahre später. Henriette geht von da an keiner Arbeit mehr nach und lebt mit Léon in Erwartung der Überweisungen Bobovnikoffs.

Die Beziehung zwischen Emily und Vater Bobovnikoff ist anscheinend nicht durchwegs ungetrübt. Seine apathische und verträumte Art hatte Emily wahrscheinlich für sich eingenommen, wegen des Gegensatzes zur Strenge ihres eigenen Milieus. Ihre Mutter und ihr Stiefvater sind überhaupt nicht davon eingenommen, was Spannungen und Brüche auch auf dieser Seite provoziert. Doch Emily verträgt die Eskapaden des Vaters ihres Kindes nur schlecht:

Sie hatte ihn im Verdacht, daß er ihr gewisse Auslagen verheimlichte, daß er Leute aufsuchte, die sie für einen Besuch bei ihm zu Hause als unwürdig befunden hatte, bei denen es ihm indes gefiel. Sie machte die Augen zu, um nichts zu erfahren, was das Bild, das sie von [ihm] besaß, hätte trüben können, ein Bild, auf das sie umso mehr hielt, als sie es war, die ihn dazu gebracht hatte, alles aufzugeben.[24]

---

[24] Vgl. »Le Beau-Fils«, a.a.O. Alle folgenden Zitate stammen ebenfalls aus diesem Roman.

Diese Zurückhaltung entspricht ganz Emilys Charakter. Nach dem Tod seines Vaters beschreibt Bove sie als noch vorsichtiger:

Heute [...] fürchtete sie noch mehr als zuvor die Aufdeckung irgendeines Betrugs. Alle, die [ihn] gekannt hatten, erschienen ihr wie die Zeugen eines fernen Vergehens.

Natürlich muß man hier – wie im vorigen und im folgenden – berücksichtigen, daß diese Passagen einem Roman entnommen sind. Doch die Atmosphäre, die in diesem Haushalt herrscht, ist wahrheitsgemäß wiedergegeben und entspricht den uns überlieferten Aussagen. Emmanuels Situation in seiner zweiten Familie ist ambivalent. Seine Position ist niemals die des Sohnes – der Romantitel (Der Stiefsohn) ist in dieser Hinsicht aufschlußreich –, da dieser Platz ja von Victor eingenommen wird. Es besteht kein Zweifel, daß er darüber, insgeheim oder nicht, einen gewissen Verdruß empfindet und tief davon getroffen wird. Wie auch immer ihre Fürsorge ihm gegenüber ausgesehen haben mag – Emily konnte ihm seine wirkliche Mutter jedenfalls nicht ersetzen. In dieser Hinsicht ist er hin- und hergerissen zwischen seiner leiblichen Mutter, die er verleugnet und derer er sich schämt, und einer unerreichbaren Stiefmutter, von der er genau das einfordert, was sie ihm nicht geben kann. Und was er, ohne Emily, auch nicht zu erreichen vermag, ist diese soziale Stellung, die das Gespenst der Armut vertreiben könnte, welches seine Kindheit geprägt hat. In dieser ewigen Schieflage wird er bei Emily und seinem Vater in Genf leben. Ein Satz aus »Le Beau-Fils« resümiert seine damalige Geisteshaltung:

Sein einziger Ehrgeiz war, wie ein Sohn [von Emily] behandelt zu werden, seine einzige Befürchtung war, seine Mutter auftauchen zu sehen.

In dieser Phase sind auch die Gefühle seinem Vater gegenüber widersprüchlich. Einerseits hat er eine unleugbare Zuneigung zu ihm, ja er fühlt sich sogar als sein Komplize, was mit den ähnlichen Charakteren der beiden zusammenhängt (es ist ziemlich wahrscheinlich, daß Emmanuel die Gerissenheit seines Vaters bewundert und sie ausgiebig nachahmt), doch eine andere Seite an ihm beurteilt er streng:

Schon seit zwei Jahren ging [er] ihm aus dem Weg, und wenn dies nicht möglich war, wagte er es nicht, ihm ins Gesicht zu sehen. Er war eifersüchtig auf seinen Vater. Er hatte das Gefühl, daß dieser [seiner Stiefmutter] unwürdig war, daß er ihre Liebe nur erweckt hatte, weil er ihr verheimlicht hatte, was er in Wirklichkeit war. Die Jahre hatten ihn das intime Verhältnis nicht vergessen lassen, das zwischen seinem Vater und [seiner Mutter] bestanden hatte. Er erinnerte sich deutlich an Szenen in der bescheidenen Wohnung, in der er seine frühe Kindheit verbracht hatte – an die Streitereien wegen des Geldes, Beträge, die selbst dem nunmehrigen Gymnasialschüler unbedeutend erschienen; an die Freude, die er empfunden hatte, [bei seiner Stiefmutter] zu sein, und [...] vor allem an diese Geborgenheit, die er verspürte, sobald er in ihrer Nähe war. Obwohl nur ein Kind, hatte er geahnt, wie sehr diese Ausländerin von seiner Mutter verschieden sein mußte, sie, die niemals ihre Stimme hob, die inmitten von Büchern, Farben und Dingen lebte, die ihm wertvoll erschienen.

Der Vater ist also im ödipalen Sinne des Wortes ein Rivale; er ist aber auch der Zeuge, der an das vergangene und immerfort drohende Elend erinnert, das Hindernis, das sich dem Erzähler in den Weg stellt, will er an diese durch seine Stiefmutter verkörperte Idealwelt herankommen. Die fortwährende Idealisierung dieser Frau hat auf der anderen Seite die physische Ablehnung der leiblichen Mutter zur Folge:

Als er die kindliche Handschrift [seiner Mutter] erkannte, begann er zu zittern. [...] Würde er nicht zu ihr gehen, dann käme sie zu ihm. Bei diesen Gedanken überlief es ihn heiß.

Zitate dieser Art ließen sich reichlich finden. Die durch die Mutter verkörperte Welt läßt die idealisierte Welt der Stiefmutter erst recht zur Geltung gelangen. Was den Vater betrifft, so ist dieser letztendlich auf die Welt der Mutter zurückgeworfen. Es handelt sich dabei um eine kindliche und manichäische Sicht, die Bove nicht nur nicht überwinden kann, sondern die er als treibende Kraft seines Roman-Universums geltend machen wird. Die von ihm beschriebene Wirklichkeit ist immer düster und unwiderruflich und spiegelt seine Kindheit wider. Sein ganzes Werk ist der mißglückte Versuch, die seine Willenskraft übersteigenden Schrecken der Kindheit zu verdrängen. Von daher ist es also kein Zufall, wenn er in all seinen Romanen dasselbe Schema in verschiedenen Spielformen reproduziert. Dabei kommt es selbst in seiner eigenen Persönlichkeit zu einem Bruch. Im Innersten seiner selbst bleibt er stets ein Gefangener dieser aus seiner Kindheit stammenden Düsternis. In diesem Sinne könnte man sagen, daß er den pessimistischen Hintergrund seiner Romane sich nicht aussucht, sondern daß er von diesem ausgesucht wird. Umgekehrt wird sich zeigen, daß er generell, in puncto Zukunft, ein Optimist reinsten Wassers ist. Um ihn herum kann alles zusammenstürzen – insbesondere im beruflichen Bereich –, er gibt sich gegen alle Wahrscheinlichkeit sicher, daß sein nächster Roman die Situation zu seinen Gunsten umkehren wird. Hauptgrund dafür ist, daß er sich auf der Flucht vor den schrecklichen Realitäten (wo nicht vor dem latenten Horror jeglicher Realität) in einen unerreichbaren Idealismus rettet oder retten will, das heißt auch in eine Welt, die die Realitäten des Alltags verleugnet. Auf seine Weise ist Emmanuel genauso irrealistisch und verträumt wie sein Vater. Er erträumt sein Leben mehr, als er es in Wirklichkeit lebt. Woher sich bei der Lektüre dieses Gefühl minimaler, manchmal gar schwindender Präsenz ableitet. Philippe Soupault, der ihn bereits vor seiner ersten Buchveröffentlichung kannte, nannte ihn in einem Gespräch einen »stark verhaltensgestörten« Menschen.

Boves Vater stirbt im Oktober 1915 in einem Sanatorium in Leysin an Tuberkulose. Das genaue Datum seiner Einlieferung nicht bekannt, aber vermutlich war es vor dem Mai desselben Jahres, zum Zeitpunkt, da Emmanuel von Emily nach England geschickt wurde. Wie auch immer, der künftige Schriftsteller wird beim Tod seines Vaters nicht zugegen sein. Über dessen Krankheit berichtet er so:

Am nächsten Tag stand er nicht auf. Die ganze Nacht hatte er Fieber gehabt. Seit geraumer Zeit bereits trank er vor dem Zubettgehen bis zu zehn Glas Wasser. Dieser anormale Durst hatte [sie] niemals beunruhigt. An diesem Morgen indessen rief sie nach dem Arzt. Nachmittags wurde eine Röntgenaufnahme gemacht. Die Lungen waren an mehreren Stellen angegriffen. Außerdem war er Diabetiker. Er mußte schnellstmöglich nach [Leysin] gebracht werden.

Der Erzähler fügt hinzu, daß sein Vater sanft in den Schlaf fällt und daß seine Stiefmutter ihm nicht mehr von der Seite weicht. Als er wieder bei klarem Verstand ist, erkundigt er sich als erstes nach seinem Sohn. Man kann an diesen Einzelheiten Emilys tatsächliche Liebe für ihren Begleiter ablesen, aber auch die des Vaters für seinen Sohn. Man weiß wenig über ihr Gefühlsleben, doch Léon räumte im Laufe unserer Gespräche mehrfach ein, daß sein Vater seine Kinder (ihn eingeschlossen) liebhatte, daß Emily »ganz vernarrt« in ihn war und daß Emmanuel seinen Vater bewunderte. Das ist in dem Maße von Bedeutung, wie Emmanuel die Ambitionen seines Vaters sich zu eigen machen wird. Diese Ambition, anerkannt und wohlhabend zu sein und sozial Wurzeln zu schlagen, wird von dem einen an den anderen weitergegeben. Das Ideal des Vaters – wie auf eine andere Art das des Sohns – heißt Integration. Der eine wie der andere beansprucht einen »ehrenwerten« Platz in der Gesellschaft. Summa summarum handelt es sich dabei um ein bürgerliches Ideal, von dem sich beide ja permanent ausgeschlossen wähnen. Boves Werk ist in dieser Hinsicht bezeichnend, denn die Suche nach Verwurzelung ist eine seiner wichtigsten Triebfedern. Freilich ist die Gesellschaft, in die er integriert sein möchte, weitgehend imaginär und entspricht den im wesentlichen schwach eingesetzten Mitteln, Zugang zu ihr zu erlangen. Dies alles hat seinen Ursprung in der Phantasie und im Traum, nicht in der Wirklichkeit. Aus diesem Grund ist hier das Scheitern unabdingbar mit der Suche verbunden. In »Le Beau-Fils« schildert Bove den Tod des Vaters mit diesen Worten:

Noch denselben Abend, es war die Herbst-Tagundnachtgleiche, und ein Sturm fegte über das Gebirge, machte [sein Vater] den letzten Atemzug.

Die Tagundnachtgleiche ist am 23. September, Boves Vater aber stirbt in Wahrheit am 6. Oktober 1915, und zwar in Leysin und nicht in Davos. Im selben Roman legt er seine eigene Geburt auf »Ende April 1898«, während er tatsächlich am 20. desselben Monats geboren wird. In der Mehrzahl der Romane werden Daten und Ereignisse mit einer mehr oder weniger großen Abweichung dargestellt, je nachdem, ob man sich näher oder weniger nah an der Autobiographie befindet. Gerade in »Le Beau-Fils« ist diese Abweichung aber minimal, denn dieses Werk ist das am meisten autobiographische von allen. Der Leser, der – und sei es nur in groben Zügen – Boves Leben kennt, kann »Le Beau-Fils« nicht als reine Fiktion interpretieren. Es handelt sich aber offensichtlich auch um keinen Bericht, sondern um eine Konfession in Romanform. Keine der Hauptfiguren – Vater, Mutter, Stiefmutter, Bruder, Ehefrau etc. – ist frei erfunden. Sie sind wahrheitsgetreu dargestellt und decken sich weitestgehend mit den Modellen, nach denen sie gestaltet sind. Darüber hinaus entspricht die Chronologie der Ereignisse der Realität.

Fiktion und Wirklichkeit decken sich fast zu hundert Prozent. Zum ersten und einzigen Mal begnügt Bove sich damit, die Wirklichkeit abzubilden, ohne sie wirklich in eine Romanform zu bringen. In seinen anderen Romanen geht er statt dessen von einem autobiographischen Ereignis oder Gefühl aus und entwickelt die Fiktion von da aus. Anders gesagt, er liefert ein Element der Realität, um ihr besser zu entkommen. Dies illustriert nicht nur seine Schreibtechnik, sondern ist auch ein besonderes Kennzeichen seines Charakters. Jeder Romancier flieht die Wirklichkeit, er tut dies per definitionem, Boves Flucht aber ist spezifisch. So macht er sich beispielsweise sehr prosaische Notizen über Alltäglichkeiten. Da meint man, endlich ein autobiographisches Schriftstück, den Anfang eines Tagebuchs oder eines Berichts, in den Händen zu halten, doch dann schlägt die Erzählung sehr schnell, übergangslos, in Fiktion um. Wiederholt macht er sich Notizen, die man als den Anfang eines Tagebuchs interpretieren kann. Doch mehr als ein paar verstreute Blätter kommen dabei nie zustande, das Ganze umfaßt kaum zwanzig Seiten. Zudem sind diese Seiten mit Definitionen aus dem Wörterbuch oder mit Sätzen versehen, die in den Roman, den er gerade schreibt, hineinkommen sollen. Seine Briefe – sieht man einmal von den sehr nützlichen Briefen an Léon und etwa dreißig anderen an seine zweite Frau ab – sind rar und im allgemeinen nicht von besonderer Bedeutung. Es ist auch bekannt, daß er das Briefeschreiben nicht besonders mochte. Seine gesamte Aktivität ist auf sein Roman-Universum konzentriert. Dort läßt er andere für sich leben, und seine eigene Existenz löst sich darin auf.

Emmanuel reist im Mai 1915 nach England, wo er am 26. des Monats »mit drei Tagen Verspätung«, wie Léon notiert, ankommt. Er möchte damit ausdrücken, daß sich sein Bruder unterwegs amüsiert hat. Er sagt auch, daß dieser Aufenthalt von Emily beschlossen worden war, weil sie »von Emmanuel genug hatte«. Tatsächlich überrascht es, daß er im Mai aufbricht, das heißt einen Monat vor dem ersten Teil seines Abiturs. Im Roman »Le Beau-Fils« urteilt die Stiefmutter so über Emmanuels Pendant mit dem Namen Jean-Noël:

[Er] war alles in allem kein schlechter Junge. Was sie ihm vorwarf, waren seine Anwandlungen und seine schauspielerischen Allüren, die er mitunter zeigte. Sie stammten aus einem sprudelnden kindlichen Bereich, das war klar, aber deshalb waren sie nicht weniger unerträglich.

Bove komplettiert sein Selbstporträt dort mit diesen Worten:

Er war jetzt ein großer, magerer junger Mann von siebzehn Jahren. Sein Gesicht war aufgedunsen und von diesem glanzlosen Fleisch, bei dem die Poren zu sehen sind. Seine Zähne waren so gewachsen, daß sie leicht vorstanden, man konnte sie erkennen, auch wenn er nicht redete. Von seiner ganzen Person ging etwas Nobles, Schüchternes, Stolzes aus. Die Stirn lag wie bei einem alten Mann in Falten; die Gesichtszüge, vor allem die Nase: mächtig. Dennoch gab es in diesem ungefälligen Gesicht so etwas wie ein Licht, das von den Augen herkam und das einer denken ließ, daß dieser junge Mann in bestimmten Augenblicken schön sein konnte.

Es gibt von Emmanuel keine Fotos aus dieser Epoche. Nur drei Bilder sind erhalten aus der Zeit vor der Schriftstellerkarriere. Auf den ersten beiden erscheint er neben Léon und dürfte da zwischen sechs und acht Jahre alt sein. Das zweite Bild zeigt ihn bereits als ein zurückgesetztes, introvertiertes, von Traurigkeit und Ernst geprägtes Kind – zumindest wenn man ihn mit Léon vergleicht. Léon ähnelt äußerlich mehr seiner Mutter, Emmanuel hat eher die Züge seines Vaters. Diese Eindrücke verstärken sich auf dem dritten Foto, wo er inmitten seiner Klassenkameraden zu sehen ist. Ist der genaue Zeitpunkt der Aufnahme dieses Bildes auch nicht bekannt, so kann man davon ausgehen, daß Emmanuel da ungefähr zwölf Jahre alt ist. Die Aufnahme könnte somit in der Schweiz gemacht worden sein. Inmitten einer Gruppe stehend, verstärkt sich dieser Eindruck von Zurückhaltung. Er sieht ein wenig in sich zusammengesunken aus und hält sich im Hintergrund, in einer beobachtenden Position, fast wie auf der Flucht. Schmollend, fast verächtlich verzieht er die Mundwinkel. Etwas Wildes oder Rebellisches geht von ihm aus, auch etwas Geheimnisvolles. Außerdem läßt sich feststellen, daß er mit einem gut geschnittenen Anzug über einem gediegenen Pullover besser gekleidet ist als die Mehrzahl seiner Mitschüler, und vor allem, daß er diese Sachen mit einer Vornehmheit trägt, die ihm immer eigen sein wird.

Emily hat mindestens drei gute Gründe, ihn nach England zu schicken. Als erstes ist Emmanuels Vater krank und sicherlich schon in Behandlung, sei es in ihrem Haus in Genf, in der Rue de l'École de Médecine, sei es gar im Sanatorium von Leysin. Es ist möglich, daß sie sich seiner Erziehung allein nicht gewachsen fühlt. Umso mehr, als er ein schwieriger Jugendlicher bleibt, der sich kaum mitteilt und seine Streiche im verborgenen ausführt. Emily ist wahrscheinlich von den emotionalen Ansprüchen, die sie nicht befriedigen kann, überfordert, was Emmanuels Instabilität wiederum verstärkt. Darüber hinaus begünstigt die Abwesenheit des Vaters sein undiszipliniertes Verhalten. Er gibt dies übrigens in »Le Beau-Fils« selbst zu:

Er nutzte das aus, um nicht ins Gymnasium zurückzumüssen, obwohl er kurz vor den Prüfungen für das Abitur stand.

Schließlich wird seit Kriegsanfang der Hauptteil von Emilys Einkünften in England zurückgehalten; bei Kriegsende ist sie dann aufgrund der Geldentwertung definitiv finanziell am Ende. Für sie und ihren Sohn Victor beginnt von nun an ein dürftiges, ja kümmerliches Leben, von dem sie sich nie mehr erholen wird, das sie aber tapfer und ohne Umstände zu machen bestreiten wird. In der vergeblichen Hoffnung, für den Lebensunterhalt aufkommen zu können, fängt sie während des Krieges mit professioneller Malerei an; sie tut dies aber, wie bereits früher, auch unentgeltlich für das Rote Kreuz. Später wird Victor sagen, daß er keinem Studium habe nachgehen können, weil seiner Mutter das Geld ausgegangen war, und auch, daß er gerne Bildhauer gewesen wäre, was aber durch den Umstand unterbunden wurde, daß sie damals, seine Mutter und er, »zu sehr damit beschäftigt gewesen seien, etwas in den Magen zu kriegen«.[25]
Léon und seine Mutter ficht dies nicht an. Sowie der Vater tot ist, stellen sie Emily unaufhörlich nach, um ihr Geld abzuknöpfen. Sie leben noch in Lausanne, erpressen sie, drohen bei jeder sich bietenden Gelegenheit mit einem Skandal. Für sie ist Emily die Usurpatorin, diejenige, die ihnen ihren »Vater« und »Ehemann« geraubt hat. Ihr Fehler sei unverzeihlich, und deshalb solle sie zahlen, und zwar im weitesten Sinne des Wortes, vor allem aber solle sich die Reue in klingender Münze bemerkbar machen. Noch ein dreiviertel Jahrhundert später bleibt Léon in diesem Punkt vollkommen gelassen: »Wir hingen ihr auf der Pelle, weil wir meinten, daß dieses Weib uns Geld schuldete.« Sein anderes Argument lautete, daß es Menschen gebe, die für die Armut geschaffen seien, daß dies aber auf ihn, eben Léon, nicht zutreffe und daß er nicht einsehe, wieso er sich für unterbezahlte Jobs hergeben solle, während so viele andere von ihren

25 Aus einem Gespräch mit Victor.

Renten lebten und eine müßige Existenz führten. Er formulierte da, unfreiwillig, das Credo seines Vaters.

Ab dieser Zeit – 1915 – leben Mutter und Sohn von diesen finanziellen Zuwendungen. Alle beide halten an dieser einmal eingenommenen Position fest und wollen zu keinem Augenblick davon ablassen, vielmehr bestärken sie sich gegenseitig in ihrer Paranoia und in ihrem Verfolgungswahn. In »Le Beau-Fils« faßt Bove ihre Situation zusammen:

[Ihnen] Gutes zu wollen hieß, sie herabsetzen zu wollen, sie so zu machen wie alle anderen, ihnen die Illusion zu rauben, daß sie Opfer eines Familiendramas waren.

Dennoch – und gerade durch Léons Geständnis – zeigt sich, daß Emily ihnen finanziell mehrfach unter die Arme gegriffen hatte, freiwillig oder unfreiwillig, je nachdem ob der Prusco die sporadische Hilfe, die er seinem ersten Haushalt leistete, ihr verheimlichte oder nicht: »Mein Vater hatte kurz vor seinem Tod die Frau, die wir nur ›die Schlampe‹ nannten, gebeten, uns eine kleine finanzielle Rücklage einzuräumen. 2.000 Schweizer Franken bekamen wir bei seinem Tod. Und meine Mutter und ich haben fast ein Jahr von dieser Summe gelebt. Sie fürchtete den Moment, da das Geld aufgebraucht sein würde.« Ihre Rachegelüste waren dadurch allerdings keineswegs gestillt, im Gegenteil; man hat eher das Gefühl, daß sie durch Emilys Großzügigkeit ihnen gegenüber nur genährt und gerechtfertigt wurden.

In ihrer Angst, sich infiziert zu haben, »verscheuert« Emily gleich nach dem Tod des Prusco »alles, was sie in Genf besaß« – so Victor –, und lebt fortan in Menton, zunächst allein, dann mit ihm. Léon und seine Mutter wiederum kommen im August 1916 nach Paris und finden dort Emmanuel vor, der seit einigen Monaten aus England zurück ist. Emily, die selbst ohne Vermögen dasteht, überweist ihnen ab und zu einen kleinen Betrag. Aber das verstärkt nur ihr Ressentiment: Zunächst empfinden sie die überwiesenen Beträge (50 Franc) als läppisch, dann kommt das Geld unregelmäßig, was sie in ihrer Meinung bestärkt, Emily sei wirklich ein unerhört niederträchtiger Mensch. Was noch hinzukommt, ist, daß die Überweisung nicht an sie persönlich adressiert ist, sondern über Emmanuel als Mittelsmann eintrifft.

Kurzum, sie sind nicht nur das Opfer einer unglaublich ungerechten

Behandlung, da sie nicht bekommen, was ihnen ihrer Meinung nach zusteht, sondern »die Schlampe« versucht auch noch, sie zu erniedrigen. Nun ist das Maß voll. Im September 1917 kommen sie überein, nach Menton zu fahren, um das einzufordern, was ihnen zusteht. Die sieben Kilometer Maultierpfad hoch nach Saint-Agnès können sie nicht aufhalten, im Gegenteil. Man weiß zwar nicht, wie die Szene ausgeht, doch findet man in »Le Beau-Fils« hin und wieder ein Echo von Emilys Zorn:

Dieses Leben kann so nicht mehr weitergehen. Jetzt spürt man mich hier auf. [...] Man hält mich für reich, dabei besitze ich keinen Heller mehr. Was wollt ihr eigentlich alle von mir? Findet ihr nicht, daß ich genug für euch getan habe? Ich kann nicht mehr, verstehst du? Ich kann keinem mehr helfen. Worum ich euch bitte, ist, mich in Ruhe zu lassen, einfach in Ruhe. Das ist nicht zuviel verlangt, und trotzdem bekomme ich meine Ruhe nicht.

Oder:

Erinnerst du dich an das unsichere Leben, das wir führten? [...] Es herrschte Krieg, und dann waren da diese ewigen Szenen, die uns deine Mutter machte. Am Ende war ich nicht mehr ich selbst.

Fast sein gesamtes Leben verbringt Bove in dieser Atmosphäre von Haß, Neid und Verbitterung. Im Laufe der Jahre werden das Ressentiment und die Paranoia Léons und seiner Mutter nur stärker, und als Emmanuel sich davon abzuheben beginnt, wird er seinerseits zum idealen Sündenbock des unversöhnlichen Hasses, den Léon und seine Mutter der gesamten Welt geschworen haben. Den Grund für seine düstere Weltsicht – jedenfalls jene, die in seinen Romanen herrscht – braucht man nicht in den Sternen oder in der Metaphysik zu suchen. Von seiner Geburt an war Emmanuel bis zum Ersticken darin versunken. Und wenn sie in seinem Werk in Szene gesetzt wird, dann liegt das nicht daran, daß er eine Neigung für alles Niederträchtige hätte oder Gefallen an der Misere fände, sondern daran, daß er in seinen Entwicklungsjahren nichts anderes kennengelernt hat und daß er in seinem gesamten Sein davon bestimmt ist. Er wird auf immer darin befangen sein. In seinen Büchern versucht er sicherlich, diese Fatalität zu überwinden, aber sie wird ihn schließlich besiegen.
Emmanuels Aufenthalt in England dauert zehn Monate. Ende Mai

1915 dort angekommen, ist er im April des folgenden Jahres wieder in Paris zurück. Während dieser Zeit wohnt er an drei verschiedenen Orten. Zunächst, bis August, in Rockford bei einer Mrs. Loddard; darauf, von August bis November, ist er bei einer Mrs. Hulls untergebracht und besucht das Eddington College in St. Helens auf der Insel Wight; schließlich, von November bis April, ist er Pensionär im St. John's College in Westcuffe-on-Sea, in der Nähe von Southend-on-Sea. Hält man sich die Daten und Ortswechsel vor Augen, ist klar, daß die Dinge nicht so laufen, wie Emily es gerne gehabt hätte. Tatsächlich wird Emmanuel von zwei der oben genannten Schulen verwiesen. Man weiß nicht genau, warum, aber die Fakten sind unbestritten. Er wird sich später damit brüsten, und Léon versichert, daß er »da oben Mist gebaut hatte, keine Ahnung, was genau, jedenfalls wurde er von der Schule geworfen«. Louise Bove erwähnte auch, ihr Mann sei während seines Aufenthalts von der Frau eines Pastors, bei dem er wohnte, »aufgeklärt« worden. Sie konnte diese intime Information nur von Emmanuel selbst haben. Es würde aber auch nicht überraschen, wenn er sich, bei seinem Aufenthalt in Genf, selbst »aufgeklärt« hätte. Zumal Emmanuel, wie man sehen wird, Louise nicht immer die ganze Wahrheit erzählte. Wie dem auch sei, bekannt ist, daß er in Genf viel ausging (»Er wollte so oft wie möglich raus«, sagt Victor), oftmals heimlich, ohne das Ziel seiner – insbesondere nächtlichen – Ausflüge anzugeben. In »Le Beau-Fils« heißt es zu diesem Punkt eindeutig:

Er hatte schließlich zugegeben, daß er, sobald seine Eltern schliefen, die Wohnung mitunter verließ, um zu einer Frau zu gehen, deren Namen und Adresse er dann unter Tränen herausrückte.

Zweifellos war Emmanuel, hier ganz der Vater, lange Zeit, bis in die dreißiger Jahre hinein, ein Schürzenjäger. Das überrascht noch heute einige Leute, die ihm nahestanden, doch mindestens drei Aussagen bezeugen dies. Zunächst die Victors; er spielt im folgenden auf Emmanuels Militärzeit an, genauer, auf seine Urlaubstage in Menton: »Die Sache ist ganz einfach: Er rannte ständig den Mädchen hinterher. Er schmierte ihnen Honig um den Mund. Im allgemeinen waren es Freundinnen und Dienstmädchen. Das dauerte übrigens noch an, als ich ihn wiedersah, so um 1930. Er hatte Erfolg bei den Frauen. Louise nahm daran keinen Anstoß. Ich habe sie einmal beide in

Begleitung einer seiner Mätressen gesehen. Das war ein sehr modernes Paar.«

Der Schriftsteller Pierre Bost spielt darauf in seinem Tagebuch an, das er in der Zeit ihrer ersten Begegnungen schrieb; er bleibt in diesem Punkt aber äußerst diskret: »Boves ›Privatleben‹ ist kompliziert, mysteriös und nicht immer ganz korrekt, zumindest was ich darunter verstehe.«[26]

Es ist nicht unwichtig zu betonen, daß Emmanuel zu dieser Zeit erst seit einigen Monaten mit Louise zusammenlebt. Schließlich hält er selbst, im August 1936, auf einem Tagebuchblatt fest: »Ich kannte viele Frauen. Keine scheint mir schön gewesen zu sein.«

Auch wenn wir in dieser Hinsicht keine offenkundigen »Beweise« haben, ist dieser Punkt in meinen Augen so gut wie zweifelsfrei. Die Natur seiner Beziehungen zu Frauen, sowohl in seinem Leben als auch durch das in den Romanen vermittelte Bild von ihnen, ähnelt einer stets unbefriedigten Suche nach der Mutter, unterfüttert mit Misogynie, und zwar insofern, als die Frauen fast immer als ein Werkzeug des Unglücks erscheinen.

Im April 1916 kehrt Emmanuel nach Frankreich zurück, nachdem er vom St. John's College in Westcuffe-on-Sea verwiesen worden war. Wahrscheinlich traut er sich nicht, unverzüglich bei Emily aufzukreuzen; doch davon abgesehen – selbst wenn er es gewollt hätte, er verfügte nicht über die Mittel, um nach Menton zu fahren. Sie jedenfalls ist über seine Lage auf dem laufenden und schickt ihm hin und wieder eine kleine Überweisung, die es ihm erlaubt, mit wenig anspruchsvoller Arbeit über die Runden zu kommen. Eine Zeitlang arbeitet er als Vertreter bei Bouillons Kub, dann (von August bis September) bei Bonal, auch als Kellner in einem Café, als Straßenbahnfahrer, sogar am Fließband bei Renault, wo er morgens um vier Uhr mit der Arbeit beginnt. Gleichzeitig prägt er sich die Pariser Straßennamen ein, um Taxifahrer zu werden. Zuvor hatte er in den Markthallen auch Kartoffelsäcke von Lastwagen abgeladen. Louise und Léon versichern, daß er diese kleinen Jobs annahm, um diese Erfahrung später in seinen Schriften zu verwenden. Das ist nicht von der Hand zu weisen, vor allem aber sieht man, daß er, um zu überleben, kaum eine Alternative hat. Überdies berichtet keiner von Boves Romanen, weder direkt noch indirekt, über diese Erfahrungen. Die

26 Unveröffentlichtes Tagebuch vom 27. März 1929.

Welt der Arbeit taucht in seinem gesamten Werk so gut wie nicht auf; tut sie es ausnahmsweise doch einmal (wie beispielsweise in »Le Pressentiment«[27]), dann immer von außen, als Instrument oder zur Illustrierung einer Misere, die weit eher ontologisch als materiell zu begreifen ist. Gleichwohl macht Emmanuel in dieser mehr als zweijährigen Phase – vom April 1916 bis zum April 1918, dem Beginn seines Militärdienstes – die elendste Zeit seines Lebens durch. Als Léon und seine Mutter aus Lausanne zurückkehren (Ende August 1916), stoßen sie auf einen hilflosen Emmanuel, der in der Rue Saint-Jacques in einem Hotel niedrigster Kategorie wohnt, wo das Zimmer trotzdem nicht bezahlt ist. »Er aß in einem heruntergekommenen Restaurant für 20 Sou«, berichtet Léon, »und er trug russische Schuhe« (soll heißen: um die Füße gewickelte Lappen). Es ist nicht bekannt, ob er wie seine Hauptfigur Victor Bâton die öffentliche Suppenausgabe aufsuchen muß, aber gewiß liefern diese zwei elendigen Jahre ihm den Rahmen und die Atmosphäre seiner beiden ersten Romane, »Mes amis« und »Armand«. In diesem Sinne sind diese beiden Bücher (die, wie ich meine, wegen ihrer wunderbaren Frische und Spontaneität die bewegendsten und am meisten innovatorischen sind, die er je geschrieben hat) auch umgesetzte Lebensgeschichte. Zwar nicht auf der Ebene der Ereignisse oder der Figuren, sondern weit tiefer, in bezug auf den Ausgangspunkt einer erlebten und von innen beschriebenen Misere, die mit den allereinfachsten Worten erfaßt ist. Im Oktober oder November beschließt Emmanuel, nach Menton zu fahren. Bei dieser Gelegenheit leiht er sich einen Anzug aus zweiter Hand, um bei seiner Stiefmutter Eindruck zu machen. In »Mes amis« gibt es hier und da Anspielungen darauf:

Am Schaufenster einer Bäckerei hatte ich folgenden Zettel gelesen: »Wegen Todesfall schwarzer Anzug zu verkaufen: Hose, Rock, Gilet. Auskunft im Laden.« Am folgenden Morgen, aus Furcht, jener Zettel sei nicht mehr da, stand ich früh auf. [...] Ich tastete nach meiner Brieftasche. Ich treffe diese Vorsichtsmaßnahme jedesmal, bevor ich etwas kaufe, und manchmal sogar, wenn ich nichts kaufe. [...] – Ich komme wegen des Anzugs, Madame. – Oh! ... Treten Sie ein ... Monsieur ... treten Sie ein. [...] Ich streife mir lange die Schuhe ab, wie immer, wenn ich zum ersten Mal bei jemandem bin. [...] Sie brachte mich in ein Speisezimmer. Ich stellte mich in die Mitte, weit weg von allem, was man hätte mitgehen lassen können.[28]

27 Dt.: »Die Ahnung«; deutsche Übersetzung 1996 bei Deuticke. A.d.Ü.
28 Vgl. »Meine Freunde«. Aus dem Französischen von Peter Handke, Suhrkamp

Dieser letzte Satz ist nicht belanglos, und der Umstand, daß er an den Kauf – die Ausleihe – des Anzugs gekoppelt ist, dürfte kein Zufall sein.

Eigentlich verläuft Emmanuels Aufenthalt in Menton nicht so, wie er es gerne gehabt hätte. Es kommt zu zahlreichen Auseinandersetzungen mit Emily. Sicherlich ist sie in dem Moment, da sie selbst in Not ist, nicht gerade begeistert, einen Stiefsohn ernähren zu müssen, der allem Anschein nach kaum geneigt ist zu arbeiten. So kommt es dazu, daß Emmanuel nach einer »Taktlosigkeit« unmißverständlich von ihr vor die Tür gesetzt wird. Auf diese Taktlosigkeit angesprochen, glaubte Léon zu wissen, Emmanuel habe seiner Stiefmutter ein wertvolles Objekt gestohlen, das er weiterveräußern wollte. Victor wiederum spricht von einer alten, überaus wertvollen Bibel, an der Emilys Herz umso mehr hing, als ihr Stammbaum darin abgedruckt war. Es gibt auch hier keinen Anlaß, an Léons Darstellung zu zweifeln. So bezieht sich Bove in »Le Beau-Fils« indirekt auf den Diebstahl eines Rings, den er wenig glaubhaft einem leichten Mädchen zuschreibt, welches seine Liebe zwischen seinem Vater und ihm aufgeteilt haben soll. Doch wie auch immer, ab dieser Zeit läßt sich ein lang andauernder Bruch zwischen Emily und ihrem Stiefsohn konstatieren. Wahrscheinlich besucht er sie zwei Jahre später, als er gerade Urlaub hat, doch danach verlieren sie sich jahrelang aus den Augen – das bestätigt Victor, der die Wohnung seiner Mutter bis zu ihrem Tod teilt: »Nach dem Krieg war Emmanuel verschwunden. Ich erfuhr später, daß er geheiratet, daß er seine Frau und seine Kinder verlassen hatte. Eines Tages hörte ich, daß er den Prix Figuière erhalten hatte. Meine Mutter und ich wohnten damals in einem Atelier im 14. Arrondissement. Unversehens schneite er bei uns herein, zusammen mit Louise, das war so um 1930. Und so haben wir uns halt wiedergesehen. «

Bis zu diesem Zeitpunkt ist von Emily oder Victor in der Tat nicht die Rede. Obwohl Emmanuel sich immer wieder an die Côte d'Azur begibt (nach Sanary, Bandol und Toulon), ist keine der Karten und Briefe, die er regelmäßig an Léon und seine Mutter schreibt, in Menton oder Umgebung aufgegeben worden. Der Umstand, daß Emily keinen Brief ihres Stiefsohns aufbewahrt hat – wenn der Kontakt wiederhergestellt ist, wird er sich auch nur kurz fassen oder zweck-

Verlag, Frankfurt/M. 1981, S. 156–160. A.d.Ü.

betont äußern –, scheint diesen Bruch ebenfalls zu bestätigen. Hätte Emily von Emmanuel, der ja damals auf dem Gipfel seiner relativen Bekanntheit war, Briefe bekommen, hätte sie sie bestimmt aufbewahrt.

Dieses Verhalten und dieser Bruch zeugen von Emmanuels damaliger Gestörtheit: Wenn er den einen oder anderen Wertgegenstand mitgehen läßt, dann passiert das nicht so sehr mit dem Ziel, daraus Nutzen zu ziehen, als vielmehr deshalb, weil er auf eine tyrannische Aufmerksamkeit und Zuneigung aus ist, die Emily nicht mehr leisten kann – wenn sie es je konnte.

Trotz Victors Behauptungen läßt sich nicht zweifelsfrei sagen, ob Emmanuel und seine Stiefmutter sich tatsächlich zwölf Jahre lang nicht mehr gesehen haben. Aber das ist im Grunde sekundär. Unzweifelhaft ist, daß es wegen dieses kleinen Vergehens zu einem Bruch kam und daß Emmanuel von da ab – wohl oder übel – in ein Erwachsenenleben hineinkatapultiert wurde, das er eigentlich gar nicht so schnell erreichen wollte. Die letzten Zeilen von »Le Beau-Fils« sanktionieren zudem diesen Übergang; die Stiefmutter schickt ihrem Stiefsohn einen Brief, der folgenderweise endet:

Und vor allem, halt mich auf dem laufenden über das, was Du machst. Du brauchst mir nur zu schreiben. [...] Deine Briefe werden mir nachgeschickt. Denn ich bin ganz neugierig zu erfahren, was Du mit Deiner Freiheit machen wirst. Ich spüre, daß das nächste Jahr für Dein Leben entscheidend sein wird. Du bist an einem Scheideweg angelangt. Mein liebes Kind, ich wünsche mit aller Kraft, daß Du den besten Weg einschlägst.

Doch es wird noch ein paar Jahre dauern, bis Emmanuel diesen »besten Weg« einschlägt. Von Menton verschlägt es ihn nach Marseille, und dort arbeitet er drei Monate lang in einem Restaurant. Seine Lebensbedingungen sind genauso miserabel, wie sie es in Paris nach seiner Rückkehr aus England waren. Er hat kein Geld, um in die Hauptstadt zurückzufahren. Als er im Februar 1917 nach Hause fahren will, ist er gezwungen, sich in einem Urlauberzug zu verstecken, nachdem er zuvor mittels einer Bahnsteigkarte dorthinein gelangt war. Da er in Paris ohne Bleibe ist, hat er keine andere Wahl, als wieder mit Léon und seiner Mutter zusammenzuwohnen; beide lebten damals in einem möblierten Zimmer in Versailles. Er ist dermaßen blank, daß er eine nicht mehr gültige Straßenbahnkarte benutzt, um von Paris nach Versailles zu gelangen. Man kann sich denken, daß die Tatsache, urplötzlich wieder ins Elend seiner Herkunft zurückgefallen zu sein, nicht gerade zu seinem psychischen Gleichgewicht beiträgt, sondern daß dadurch der Horror seiner Kindheit vielmehr in ihm reaktiviert wird. Doch gleichzeitig ist Emmanuel mit einer – wie es so schön heißt – »glücklichen Natur« ausgestattet, mit einem sorglosen und optimistischen Naturell.

In dieser Phase, und das mindestens bis zu Beginn der dreißiger Jahre, ist Bove kein Mensch, der schwierige Situationen dramatisieren würde. Die Katastrophen, die ihn ereilen, scheinen ihm kaum etwas auszumachen. Seine in jeder Beziehung vorhandene Realitätsferne, aber auch sein Idealismus und seine Arglosigkeit bewirken, daß er dem wirklichen Leben nicht zugehört. Er ist »woanders«, im Universum des Traums, ja fast des Schlafwandelns, an der Grenze des Weggetretenseins. Und eben weil er in dieser Weise »geschützt« ist, kann er uns ein Meisterwerk wie »Mes amis« liefern, das von einer Frische, Spontaneität und Natürlichkeit ist, die innerhalb der Literatur seiner Zeit ihresgleichen suchen. Natürlich löst seine dem Leben gegenüber »unverantwortliche« Haltung bei seinen Anverwandten das eine oder andere Drama aus und verschafft ihm unversöhnliche Haßausbrüche seitens jener, die von ihm abhängen und die weder die materiellen Möglichkeiten noch die geistigen Fähigkeiten haben, um sich die Wechselfälle des Lebens vom Hals zu halten, um zu eben diesem »Woanders« Reißaus zu nehmen, welches ihm als Zufluchtsort dient.

Boves Persönlichkeit läßt sich aber wiederum auch nicht auf engelhafte Reinheit reduzieren; sie ist sogar einigermaßen gespalten. Wenn er in den Traum und in den Bereich des Idealismus flieht, dann geschieht dies auch zur Selbstverteidigung, denn der Horror seiner Kindheit und die durch die Misere hervorgerufenen Traumata sowie die Unsicherheit seiner ersten Lebensjahre stecken in ihm drin – sind »somatisiert«, wie man heute sagt – und prägen ihn unauslöschlich. Man stößt in seinem gesamten Werk auf diesen Kontrast. Die Kluft zwischen den von ihm geschilderten hoffnungslos erbärmlichen Situationen und der völlig schuldfreien Schrift, die diese rekonstruiert, kann in der Tat absoluter nicht sein.

Léon entsinnt sich im Gespräch, daß er sich zur damaligen Zeit gut mit seinem Bruder verstand: »Ich liebte ihn. Offenbar liebte er mich auch ein bißchen. Er vertraute mir Sachen an. Ich erinnere mich, wie wir im März 1917 zusammen in den Park gegangen sind, um Holz zu holen. Und im Bahnhof Versaille-Chantiers sammelte ich Zigarettenkippen für ihn auf, damit er was zu rauchen hatte. Im Mai hatte ich meine Erstkommunion. Meine Mutter wollte es so, sie war gläubig. Als er mich entsprechend angezogen sah, leerte er einen Kübel Spott über mich aus. Man muß hinzufügen, daß ich ein wenig einfältig war. Im Juli hatten die anderen ihr Abschlußzeugnis, ich aber nicht, ich war durchgefallen. «

Die Phase, die seinem Aufbruch nach Österreich im Jahr 1921 vorausgeht, zeigt einen etwas überheblichen Emmanuel, einen »Schauspieler«, wie er sich in »Le Beau-Fils« selbst nennt. Man spürt, er ist sich seiner sicher und zweifelt keine Sekunde an der selbstgewählten »Berufung«. Darüber hinaus weisen seine ersten Werke – »Le Crime d'une nuit« und »Mes amis« – eine für einen knapp Fünfundzwanzigjährigen geradezu verblüffende Perfektion und Selbstsicherheit auf. Er fängt ohne Gemütsschwankungen oder Zaudern zu schreiben an. Seine ersten Manuskripte sind aus einem Guß, geschrieben unter der Macht fortwährender Inspiration, so als besäße er das Zweite Gesicht. Er stößt sich nicht an den Worten oder Sätzen. Nie wird die Sprache selbst zum Gegenstand. Die Wörter bilden das Vehikel für seine Emotionen und Visionen, und sonst ist da nichts. Er will, daß sie so einfach und transparent sind wie möglich. In diesem Punkt ist er frei von jeglichem Komplex.

Sein gesamtes Werk, ganz besonders seine allerersten Texte, sind von einer zwingenden Notwendigkeit getragen, so als ob er sie jahrelang in sich gehabt hätte, bevor er sie niederschrieb, so als ob er sie diktiert bekommen hätte. Nun kann niemand genau sagen, wieviel Fassungen eines Textes notwendig sind, bevor die endgültige vorliegt. Wenn man sich die erhaltenen Rohfassungen anschaut, kann man davon ausgehen, daß er nach einem ersten Entwurf einen zweiten schrieb, den er dann seinem Verleger oder gegebenenfalls einer Schreibkraft anvertraute; alles deutet nämlich darauf hin, daß er seine Texte nicht selber getippt hat. Schließlich korrigierte er die Fahnen und begnügte sich etwa damit, die Vor- oder Nachnamen seiner Figuren zu ändern oder da und dort winzige Nachbesserungen anzubringen, jedenfalls ohne das Ganze zu überarbeiten. Deshalb existieren auch keine wirklichen Originalmanuskripte von Bove, und das meint, daß keines der so bezeichneten – von den unveröffentlichten Manuskripten einmal abgesehen – mit dem gedruckten Buch genau übereinstimmt. Außerdem, ob nun gut oder schlecht, ist die erste Version dem Endprodukt sehr nah. Im Grunde sind spätere Fassungen nur einfache Kosmetik am ersten Entwurf.

Diesen Stolz, diesen Glauben an den eigenen Stern, bringt Bove nicht nur in seinen Projekten zum Ausdruck, sondern auch in gewissen Details, wie man an dieser von Léon vorgetragenen Anekdote ablesen kann: »Bei den Verkehrsbetrieben hatte er eine Mütze, auf der der Buchstabe O (für Omnibus) stand. Als er die Verkehrsbetriebe verließ, behielt er die Mütze, entfernte aber das O. Er sagte: ›Ich will keinem gehören.‹« Im folgenden arbeitet er im Hôtel Suisse in Versailles – wie es scheint, als Portier. In dieser Zeit sitzt Emmanuel auch knapp einen Monat lang in der Santé.[29] Hier sind die Fakten klar, denn dies wurde von mehreren Zeugen bestätigt. Es ist dennoch schwierig, diese Episode genau zu datieren. Hören wir noch einmal, was Léon dazu sagt: »1917 lebte er unter diesem ausländischen Namen, Bobovnikoff, und mit in den Augen der Polizei dubiosen Einnahmen in dem miserablen Hotel in der Rue Saint-Jacques. Zur selben Zeit kommt Clemenceau an die Macht und verkündet: ›Ich mache Krieg.‹ Und als erstes läßt er alle Ausländer festnehmen, bei denen nicht alles klar ist. Emmanuel wird also von der Polizei verhaftet. Er wird gefragt, wie er sein Geld verdient. Er sagt, daß er gerade dabei sei, das Taxifahren zu lernen. Endergebnis: mehr als drei Wochen in der Santé, ohne daß es auch nur die Andeutung eines Vergehens gegeben hätte, einfach nur, weil die Regierung das Dekret erlassen hatte, dieses ganze Gesindel müsse eliminiert werden. Als er vor dem Untersuchungsrichter steht, erklärt er ihm, daß er sich lieber freiwillig zum Militärdienst melden würde, als weiter im Gefängnis zu bleiben. Doch der Richter gibt diesem Antrag nicht statt, weil er zu jung ist.«

Hier haben wir einen der raren Fälle, daß Léons Aussage widersprüchlich ist. Wenn Emmanuel zu diesem Zeitpunkt im Hotel in der Rue Saint-Jacques wohnt, Taxifahrer werden will und zu jung ist, um eingezogen zu werden, dann läßt sich seine Haftstrafe auf die Zeit zwischen Mai und Oktober 1916 datieren. Wenn hingegen

---

29 La Santé: berühmt-berüchtigtes Gefängnis in Paris, im 14. Arrondissement. A.d.Ü.

Clemenceau an der Macht ist, kann die Inhaftierung nicht vor dem November 1917 stattgefunden haben, denn zu diesem Zeitpunkt wurde sein Kabinett gebildet. Überdies legt Léon den Aufenthalt seines Bruders in der Santé auf Mai/Juni 1917 fest. Wahrscheinlich ist Emmanuel in dieser Zeit hinter Gittern. Übrigens setzte Clemenceau damals alles in Bewegung, um an die Macht zurückzukommen. Im Juli vor allem bezichtigt er den Innenminister der allzu großen Nachsicht gegenüber den Defätisten und zwingt ihn zum Rücktritt. Hinzu kommt, daß der Argwohn gegenüber Ausländern während des Krieges hochgehalten wird. Es braucht von daher keinen Clemenceau, um eingelocht zu werden. Wenn Emmanuel zudem behauptet, die Front dem Gefängnis vorzuziehen, dann bedeutet das keineswegs, daß seine Begeisterung so weit geht, sich von den Deutschen präventiv in Stücke reißen zu lassen. Wenn er den Militärdienst vorzeitig ableisten hätte wollen, dann hätte er dazu alle Möglichkeiten gehabt. In Wirklichkeit folgt er der Einberufung seines Jahrgangs und wird am 20. April 1918, dem Tag seines 20. Geburtstags, auch eingezogen. Aus seinem Wehrpaß geht hervor, daß er »eingezogen« wurde, und nicht, daß er sich freiwillig »verpflichtet« hat. Am Rande erfährt man, daß er »1,71 Meter« groß ist, »braunes« Haar hat und daß seine Augen »orangefarben« [sic] sind.

Obwohl er seinen Wehrdienst in Versailles ableistet, lautet seine Adresse tatsächlich: Paris, Rue Saint-Jacques Nummer 298. Léon und seine Mutter wohnten damals in Versailles, Rue Exelmans Nummer 4a. Seine Einheit wird nach Guingamp in die Bretagne geschickt, wo Emmanuel bis zum November 1918 seinen Grundwehrdienst ableistet. In dem Augenblick, da sein Regiment an die Front verlegt werden soll, kommt es endlich zum Waffenstillstand. Gegenüber seinem Bruder unterstreicht er zudem, daß er dieser Verlegung an die Front knapp entgangen sei, was sicherlich nicht der Glaubensakt eines Kriegsbegeisterten ist, den man in ihm sehen wollte. Nach einer von Louise verbreiteten Legende habe sich Emmanuel freiwillig verpflichtet oder es zumindest versucht. Es liegen drei verschiedene Blätter vor, auf denen sie das Curriculum vitae ihres Mannes verfaßt hat. Auf dem ersten schreibt sie: »Alsbald brach der Krieg aus. Er kam sogleich aus England zurück und versuchte, sich freiwillig zu melden. Wegen seiner russischen Abstammung wurde er aber über ein Jahr zurückgestellt. Er beendete den Krieg, machte eine lange

Okkupation mit und wurde 1921 entlassen. Er lebte ein Jahr in Österreich, in Wien, wo er ›Mes amis‹ zu schreiben begann« [Notiz aus dem Jahre 1945]. Und nun das zweite: »Er ist nie Pensionsempfänger gewesen. Er hat den 1. Weltkrieg nur 1918 mitgemacht sowie mehrere Besatzungsjahre in Österreich« [nicht datierbar]. Schließlich das letzte: »1917 meldet er sich freiwillig. Erreicht die Front kurz vor Kriegsende. Setzt seinen Militärdienst während der Okkupation fort (Österreich)« [nicht datierbar].

Wie man sieht, hat man es nicht nur mit drei inkohärenten, sondern sogar mit drei widersprüchlichen Versionen zu tun. Es werden sich noch einige andere Aussagen Louises als falsch erweisen. Ich glaube nicht, daß da ein bewußter Schwindel vorliegt. Offensichtlich weiß sie selbst nicht genau, woran sie sich halten soll, und ihr Gedächtnis läßt sie im Stich. Dabei hätte sie bloß einen Blick in den in ihrem Besitz befindlichen Wehrpaß zu werfen brauchen, um auf dem laufenden zu sein.

In der Tat kommt sie einem ein wenig verloren vor, ja auch fahrig und unfähig, ein Minimum an Methode einzusetzen, das es ihr erlauben würde, die Zusammenhänge herzustellen. Fest steht freilich auch, daß Emmanuel diesbezüglich nicht gerade gesprächig war. Es würde mich übrigens nicht überraschen, wenn er sich vor ihr, anfangs, als er ihr den Hof machte, mit Heldentaten aus dem Krieg gebrüstet hätte oder angedeutet, daß er sich freiwillig gemeldet oder dies zumindest gern versucht habe; danach besaß er wohl nicht mehr die Kraft oder den Mut, diese kleine Lüge aus der Welt zu räumen. Wenn er ihr klipp und klar gesagt hätte, daß er nicht im Krieg war, dann hätte Louise keinerlei Grund gehabt, darauf zu bestehen, daß er es war.

Einiges spricht dafür, daß Emmanuel gelogen hat: Zuallererst war da der ältere Bruder Louises, Flieger im Ersten Weltkrieg und allgemein als Held anerkannt. Er hatte dabei im übrigen den einen oder anderen Kratzer abbekommen und ein verwüstetes Gesicht, was die Echtheit seiner Heldentaten attestierte. Und so setzt Emmanuel diese Episode in »Le Beau-Fils« um:

Er wurde zu einem Infanterieregiment aus Reims einberufen, das in der Bretagne stationiert war. Er lernte gerade, wie man Kehrtwendungen macht, als er Mumps bekam, so daß er, *obwohl er den Wehrdienst vorzeitig abgeleistet hatte*, das Schicksal seines Jahrgangs zu erleiden hatte. Zusammen mit den Männern seines Jahrgangs gelangte er im Juli ins Militärgebiet. Im Oktober wurde er ins Divisionslager geschickt. Zwei Wochen später *ging er an die Front.*[30]

An anderer Stelle schreibt er:

Wer könnte im übrigen dem Vergnügen widerstehen, seinen Lebenslauf [...] mit einer aufsehenerregenden Tat im Krieg zu füllen, mit einer fast tödlichen Verwundung, die man dann doch überlebt hat?[31]

Wahrscheinlich konnte Emmanuel nicht ganz »widerstehen«. Überdies findet sich in seinem Werk eine vage Bewunderung für den Opfergeist der Frontsoldaten, sobald er normale Bürger auftreten läßt. Das ist gewissermaßen ein dekoratives Element. Es ist bezeichnend, daß selbst Victor Bâton aus »Mes amis« vielleicht ein Kriegsversehrter ist – dieser Punkt bleibt allerdings in einer künstlerisch eigentümlichen Unschärfe –, wo doch die Anlage des Romans dies gar nicht nahelegt und dies auch in der Entwicklung des Romans keine Rolle spielt. Möglich ist auch, daß Emmanuel so etwas wie ein Schuldgefühl empfand, weil er sich eben nicht freiwillig gemeldet hatte. Zu der Zeit war das ja die Regel: in den Krieg zu ziehen, koste es, was es wolle. Maurice Ravel etwa, der wegen Untauglichkeit abgelehnt worden war, wollte um alles in der Welt eingezogen werden. Philippe Soupault, der selbst bei der kämpfenden Truppe war, zeigte sich erstaunt, als ich ihm sagte, Bove sei niemals an der Front gewesen. Denn im Geiste war er es. Den Pessimismus seines Werkes schrieb er ja partiell dieser Kriegsteilnahme zu. Soupault stand Bove bei seinen Anfängen nahe – soweit dies freilich bei einer dermaßen geheimnisumwitterten Person möglich ist. Hätte Emmanuel ihm ausdrücklich gesagt, daß er nicht im Krieg gewesen war, dann wäre dies dem durch den Krieg traumatisierten Soupault sicher nicht entgangen. So muß man davon ausgehen, daß er ihn angelogen hat, offen oder indirekt. Emmanuel war in mancher Hinsicht – wie viele Künstler – ein schwacher und unreifer Mensch. Überdies ist es diese Schwachheit und diese Unreife, die er in seinem gesamten Werk in Szene setzt. Seine Zurückhaltung, seine Diskretion, sein Schweigen – das sind gewiß Qualitäten, jedenfalls meistens, ist es doch so, daß man den Menschen, die es verstehen, den Mund zu halten, gewöhn-

---

30 Hervorhebung von Raymond Cousse. A.d.Ü.
31 Selbstauskunft des Autors, in dem Roman »Un soir chez Blutel« von 1927.

lich doch einen höheren Wert beimißt als denen, die einfach nur drauflos reden. Sie bilden die Ausnahme, erst recht in der Öffentlichkeit, und sie schmeicheln unserer Vorliebe für Mysterien und Mythen. Sie sorgen vor allem dafür, daß das Gerede immer wieder von neuem losgeht und daß Feuilletonseiten damit gefüllt werden. Bove sucht sich diese Zurückhaltung ebenso wenig aus wie beispielsweise Beckett (und was wurden in bezug auf seine Person für Dummheiten verzapft). Zurückhaltung und Schweigen sind, bei dem einen wie bei dem anderen, vor allem eine Frage des Temperaments. Emmanuel hat, wir sahen es, schon in seiner Kindheit ein verschlossenes Wesen. Und so wie jeder andere auch errichtet er sein Selbstverteidigungssystem gemäß seiner Natur und in Abhängigkeit von Erziehung und Umständen. Das hat charakterliche Qualitäten ebenso wie Mängel zur Folge. Bei ihm ist die Kehrseite seiner Verschlossenheit möglicherweise eine gewisse Heimtücke, eine regelrechte Abgrenzung seiner Existenz, eine Art, Hiebe heimlich auszuteilen, eine Unfähigkeit, Verantwortung zu übernehmen, wenn nicht gar eine deutliche Tendenz, dem ganz aus dem Weg zu gehen. Nichts in seinem Verhalten ist geplant, aber dann leidet er noch darunter und klagt sich selbst an. Diese Zurückhaltung freilich, die denen, die ihn nur aus einer gewissen Entfernung erleben, sehr gefällt – sprich: seinen Freunden und Bekannten –, wirkt sich verheerend bei seinen Angehörigen aus und bringt ihm unauslöschlichen Haß ein. Irgend etwas in den Beziehungen zu seinen Verwandten läuft schief, nicht etwa, weil er sich ihnen entgegenstellen würde, sondern ganz einfach, weil er unfähig ist, sie so zu gestalten, daß sie »normal« funktionieren könnten. Die Künstler, und die aus unserem Jahrhundert ganz besonders, sind per definitionem unangepaßt, und Boves Unangepaßtheit ist, wenn auch nicht spektakulär, so doch nicht weniger absolut. Man kann das häufig feststellen: Bei ihm gibt es einen Bruch zwischen der wirklichen Welt, der er ohnmächtig gegenübersteht, und der imaginären Welt – der des Traums und der Fiktion –, in der er aus seiner Notwendigkeit zu überleben heraus Zuflucht findet. Und es ist auch die Radikalität dieses Bruchs, die die Bedeutung dieser entrückten, zeitlosen und universellen Schreibweise in ihren besten Momenten ausmacht.

Emmanuel leistet in den Garnisonen Ostfrankreichs seine drei Jahre Militärdienst ab (drei Jahre waren damals die Regel), ab November

1918 vor allem in Troyes. Zuvor nutzt er einen Urlaub, um, wir erwähnten es, Emily in Menton zu besuchen. Am 25. Oktober schickt er eine Postkarte an seinen Bruder: »Mein lieber Bruder. Ich schicke Dir einen Urlaubsgruß, um Dir mitzuteilen, daß es mir gutgeht. Ich hoffe, Dir geht es entsprechend. Ich komme vielleicht nach Versailles. Dein Dich liebender Bruder Emmanuel.«

Der Text selbst ist banal, ist aber die erste Schriftprobe, die wir von ihm haben. Der Schriftzug überrascht, denn er ähnelt in nichts dem fließenden und engen, den man von ihm kennt. Dieser hier ist weit und ungeschliffen, auch unsicher, und gehört zu jemandem, der offensichtlich das Schreiben nicht gewohnt ist. Er bestätigt vor allem, daß Emmanuel noch nicht schreibt, daß er damit wahrscheinlich erst 1922 in Österreich beginnt und seine ersten Texte, »Le Crime d'une nuit« und »Mes amis«, sehr wohl auch seine ersten Versuche sind.

Es überrascht, daß er seine Mutter nicht erwähnt, die ja immerhin mit Léon zusammenlebt. Sollte er ihr separat geschrieben haben? Sehr unwahrscheinlich, denn Léon hätte die Karte, nachdem er sie seiner Mutter vorgelesen gehabt hätte, bestimmt aufbewahrt. Es ist klar, daß er sich einer lästigen Sache entledigt und daß er, schriebe er an seine Mutter, sich lediglich wiederholen würde. Später, in den Briefen an Léon, wird er ihr stets einen lieben Gruß zukommen lassen. Aber so weit ist man noch nicht. Momentan verstößt er sie. Oder besser, er verhält sich ihr gegenüber wie sein Vater und behandelt sie als »quantité négligeable«. Er mag sicherlich seine Gründe haben, aber an der Sache selbst ist nicht zu rütteln.

Während seiner Militärzeit begegnet Emmanuel seiner ersten Frau, Suzanne. Zeitpunkt und Umstände sind nicht ganz klar. Léon zufolge war Suzanne eine jener Frauen, die während des Krieges die Patenschaft für einen Frontsoldaten übernommen hatten. Emmanuel fühlte sich unglücklich in der Kaserne, er suchte nach einer Freundin und wandte sich an sie. Nora de Meyenbourg, die Tochter dieses Paars, zeigte sich skeptisch in diesem Punkt, hatte aber nie eine tiefergehende Unterhaltung mit ihrer Mutter darüber geführt. Léon wiederum legt die Begegnung in das Jahr 1920.

Suzanne, mit Mädchennamen Vallois, wurde am 1. April 1893 geboren. Sie war also fünf Jahre älter als Emmanuel. Ihre Eltern waren kleine Landbesitzer in einem Dorf in der Nähe von Épernay. Dort spielt sich auch ihre Kindheit und Jugend ab, bei ihren Eltern, ihrem älteren Bruder und den beiden jüngeren Brüdern. Sie erhält ihr Abschlußzeugnis der zehnten Volksschulklasse am Ende ihrer Zeit im Internat. Während des Ersten Weltkriegs ist sie, auch ohne die École Normale besucht zu haben, Volksschullehrerin, denn die meisten beamteten Lehrer waren damals eingezogen. Möglicherweise war sie auch Krankenschwester.

Ihre Tochter Nora weiß nur wenig über die Jugend ihrer Mutter. Sie redete nicht viel darüber, weil sie diese nicht als glücklich empfunden hatte und sich nicht darüber auslassen wollte. Ihr familiäres Milieu war sehr eng: »Ihre Eltern waren Leute vom Land und von einer schrecklich engstirnigen Mentalität. Als sie ihnen eröffnete, daß sie beabsichtige, meinen Vater zu heiraten, wollten sie davon einfach nichts hören. ›Wie heißt der Kerl? Bobovnikoff?‹ – Undenkbar. Keiner wußte was über die Eltern, dann war kein Geld da usw. Ja, und was das Schreiben betrifft, das überstieg schlichtweg ihr Fassungsvermögen. Was und warum schreiben, und was sollen die Leute von uns denken? Kurzum, die Sache ging schief. Meine Mutter packte daraufhin ihre Siebensachen und reiste ab. Und außerdem denke ich, daß sie in ihrer Familie so ein bißchen die Ungeliebte war. Sie war groß, braunhaarig, hatte einen spanischen Gesichtsausdruck. Man ging ihr ein wenig aus dem Weg, weil ihr Benehmen nicht so war, wie es sich für ein Mädchen gehörte. Sicherlich revoltierte sie gegen ihre Familie. Also ging sie fort und brach alle Verbindungen mit ihnen ab. 25 Jahre später, als sie aus den Zeitungen erfuhren, daß Emmanuel gestorben war, hat ihre Mutter ihr geschrieben, und auf diese Weise haben sie sich dann wieder getroffen. Mich wollten sie auch kennenlernen, aber ich wollte davon nichts wissen.«[32]

Suzanne verläßt also ihre Familie in Richtung Paris und mietet dort eine Wohnung in der Rue du Château d'Eau, wo sie mit Emmanuel bis zu seiner Entlassung aus dem Militärdienst im April 1921 zusammenlebt. Léon besucht sie ab und zu: »Ich kannte Suzanne sehr wenig. Ich hatte den Eindruck, daß sie meinen Bruder sehr liebte und nur den einen Wunsch hatte – ihn zu heiraten. Und mein Bruder warf sich ein wenig in Positur. Er glaubte, daß der Knoten jetzt geplatzt war. Sie arbeitete in der Buchhaltung der Gare de l'Est. Sie hatten eine Wohnung in der Rue du Château d'Eau gefunden, aber

---

[32] Nora de Meyenbourg im Gespräch.

das schien nicht gerade dem zu entsprechen, was mein Bruder sich vorgestellt hatte.«[33]

Kaum ist Emmanuel entlassen, wird er wegen der Besetzung des linken Rheinufers wieder eingezogen. Für nicht lange, der Wehrpaß liefert kurz und bündig diesbezüglich genaue Angaben: »Eingezogen ins 149. Reg. [das Regiment seiner ersten Versetzung]. Im Mai 1921 im Korps angekommen als Schütze. Besetzung des Rheinufers vom 11. Mai bis zum 15. Juni 1921. Geführt im Korpslager, einberufen als Familienernährer. Nach Hause entlassen am 17. Juni 1921. Wohnort in Versailles, Rue de l'Orangerie Nummer 9.«

Als »Familienernährer« gibt er die neue Adresse seiner Mutter und Léons an (zuvor waren sie aus der Wohnung in der Rue Exelmans in Versailles hinausgeworfen worden), in Wahrheit aber kehrt er zu Suzanne in die Rue du Château d'Eau zurück. Bis zu seinem Weggang nach Wien hat er zwei neue Anstellungen. Zunächst als Versicherungsvertreter, danach als Werbefachmann bei Degre. Dies als zusätzlicher Hinweis darauf, daß er mit dem Schreiben noch nicht begonnen hat. Sobald er an seinen ersten Büchern arbeitete, ging er vom Schreiben abgesehen keiner weiteren Beschäftigung mehr nach, er arbeitete höchstens zeitweilig als Journalist auf Honorarbasis und verfaßte eine Reihe volkstümlicher Romane.

In dieser Zeit geht Léon kleinen Beschäftigungen nach, die es ihm erlauben, sich mit seiner Mutter finanziell über Wasser zu halten, was aber nicht heißt, daß sie den Schraubstock, in den sie Emily eingeklemmt haben, nun lockern würden. Obwohl sie dermaßen mittellos ist, daß sie die Schule ihres Sohnes nicht mehr bezahlen kann, begibt sich Léon im August nach Menton und schafft es, von ihr noch 150 Franc zu erpressen.

Emmanuel und Suzanne heiraten am 6. Dezember 1921 im Rathaus des 10. Arrondissements. Zugegen sind auch Léon und seine Mutter. Léon zufolge hat seine Mutter nichts anzuziehen, und da sie in Tränen ausbricht, sagt ihr Suzanne, deren Charakter er als »rachsüchtig« einstuft, sie sei nur deshalb so aufgewühlt, weil sie ihren Hut verkehrt aufgesetzt habe. Man kann so etwas auch nett sagen, aber Léon ist fest davon überzeugt, man habe sie einmal mehr erniedrigen wollen. Wie dem auch sei, die Hochzeit liefert keinen Anlaß zu Gefühlsüberschwang.

---

[33] Léon Bobovnikoff im Gespräch.

Kurze Zeit später, bestimmt noch vor Ende des Jahres, bricht das Paar nach Österreich auf. »Emmanuel ging nicht wegen der Besetzung nach Österreich. Er ging dorthin, weil es ein Land war, das nach dem Krieg zerfallen war. Das Geld war nichts mehr wert. Mit dem wenigen, das Suzanne noch hatte, kaufte er Schillinge, und dann zogen sie dorthin, damit er Zeit habe, sein Buch zu schreiben. Dort entstand ›Mes amis‹. Nur kamen sie vor Hunger fast um. Sie mieteten schließlich ein Zimmer, ich weiß nicht genau, wo.«[34]

Sie kamen in dem Städtchen Tulln unter, in Untermiete. Die Stadt liegt am rechten Ufer der Donau, etwa dreißig Kilometer westlich von Wien. Eine Kleinstadt mit zirka 6.000 Einwohnern ohne Besonderheiten, sieht man einmal davon ab, daß der Maler Egon Schiele, Sohn eines Bahnhofsvorstehers, 1890 dort geboren wurde. Aber er ist schon drei Jahre tot, als Emmanuel und Suzanne in seiner Geburtsstadt ihre Zelte aufschlagen.

Fest steht, daß Bove ins Ausland wollte, um schreiben zu können. In den darauffolgenden Jahren sollte er häufig, generell allein, einen Roman an der Côte d'Azur oder in der Schweiz beginnen oder beenden. Er sollte so mehrmals alle Brücken nach Paris abbrechen, um in Ruhe arbeiten zu können. Aber es kam auch vor, daß er stundenlang in den Cafés von Montmartre saß und seine Geschichten schrieb. Wie auch immer, dies ist jedenfalls der einzige Grund, warum er nach Österreich ging.

»Nach der Militärzeit war er von der fixen Idee besessen, endlich das in Gang zu setzen, was er werden wollte, und das heißt: durch die Literatur berühmt zu werden, ein Buch zu schreiben, irgend etwas, das bewirkte, daß man von ihm sprach. Was das betrifft, hat er ja großen Erfolg gehabt.«[35]

Da das Geld beträchtlich abgewertet war, mußte die ökonomische Situation Österreichs in dieser Zeit freilich verheerend sein. Am Ende des Kriegs war die tägliche Brotration auf 90 Gramm beschränkt und die von Kartoffeln auf ein Pfund die Woche. Auch wenn sich inzwischen die Situation ein wenig gebessert hatte, ist es verständlich, daß Léon sagt, Emmanuel und seine Frau seien vor Hunger »fast umgekommen«. Über ihren Aufenthalt ist wenig bekannt, und mir war es nicht möglich, in Tulln das Haus ausfindig zu machen, in

---

34 Wie Anm. 33.
35 Wie Anm. 33.

dem das Paar gelebt hatte. Es bleiben aber einige aus dieser Stadt oder aus Wien abgesandte Postkarten, die nach Léons Tod in seinen Papieren aufgefunden wurden. Sie datieren alle von Ende April oder Anfang Mai 1922. Auf keiner dieser Karten gibt es einen Hinweis darauf, daß man Noras Geburt erwartet, die am 19. Mai zur Welt kommt und die anzumelden ihr Vater überdies vergißt, was Nora später, als sie heiraten will, einige Probleme mit der Bürokratie beschert. Lange Zeit kann sie nicht mit Sicherheit angeben, ob sie tatsächlich Französin ist.

Der schönste Titel der Welt

Ohne Begleitung verläßt Bove im Oktober 1922 Österreich in Richtung Paris; er möchte seine Texte schnell veröffentlicht sehen. Im Koffer hat er mehrere handgeschriebene Erzählungen dabei, die das Gerüst für sein erstes Buch bilden. Eine dieser Erzählungen, ein 44 Seiten starkes, von ihm unterzeichnetes und mit dem Datum »Wien 1922« versehenes Manuskript – »Le Crime d'une nuit« (Das Verbrechen einer Nacht) –, wird in diesem ersten Buch allerdings nicht enthalten sein.

Gleich nach seiner Ankunft in Paris quartiert sich Bove in einem Hotelzimmer in der Rue Berthollet im 5. Arrondissement ein. Schon bald hat er in dem Schriftsteller und renommierten katholischen Journalisten Stanislas Fumet einen ersten Leser. Dieser wird sich 1945 in einem Nachruf auf Emmanuel Bove erinnern: »Der Verfasser dieser Zeilen war bei Boves literarischen Anfängen dabei: Er hatte ein Manuskript dieses jungen Mannes gelesen und war von dem natürlichen Ton dieses Schriftstellers und der Genauigkeit seiner Bilder beeindruckt.«[36]

Ermutigt schickt Bove »Le Crime d'une nuit« an eine große Pariser Tageszeitung, den »Matin«. Zu diesem Anlaß tauft er seinen Text in »Nuit de Noël« (Weihnachtsnacht) um. In den Zeitungen erschienen damals Erzählungen sowie Romane in Fortsetzungen tatsächlich jeden Tag. Ebenso war es Tradition, am 24. oder 25. Dezember eine Weihnachtsgeschichte zu publizieren. Boves Erzählung, die viel zu lang geraten war, als daß sie als eine solche Geschichte hätte veröffentlicht werden können, stößt allerdings auf die Aufmerksamkeit der für die Redaktion »Erzählungen« verantwortlichen Leiterin dieser Tageszeitung, die Schriftstellerin Colette.

Maurice Martin du Gard präsentiert sie in den »Nouvelles Littéraires« vom 26. Januar 1924 so: »Bevor man ihr Büro betrat, mußte man an der Auszahlungsstelle vorbei, die sich auf demselben Absatz befand, und da dachte ich immer, dies müsse die Verbitterung jener, deren Geschichten abgelehnt worden waren, noch vergrößern. [...]

---

36 Nachruf von Stanislas Fumet, in: »Temps présent« vom 20. Juli 1945; Fumet war Herausgeber dieser Zeitung.

Manchmal, wenn sie unter einem Berg von Briefen ihre wunderbare Hornbrille aufgestöbert hatte, die sie wie einen jungen Arzt in einer Theaterkomödie aussehen ließ, packte sie sich die Druckfahnen einer Geschichte. Sie schrieb, telefonierte herum, lutschte gierig Konfekt, diktierte, lachte und verteilte überallhin Befehle.«

Die Begegnung zwischen dieser extravertierten Schriftstellerin und dem scheuen Bove ist in der Tat nur schwer vorstellbar. Ein Jahr später, nach einem Abendessen, das die Colette bei sich zu Hause zu Ehren ihrer jungen Autoren gegeben hatte, flüsterte sie Philippe Soupault ins Ohr: »Also, eines steht fest: Ihr Freund Bove ist nicht gerade geschwätzig!«[37] Doch wie dem auch sei, Colette besaß Geschmack und hatte das originelle und vielversprechende Talent des jungen Autors dieser Erzählung auf Anhieb erkannt.

Bove wird 1929 aus diesem ersten Text öffentlich lesen. Es handelt sich dabei wahrscheinlich um seine einzige öffentliche Lesung, leider aber existiert keine Aufzeichnung davon. Hélène Vacaresco, die Organisatorin der Lesung, stellt den Autor und seinen Text mit folgenden Worten vor: »Bei Bove hat man es also mit einem Romantiker zu tun, der sich der Kommunikation zwischen der Seelen- und der Dingwelt angenommen hat, mit einem Zartbesaiteten, der Figuren und Landschaften gleichermaßen zärtlich umhüllt und sie intensiv in uns leben läßt. Sein Realismus fasziniert und besitzt den Reiz des wirklich Neuen. Er wird uns gleich die Eindrücke eines jungen Mannes schildern, der in seinem Traum meint, ein Verbrechen begangen zu haben, und sogleich, dank der schicksalhaften Begegnung mit einem alten Mann, Abbuße tun will und sich freut, sein schreckliches Vergehen nur über den eigenen Schmerz sühnen zu können. Diese Geschichte, aus der Sie nunmehr nur einen Auszug hören werden, ist von Mitgefühl und Wahrheit durchzogen.«

An dieser Stelle erhebt sich Bove von seinem Platz und liest einen Auszug aus der pathetischen Erzählung »Le Crime d'une nuit«:

Als er auf der Straße stand, schritt er mit großen Schritten davon. Die Lichter in den Geschäften störten ihn. Während er an einem Kino vorbeikam, erblickte er ein Plakat. Darauf war die Hauptdarstellerin des Films abgebildet. Sie weinte. Dieses arglose Gesicht erweckte bei Henri Duchemin ein Bedürfnis nach Liebe, das ihn seinerseits zum Weinen brachte.[38]

37 Philippe Soupault im Gespräch mit Raymond Cousse.
38 In der Zeitschrift »Conferencia« vom 5. Januar 1930. [Zur Textstelle vgl. »Le

Colette, neugierig geworden, fordert den angehenden Schriftsteller auf, ihr einen Text für die Reihe anzuvertrauen, die sie im Verlag Ferenczi herausgibt. Bove, seinerseits durch diese unerwartete »Patenschaft« stimuliert, schließt sich in seinem Hotelzimmer in der Rue Berthollet ein, um etwas zu Papier zu bringen. Kurze Zeit später, im März 1923, ziehen seine Frau Suzanne und sein Töchterchen Nora zu ihm. Da es mit den Finanzen in der Familie äußerst schlecht bestellt ist, klappert Bove die wichtigsten Pariser Tageszeitungen ab und bietet seine Dienste als Redakteur an. Die »Nouvelles Littéraires« vom 19. Juli 1945 kommen auf diese Anfänge zu sprechen: »Er begann, indem er mit Mühe und Not kleine Artikel in den Zeitungen unterbrachte. Eines Morgens stellte er sich bei einem großen Pressetier vor, das ihn von oben nach unten musterte und fragte: ›Wie heißen Sie?‹ – ›Ich habe noch keinen Namen‹, antwortete der künftige Autor stolz.«

Zur gleichen Zeit sucht ein neu lanciertes Nachrichtenblatt Redakteure. Es ist der »Quotidien«, der mit Hilfe einer Lesersubskription aus der Taufe gehoben wurde. Das Blatt definierte sich als eine »radikal-sozialistische Zeitung, die von mehr als 20.000 Franzosen und Französinnen zur Verteidigung und Vervollkommnung der republikanischen Institutionen gegründet wurde«. Die Zeitung sollte mit einer Auflage von mehr als 400.000 Exemplaren die selbstgesteckten Erwartungen rasch erfüllen.

Bove beginnt dort also als Journalist, und zwar im Bereich der »faits divers«, der »vermischten Nachrichten«. Blutrünstige, bisweilen surrealistische Überschriften machen sich da in fetten Lettern auf der ersten Seite breit, Stil: »Lebensmüde 18jährige Amerikanerin bittet ihren jüngeren Bruder, ihr den Kopf abzuschlagen«. Oder: »Ein fast erblindeter junger Mann verletzt mit einer Rasierklinge seinen ebenfalls blinden Ex-Direktor und dessen Frau«. Solcherlei Nachrichten werden nur in seltenen Fällen von ihrem Autor gezeichnet. Wenn Bove an diesem Genre festhält, während andere damalige Autoren, darunter einige seiner späteren Freunde, die Erhabenheit großer Reportagen vorziehen (man denke etwa nur an ihren Urheber, Albert Londres), dann deshalb, weil für ihn der Journalismus nie mehr war als eine zeitlich begrenzte Tätigkeit. Seine »größten Reportagen« be-

crime d'une nuit«, in: Emmanuel Bove, »Henri Duchemin et ses ombres«, nouvelles, Flammarion, Paris 1983, S. 7–55, hier: S. 48. A.d.Ü.]

grenzen sich freiwillig darauf, über den Concours Lépine (einen Schwimmwettbewerb quer durch Paris) oder über ein Kasperletheater im Montsouris-Park zu berichten. Kein Zweifel indessen, daß der Schriftsteller hier seine Beobachtung ideal schärfen kann, was seinen Romanen später zugute kommt.

In der Ausgabe des »Paris-Soir« vom 5. Dezember 1926 erzählt der Schriftsteller und Journalist Raymond Cogniat, wie er Bove kennengelernt hat: »Tatort: das Zimmer eines nichtssagenden Hotels in einem abgelegenen und trübselig verarmten Viertel. Polizei und Journalisten konstatieren die dort herrschende Unordnung, die einzige Spur des Dramas. Hier begegnete ich zum ersten Mal Emmanuel Bove, der von einem Nachrichtenblatt geschickt worden war, bei dem er sich als Redakteur speziell mit Verbrechen zu befassen hatte. Später wird er mir gestehen, daß der Journalismus für ihn keine Berufung war, sondern ein Mittel, seinen Lebensunterhalt zu bestreiten. Dennoch kann man ihn sich recht gut vorstellen, wie er in der Tragik des Alltags auf einige seiner Figuren stößt, deren Banalität er so deutlich herauszustellen weiß.«

1928, bei der Überreichung des Prix Figuière, kommt die Zeitung »Rumeurs« ebenfalls auf diese journalistischen Anfänge zu sprechen: »Und all die, die Bove noch von der kollegialen Atmosphäre der Redaktionsräume her kennen, die ihn in diesem harten und anziehenden Journalistenberuf haben debütieren sehen, die diesen schlanken, liebevollen und nonchalanten Jungen wegen seiner herzensguten Eigenschaften und seiner Bescheidenheit liebten, werden sich mit uns über die glückliche Wahl der Jury freuen.«

Anfang Juni 1923 gibt das Paar das möblierte Zimmer auf und verläßt mit der kleinen Tochter Nora zusammen Paris, um die Sommertage auf dem Land, in Blaye (Departement Marne), zu verbringen. Dieser erste Umzug leitet das Bohemeleben der Familie ein.

Aus naheliegenden Gründen, das heißt aus Sparsamkeit und dem Bedürfnis nach Ruhe, wohnte Bove häufig an der Peripherie der Hauptstadt, in den Vorstädten oder im Pariser Großraum. Eine kurze, in seinem Tagebuch gefundene Notiz faßt sein Vagantenleben zusammen: »Paris. Ein Leben wie ein Hund.«

Bove nutzt die ländliche Ruhe, um den Schlußpunkt hinter das Manuskript seines ersten Buches zu setzen; er vertraut es daraufhin seinem Bruder Léon an: »Ich war so eine Art Laufbursche in einem Büro. Er kam zu mir, damit ich sein Manuskript auf der Maschine tippte.«[39] Bleibt ihm noch, diesem ersten Buch einen Titel zu geben. Zögert er, wie er es so oft bei seinem weiteren Werk tun wird, und ändert er noch öfter den Titel? Da kein Manuskript mehr vorliegt, wird man das nicht mit Bestimmtheit sagen können. Nach Boves Tod wird Pierre Bost in seiner Hommage an den Verstorbenen seine eigene Definition geben: »Sein erstes Buch hatte wahrlich den schönsten Titel der Welt, genau richtig für ihn und für alle anderen: ›Mes amis‹.«[40] In der Tat ist der Titel perfekt, geradezu genial in seiner Schlichtheit und in seiner Zweideutigkeit; spöttisch obendrein, denn die Hauptfigur ist ja vom Anfang bis zum Ende der Geschichte auf der vergeblichen Suche nach einer Freundschaft.

Bove achtete immer auf Neutralität in der Wahl der Namen für seine Figuren und bei den Titeln seiner Bücher. In einer Unterhaltung mit Pierre Lazareff wird dieses Thema angeschnitten: »Nun sprechen wir hinsichtlich seines nächsten Buches, ›L'Aventure de Pierre Neuhart‹ [später geändert in ›L'Amour de Pierre Neuhart‹ (dt.: ›Die Liebe des Pierre Neuhart‹)], über die Namen der Helden; er ist unsicher, macht sich Gedanken: ›Ist der Name schlicht genug? Ich will einen Allerweltsnamen, ich tue mich so schwer, die Namen für meine Figuren zu finden, ich will nicht, daß sie gesucht klingen, der ›Mercenat‹ von André Maurois geht mir auf die Nerven. Gibt es im Leben etwa Leute, die Mercenat heißen?‹«[41]

Das Manuskript von »Mes amis« liegt nun bei seinem Bruder, und Bove beginnt während des Sommers mit dem Verfassen einiger »volkstümlicher Erzählungen«, die in der Reihe »Le Petit Livre« bei seinem künftigen Verleger Ferenczi herauskommen werden. Diese possenhaften Erzählungen erscheinen unter dem Pseudonym Emmanuel Valois. Die wöchentlich fortgesetzte Reihe – 40 Centimes das Büchlein und mit solch bezeichnenden Titeln versehen wie »L'Ivresse d'aimer« (Liebesrausch), »Le Cœur n'oublie pas« (Das Herz vergißt nicht) etc. – entspricht der heutigen Trivialliteratur in Heftchenformat. Sie wurde gelesen, wenn Nähmädchen Pause machten oder wenn man im Bahnhof auf den Zug wartete. In einem seiner seltenen Interviews erinnert sich Bove:

39 Léon Bobovnikoff im Gespräch mit Raymond Cousse.
40 Vgl. »Les Lettres françaises« vom 21. Juli 1945.
41 Vgl. »Paris-Match« vom 21. November 1928.

Ich fing an mit etwa hunderttausend Zeilen für volkstümliche Romane. Pro Stunde kam ich auf hundert Zeilen, am Tag auf achthundert, das heißt, eine Ausgabe in zehn oder zwölf Tagen. Eine dem Schriftsteller im übrigen vollkommen fremde Arbeit. Es war mir zu nichts nütze, aber es hat mir – von der vergeudeten Zeit einmal abgesehen – auch nicht geschadet. Es ist, als ob ich in dieser Zeit einen anderen Beruf ausgeübt hätte.[42]

Gegen Ende des Sommers wird Colette das getippte Manuskript von »Mes amis« übergeben. Ein besonderer Zeitzeuge war Philippe Soupault, der im selben Jahr auch seinen ersten Roman, »À la dérive«, in Colettes Reihe untergebracht hatte: »Colette war eine ziemlich heftige Person. Zu mir sagte sie: ›Ihr Buch gefällt mir zwar nicht, aber ich werde es trotzdem veröffentlichen.‹ Wahrscheinlich hat sie zu Bove dasselbe gesagt. Natürlich war das alles ziemlich weit weg von dem, was sie selbst schrieb und auch die Leute ihrer Generation. Aber ›Mes amis‹ war schon eine Wucht, und das konnte sie nicht ignorieren.«[43]
Am 20. Oktober 1923, in einem Interview von Raymond Cogniat in der Zeitschrift »Comœdia« mit dem Titel »En visite chez Madame Colette« (Zu Besuch bei Madame Colette), fällt der Name Bove zum ersten Mal: »›In wenigen Tagen erscheinen die ersten beiden Bände einer neuen Romanreihe, die zu betreuen ich beauftragt worden bin. [...] In dieser Reihe wird alles vertreten sein. Bekannte Autoren stehen da neben ganz unbekannten. Aber urteilen Sie selbst. Sie werden da auf Namen stoßen wie Boylesve, Pierre Scize, Téry, Henry-Jacques, Soupault, André Obey, Blanche Vogt, Georges Hymann, Emmanuel Bove, Paul-Louis Aubert, Dieudonné, Pierre Quint, Charles Derennes, Montherlant. [...] Diese Aufzählung allein dürfte ausreichen, um Ihnen zu zeigen, daß die ›Collection Colette‹ kein Zufluchtsort für eine bestimmte Kategorie Schiftsteller ist, sondern daß im Gegenteil dort alle Talente mit größter Freude aufgenommen werden sollen.‹ – ›Bestimmt lesen Sie nicht alle Manuskripte, die bei Ihnen eingehen, selbst?‹ – ›Doch, das mache ich ganz allein. Ich bestehe sogar darauf, alles zu lesen. Das ist nun einmal meine Aufgabe, ich habe das angenommen, weil ich die Hoffnung habe, interessanten Autoren unter die Arme greifen zu können. Ich habe kein Recht dazu, die vom Verleger mir anvertraute Aufgabe nur halb zu erfüllen. Natürlich geht dabei viel Zeit drauf, aber es ist auch sehr schön,

---

[42] »Un quart d'heure avec Emmanuel Bove«, in: »Candide« vom 9. Februar 1928.
[43] Philippe Soupault im Gespräch mit Raymond Cousse.

die Hand auf ein Werk zu legen, das das Interesse dafür wert ist. Ich verspreche mir viel davon, ich glaube, daß wir gute Arbeit machen werden.‹«

Während dieser Zeit reisen die Boves weiter umher; das Paar mietet ein Haus mit Garten in Mareuil-en-Brie. Dort wird am 20. Februar 1924 ihr zweites Kind, Michel, geboren. In der Literaturzeitung »Candide« wird am 1. Mai unter der Rubrik »Chez les éditeurs« »Mes amis« mit diesen Worten angekündigt: »Im Mai könnte es im Belletristik-Bereich zu drei Entdeckungen kommen. Ein junger 25jähriger Autor, Emmanuel Bove, kommt mit einem ersten Buch heraus, das den schlichten Titel trägt: ›Nos amis‹ [sic].« Bis Juni muß man sich noch gedulden, aber dann liegt das Buch endlich vor. Das »Journal général de l'imprimerie et de la librairie« vom 27. Juni 1924 verlautbart: »Gerade erschienen in der ›Collection Colette‹: Emmanuel Bove, Mes amis, Roman. Der Band auf reinem Alfapapier, Preis: 8 Franc. Verlag J. Ferenczi & fils.«

Bei Erscheinen ist dem Roman (der ja eigentlich wie eine Sammlung von Erzählungen konstruiert ist, bei der der Leser immer wieder auf dieselbe Hauptperson stößt) ein unmittelbarer Erfolg beschert. Am 28. Juni ist in den »Nouvelles Littéraires« eine erste begeisterte Kritik von Edmond Jaloux zu lesen. Jaloux wird zu einem der »Getreuen« Boves werden, und wenn er einige Monate später die literarische Leitung bei den Éditions Émile-Paul Frères übernimmt, wird er Bove mit in diesen Verlag ziehen. »Man muß das kleine Buch von Emmanuel Bove einfach lesen. Es ist charmant. Charmant und amüsant. Es ist sehr anmutig und jugendlich. Inhaltlich geht es dabei um eine Reihe von Porträts einfacher und wahrhafter Leute, vor allem ist da ein ausführliches Porträt des Autors – oder des Erzählers –, der über sich selbst schwadroniert. Es erinnert an diese wunderbare Sammlung von Lucien Jean, ›Parmi les hommes‹. Aber wer erinnert sich schon an Lucien Jean, den Freund und womöglich gar Meister von Charles-Louis Philippe? Indes, auch Jean Giraudoux' Einfluß ist bei Emmanuel Bove zu spüren. ›Mes amis‹ ist die Beichte eines sensiblen und armen Mannes. Er versucht, bei den Menschen Halt zu finden, und ist am Ende immer wieder allein. Nichts passiert, es gibt keine romanhafte Entwicklung, da ist nichts außer einer Handvoll alltäglicher, herzzerreißender und trostloser Begegnungen. Eine unbefangene und zugleich melancholische Phantasie, ein Ton der

Wahrheit, der bis ins Komische geht, und ein schmerzvolles Er-schauern – das ist es, was bei dieser einfachen Geschichte ständig zu-gegen ist. Emmanuel Bove hat einen sehr eigenen Humor, der sich auf eine übermäßige, naive Logik gründet und der mir sehr gefallen hat. ›Mes amis‹ offenbart eine wirkliche Persönlichkeit.«

Indem Bove die inneren Qualen Victor Bâtons, eines willenlosen Kriegsversehrten, beschreibt, paßt er sich der Unbeschwertheit und dem überschäumenden Lebensgefühl dieser Nachkriegsjahre, in der Folge als »années folles« bekannt, nicht eigentlich an. Gleich zu Be-ginn situiert er sich abseits, am Rand. Gleichwohl konnte die litera-rische Welt den jungen Schriftsteller aufgrund seiner originellen und eindringlichen Schreibweise nicht ignorieren.

Selbst heute noch zeigt man sich uneingeschränkt erstaunt. Peter Handke war sehr beeindruckt, als er »Mes amis« zum ersten Mal las: »Das war eine absolute Überraschung. Seine Schreibweise war so rein und bescheiden, andererseits aber war sie überhaupt nicht be-scheiden. Eine Schreibweise, die es vor ihm nicht gab und auch nicht nach ihm, wie eine Zeichnung mit sehr klaren, zuvor nicht existie-renden Linien; er war es, der danach suchte und der diese Linien auf-spürte.«[44]

»Lange Zeit bin ich früh schlafen gegangen.« So eröffnet Marcel Proust seinen Romanzyklus »Auf der Suche nach der verlorenen Zeit«. Der Erzähler von »Mes amis« beginnt indessen so:

Wenn ich aufwache, steht mir der Mund offen. Meine Zähne sind belegt: es wäre besser, sie am Abend zu putzen, aber das bringe ich nicht über mich. In meinen Au-gen eingetrocknete Tränen. Die Schultern tun mir nicht mehr weh. Ein Haarschwall bedeckt meine Stirn. Mit gespreizten Fingern streiche ich ihn zurück. Ohne Erfolg: wie die Seiten eines neuen Buches richtet er sich auf und fällt mir wieder über die Augen.[45]

Nach Edmond Jaloux' Artikel redet man immer mehr über Bove, und am 2. Juli meldet sich ein anderer Großkritiker, Robert Kemp, mit einem Statement zu Wort, das die damals bei der Entdeckung dieser neuen Schreibweise verspürte Irritation merken läßt: »Hier habe ich ein schmerzliches Buch vor mir liegen, eins, das weh tut … ›Mes amis‹ von Emmanuel Bove. Ich fühle mich beklommen. Ich

---

44 Peter Handke im Gespräch mit Jean-Luc Bitton.
45 Vgl. »Meine Freunde«, a.a.O., S. 7. A.d.Ü.

denke, daß seit Huysmans nichts Genaueres, nichts Traurigeres über das menschliche Elend geschrieben worden ist. [...] Madame Colette hat ›Mes amis‹ in ihre Reihe aufgenommen. Das ist logisch. Hier haben wir mal eine unschöne Colette, nicht die charmante von ›Vrilles de la vigne‹, das ist Colette, Abteilung ›Armer Schlucker‹: jämmerlich, ohne Poesie, ohne Lächeln, ohne Garten und ohne Tiere ... Aber Donnerwetter! Da steckt auch Wahrheit drin, und das geht einem durch und durch. [...] Lesen Sie dieses seltsame Buch! Sie werden es vielleicht nicht mögen ... Aber es wird Sie verblüffen. Eben noch sagte ich, daß es mich beklommen machte. Das stimmt. Ich lese es erneut. Jetzt stimmt es nicht mehr. Dann und wann habe ich Lust zu lachen. Ich entdecke nur noch Virtuosität. Und dieses Übermaß an Pessimismus wird zur Karikatur.«[46]

Dieser Vorwurf »pessimistischer« Weltsicht wurde Emmanuel Bove häufig gemacht; vielleicht hatte man ihn nicht aufmerksam genug gelesen. Bove antwortet schließlich mit seiner eigenen Definition von Pessimismus: »Ein Pessimist ist ein Individuum, das mit Optimisten zusammenlebt.«

Ein Redakteur, von dem man es vielleicht am wenigsten erwartet hatte, hebt mit seinem gewohnten Schwung und Humor das Buch in ein paar überschwenglichen Zeilen in den Himmel; so geschehen am 3. Juli in »Candide«, der neuen wöchentlichen Kulturzeitschrift der politisch Rechten. Er trug mit seiner Frage »Haben Sie Emmanuel Bove gelesen?« dazu bei, daß in literarischen Kreisen noch mehr über den neuen Autor gesprochen wurde.

An diesem Tag beginnt der Lobredner in seiner dem Schauspiel reservierten Rubrik nach Abhandlung der Theatersaison einen zweiten Absatz mit der Überschrift »Nun zu etwas ganz anderem«: »Ich merke gerade, daß mein Artikel recht kurz geraten ist, und das ist schön so, denn das erlaubt es mir, Ihnen von etwas anderem zu erzählen, einer Sache, die gewiß nicht in mein Ressort fällt und die deshalb nicht an ihrem rechten Platz sein dürfte – doch wer würde mir schon das Recht abstreiten, Ihnen eine Freude zu machen? Ist es Ihnen denn oft passiert, daß Sie ein am Vortag erschienenes, mit der Post zugestelltes Buch aufschlagen, dessen Autor Ihnen vollkommen unbekannt ist, und Sie nach drei Zeilen ausrufen: ›Hoppla! Aber das ist mal einer!‹ Also mir ist das nicht oft passiert. Diese Woche aber

46 Vgl. »Liberté« vom 2. Juli 1924.

war es soweit, und zwar als ich ›Mes amis‹ von Emmanuel Bove aufschlug. Nach zwanzig Seiten war ich so begeistert, daß ich mir vornahm, Ihnen heute davon zu erzählen. Und ich halte mein Versprechen. Dieses Buch ist köstlich, bewegend, drollig, originell – und es besitzt Natürlichkeit, was seine schönste Qualität zu sein scheint. Wie man mir sagte, sei der Autor fünfundzwanzig und dies sein erstes Buch. Man sagte mir auch, dieses Buch schildere seine eigene Geschichte. Wenn dies seine Geschichte ist, so werden Sie beim Lesen verstehen, warum. Da ich Ihnen geraten habe, ›Mes amis‹ zu kaufen, bitte ich Sie, die Leute, die Sie kennen, auf dieses Buch hinzuweisen, anstatt es ihnen nur auszuleihen.«

Der Verfasser dieser Lobrede ist kein unbeschriebenes Blatt. Vom künstlerischen Paris vergöttert und auf dem Gipfel seines Ruhms stehend, war er soeben Mitglied der Ehrenlegion geworden; sein Artikel konnte somit unmöglich unbemerkt bleiben, und dies umso mehr, als es überhaupt nicht seine Gewohnheit war, Rezensionen zu schreiben. Der Schauspieler, Schriftsteller und Regisseur Sacha Guitry, der für diesen unerwarteten Artikel verantwortlich zeichnet, löst beim Autor von »Mes amis« eine gewisse Entrüstung aus, in die sich freilich auch Genugtuung mischt. »Er wollte sich nicht einmal bei ihm bedanken«, erinnert sich Philippe Soupault.[47]

Es ist wohl wahr, daß Bove angesichts dieses inadäquaten Verehrers, der es mit Comtessen mehr zu tun hatte als mit den zaghaften Helden aus »Mes amis«, ratlos dastehen mußte. Doch ebenso wie Colette besaß auch Guitry einen sicheren Geschmack; dieser ließ ihn hinter der prägnanten Schreibweise, deren ulkiger Pessimismus ihn zu entzücken schien, sogleich ein ungewöhnliches Talent erkennen.

Zusammen mit dieser unerwarteten Fürsprache gelangt das Buch nun also auf den Markt. Philippe Soupault erinnert sich: »Das war ein Erfolg – unvergeßlich. Kurze Zeit darauf hatte Colette die Idee, ihre – wie sie es nannte – ›Fohlen‹ um sich zu scharen. Sie war ja blindlings in alle Tiere vernarrt. Sie lud uns also in ihr Haus auf dem Boulevard Suchet zum Essen ein. Sie schwatzte viel, andere taten das auch. Nur Bove brachte keinen Ton über die Lippen, bis auf ein ›Merci‹, wenn man ihm Wein einschenkte. Kaum hatten wir Colettes Haus verlassen, fing er an, drauflos zu quasseln, oder besser gesagt: mich auszufragen. Er wollte die Namen der großzügigsten und

[47] Wie Anm. 43.

finanzkräftigsten Verleger wissen. Er scheute Mißverständnisse, deshalb wollte er sich lieber schriftlich als mündlich äußern. Er schrieb, was das Zeug hielt. Schreiben, das war für ihn: leben. Als ich ihm diese ›Hochherzigkeit‹ vorwarf, beschied er mir, daß Dostojewski viel mehr und wesentlich schneller geschrieben habe als er. Bove hatte diese merkwürdige Haltung, nie jemanden kritisieren zu wollen. Ich habe ihn niemals über irgend jemand etwas Schlechtes sagen hören. Seine wenigen Freunde hatten den Eindruck, daß er darauf aus war, vergessen zu werden, so wie andere umgekehrt darauf aus sind, bekannt zu werden. Statt des öffentlichen Rummels hielt er es immer lieber mit Schweigen. Ich erinnere mich an meine Spaziergänge mit ihm im Bois de Boulogne, wo er mal ein Sätzchen von sich gab, in erster Linie aber die anderen reden ließ. Er interessierte sich für die Leute und für die Passanten, sagte schon mal: ›Sehen Sie mal da!‹ Von seiner Kindheit hat er mir nie erzählt, auch nicht von seiner Jugend oder von seiner Familie. Eine sehr merkwürdige Sache war, daß er anscheinend darunter litt, in einem Hotelzimmer oder in einem Appartement zu leben. Ich entsinne mich nicht, ihn – außer in den Verlagen – bei sich in einem Zimmer gesehen zu haben.«[48] Immer wieder wird man auf ähnliche Darstellungen Boves treffen, der ständig darum bemüht war, sich selbst zurückzunehmen, um seinem Werk den Vortritt zu lassen. Bove scherte sich nicht um die Kritiker, zeigte sich einigen von ihnen aber aufgeschlossen, wie etwa gegenüber Fernand Vandérem, »einem freien, stichelnden und pedantischen Pariser Literaten«[49], dem er in mehreren Briefen seine Dankbarkeit bezeugte: »Was Sie für mein Buch getan haben und was Sie noch heute tun, berührt mich sehr. Ich danke Ihnen von ganzem Herzen mit diesem Brief – auf andere Weise ließen Sie es ja nicht zu.«[50]

Dieser Brief Boves war eine Reaktion auf mehrere Artikel des anerkannten Kritikers, wobei der erste im »Miroir des Lettres«[51] durch seine Klarsicht und Scharfsinnigkeit bestach: »Was den zweiten Schriftsteller betrifft, den ich erwähnt habe, Emmanuel Bove, so weiß ich gar nichts über ihn, weder sein Alter noch seine Herkunft,

48 Wie Anm. 43.
49 Vgl. »Marianne« vom März 1939 (ein Porträt Fernand Vandérems aus Anlaß seines Todes).
50 Emmanuel Bove, Brief an Vandérem vom 2. Dezember 1924.
51 »Miroir des Lettres« vom 15. Juli 1924.

noch etwas über seinen Werdegang. [...] Sein mit ›Roman‹ untertitelter Band ›Mes amis‹ ist eher eine Sammlung mehr oder weniger lang geratener Erzählungen. Wird Monsieur Bove uns eines Tages einen richtigen Roman vorlegen? Ist ziemlich egal. Derzeit ist er ein Erzähler und überdies ein Beobachter, ein Satiriker, bei dem in einem fort, wie bei Vallès, Rührung und Mitleid den überaus bitteren Humor mildern. Der Held des Buches? Nun, früher hätte man gesagt: ›eine arme Seele‹; heute würde man sagen: ein armes Schwein. Noch in den grausamsten und pathetischsten Momenten entgeht ihm nichts in seiner Umgebung – eine Besonderheit der Landschaft, der Einrichtung, der Aufmachung oder die kleinste Geste, der geringste Ausdruck im Gesicht beziehungsweise die mindeste Veränderung darin, und selbst noch durch die Tränen hindurch sieht, bemerkt, registriert er alles. Derselbe Scharfblick auch in bezug auf sich, auf seine geheimsten Gefühlen, seine noch so unbewußten Reflexe, auf seine besten und seine schlechtesten Reaktionen. Und wenn seine Schwächen ihm Kummer bereiten, ihn mit Scham erfüllen, dann findet er stets, auch gegenüber der Scham der anderen, das passende Wort, um darüber lachen zu können. Lesen Sie diese Erzählungen – ›Lucie Dunois‹, ›Neveu, der Fluß-Schiffer‹, ›Monsieur Lacaze‹, und Sie werden auf die Verbitterung der Helden Vallès' stoßen, auf die Energielosigkeit jener von Capus, auf die ätzende Schärfe der Figuren bei Jules Renard, auf die Gehemmtheit bei den Helden Tristan Bernards. Denn Monsieur Bove erinnert an diese Meister vielmehr durch die Charaktere als durch seinen Stil oder seine Technik. Er besitzt eine ihm eigene Anlage – nüchtern, lebhaft, kraftvoll, und dazu eine glückliche Hand bei der Auswahl der Details –, um uns im selben Augenblick, da er unsere Gemüter bewegt, auch zu unterhalten. Die dargestellte Misere, das Elend, die Schauplätze, die Lebensgewohnheiten und Charaktere – sicherlich stellt all das eine etwas begrenzte Materie dar, doch in der Art, wie Monsieur Bove mit ihnen umgeht, kann man voraussehen, was er bei der Hinwendung zu allgemeineren Themen und unterschiedlichen Milieus noch zeigen wird. Ausgestattet mit Intelligenz, Sensibilität und – darauf bestehe ich – mit Geist, haben wir es hier mit einem jungen Talent zu tun, das mehr als eine Versprechung für die Zukunft ist und von dem man noch viel erwarten darf.«

Kurz darauf, als Zeichen seiner Dankbarkeit und trotz anderer Ersuchen (und nicht der geringsten: Der Verleger Gaston Gallimard lud Bove nach der Lektüre von »Mes amis« unverzüglich – wenn auch erfolglos – ein, der Gilde der Gallimard-Autoren beizutreten), räumt Bove das Erstleserecht seines nächsten Romans Fernand Vandérem ein, und zwar für die »Revue de France«. Als der Verleger Ferenczi Ende Juli den Erfolg von »Mes amis« konstatiert, entschließt er sich zu einer zweiten Auflage und läßt den vielversprechenden jungen Autor für zwei weitere Romane unterschreiben.

Am Anfang dieses August 1924 hat Bove eine gute Strähne. Er ist dabei, mit seinem ersten Roman ein wenig Geld zu verdienen, was ihm erlaubt, an seinem nächsten Buch zu arbeiten und weiterhin sporadisch bei der Zeitung »Le Quotidien« mitzumachen. Ein rührendes Foto, aufgenommen im Garten der Familie in Mareuil-en-Brie, zeugt von dieser Zeit. Man erkennt darauf einen lächelnden Emmanuel Bove mit seiner kleinen Tochter Nora, die ihm gerade ein Kindergeheimnis zärtlich ins Ohr flüstert.

Nora über diese Zeit: »Ich erinnere mich an jemanden, der sehr schön, sehr charmant und mit viel Sinn für Humor versehen war. Ich war sehr stolz auf ihn, ich bewunderte ihn. Er hatte elegante Sachen an. Sowie er ein bißchen Geld hatte, ließ er sich Seidenhemden nähen, auf denen sein Monogramm eingestickt war. Wenn kurze Zeit später das Geld aus war, verkaufte er sie zu einen lächerlichen Preis an einen Trödler. Meine Mutter hatte für diese Art von Romantik überhaupt nichts übrig.«[52]

Bove ließ sich auch Visitenkarten drucken: »Emmanuel Bove. Redakteur des ›Quotidien‹«. Man stößt in dieser Zeitung auf die ersten Artikel von ihm; es sind deren drei im August 1924. Im Artikel vom 5. August, der auf der ersten Seite erscheint, berichtet er von einer Begegnung mit Jean Hateau, genannt »Jean der Amerikaner«, einem gerade begnadigten und freigelassenen Zuchthäusler:

Es ist zehn Uhr morgens. Ich läute an der Tür. Man führt mich in einen Salon, den ein fahles, durch Musselinvorhänge gedämpftes Licht schwach erhellt. Ein Mann sitzt dort, mir gegenüber, liest eine Zeitung und wartet wie ich. Sollte dies Hateau sein, genannt »Jean der Amerikaner«? Kaum vorstellbar. Dieser Herr da sieht friedfertig aus, ist einfach gekleidet, könnte ein bescheidener Anwalt sein, der hier wartet. Die Minuten verrinnen. Wir wechseln kein Wort. Plötzlich geht die Tür auf, und Maître Grappin, der den Unglücklichen verteidigt, tritt ein: »Ich darf Ihnen Jean

---

52 Nora de Meyenbourg im Gespräch mit Raymond Cousse.

Hateau vorstellen«, sagt er, indem er auf den Unbekannten zeigt, der sich erhoben hat. Sollte Jean Hateau etwa ein Mensch sein wie jeder andere, einer, den nichts von anderen unterscheidet? [...] Jean Hateau schweigt, während seine Hände ständig in Bewegung sind und nicht Gesagtes zum Ausdruck bringen. In diesem Salon, in dem der Regen draußen die traurige Dunkelheit eines späten Herbstnachmittags verbreitet, kann ich allerdings sehen, wie sein Gesicht sich verzerrt. Er neigt den Kopf, und unversehens laufen Tränen aus seinen Augen. [...] Er ist fünfzig Jahre alt. Er hat lange harte Jahre durchgemacht, aber sein Herz ist jung geblieben, denn er besitzt aus seiner Jugend noch die wunderbare Fähigkeit des Vergessens. Dreißig unglückliche Jahre haben ihn nicht zerstören können. Hoffnung flammt in seinen Augen auf, so als betrachte er seine Zukunft mit dem enthusiastischen Glauben des Zwanzigjährigen.«

Man kann sowohl in den Zeitungsartikeln Boves als auch in seinen Büchern die überaus große Gewissenhaftigkeit feststellen, die den Leser am kleinsten Detail teilhaben lassen soll – bis hin zur Einbeziehung einer Wetterkarte, die meist Regen verheißt –, wodurch schließlich dieses nostalgische, so eigenartige Ambiente geschaffen wird, das sich durch sein ganzes Werk zieht.

Ein anderes Beispiel dafür: eine französische Expedition trifft Anstalten, zum Nordpol aufzubrechen, und Bove wird vom »Quotidien« losgeschickt, um ein Interview mit dem Verantwortlichen dieser Mission zu machen:

Ein seltsamer Vorraum, in dem man über Säcke mit Reis, eine Rahmenantenne für drahtlose Telegraphie und über Ölkanister hinwegsteigen muß, liegt vor dem durch einen Leuchtglobus erhellten Büro des Monsieur de Payer. Auf einem Tisch: Landkarten, große Landkarten im Maßstab 1:1000, verstreute Blätter. Auf den Möbeln, auf dem Kamin – überall Pakete. Inmitten dieses Chaos verteilt Monsieur de Payer Befehle an seinen Domestiken: »Jean, bitte vergessen Sie den Kräuterlikör nicht ...« – »Nein, Monsieur.« – »Ist in meiner Abwesenheit angerufen worden?« – »Zwanzigmal, Monsieur.« Ich rücke ein Fotostativ und eine Kiste mit Seife zur Seite, und es gelingt mir, mich hinzuzusetzen. Draußen gießt es in Strömen. Obwohl es erst drei Uhr nachmittags ist, ist der Himmel dunkel, der Tag scheint vorbei zu sein. »Das ist das Licht von Spitzbergen«, erklärt mir Monsieur de Payer.[53]

Endlich, am 6. September, ehrt auch die Zeitung auf Betreiben von Pierre Audiat den Schriftstellerkollegen. Dies ist auch das erste Mal, daß auf die malerische Qualität seiner Schreibweise verwiesen wird: »Nur weil Emmanuel Bove Redakteur beim ›Quotidien‹ ist, soll den

[53] »Le Quotidien« vom 31. August 1924.

Lesern dieser Zeitung deshalb nicht ein Buch vorenthalten werden, das in aller Munde ist ... Jeder war sich einig, dieses Buch ›interessant‹ zu finden, doch während die einen unterstrichen, daß es sich dabei um ein Meisterwerk handelte, und ihre Bewunderung klar zum Ausdruck brachten, nahmen die anderen eine reserviertere Haltung an, flüchteten sich in eine Analyse des Buchs und überließen dem Leser die Aufgabe, die Schlußfolgerung daraus zu ziehen. Weshalb? Meines Erachtens aus zwei Gründen. Zum einen, weil ›Mes amis‹ das erste Werk Emmanuel Boves ist, zum anderen, weil dieses Werk katalogisierten und etikettierten Werken kaum gleichzustellen ist. [...] Emmanuel Boves Stil erinnert an diese naiv-ehrlichen und exakten Gemälde, die den Kenner begeistern. Bove schreibt ein wenig so, wie Henri Rousseau einst malte.«

Derlei Lobeshymnen ließen sich häufen. Hier sei nur eine letzte angeführt, die sich von den anderen insofern abhebt, als der Verfasser auf den Spiegeleffekt zu sprechen kommt, der beim Leser jene »übermenschliche« Emotion auslöst, von der später auch einer von Boves Verlegern sprechen wird: »Er heißt Bâton. Er trägt sein Elend so, wie manche ertränkte Hunde einen Stein um den Hals tragen. Seine Sehnsucht nach Liebe bleibt immer nur Sehnsucht. Er leidet, so wie wir alle, weil er keine Freunde hat, weil er die Zärtlichkeit nicht kennt, weil er schrecklich einsam ist. Doch während wir unseren Schmerz wie eine schändliche Krankheit verbergen, vertraut er uns seinen ganz einfach an. Er wollte jemanden lieben, wobei es einerlei war, ob das eine Bettgenossin sein sollte oder ein Freund. Bâtons Traum war es, sein Herz nach allen Seiten hin auszuschütten oder es aber der Zuneigung eines einzelnen Wesens zu überantworten. Und jeder wies dieses lästige Fleisch von sich. [...] Bâton wird in diesem weiten und eisigen Paris leben wie in einer unbewohnten Steppe. Er wird nicht einmal mehr dagegen aufbegehren, weil die Fatalität ihm zu schwer auf den Schultern lastet und weil die Ungerechtigkeit ihm als Normalzustand erscheint. [...] Das Buch darf als ein Meisterwerk bezeichnet werden, weil Bove ohne Umschweife, schnörkel- und schmucklos, alles gesagt hat, was er zu sagen hatte. Das Ganze in einem klaren und nüchternen Stil, der reich an Bildern ist. Er hat uns die Menschen und die Dinge geschildert, indem er uns gesagt hat, wie er sie sah, und vor allem, wie er sie von seiner völlig subjektiven Warte aus empfand. Der ganze Schmerz unseres Lebens, den wir nicht ständig vernehmen oder den wir zu ersticken suchen, auch wenn er letztendlich immer obsiegt, dieser Schmerz ist in diesem großartigen Buch enthalten.«[54]

Demgegenüber taten andere sich viel schwerer, wenn sie sich mit diesem allzu menschlichen Spiegel, den ihnen der Autor vorhält, konfrontiert sehen. Einige, wie André Thérive oder Alain Leaubraux, die später wieder bei den haßerfülltesten Unterzeichnern der Kollaborations-Presse (»La Gerbe«, »Je suis partout«) auftauchen, werden den Schriftsteller und sein aus »Monstern« und »Spinnern« [sic] bestehendes Universum scharf angreifen und ihm sogar einige grammatikalische Freiheiten vorwerfen.

Freilich können sie nicht umhin, auch ein wenig Bewunderung mit ins Spiel zu bringen. André Thérive schließt seinen Artikel in »L'Opinion« vom 18. Februar 1928 mit den Worten: »Also, was bleibt unterm Strich? Irgendwas, das keineswegs belanglos ist und auf das es zurückzukommen gilt.«

Ein anderer hartnäckiger Miesmacher der Autors war der Geistliche Louis Bethléem, der an dieser Stelle kurz gewürdigt werden sollte. Tatsächlich würde ohne die »Würdigung« einer wahrhaften Benediktinerarbeit – die darin bestand, literarische Rezensionen aus mehreren Jahrzehnten auszuschneiden und zu klassifizieren – der Dokumentation dieses Buches etwas fehlen. Dieser Mann, der sich in seiner Korrespondenz einen »energischen Verfechter der öffentlichen Moral« nennen ließ, verfaßte bei Erscheinen von »Mes amis« ein Resümee dieses Buchs für sein persönliches Archiv: »›Mes amis‹ von Emmanuel Bove – das ist das bescheidene Leben eines Kriegsversehrten, zu 50% Invalide, der gern Arbeit fände, sich aber wohl hütet, welche zu suchen, und der mehr schlecht als recht von seiner Pension lebt. Ein kleines Leben, verzeichnet in der Genauigkeit allerderbster Details: uns bleibt weder der abends in der Waschschüssel gewaschene Kragen noch der flüchtigste Eindruck von der Straße erspart. Was den Helden betrifft, so haben wir ein farbloses Wesen vor uns, eine substanzlose, willenlose Marionette. Da keimt nicht einmal der Gedanke auf, sich zu empören oder sich auch nur am Riemen zu reißen: ein gewisser De-facto-Fatalismus (wo nicht gar ein doktrinärer) ist ja auch soviel bequemer! Das Buch ist keine Empfehlung (auch wenn es nicht geistlos ist): zu amoralisch und zu grob.«

54 Artikel von Jean Botrot in »Bonsoir« vom 3. September 1924.

Trotz dieser letzten, mild gestimmten Parenthese wird der unverbesserliche Pfarrer 1932, in seinem denkwürdigen Werk »Romans à lire et romans à proscrire«,[55] einem – so der Untertitel – »Essay zur moralischen Klassifizierung wichtigster Romane und Romanciers (1900–1930)«, sein Autodafé des Schreiberlings noch weiter treiben: »Emmanuel Bove bringt in sein Werk alle slawischen Exzesse mit ein. Seine entsetzlich schlecht geschriebenen Romane entwickeln einen abscheulichen Pessimismus und suhlen sich in Verderbtheit.«[56]

Ein anderer kauziger Archivar, Léon Bobovnikoff, gefällt sich darin, seinem Bruder die Verrisse aus den Zeitungen zuzuschicken. Dieser antwortet ihm unbewegt: »Dank Dir für Deinen Brief mit diesem lächerlichen Artikel.«[57]

Im Herbst wird Edmond Jaloux vom Verlag Émile-Paul Frères damit beauftragt, neue Talente für das Haus ausfindig zu machen. Begeistert schickt Jaloux Einladungen an die meistversprechenden jungen Autoren. Bove wird so seine ersten literarischen und freundschaftlichen Kontakte knüpfen, darunter mit Jean Cassou (der 1977 für die Neuausgabe von »Mes amis« ein Vorwort schreiben wird), Maurice Betz und André Beucler, von dem folgende Aussage stammt: »Ich schrieb meine Erzählungen draußen auf der Straße. Dann erhielt ich ein Briefchen von Edmond Jaloux: ›Würden Sie mir die Freude machen und eine Tasse Tee mit mir trinken?‹ Bei dieser Gelegenheit begegnete ich Bove. Wir freundeten uns sofort an, denn sein Vater war aus Rußland und meine Mutter auch. Bove sprach kein Russisch, aber er hatte etwas davon abbekommen, war davon ›gezeichnet‹. Er machte kein Hehl aus seinem Ehrgeiz, einmal ein großer Schriftsteller zu sein. Das verfolgte ihn. Nur paßte er nicht so recht ins Literaten-Milieu. Wenn er uns verließ, wußte man nicht, wohin er nun ging.«[58]

Von einer soliden Unterstützung seitens seines neuen Verlegers überzeugt, wechselt Bove später von Ferenczi zu Émile-Paul Frères. Er blieb ihnen, trotz gewisser »Kommunikationsschwierigkeiten«, eine Zeitlang verbunden: »Émile-Paul sagte zu mir: ›Wenn ich nur Geld hätte, mein lieber Bove, ich würde Ihnen was abgeben!‹ Ein an-

---

55 Dt. etwa: Romane – Gebote und Verbote. A.d.Ü.
56 Éditions de la Revue des lectures, Paris 1932.
57 Emmanuel Bove, Brief an Léon Bobovnikoff vom 6. Juni 1933.
58 André Beucler im Gespräch mit Raymond Cousse.

ständiger Kerl, aber auch ziemlich dumm. Ärgerlich daran ist, daß er gar nicht will, daß die Dinge ins Lot kommen. Er ergötzt sich am Kummer der anderen.«[59] Soupault erinnert sich ebenfalls an die beiden Verleger: »Die Brüder Émile-Paul waren ziemlich kleinmütig und fanden, Bove schreibe zuviel.«[60] Schreiben, was das Zeug hält ...

Der schreibwütige Schriftsteller arbeitet bereits an seiner nächsten Geschichte: »Ich bereite zur Zeit einen Roman vor, der, so denke ich, einen Fortschritt markieren wird. Ich bin sehr zuversichtlich. Wenn Sie wollen, werde ich Ihnen in ein paar Monaten aus diesem Roman vorlesen, und Sie werden mir sagen, ob ich mit meiner Zuversicht unrecht hatte.«[61]

In der Presse reihen sich die lobenden Artikel, die Neugierde hat sich in Beifall verwandelt: »Ich glaube, er hat Talent, ein Talent, um das ihn viele seiner älteren Kollegen beneiden könnten, wobei ich aber auch verstehe, daß einen das ein wenig abstoßen kann. Ist es denn in Wahrheit nicht eher furchtbar, fünfundzwanzig Jahre alt, noch fast ein Kind zu sein und begabt – geschlagen, sollte ich schreiben – mit dieser Fähigkeit unerbittlicher Analyse, pingeliger Beobachtung, der nichts entgeht, und es bereits zu verstehen, den anderen und sich selbst abzuklopfen, jeden Zug, jeden Tick im Gesicht, jede Gefühlsregung scharf herauszustellen und diesen Sinn für Verletzungen zu demonstrieren?«[62]

Als die alljährliche Verleihung der großen Literaturpreise näherrückt, wird Boves erster Roman bereits von einigen als Favorit gehandelt. Als engagierte Herausgeberin der neuen Reihe setzt Colette sich dafür ein, daß das eine oder andere ihrer »Fohlen«, Soupault oder Bove, sei's den Prix Goncourt, sei's den Prix Femina davonträgt.

Sie telefoniert überall herum, um mit ihrer gewohnten Verve beide Autoren zu empfehlen: »Der Prix Femina! Ist das blöd, kein Mensch kennt auch nur die Adressen dieser Weiber.«[63]

Was den Verleger Joseph Ferenczi betrifft, so macht er sich für seinen jungen Autor stark, dessen französische Staatsbürgerschaft von

59 Wiedergefundene Tagebuchaufzeichnung Boves vom 27. August 1936.
60 Philippe Soupault im Gespräch mit Raymond Cousse.
61 Emmanuel Bove, Brief an Fernand Vandérem vom 2. Dezember 1924.
62 Pierre La Mazière, in: »Le Journal Littéraire« vom 6. September 1924.
63 Undatierter Zeitungsartikel ohne Titel. [Zum Verständnis des Ausspruchs Colettes: Die Jury des Prix Femina besteht ausschließlich aus Frauen. A.d.Ü.]

einigen chauvinistischen und phantasierenden Geistern in Zweifel gezogen wird: »Ich lese mit Überraschung in einer Pressenotiz des ›Cyrano‹, daß in puncto Prix Goncourt unter den Kandidaten ein junger Autor sei, Monsieur Bove, der Chancen auf die Verleihung habe, wenn er nicht Russe wäre. In meiner Funktion als Verleger von Monsieur Bove – der es bestimmt nicht versäumen wird, sich selbst bei Ihnen in dieser Sache zu beschweren –, möchte ich, daß dafür gesorgt wird, daß dieser Irrtum aus der Welt geschafft wird. Der Autor von ›Mes amis‹ ist keineswegs Russe. Er ist durch und durch Franzose!«[64]

In den literarischen Zirkeln ist der 10. Dezember 1924 ein Tag fiebriger Unruhe. An diesem Tag werden der Prix Goncourt und der Prix Femina verliehen. Wem von den 400 Konkurrenten werden die so begehrten Lorbeeren zugesprochen werden? Beim fünften Wahldurchgang für den Prix Goncourt erhalten »Mes amis« sowie Soupaults »À la dérive« jeweils eine Stimme.

Der glückliche Preisträger sollte aber schließlich Thierry Sandre heißen, mit einem Buch, das den unglaublichen Titel trägt: »Le Chèvrefeuille, le purgatoire et l'Athénée« (Das Geißblatt, das Fegefeuer und das Athenäum). Für Philippe Soupault ist die Sache gelaufen ... Seine Kandidatur für den Prix Femina war wegen der Veröffentlichung seines Pamphlets gegen den gerade verstorbenen Anatole France abgeschmettert worden.

In einem Artikel des »Quotidien« vom darauffolgenden Tag heißt es: »Sowie das Ergebnis des Prix Goncourt bekannt war, begaben sich die Damen des ›La Vie heureuse‹ genannten Komitees nach Beendigung ihres Frühstücks in den großen Salon der Duchesse de Rohan auf dem Boulevard des Invalides. Sechs Wahlrunden waren vonnöten. Bis zur letzten Runde zeichnete sich der Sieg mal für den einen, mal für den anderen der beiden ab: einmal für Emmanuel Bove, unseren Mitarbeiter und Freund, für sein herzzerreißendes und ungekünsteltes Buch ›Mes amis‹ und das andere Mal für Charles Derennes, den Autor von ›Le Pou et l'Agneau‹. Am Ende wurde Charles Derennes mit elf zu sieben Stimmen zum Preisträger des ›Prix Femina-Vie heureuse‹ gekürt.«[65]

[64] Vgl. »Cyrano« vom 16. November 1924.
[65] »Le Quotidien« vom 11. Dezember 1924. [Zum Verständnis des Anfangs dieser Zeitungsnotiz: Traditionell werden in Frankreich erst nach der Verlautbarung

Schnörkellos wie in seinen Büchern dankt Bove Fernand Vandérem für seinen Artikel in der Literatur-Beilage des »Figaro«, wo der wohlwollende Kritiker taktvoll nachgefragt hatte, wer denn wohl der eigentliche Sieger des Prix Femina sei. »Ich weiß nicht, wie ich Ihnen danken soll. Ihr Artikel im ›Figaro‹ ist so nett. Von all dem, was über mich geschrieben wurde, berührt mich Ihr Artikel am meisten. Ich finde es so edelmütig, jemanden nicht zu vergessen. Ich muß Ihnen sagen, daß ich am Sonntag, als Jean Fayard ihn mir zeigte, wirklich bewegt war. Lassen Sie mich Ihnen nochmals von ganzem Herzen danken.«[66]

Vandérems Artikel blieb natürlich nicht unbemerkt. Am Ende dieses Jahres ein geschickter Zug, den Schriftsteller und sein erstes Buch durchzusetzen: »Beim Prix Femina haben alle Kenner der Materie die von dem Zweiten des Wettbewerbs, Emmanuel Bove, erbrachte außerordentliche Leistung zur Kenntnis genommen. Auf dem Papier hatte der junge Autor von ›Mes amis‹ freilich nie eine wirkliche Chance gegen einen Gegner wie Charles Derennes. Man muß bedenken, daß Charles Derennes, obwohl kaum vierzig Jahre alt, seinen Witz und seine unermüdliche Phantasie in dreißig, qualitativ mitunter schwankenden, aber stets charmanten Büchern unter Beweis stellen konnte, während Emmanuel Bove mit seinen knapp vierundzwanzig Jahren[67] den öffentlichen Wettkampf lediglich mit einem schmalen Erzählbändchen anging. So daß er durch ein umgekehrtes Handicap seinem Konkurrenten nicht weniger als 29 Bücher als Vorgabe einräumte. Überdies hatte Bove trotz seines so komischen, so persönlichen Humors und der so menschlichen Gefühlstiefe, die seinen Realismus vom vulgären Naturalismus früherer Zeiten abheben, die mangelnde Eleganz seiner Figuren, die Bitterkeit seiner Geschichten und auch die oft abstoßende Präzision bestimmter Details gegen sich, die der exakten Beschreibung des Elends inhärent sind ... Dennoch, trotz so vieler Nachteile und entgegen der Spekulation, er würde von seinem Konkurrenten um Längen geschlagen, konnte sich Bove sechs Wahlgänge lang auf gleicher Höhe halten, bevor schließlich Derennes im siebten kraft seiner Bedeutung und

des Prix Goncourt alle anderen Preise durch die jeweilige Jury bestimmt. Dieses (ungeschriebene) Gesetz wurde in den letzten Jahren allerdings mehrfach durchbrochen. A.d.Ü.]
[66] Emmanuel Bove, Brief an Vandérem vom 15. Dezember 1924.
[67] Tatsächlich ist Bove 26 Jahre alt.

seines Alters die Sache für sich entschied. Heißt das, wie einige meinen, daß Bove der moralische Sieger dieses Wettbewerbs sei? Genausowenig wie beim Pferderennen schätze ich im Bereich der Literatur diese Art von Bewertung, die mir zu problematisch erscheint. Ich kann indessen bestätigen, daß mich die brillante Leistung Boves keineswegs verblüfft hat. Im Bereich des Romans habe ich ihn zusammen mit Jean Fayard, dem Autor von ›Oxford et Margaret‹, stets als die Entdeckung des Jahres 1924 betrachtet. Ich bleibe dabei: Ich halte die beiden für die begabtesten, originellsten und besten ihres Jahrgangs. Und wenn es in weiterer Zukunft zu keinem plötzlichen Formtief kommt, würde es mich nicht überraschen, wenn sie nicht nur die Autoren ihrer Generation hinter sich ließen, sondern auch eine ganze Reihe der älteren.«[68]

Wie André Rousseaux später in »Candide« schreibt, ist eine Niederlage beim Prix Femina und genauso beim Prix Goncourt einer Karriere mitunter ebenso zuträglich wie der Erhalt dieser Preise, insbesondere wenn es sich um einen Schriftsteller handelt, der die Kraft für mehr als ein Buch in sich trägt.

[68] Fernand Vandérem, in: »Le Figaro« vom 13. Dezember 1924.

Schreiben, »was das Zeug hält«

»Das Buch eines Dichters!« hatte Paul Husson in seiner Zeitschrift »Montparnasse« lautstark verkündet.[69] Er war einer der wenigen Kritiker gewesen, die auf die poetischen Bilder in »Mes amis« aufmerksam gemacht hatten. Anfang 1925 war gerade ein in Prag geborener deutschsprachiger Dichter, zu diesem Zeitpunkt bereits krank und deprimiert, für einen letzten Besuch nach Paris gekommen. Auch er hatte sich von diesem Buch und von seiner Nähe zum eigenen Universum angetan gezeigt. Den Leuten in seiner Umgebung gegenüber fand er Lob dafür und bat seinen Pariser Übersetzer, ein Treffen mit dem Autor zu arrangieren.

Maurice Betz, Freund Boves und Übersetzer von Rilkes »Aufzeichnungen des Malte Laurids Brigge«, soll dieses Rendezvous in die Wege leiten. Es gibt zwar keinen Zeugen für dieses Gespräch, aber Rilke betonte einmal, daß man, um einen einzigen Vers schreiben zu können, fühlen müsse, wie Vögel fliegen. Bove, der soeben seine Erzählung »Un autre ami« beendet hatte,[70] stimmte darin ein: »Vögel flogen so schnell vorüber, daß sie einer geraden Linie zu folgen schienen. Sie waren schwarz, wie Vögel am späten Nachmittag.«[71]

Kurze Zeit nach seiner Abfahrt von Paris schreibt Rilke von seinem Schweizer Refugium aus an Betz, um ihm für seinen Roman »L'Incertain« zu danken, auf den er durch einen Artikel Boves in den »Nouvelles Littéraires« aufmerksam geworden war. Was Bove selbst betrifft, so drückt Rilke seine Wertschätzung für dessen gerade in den »Cahiers du mois« erschienene Erzählung »Visite d'un soir« aus: »In meiner Jugend hatte man noch die Gewohnheit, sich die Handschuhe ›nach Maß‹ machen zu lassen; die Hand dem Handschuhmacher hinzuhalten war eine sehr sonderbare Empfindung. Bei der Lektüre des neuesten Buches von Bove ist mir diese ganze Erinnerung wiedergekommen, das körperliche Gefühl der den Berech-

69 »Revue Montparnasse« vom 1. November 1924.
70 »Un autre ami«, in: »Henri Duchemin et ses ombres«, Flammarion, Paris 1983, S. 57–88. Dt.: »Ein anderer Freund«, in: »Schreibheft«, Zeitschrift für Literatur, No. 26 (September 1985), S. 9–17. Übersetzung: Martin Zingg. A.d.Ü.
71 Vgl. »Un autre ami«, a.a.O., S. 80. A.d.Ü. Das Manuskript ist auf den 1. Februar 1925 datiert.

nungen ausgesetzten Finger inbegriffen.«[72] Die Erzählung, die den Autor der »Duineser Elegien« zu dieser metaphorischen Bemerkung inspiriert hatte, war in der Nummer 13 der von den Brüdern André und François Berge gegründeten und sehr früh wieder verschwundenen Revue »Les Cahiers du mois« erschienen. »Mein Bruder und ich waren Anhänger von Bove, und es war Maurice Betz, der uns ihm vorgestellt hat. Ich habe die Erinnerung an einen zurückhaltenden, sehr sensiblen Menschen. Er redete sehr wenig. Er war ein Freund der ›Cahiers du mois‹.«[73] In einem anderen Brief an Betz fügt Rilke dieses bewunderungsvolle Postskriptum an: »Bestellen Sie, bitte, meine Empfehlungen an Emmanuel Bove; ich trachte immer, ihm zu folgen ...«

Die »Cahiers du mois« waren zugleich Buch und Zeitschrift, und so erschienen in ihnen Romane, Novellen oder Hefte mit verschiedensten Beiträgen zu einem bestimmten Thema in regelmäßigem Wechsel. Da man neue Wege beschreiten wollte, wurde etwa die Nummer 12 vollständig dem Thema »Drehbuch« gewidmet. Als Verfechter der jungen französischen Literatur hatten sich die »Cahiers« auch der ausländischen Literatur, ohne weiteres aber auch jener Welt innerer Erfahrung zugewandt, die Marcel Proust der jungen Nachkriegsgeneration soeben erschlossen hatte. Da die »Cahiers du mois« von den Brüdern Émile-Paul herausgegeben wurden, sollte sich logischerweise eine Kooperation zwischen Schriftstellern und den Verlagsbuchhändlern ergeben.

Den von der Zeitschrift vorgelegten Texten folgte immer ein »Redaktionsheft«, das sowohl den kritischen Teil als auch ein Diskussionsforum darstellte. Maurice Betz, seinerzeit Redaktionssekretär, zeichnete unter dem Titel »Argument« einen Artikel für die besagte dreizehnte Ausgabe: »Es war ein Sommer in Paris, so wie schon viele Sommer zuvor. Die Tage schienen mit den sich leerenden Straßen länger zu werden. Mit so viel Platz um uns herum fühlten wir uns noch müßiger. Und diese Leere schuf drängendere Bedürfnisse, solche, die noch schwieriger zu befriedigen waren. Trotz der Hitze lagen immer wieder neue Bücher in den Auslagen, das ging fast so schnell wie mit den Zeitungen. Kaum geöffnet, waren sie schon verblichen. Brillante Geister diskutierten um die Wette über eine

[72] Rainer Maria Rilke, Brief an Maurice Betz vom 5. November 1925.
[73] André Berge im Gespräch mit Jean-Luc Bitton (Videofilm).

Berühmtheit, die, wenn die Blätter von den Bäumen fielen, schon vergessen war. So viele verschwendete Worte, so viele nutzlos verausgabte Talente, das machte uns nur noch reizbarer. Dafür aber war der Himmel so klar, waren die Nächte so frisch, daß alles schließlich seine Bedeutung verlor ... Zufällig sollten wir eines Tages aber auf ein Buch stoßen, und mit diesem Buch auf einen Schriftsteller.

Ein noch junger Mann hatte den Sätzen ihre Eleganz, dieses Trugbild, und ihre Melodie, diesen Sirenengesang, genommen. Er sagte nur ganz schlicht: Das habe ich gesehen, das habe ich gehört. Gesehen. Gehört. Und alle Wörter fanden ihren größtmöglichen Sinn, ihre exakteste Verwendung. Emmanuel Bove – habe ich schon gesagt, daß ich von ihm sprechen wollte? – hatte diesen großen Mut bewiesen: – Er hatte seine eigene Person hintangestellt.«[74]

Einige Monate später, anläßlich des Erscheinens des Buches »L'Incertain« von Betz, steuert Bove selbst einen Artikel in den »Nouvelles Littéraires« für seinen jungen Freund und Kollegen bei. Dieser Text ist unter mehreren Gesichtspunkten interessant. Zum einen, weil es sich dabei um den einzigen Text dieser Art in Boves schriftstellerischer Produktion handelt, zum anderen, weil es hier das erste Mal ist, daß er sich nicht journalistisch gedrängt zu Wort meldet:

Wieder sehe ich in dieser Wohnung, in der die Sonne den Balkon erst ab vier Uhr nachmittag erreicht, Maurice Betz vor mir: groß, schlank, mit leichten Schnallenschuhen, die ausgeprägte Nase, der blasse Teint. Er rührt sich nicht, beobachtet nur aufmerksam. Im Kamin brannte ein feuchtes Stück Holz. Staub bedeckte die rote Patina seines Schreibtischs. Wohin man sah: Bücher und Akten ... [...]

Dann durchschritt Maurice Betz das Zimmer. Weißes Licht fiel durch unverhüllte Scheiben. Draußen erkannte ich den Blitzableiter vom Senat, die kahlen Bäume vom Bois du Luxembourg und, in der Ferne, eine Wolke, die ich nicht richtig anschauen konnte, weil die Sonne hinter ihr stand. [...]

Warum ein Hehl daraus machen? Ich lese wenig, und selbst wenn ich mich dazu aufraffe, geschieht es allzuoft nur aus Überdruß. Kaum habe ich ein Buch aufgeschlagen, packt mich die Lust zu schreiben. Wenn ich dann weiterlese, habe ich das Gefühl, meine Zeit zu verlieren, und nur selten kommt es vor, daß mein Interesse für das Werk auf meinem Tisch stark genug ist, um diesen Eindruck nicht zu haben. Dieses Buch – ob gut, ob schlecht, darum geht es nicht –, ich würde es auf meine Art gern neu schreiben. Ideen, Erinnerungen und Einwände tauchen so mannigfaltig auf, daß ich eine Pause einlegen muß.

Das ist ein Geisteszustand, gegen den ich mich nicht mehr wehre. Meine Argumen-

---

74 »Les Cahiers du Mois«, No. 13 vom Juni 1925. Éditions Émile-Paul Frères.

tation unterscheidet sich nun nicht sehr von dem, was der Koran dem Propheten sagt: Wenn ein Buch mich zufriedenstellt, bin ich sogleich von dem Wunsch beseelt, ein noch besseres zu machen, wenn es mich enttäuscht, dann stören mich seine Fehler, und wozu soll ich dann noch weiterlesen? Wenn ich also ein Buch vor mir habe, das ich in einem Zug durchlesen kann, mit wachsendem Interesse, mit nicht nachlassender Aufmerksamkeit, dann darf es mir nicht nur aufgrund des Nichtvorhandenseins von Fehlern gefallen, die Anlaß zur Kritik gäben, es muß auch ein starker und ausgeprägter Charme von ihm ausgehen, eine Atmosphäre, die mich gegen meinen Willen zum Dranbleiben zwingt. Genau ein solches Buch hat Maurice Betz soeben vorgelegt.[75]

Das Thema der Erzählung »Visite d'un soir« – die Trennung – soll zweierlei ankündigen. Dieser Text ist Henriette de Swetschine gewidmet, die alsbald Boves Geliebte sein wird. Bove trennt sich gegen Ende des Sommers kommentarlos von Frau und Tochter. Nachdem die Familie Anfang des Jahres in La Ferté-sous-Jouarre, dann in der Rue des Ursulines Nummer 12 in Paris gewohnt hatte, zieht sie schließlich in eine möblierte Wohnung in der Rue de l'Abbé-de-l'épée Nummer 6. Von dort aus starten Mutter und Tochter wie gewohnt in die »großen Sommerferien«. Emmanuel ist allerdings zu beschäftigt und bleibt in Paris. Tochter Nora erinnert sich an die Rückkehr im September: »Unten an der Treppe warnte uns die Concierge: ›Sie brauchen nicht hochzugehen, Monsieur Bove hat die Wohnung abgegeben.‹ Wir sind also wieder los, um uns ein Hotel zu suchen. Es war so die Art meines Vaters, mit den unangenehmen und verletzenden Dingen nicht herauszurücken. Bis 1930 wollte meine Mutter sich nicht scheiden lassen. Scheidung im gegenseitigen Einvernehmen war zur damaligen Zeit nicht möglich. Man brauchte Gründe. Dem Anwalt, der ihn darum bat, seiner Frau einen fingierten Brief zu schreiben, machte Bove diese Mitteilung: ›Lieber werfe ich mich in die Seine, als daß ich mich wieder auf ein Zusammenleben einlasse.‹ Meine Mutter sagte mir später: ›Ich ließ mich scheiden, ohne daß ich jemals Krach mit Emmanuel gehabt hätte. Er war immer völlig ausgeglichen.‹«[76]

Nach Emmanuels Weggang schreibt Suzanne für den Verlag Ferenczi Trivialromane, um sich mit ihren beiden Kindern finanziell über Wasser halten zu können. Zukünftig muß Bove für einen Unterhalt

---

[75] »Les Nouvelles Littéraires«, No. 256 vom 10. Oktober 1925.
[76] Nora de Meyenbourg im Gespräch mit Jean-Luc Bitton.

in Höhe von 2.000 Franc aufkommen. Da er gerade beginnt, etwas Geld zu verdienen, verspricht er seiner Ex-Frau zweieinhalbtausend Franc, eine für die damalige Zeit bedeutende Summe, die er allerdings alsbald nicht mehr zahlen kann.

Nora im Gespräch: »Er schmiedete oft überzogene Pläne, aber ich glaube, er war immer aufrichtig.« Etwa zwanzig Jahre später vermerkt Bove in sein Notizheft: »Es gibt eine gewisse Gerechtigkeit über die Zeit. Denke an Suzanne und an mich. Die entsetzlichen Schulden. Dann ließ man einfach alles laufen. Zeit verging. Mit einem Mal kam die Wahrheit ans Licht.« Bove, dem Familienleben ebenso unangepaßt wie dem gesellschaftlichen und literarischen Leben, erscheint eher, wie seine Figuren, als Opfer denn als Schuldiger: »Boves Welt ist eine Art Refugium für die Opfer in dieser Gesellschaft, oder besser: für die, die sich ihr nicht angepaßt haben. Wenn sie auch nicht gegen deren Schläge gefeit sind, so zeigen sie doch all ihre Wunden, indem sie deren Ursache aufdecken. Bei ihrem bloßen Anblick (dabei müssen sie nicht einmal jammern) empfindet man Abscheu für eine Welt, die sich weigert, jene aufzunehmen, deren einziges, unfreiwilliges Verbrechen es ist, zugleich ohne Tugenden und ohne Sünden, das heißt eigentlich ohne Verteidigung zu sein. Auch wenn es nicht danach aussieht – Bove ist in seinen großen Büchern ein Feind gesellschaftlicher Konventionen. Nicht aus Prinzip, sondern aufgrund seines Temperaments. Er will nicht verurteilen, vielmehr zeichnet er das nach, was er empfindet, und das ist schon alles. Und seine Empfindungen sind kreativ.«[77]

Im August erscheinen zwei Erzählungen Boves zur gleichen Zeit: »Visite d'un soir« in den »Cahiers du mois« sowie »Un autre ami« in Raymond Escholiers Literaturzeitschrift »Demain«, die vom Verlag Ferenczi herausgegeben wird. Parallel dazu erscheint dort auch ein Trivialroman Boves mit dem Titel »Une femme qui aime«; dies sollte allerdings die letzte Zusammenarbeit mit Ferenczi sein. Im selben Jahr übersetzt Bove, unterstützt von seinem Freund Georges d'Ostoya, die in Frankreich bis dato unveröffentlichten »Idylles paysannes« (dt.: »Volkserzählungen«) von Leo Tolstoi, die in der Serie »Les Maîtres de la plume« bei den Éditions Beaudinière herauskommen werden.

---

77 Artikel von Louis Martin-Chauffier, in: »La Nouvelle Revue Française«, No. 183 vom 1. Dezember 1928.

Während die Surrealisten in ihrem »Büro für surrealistische Forschungen« zusammenkommen, während das Pariser Nachtleben an der Ecke Vavin-Raspail-Montparnasse tobt, verbringt Bove lieber eine Nacht im Viertel der Pariser Markthallen und berichtet darüber für den »Quotidien« in einer bitteren Geschichte mit dem Titel »Les Nuits des Halles à Paris« (»Nachts im Viertel um die Hallen von Paris«); Untertitel: »Les ›boîtes‹ où l'on s'amusait« (»Die ›Nachtlokale‹, in denen man sich einst zu amüsieren pflegte«).[78]

Ein eiskalter Nordostwind fegt unter den noch unbeleuchteten Pavillons hindurch. Die Lichter erbeben. Die Straßen sind klar. Vollbeladene Lieferwagen stehen da und warten, andere kommen an. Es ist noch nicht so spät, erst zwei Uhr morgens. [...] Ich steige die mit einem abgewetzten Läufer belegten engen Stufen hoch, die in den Saal im ersten Stock führen. Das Geräusch meiner Schritte wird sicherlich von irgendeinem unsichtbaren mysteriösen Nachtwächter vernommen, denn noch bevor ich von der Treppe wegtrete, ertönt ein Läuten. Geschieht dies, um mich anzukündigen oder den Foxtrott, dessen erste Akkorde ich jetzt vernehmen kann, in Gang zu bringen? [...] Der Saal ist menschenleer. Der Geigenspieler, der mich schon eine Weile beobachtet hat, kommt auf mich zu. Er erkundigt sich bei mir, ob ich nicht ein Musikstück hören wolle, das ich ganz besonders mag. Ich nenne einen Titel. Dreimal hintereinander spielt er das Lied, einen Meter von meinem Tisch entfernt, derweil der Pianist ihn mit einer Hand begleitet. [...] Als ich auf die Straße trete, geht es in den Markthallen bereits hoch her. Männer stehen Schlange, um ihre Kippkarren voll Kohl zu entladen. Will man weiterkommen, muß man sich an den Kassen und den Auslagen vorbeischlängeln. Ein leichter Dunst liegt über den Pferden. [...] Ich war in sechs Nachtlokalen. In dem einen waren zwei Reisende, in dem anderen ein paar Ausländer, ansonsten keine Menschenseele. [...] Jetzt dämmert der Morgen. Der Himmel ist grau, ohne daß eine einzige Wolke zu erkennen wäre. Der Boden ist feucht. Schon rauchen in der Ferne die Kamine. Noch leuchten ein paar Lichter im schwindenden Nebel. Die harte Arbeit der Nacht, gleichgültig gegenüber der Traurigkeit dieses Morgengrauens, findet nun ihr Ende.

Mit seiner neuen Begleiterin läßt sich Bove Ende des Jahres an der Porte de Champerret, in der Rue Descombes Nummer 4, nieder. Von Zeit zu Zeit wird Léon hier hereinschneien, um sich zu stärken: »Als Geliebte hatte er das, was man eine vornehme Dame nennt, Madame de Swetschine. Ich habe sie mal kennengelernt, sie hatte einen ziemlich unangenehmen Charakter. Mehr so die Kategorie ›mondän‹. Sie gab vor, mit der Familie Galizin verschwägert zu sein,

78 »Le Quotidien« vom 15. November 1925 (vollständiger Text im Anhang).

das war ein großer Name am russischen Hof.«[79] Es ist nicht bekannt, ob Léon das folgende, im »Impartial français« abgedruckte und mit »Mes maîtresses« überschriebene Pastiche seinem Bruder beim Dessert zugesteckt hat. In den literarischen Zeitschriften dieser Zeit war das Plagiat als leicht boshafte wie auch als anerkennende Hommage in Mode gekommen. Um Zielscheibe sein zu können, mußte man aber bereits einen gewissen Namen haben, mußte André Gide, Paul Morand oder Jean Giraudoux heißen. Der ungezeichnete Plagiat-Text lautete: »Ich kenne sie noch nicht sehr gut. Ich habe sie nur zehn Minuten lang gesehen. Das genügt nicht, um zu wissen, ob man eine Frau liebt. Aber wenn sie da ist, spüre ich, daß ich sie lieben werde. Es gibt auch Augenblicke, da wünsche ich mir, sie wäre gekommen und wieder gegangen. In anderen Momenten wünsche ich, sie bliebe hier, für immer, sie würde meine Frau werden oder besser: meine Geliebte, weil, sollte ich sie nicht mehr lieben, ich sie verlassen könnte, ohne für die Kosten der Scheidung aufkommen zu müssen. Sie würde mich lieben und meine Socken stopfen. [...] Vor meinem Frühstück habe ich zweieinhalb Stunden für meine Toilette zugebracht. Mit Seife habe ich mir die Knie gewaschen, wobei ich mehrmals mit einer harten Bürste über die Stellen gegangen bin, wo sie bei jedem schmutzig sind. Ich habe mir die Zehennägel geschnitten. Sie waren so hart, daß sich meine Schere verbog. Die abgeschnittenen Teile sind in alle Richtungen geflogen. Zu dumm – ich wollte sie doch aufbewahren, um sie als Zahnstocher zu benutzen.«[80] Niemand ist böse über diese Karikatur. Im darauffolgenden Jahr veröffentlicht die Zeitschrift lange Auszüge aus Boves zweitem Roman. Bove arbeitet weiter hart für den »Quotidien« und schreibt gleichzeitig stundenlang auf den Terrassen der großen Pariser Cafés, von wo aus er auch gelassen und amüsiert dem unentwegten Treiben der Straße zusieht. Er trifft sich dort mit seinem Halbbruder Victor zum Schachspiel. So wie Victor, der die wohlhabende und kultivierte stiefmütterliche Seite repräsentiert, werden auch Léon und seine Mutter (die andere, wirkliche Familie, der es aber weitaus schlechter geht) im Leben des Schriftstellers erneut auftauchen.

Nach dem Erfolg von »Mes amis« fordern Léon und seine Mutter das ein, was ihnen zusteht – nicht anders waren sie ja mit Vater Bo-

79 Léon Bobovnikoff im Gespräch mit Raymond Cousse.
80 »L'Impartial français« vom 3. Januar 1925.

bovnikoff verfahren: »Von nun an rechneten wir mit ihm, meine arme Mutter und ich.«[81] Hinzuzufügen ist freilich, daß Emmanuel, der sich, was sein Einkommen als Autor angeht, überaus optimistisch zeigt, sie darin noch bestärkt, ausschließlich von seinen finanziellen Zuwendungen zu leben: »Ich kann Dir sagen, daß mein nächster Roman am 15. September erscheint und daß ich Dir ab dem Zeitpunkt mehrere tausend Franc zukommen lasse. Zusammen mit dem Geld, das ich Euch monatlich schicke, werdet Ihr, Du und Mama, problemlos leben können. Meine Situation hat sich jetzt verbessert, Du kannst Dich absolut auf mich verlassen. Wie Du siehst, kommt am Ende alles wieder ins Lot.«[82]

Zu Herbstbeginn zieht Bove in einen Vorort von Paris, ein mythisches »no man's land« direkt hinter der Porte de Champerret, wo er zu einem seiner schönsten Texte angeregt wird. Dieser Ort, der nur dank seines Bahnhofs existiert, heißt Bécon-les-Bruyères.

Beim Weggehen vom Bahnhof, wo dann keine Aufschrift und kein Zeichen einem sagen, wo man sich befindet, bewegt man sich, indem man sich immer neu wiederholt: »Ich bin doch in Bécon-les-Bruyères.« Alles ist normal. Während man auf irgend etwas vorbereitet war, haben die Gebäude Mauern und Schornsteine, die Straßen Gehsteige, die Entgegenkommenden die gleichen Kleider wie in der Stadt, die man gerade verlassen hat. Nichts, was so verschieden ist, daß es einen aufmerken läßt. [...] Bécon-les-Bruyères ist demnach zweigeteilt, nach Art jener anatomischen Schnitte von einem Mann ohne Geschlechtsteile und jener Pappeier, die man erst öffnen muß, um herauszufinden, welcher von den beiden Teilen der Deckel ist. Hat man das getan, bleibt auf der einen Seite Asnières und auf der anderen Courbevoie: die Briefe, welche nur mit Bécon-les-Bruyères beschriftet sind, landen regellos in irgendeiner der beiden Poststellen.[83]

Bove lebt mit der Swetschine auf der »Courbevoie-Seite«, in der Rue Madiraa Nummer 16. Léon und seine Mutter stoßen alsbald zu ihnen, und zusammen ergeben sie fortan eher schlecht als recht eine Wohngemeinschaft. In Léons Version hört sich das so an: »Eines Tages nahm Léon Coignet, der von unserer Lage Wind bekommen hatte, während einer Versammlung in einem Salon meinen Bruder zur Seite, um diskret zu ihm zu sagen: ›Wissen Sie – Sie als jemand,

81 Léon Bobovnikoff im Gespräch mit Lionel Duroy.
82 Emmanuel Bove, Brief an Léon Bobovnikoff vom 15. Juni 1926.
83 »Bécon-les-Bruyères«, Éditions Émile-Paul Frères, Paris 1927 (Juni). Hier in der deutschen Übersetzung von Peter Handke, Suhrkamp, Frankfurt/M. 1984, S. 18f. und S. 56. A.d.Ü.

der so heiß auf einen literarischen Preis ist [gemeint ist die bevorstehende Vergabe des Prix Goncourt], Sie sollten Ihre Mutter eigentlich nicht so dahinvegetieren lassen.‹ Anscheinend hat das meinem Bruder die Schamesröte ins Gesicht getrieben. Emmanuel holte uns nach diesem Vorfall aus unserem dreckigen Loch und teilte uns einen Platz zum Campieren in einem Zimmer seiner Wohnung zu. Aber das war nicht von Dauer. Mit dieser Schwetschine war kaum eine Verständigung möglich, auf der Stelle hatte sie sich mit meiner Mutter in der Wolle. Immerhin war da diese nette Geste gewesen, uns aus diesem Loch rauszuholen.«[84]

Was auch immer Léon dazu befindet (»Er hatte nie den Mumm, zuzugeben, daß er eine Clochard-Mutter und ein armes Schwein zum Bruder hatte«[85]) – sobald seine Einkünfte es ihm erlauben, sorgt Bove für den Unterhalt seines Bruders und für den seiner Mutter; fast zwei Jahrzehnte lang bringt er eine Engelsgeduld angesichts ihrer erdrückenden Nachstellungen auf ... Ein mit 1936 datierter Brief Louises, Boves zweiter Frau, belegt diese Hartnäckigkeit: »Lieber Léon, mir liegt daran, Ihnen Bescheid zu sagen, daß Emmanuel noch immer sehr klapprig auf den Beinen ist und daß er mich beauftragt hat, Ihnen zu schreiben. Es ist völlig unangebracht, uns Beleidigungen an den Kopf zu werfen, umso mehr, als wir nun selbst meiner Mutter auf der Tasche liegen. Ich tue alles in meinen Kräften Stehende, damit Sie eine Anstellung bekommen, und übersende Ihnen beiliegend 50 Franc, die wir uns, das können Sie mir glauben, vom Nötigsten abgespart haben.«[86]

Um diese familiäre Verbitterung zu kompensieren, macht Bove sie in mehreren seiner Geschichten zum Hauptthema.

1926 taucht sein Name zum ersten Mal in einer der sogenannten preisgünstigen Buchreihen auf, die von mehreren Verlagen ins Leben gerufen wurden und in periodischen Abständen dem Leser, wie es heißt, »vollständige und unveröffentlichte Romane« in einem Band boten. Bove wählt die von Arthème Fayard herausgegebene Reihe »Les Œuvres libres«, um einen seiner ersten Texte zu veröffentlichen – »Le Crime d'une nuit«.[87] Diese Reihe erhält von Bove regelmäßig

---

84 Léon Bobovnikoff im Gespräch mit Raymond Cousse.
85 Wie Anm. 84.
86 Louise Bove, Brief an Léon Bobovnikoff vom 6. November 1936.
87 Vgl. »Les Œuvres libres«, No. 57 vom Mai 1926.

das Vorabdruckrecht. Bedenkt man den Umfang der damit verbundenen Pauschale, dann bildeten diese »Vorpremieren« eine für die Autoren nicht unerhebliche Einnahmequelle.

Kurze Zeit darauf macht Bove den Éditions Gallimard eine Zusage für die Erzählung »Le Crime d'une nuit«. Am 2. Juli 1926 unterschreibt er einen Vertrag, worin er dem berühmten Verlagshaus das Vorzugsrecht für seine fünf nächsten Bücher einräumt. Gaston Gallimard, der Bove seit dem Erscheinen von »Mes amis« unermüdlich umwarb, sollte aber einmal mehr enttäuscht werden. In der Tat hält Bove seine Versprechungen nicht ein und übergibt den Text ein Jahr später dem Verlagshaus Émile-Paul Frères.

Auf Bitten seines Freundes und Journalisten-Kollegen Louis Roubaud hin verfaßt Bove ein Vorwort für dessen Erzählband »Figures de danse«, der im Oktober 1926 erscheint. Es entsteht ein sehr kurzer, origineller Text:

So wie es Leute gibt, die mehr Speichel produzieren als andere, gibt es Leute, deren Augen viel wäßriger sind. Louis Roubaud hat glänzende Augen. Sein Gesicht ist bis ins kleinste Detail hinein vollkommen. Die Konturen seiner Nasenflügel enden da, wo es sein muß. In seinem Haar, glattgekämmt und durch einen rechten Männerscheitel sorgfältig voneinander getrennt, gibt es, im Gegensatz zu dem der Nordeuropäer, keinen Wirbel. Da saß er. Zum Schreiben brauchte er vollkommene Ruhe. Und doch war ich keine Störung. Gegen fünf Uhr traten wir vor die Tür, um frische Luft zu schnappen. Die Sonne war noch nicht untergegangen. Die Bäume, voller Laub, warfen schwere Schatten. Der Wind, warm wie ein Luftzug im Haus, strich um unsere Gesichter. Er sagte kaum einen Ton. Manchmal, da blickte er zum Himmel hoch, wo Wolken zogen, die größer schienen, wenn sie direkt über uns waren. Er besaß den Respekt der Menschen, deren Weg wir kreuzten. Seine sanften, ironischen Bemerkungen machten, daß ich ihn gernhatte.[88]

Wie versprochen erhält die Zeitschrift »La Revue de France« das Recht für den Vorabdruck seines neuesten Romans, dessen einsamer Held auf den Vornamen Marcel hört. Als Bove andeutete, diesen Vornamen als Titel seines nächsten Buches zu verwenden, gab Marcel Prévost – Direktor der Zeitschrift, Romancier und Weltmann von Ruf, zudem Mitglied der Académie française – ihm zu verstehen, daß ihm diese Namensgleichheit zwischen ihm und dem wenig brillierenden Helden des Buches nicht besonders zusage. »Ändern

[88] Louis Roubaud, »Figures de danse«, Éditions du Monde moderne, Paris 1926.

Sie den Namen!« beschied er ihm. – »Unmöglich«, so Bove, »mein Buch soll den Namen der Hauptfigur tragen.« – »Dann taufen Sie Ihre Figur halt um!«[89] Bove willigt schließlich ein, doch bleibt ein neuer Vorname erst noch zu finden. »Fernand«, schlägt der Direktor der »Revue« mit dem Hintergedanken vor, seiner rechten Hand, Fernand Vandérem, einen kleinen Streich zu spielen.

Die beiden Männer einigen sich aber schließlich auf den Namen »Armand«. Mit diesem Vornamen als Titel wurde der Roman also den Lesern der »Revue« vorgelegt. Zur Einführung steuerte Marcel Prévost diese wenigen Zeilen bei, mit denen er sich ängstlich versichert: »Hier liegt nun der erste Roman Emmanuel Boves vor. Sein Held ist ein Rastignac[90] Modell 1926, weniger elegant, aber unterm Strich nicht schlimmer als der andere. Mag diese berühmte moralische Verwandtschaft seine Entschuldigung sein (vom wahren Talent des Autors einmal abgesehen), damit er sich den Lesern der ›Revue de France‹ nunmehr präsentieren kann.«[91]

»Der Autor eines unvergeßlichen Buches: ›Mes amis‹. Am 4. Dezember erscheint: E. Bove, Armand. Roman. Ein menschliches Buch, aber eine übermenschliche Rührung.« So wiederum kündigen die Éditions Émile-Paul-Frères das zweite Werk Boves an, das von einer weiteren Auflage von »Mes amis« begleitet wird. Bei Erscheinen des Romans entwirft Jean Cassou, in der Folge ein treuer Anhänger Boves, mit seiner Rezension in den »Nouvelles Littéraires« ein Porträt des Schriftstellers: »Emmanuel Bove ist ein schweigsamer Bursche, der nur in abgehackten Sätzen spricht. Seine extrem tief liegenden Augen und sein Gesichtsschädel lassen auf russische Herkunft schließen. Man denkt daran, dieses eigensinnige oder fast vollständig verschlossene Äußere in Betracht zu ziehen angesichts des Mysteriums, das sich ein jedes Mal vollzieht, wenn ein Mensch auf Anhieb und ohne zu zögern die Not einer Welt vermittelt, aus der es für ihn kein Entweichen gibt.«

Cassou weist auch zum ersten Mal auf den »visuellen« Aspekt der

---

89 Nicht gezeichneter Artikel in: »Cri de Paris« vom 2. Januar 1927.
90 Eugène de Rastignac ist eine Figur aus Balzacs »Comédie humaine« (1830–1848). Er taucht als Dandy insbesondere in den Romanen »Vater Goriot« (1834) und »Verlorene Illusionen« (1837–1843) auf.
91 Die »Revue de France« erschien am 1. und am 15. eines jeden Monats. Der erste Teil von »Armand« erscheint am 1. November 1926 in der No. 21 der »Revue«, der zweite Teil am 15. November, der letzte Teil am 1. Dezember 1926.

Boveschen Schreibweise hin: »Mit Hinblick auf den vielförmigen Bereich des Kinos erinnern mich Boves Bücher auch an bestimmte Landschaften im deutschen Film. Wohin führen sie uns? Als Nachtgewächse, die sie sind, könnten sie uns zu herrlichen Zauberspielen führen, dann aber stoßen wir auf Wände, die uns umso mehr ernüchtern, als sie die dunkle Seelenlosigkeit bemalten Pappkartons besitzen. Niemand, der zuvor von dem großen, unbarmherzigen Regisseur des Unglücks dafür auserkoren war, kommt daran vorbei, und diese aschgrauen Gaslaternen wurden von einem Bühnenarbeiter angezündet, der völlig erkaltet ist in seinen Gefühlen.«[92]

In der Tat ist die von Bove geschaffene Atmosphäre, bestehend aus genauesten Schilderungen, dichten Schatten und den Überbelichtungen – dieser so ungewöhnlichen »Fotografie« –, dem deutschen Expressionismus und Filmemachern wie Murnau und Fritz Lang sehr nahe. Sie deutet auch auf das humanistische Kino eines Jean Renoir und Marcel Carné hin sowie auf das eher pessimistische eines Julien Duvivier; aber auch, wegen seines absurden Humors und seiner Detailverliebtheit, auf die Filme Jacques Tatis. Von dem Theaterschauspieler Pierre Brasseur bis zum deutschen Regisseur Wim Wenders hatten so auch viele den Vorsatz, »Mes amis« zu verfilmen: »Nun, nach Tagen des Umherirrens, ist es ein Buch, das mir mit seiner Sinnoffenlegung Lust auf Bilder macht. Diese einfache und exemplarische Geschichte mit seinem Respekt vor dem Detail erinnert mich daran, daß das Kino eben dies auch kann, dadurch, daß es die Dinge so erscheinen läßt, wie sie sind.«[93]

Pierre Brasseur erklärt 1960 in einem Brief an Boves Witwe die Schwierigkeit, »Mes amis« für das Kino zu adaptieren, ohne gleichzeitig die Hauptdarsteller zu verändern: »Sehr geehrte Madame Bove, nach dreißig Jahren, in denen ich darauf gewartet habe, dieses Buch, das mir so am Herzen liegt, umzusetzen, fühle ich, daß ich es seinlassen muß. Und auch Sie sind dafür der Grund. Ja, leider – aber Sie sollten verstehen, daß wir beide dieses Werk für seinen Geist, für seine Ideen lieben und respektieren. Allerdings nicht für seine Geschichte, denn es gibt keine, also muß man sie erst erfinden.«[94]

92 Edmond Jaloux, in: »Nouvelles Littéraires« vom 11. Dezember 1926.
93 Vgl. Wim Wenders, »Quand je m'éveille«, New York, März 1982 (16 mm, 17 Min., Farbe).
94 Pierre Brasseur, Brief an Louise Bove vom 19. März 1960.

Bei Erscheinen von »Armand« schreibt der umsichtige Kritiker Fernand Vandérem, der seine scharfsinnige Werkanalyse hier weiter betreibt, folgenden Artikel zur komplexen Problematik einer eventuellen Theaterbearbeitung: »Wenn irgendein Theaterregisseur versucht wäre, ›Armand‹ auf die Bühne zu bringen, würde ich ihn dazu anhalten, sich zunächst eine erhebliche Rückvergütung auf die Rechte zu sichern, denn der gesamte Dialog des Stückes bliebe erst zu schreiben. [...] Und dennoch: Sie, die Sie hier ›Armand‹ gelesen haben, Sie alle wissen, wie herzzerreißend diese fast pantomimischen Szenen in Boves Buch sind, die unterschwelligen Dialoge und die langen Intervalle zwischen den wenigen Worten, die den Gegenspielern eher aus dem Mund fallen, als daß sie daraus hervorsprudeln würden. Weshalb bewegen uns diese endlosen ›Zeiträume‹ hier so sehr, die auf dem Theater unerträglich und sogar unverständlich wären? Warum bringen sie uns den Personen viel näher, als es in entsprechender Situation die genauesten, ausgiebigsten, die adäquatesten Worte könnten? Die Antwort ist, daß Bove durch eine außergewöhnliche Kunst, die wirklich seine eigene Erfindung ist, es versteht, diese mehrfachen Pausen mit all dem, was die Stummheit seiner Helden verdeckt, zu bevölkern, ja zu überbevölkern: nicht nur die Gefühle, von denen sie zerrissen, aufgewühlt oder umgehauen werden, sondern diese unendlichen Effekte, diese winzig kleinen Echos aus der äußeren Welt, die sich in jedem Augenblick mit den Reaktionen in unserem Verstand oder in unserem Gefühl vermischen.«[95]
Bove, der »Armand« seiner literarischen Patin, »Madame Colette«, widmet, ist mit seinem neuen Buch nicht ganz zufrieden:

Will man in die Literatur eingehen, darf man keine literarische Haltung einnehmen. Man gelangt dorthin über das, was man im Leben erlebt hat. Ich glaube auf diese Klippe hinweisen zu dürfen, weil ich mich selbst daran gestoßen habe, als ich »Armand« schrieb. Das Buch ist viel zu literarisch, um als normaler Roman gelten zu können, ein Buch, das andauernd steckenbleibt, wo ein Roman doch unaufhörlich fortschreiten muß.[96]

Bove äußert sich über sein zweites Buch außerdem in einem Brief an einen Kritiker, der nicht eindeutig identifiziert werden konnte; mit

95 Fernand Vandérem, in: »Le Miroir des Lettres« vom 15. Dezember 1926.
96 Emmanuel Bove, Interview mit André Rousseaux, in: »Candide« vom 9. Februar 1928.

großer Wahrscheinlichkeit handelt es sich dabei aber wiederum um Fernand Vandérem:

Sehr geehrter Herr und Meister, ich weiß nicht, wie ich mich entschuldigen soll, so lange mit meinem Dank gewartet zu haben. Sie sind einer der wenigen, die in »Armand« etwas anderes gesehen haben als ein methodisches Prozedere. Natürlich fehlt diesem Buch der Saft, das Leben. Und ich weiß auch, warum. Ich hatte kein Selbstvertrauen. Ich wagte nicht, im Handumdrehen einen Roman zu schreiben. Ich wollte in einer Atmosphäre verbleiben, mit der ich besser zurechtkam. Aber das Feuer war aus. Erst jetzt fühle ich mein Leben, es ist in dem Roman skizziert, den ich soeben beendet habe.[97] Früchte aber wird es erst in den späteren Büchern tragen. Bisher war ich mehr auf den Anschein tiefen Ernstes aus statt auf wirkliche Kreation. Ich danke Ihnen, daß Sie in »Armand« das geliebt haben, was daran liebenswert war.[98]

Doch trotz dieser Selbstkritik wird »Armand« – ebenso wie »Mes amis« – zu einem der »Fixpunkte« jener authentischen menschlichen Komödie, die Bove im Zuge seines Werkes schaffen wird:

Mir scheint, man sollte nicht, wie es bei anderen Büchern der Fall ist, einen Roman nach dem anderen schreiben, ohne daß da eine Verbindung zwischen ihnen hergestellt ist. Ein Romancier muß das, was er zu sagen hat, in Romanform sagen. Ein Roman darf keine abgeschlossene Sache, eine in sich gelungene Sache sein: Das heißt, man sollte einen Roman nicht aus dem Werk eines Autors isolieren können, genausowenig wie es angehen kann, daß man einen schönen Vers aus einem Gedicht herauslöst. Es darf nicht den Eindruck eines in sich abgeschlossenen Werkes entstehen, sondern der eines Teils von einem Ganzen. Balzac und Proust ist es gelungen, diesen Eindruck herzustellen, indem sie in ihrem gesamten Werk immer dieselben Figuren haben zirkulieren lassen. Könnte man nicht dahin gelangen, ohne dieselben Figuren wiederkehren zu lassen (um zu vermeiden, sich selbst zu begrenzen) oder indem man sie nur rein zufällig zurückkehren ließe? Das ist es, was ich gerne machen würde, wenn ich die Bücher schreibe, die ich mir wünsche.[99]

Die Zeitschriften »Comœdia« und »L'Impartial français« bringen die besten Passagen aus »Armand« und betonen dabei die Kraft und die Originalität des jungen Autors. In ihrer Unfähigkeit, den Schriftsteller und sein Universum einzuordnen, weisen die Kritiker ihm eine Reihe literarischer, häufig schmeichelhafter Verwandtschaften zu. 1926 übertitelt die europäische Ausgabe der »New York Herald Tri-

---

[97] Es handelt sich vermutlich um »La dernière nuit« (dt.: »Die letzte Nacht«).
[98] Emmanuel Bove, Brief vom 26. Februar 1927.
[99] Wie Anm. 96.

bune« einen Artikel zu »Armand« mit: »Rather like Proust«. Im
»Mercure« de France meint John Carpentier hingegen nur: »Proust
für Arme«.[100]

Tatsächlich wird Bove wegen der Fatalität und der extremen Resignation, die seine Romane thematisieren, am häufigsten mit Dostojewski und wegen seiner Gefühlsanalysen und minutiösen psycholo-
gischen Beschreibung am meisten mit Proust verglichen. In einem an
seinen Bruder adressierten Brief, in dem er aus gegebenem Anlaß in
die Rolle des literarischen Mentors schlüpft, macht Bove dem Autor
von »Sodom und Gomorrha« selbst folgende Hommage: »Wenn Du
diesen Brief erhältst, tue, was ich Dir sage – es ist ein kleines Opfer,
das Dich nur 24 Franc kostet –, und besorge Dir auf der Stelle ›In
Swanns Welt‹ von Marcel Proust, erschienen bei der ›Nouvelle Revue Française‹; es handelt sich um die ersten beiden Bände seines
großartigen Werks ›Auf der Suche nach der verlorenen Zeit‹. Du
wirst sehen, daß es auf der Welt weiß Gott noch intelligente Menschen gibt, die eine ganz andere Größe haben als irgendwelche Ge-
schäftsleute.«[101]

Später dann bringt der befreundete Poet Max Jacob in Briefen voller
Bewunderung diesen berühmten Vergleich auf den Punkt: »Ich glaube, daß die Analyse noch nie weiter vorangetrieben worden ist, und
ich sehe nicht, wer Ihnen diesbezüglich das Wasser reichen sollte
(und damit meine ich sowohl die alten als auch die zeitgenössischen
Autoren). Hier ist die Analyse kein Luxus wie bei Proust, und Sie
haben keinen Spaß daran, Sonnenstrahlen auf einem schräggeschlif-
fenen Spiegel zu erspähen. Ihre Analyse hebt nicht wegen irgendwelcher Luxus- und Kunstbagatellen vom Boden ab.«[102]

»Armand« wird in einer 6 Franc teuren Taschenbuchausgabe neu
aufgelegt und erhält in diesem Jahr eine Stimme bei der Goncourt-
Verleihung.

1927 wird der Versuch unternommen, das Buch ins Deutsche zu
übersetzen. So wird zwischen dem Verlag Émile-Paul Frères und
dem Schriftsteller und Übersetzer Charles Seelig[103] am 25. Juni 1927

100 Vgl. »Le Mercure de France« vom 1. Februar 1928.
101 Emmanuel Bove, Brief an seinen Bruder Léon vom 20. August 1929.
102 Max Jacob, Brief an Bove vom 23. Juni 1931 (mit Bezug auf Boves Roman
»Journal écrit en hiver«).
103 Es handelt sich höchstwahrscheinlich um den Übersetzer und Autor Carl Seelig,
von dem auch die »Spaziergänge mit Robert Walser« stammen. A.d.Ü.

auch ein Vertrag unterzeichnet; doch kommt das Unternehmen trotz Boves Begeisterung[104] aus rätselhaften Gründen dann nicht zustande. Es ist jedenfalls amüsant, wenn man in einem späteren Text von Bove auf eine tyrannische Figur namens Léon Seelig stößt ...

Pierre Bost,[105] ein treuer Freund Boves, notiert am 27. September 1927 in sein bislang unveröffentlichtes Tagebuch: »Erneut Bove getroffen, der voller Elan ist, entschlossen, pro Jahr drei Bücher zu schreiben und nur noch von seiner Schriftstellerei zu leben (soeben hat er zum x-ten Mal beim ›Quotidien‹ seinen Hut genommen). Und er macht große Pläne, immer wieder mit dieser erstaunlichen Naivität, die ehrlich ist und provisorisch und die einfach zu ihm gehört.«

Doch Bove kann seine kühnen Versprechungen sogar halten. Die Jahre 1927/28 sind die produktivsten seines Lebens; läßt man die in Zeitschriften erschienenen Erzählungen beiseite, werden in diesem Zeitraum nicht weniger als elf Bücher publiziert. Da Manuskripte nicht vorliegen oder nicht datiert wurden, bleibt bei einigen Texten das Problem, ihre Konzipierung zeitlich genau festzulegen. Angesichts einer solchen Fülle kommt es schließlich zu Verzögerungen bei der Veröffentlichung; so wird etwa der Roman »La dernière nuit« (dt.: »Die letzte Nacht«), bereits 1927 verfaßt, erst 1933 unter dem Titel »Un suicide« (Ein Selbstmord) erscheinen,[106] bevor er dann 1939 bei Gallimard unter seinem Originaltitel, wenn auch mit einem abweichenden Ende und in Kombination mit einigen Erzählungen Boves, neuaufgelegt wird.

Ende Februar 1927 beendet Emmanuel Bove seine Erzählung »Bécon-les-Bruyères«. Bove gibt seinen Text über Bécon der Zeit-

---

[104] »Mein Verleger teilte mir mit, daß Sie sich um die Übersetzung von ›Armand‹ kümmern. Ich weiß nicht, wie das zustande gekommen ist, aber wenn die Idee, einen jungen Autoren wie mich zu übersetzen, von Ihnen stammte, dann lassen Sie mich Ihnen von ganzem Herzen danken« [Emmanuel Bove, Brief an Charles Seelig vom 14. Juli 1927. Vgl. hierzu Anm. 103].

[105] Pierre Bost (1901–1975) war Romancier und Drehbuchautor, der im deutschsprachigen Raum weitestgehend unbeachtet geblieben ist. Am bekanntesten ist vielleicht die Verfilmung seiner Erzählung »Monsieur Ladmiral va bientôt mourir« unter dem Titel »Un dimanche à la campagne« (Regie: Bertrand Tavernier, 1984, deutscher Titel: »Ein Sonntag auf dem Lande«) oder etwa sein Drehbuch zu der Simenon-Verfilmung »En cas de malheur« (Regie: Claude Autant-Lara, 1958, deutscher Titel: »Im Falle eines Unfalls«, mit Jean Gabin und Brigitte Bardot). A.d.Ü.

[106] Vgl. »Les Œuvres libres«, No. 141, März 1933, Éditions Arthème Fayard.

schrift »Europe«[107] zur Erstveröffentlichung – die Zeitschrift hatte sich bereits bei Boves Anfängen um ihn bemüht: »Ich habe selten einen charmanteren Jungen kennengelernt. Seine Mitarbeit ist zugesichert, und er wird uns sehr bald ein paar ›Beobachtungen‹ [›choses vues‹] zukommen lassen.«[108] Einige Monate später erscheint im Verlag Émile-Paul Frères, und zwar in der Reihe »Portraits de la France«,[109] diese ebenso ironische wie poetische Einzeldarstellung einer Vorortgegend, die einem gewissen Eugène Coulon gewidmet und mit einem Titelbild des Malers Maurice Utrillo versehen ist. Es war eine Epoche der Entdeckungen, und so brachten zahlreiche Verlage Reihen mit Reiseberichten heraus. Die Kollektion »Portraits de la France« mit dem prachtvollen Layout vereinigte Texte über die großen Städte und die malerischen Regionen Frankreichs. Die Werbetrommel wurde mächtig gerührt, es hieß vollmundig: »Die Texte wurden von den besten Schriftstellern unserer Zeit angefordert.« So schrieb Paul Morand über Toulon-sur-mer, André Maurois über Rouen und Jean Cassou über Bayonne. Mit seinem aus dem Rahmen fallenden Bécon-les-Bruyères setzte Bove bewußt auf etwas Unbekanntes. Einige Schöngeister echauffierten sich: Wie kann man nach all den glorreichen Städten über ein Kaff wie Bécon-les-Bruyères schreiben! Die Rede war von »Ärgernis«, von »schlechtem Geschmack« und »Provokation«. Doch wie man es dreht und wendet, der Band »Bécon-les-Bruyères« war am 14. Januar 1928 vergriffen.

»Für mich«, sagt Peter Handke, »ist ›Bécon-les-Bruyères‹ sein Meisterwerk, weil da keine armen Schlucker auftauchen wie in ›Meine Freunde‹ oder in ›Armand‹. Es gibt nur den Ort, der sehr weit ist, sehr hell, und vielleicht eher von den Lesern bevölkert werden sollte.«[110] Bove gibt die Entdeckung des Pariser Vororts folgendermaßen wieder:

Wie von einem Menschen, von dem einem gesagt worden ist, er sei komisch, und mit welchem man unversehens allein bleibt und ernsthaft reden muß, nachdem der der Freund, der einen einander vorgestellt hat, gegangen ist, so wird man bei der Ankunft in Bécon-les-Bruyères von jener Empfindung ergriffen, die darin besteht,

107 Vgl. »Europe«, No. 53 vom 15. Mai 1927.
108 Brief von Jacques Robertfrance an Jean-Richard Bloch vom 9. August 1924 (Quelle: Bibliothèque Nationale).
109 In der No. 14 vom Juni 1927.
110 Peter Handke im Gespräch mit Jean-Luc Bitton (Videofilm).

daß die Dinge, von dem Augenblick an, da sie zu Tatsächlichkeiten werden, aufhören, amüsant zu sein.[111]

Nach dem Erfolg dieser Reihe kündigt der Verlag Émile-Paul Frères eine neue Serie mit dem Titel »Ceintures du monde« an. Vorgesehen sind folgende Bände: »Der Genfer See« von Edmond Jaloux; »New York« ist Paul Morand, »Monaco« Emmanuel Bove zugedacht. Doch dieses »Monaco«-Projekt kommt leider nie zustande. Das ist auch schade für den Leser, denn es wäre sicher reizvoll gewesen, Boves Weg von Bécon-les-Bruyères nach Monaco nachzuvollziehen. Léon und seine Mutter haben letztendlich, von Boves Partnerin gedrängt, die Wohnung in Bécon aufgegeben, um sich in Chaville häuslich niederzulassen, wo Léon eine Arbeit annimmt. Am Sommeranfang trennt sich Bove von Henriette de Swetschine. Bove verläßt die Vorortgegend um Bécon, mietet eine Dienstbotenkammer und läßt seine Korrespondenz postlagernd in die Rue Cujas kommen.

In der Ruhe und Zurückgezogenheit seiner neuen Behausung schreibt er einen seiner vollkommensten Romane, ein Meisterstück: »La Coalition«. Er komponiert diese grauenerregende Symphonie im Eiltempo. Pierre Bost berichtet in seinem Journal vom 27. September 1927: »Ich bin mit Bove ausgegangen, er hat soeben seinen Roman abgeschlossen. Diesmal hat er wirklich hart gearbeitet und in vier Monaten einen sehr langen Roman geschrieben,[112] ohne lockerzulassen.« Dieser dichte Roman sollte einstimmig den Prix Figuière zuerkannt bekommen.

In seinem »Journal littéraire« erweist sich Paul Léautaud unfreiwillig als sein Lobredner: »Dienstag, 24. Januar [1928]. Steckte heute abend die Nase in einen Roman, der in die Redaktion des ›Mercure‹ geschickt worden war: ›La Coalition‹ von Emmanuel Bove. Die Geschichte einer Frau, die mit ihrem Sohn, einem ganz jungen Mann, nach Paris kommt, um für ihn eine Stellung zu finden; beide gleiten immer mehr ab, ins schlimmste Elend, es ist der reine Untergang, die Mutter wird fast wahnsinnig in ihrem Hotelzimmer, und der Sohn geht schließlich ins Wasser. Was für ein Alptraum! Ich war völlig fertig. Unvorstellbar, wie man so ein Buch schreiben kann. [...] Frei-

---

111 »Bécon-les-Bruyères«. Aus dem Französischen von Peter Handke, Suhrkamp, Frankfurt/M. 1984 , S. 16 f. A.d.Ü.
112 Das Manuskript umfaßt über 400 Seiten.

tag, 17. Februar. [...] Man erkennt sich selbst in dieser Art Niedergang. Das sind Bücher, von denen man besser die Finger läßt.«[113] Diese Aussage eines Autors, der allerdings selbst keine Konzessionen an den Leser macht, unterstreicht die Ausnahmesituation, die Macht und die Heftigkeit dieses Romans. Hier wagt die Literatur einiges und setzt den Leser bewußt Gefahren aus. Es gibt nur wenige Schriftsteller, die in der Lage sind, dies ohne Effekthascherei zu erreichen. Peter Handke wollte dieses Buch nicht übersetzen: »Man bräuchte viel Mut dazu. Ich könnte so ein Buch nicht schreiben. Es ist ein Mysterium, wie man so düstere und zugleich so richtige Bücher schreiben kann. Für mich ist es unerträglich.«[114] Der in diesem Buch angeschlagene Ton ist in der Tat schrecklich und unerbittlich:

Sowie der Hauseigentümer sie sah, schlug er die Türen zu, tat so, als spucke er auf den Boden, und warf seinen Mietern, so als wären sie gar nicht da, Beleidigungen an den Kopf. [...] »Wir dürfen uns nur nicht mehr bewegen. Wenn wir vor Hunger halb tot sind, holt man uns hier vielleicht mit einem Wagen ab und bringt uns ins Krankenhaus.«[115]

Beim Verfassen dieser Zeilen dachte Bove sicherlich an seinen Bruder Léon und seine Mutter, die sich, von den Hotelbesitzern beschimpft, von der Polizei rausgeschmissen, aus möblierten Buden in irgendwelche Löcher schleppten. Als aufmerksamer Leser bestätigt Léon diesen Eindruck: »Uns mit unserem Leben hat er aufgegriffen.«[116] Bove, der mit dieser elendigen, noch latenten und jederzeit wieder erlebbaren Vergangenheit stark beschäftigt ist, überredet seinen Bruder und seine Mutter, nach Montpellier zu ziehen, wo das Leben leichter ist. Dank eines Vorschusses vom Verlag Émile-Paul Frères für »Bécon-les-Bruyères« kann er ihnen 5.000 Franc überlassen, was damals mehreren Monatsgehältern entsprach.
»Meine Mutter hat sie schnell auf die Sparkasse getan, so daß wir über die Runden kommen konnten, wenn er uns den Geldhahn wieder zudrehen sollte.«[117] Léons Bemerkung zeugt nicht nur von

---

113 Vgl. Paul Léautaud, »Journal littéraire«, Bd. I, Mercure de France, Paris 1986, S. 2158 u. 2185. A.d.Ü.
114 Wie Anm. 110.
115 Vgl. »La Coalition«, Éd. Émile-Paul Frères, Paris 1927. [Neuauflage: Flammarion, Paris 1986. Textstelle dort: S. 218 u. 262. A.d.Ü.]
116 Léon Bobovnikoff im Gespräch mit Raymond Cousse.
117 Wie Anm. 116.

dem Zustand der Abhängigkeit, in dem er und seine Mutter lebten, sondern auch davon, wie sehr diese selbst gewählt war. Emmanuels Hilfe ist für Léon eine selbstverständliche Pflicht. Zehn Jahre später, in seinem Roman »Mémoires d'un homme singulier«, beschreibt Bove mit einigen Zeilen diese von unhaltbaren Versprechungen getragene Situation:

Ihr fragt mich, ob ich glaube, daß Ihr nicht mehr unglücklich seid. Doch, Ihr seid es, und wie! Ich weiß, daß Ihr es immer seid. Kein Zweifel. Aber was soll es, ob Ihr es seid oder nicht? Ihr denkt, beziehungsweise Ihr habt euch gedacht, Euer Unglück gäbe euch verbürgte Anspüche, die Euch berechtigten, Ersatzleistungen, eine Entschädigung einzuklagen. Und als ich ankündigte, Euch den Geldhahn zuzudrehen, habt Ihr, statt nach den wahren Gründen meiner Entscheidung zu fragen, unverzüglich an dieses Unglück gedacht, das in Eurer Vorstellung ja soviel Schonung verlangt. Ach, sieh mal an! Ich vergaß, daß Ihr glücklos wart! Wie hart von mir! Wie gefühllos! Wie ungerecht! Aber meinetwegen könnt Ihr noch zehnmal unglücklicher sein, von mir aus könnt Ihr auf der Straße betteln gehen – ich würde genauso handeln.[118]

Geld ist eines der Hauptthemen, eine wahre Obsession in Leben und Werk Emmanuel Boves. Geld zu haben oder nicht, das ist die ganze Frage. Insbesondere, wenn man sich gleichzeitig mehreren Verpflichtungen stellen muß, wie Boves Tochter Nora berichtet: »Emmanuel führte ein kleines Rechenbuch, in dem er all seine Geldüberweisungen eintrug. Einmal, da glaubte er, meiner Mutter ihre Unterhaltsrente geschickt zu haben, dabei hatte er diesen Betrag seinem Bruder und seiner Mutter überwiesen. [...] Jedesmal, wenn ein Buch von ihm erschien, erhielten wir ein Exemplar. Er aß bei meiner Mutter zu Mittag oder traf sich mit uns in der Closerie-des-Lilas oder im Bois du Luxembourg. Er hatte keinen festen Wohnsitz. Ich erinnere mich an einen Vater, der mir nie böse war. Als man ihm zu verstehen gab, daß die Zeugnisse nicht gut waren, daß sein Sohn undiszipliniert sei, kam er freudig nach Hause und sagte: ›Typisch meine Kinder, ausgezeichnet. Wißt ihr, alle Klassenersten, die ich gekannt habe, wurden ...‹ – und dann zählte er eher lausige Berufe auf. Er schien zu glauben, daß der Umstand, ein Faulpelz zu sein, ein Beweis für Intelligenz sei.«[119]

Ende September 1927 setzt Bove zu dem Zeitpunkt, da er »La Coali-

---

[118] Aus: »Mémoires d'un homme singulier«, geschrieben 1939, bei Calmann-Lévy 1987 zum ersten Mal erschienen.
[119] Nora de Meyenbourg im Gespräch mit Jean-Luc Bitton (Videofilm).

tion« beendet, auch den Schlußpunkt hinter ein anderes Manuskript: »Un dîner d'honneur«, aus dem »Cœurs et visages« (dt.: »Menschen und Masken«) wird. Der Roman erscheint im darauffolgenden Jahr und ist, mit den Worten des Kritikers André Billy, »ein ganz und gar köstliches kleines Werk«. Aber vor allem handelt es sich dabei um einen Roman, der eine neue Richtung einschlägt, da die Geschichte zum überwiegenden Teil aus einer endlosen Kamerafahrt über ein etwa hundert Gedecke umfassendes Bankett besteht. Vor dem Leser defiliert so eine ganze Reihe ebenso possenhafter und kauziger wie überaus authentischer Figuren. Das Ende des Abendessens fällt mit dem Ende des Romans zusammen, der Kameramann steigt für ein letztes Foto auf einen Tisch:

Ein greller Blitz erleuchtete den Bankettsaal, während dem man wie in einem Traum reglose Hände, bleiche Gesichter, die wechselnden Posen einiger Gäste, einen Mann sich bücken und sich wieder aufrichten, einen anderen mit der Hand sich über die Haare streichen sehen konnte. Dann stieg eine dicke Wolke zur Decke auf. Jeder Gast hatte den Eindruck, mit geschlossenen Augen aufgenommen worden zu sein. Dieser kurzen Windstille folgte sogleich ein lautstarker Tumult. Das Bankett im Hotel Gallia war soeben photographiert worden.[120]

Dank des Tagebuchs von Pierre Bost, das auch die Jahre 1927 bis 1929 umfaßt, sind wir in der Lage, einige Tage Boves aus dieser Zeit mitzuerleben: »Traf gestern Emmanuel Bove. Das war bei einem gewissen Sénac, Sohn eines Abgeordneten, der gerade in dem alten Laden von Figuière ein ›Verlagshaus‹ eröffnet hat: ›La Jeune Parque‹. [...] Bove leitet dort eine Reihe – oder berät oder ›schlägt vor‹, was weiß ich –, wofür er von mir etwas haben wollte. Als ich ihm sagte, daß ich darüber soeben mit Sénac gesprochen habe, entgegnete er mir: ›Tja, wissen Sie, bei ihm müssen Sie vielleicht einen Monat drauf warten.‹ Er sprach – natürlich – von der Bezahlung. Und das erste, was Sénac mir sagte, war auch, daß er mich nicht sogleich bezahlen könne. Und ich, der ich gar nicht wegen des Geldes gekommen war, wurde sogleich als ein Phänomen angesehen. Bove war bloß da, um ein paar Scheine abzuholen, und stellte keine Fragen,

---

[120] »Cœurs et visages«, Éditions de France, Paris 1928; Neuauflage bei Calmann-Lévy, 1988. [Deutsche Übersetzung hier nach: »Menschen und Masken«. Aus dem Französischen von Uli Aumüller, Manholt Verlag, Bremen 1991, S. 130 f. A.d.Ü.]

weil Sénac gerade in dem Moment jemanden erwartete, der ihm Geld bringen sollte.

Bove hat soeben seinen Roman beendet, den er eigentlich ›La Famille Aftalion‹ nennen wollte; Émile-Paul bittet ihn, als Titel ›Les Mauvais Compagnons‹ zu wählen.[121] Da er den Titel nicht mochte – ich übrigens auch nicht –, bat er mich, daß ich für ihn einen finde, er würde mir so schnell wie möglich die Druckfahnen geben, bevor er nach Südfrankreich fährt, um seine Frau zu treffen und zu arbeiten. Bei ihm glaube ich allerdings gerne, daß er den Mut zur Arbeit hat, das fehlende Geld und seine Frau, glaube ich (beides ist wohl dasselbe) werden ihn schon dazu drängen.«[122]

Diese »Frau«, von der Pierre Bost spricht, ist Boves frühere Begleiterin, Henriette de Swetschine. Obwohl die beiden nicht mehr zusammenleben, dauert ihr Verhältnis noch bis zum Februar 1928, bis zu dem Zeitpunkt, da Bove Louise Ottensooser kennenlernen wird, seine spätere zweite Ehefrau.

Tatsächlich hat Bove in Südfrankreich »gearbeitet«; bei seiner Rückkehr übergibt er seinem Freund Philippe Soupault, seinerzeit Cheflektor beim Verlag Kra, ein neues, 110 Seiten starkes Manuskript, seinen dritten Roman: »Un soir chez Blutel«. Das Buch erscheint im November 1927 in den »Carnets littéraires«, einer Reihe nur mit französischen Titeln, und wird von der Kritik lange nicht so gut aufgenommen wie die vorhergehenden Bücher. Es ist wahr, daß »Un soir chez Blutel« nicht die Kraft von »Mes amis« oder »Armand« hat. Bove, seiner eigenen Méthode ein wenig abtrünnig, präsentiert sich narrativer, weniger pointillistisch. Trotzdem, es ist das Typische der Boveschen Schreibweise noch immer vorhanden. Der Roman beginnt mit einer langen Eisenbahnfahrt, kommentiert vom Erzähler, der aus Wien zurückkommt und in die Pariser Gare de l'Est einfährt. Das Gesicht gegen die Fensterscheibe des Abteils gedrückt, durchforscht er diese so seltsame Bahnhofslandschaft, die – wie recht häufig in seinen Büchern – eine Sehnsucht nach der verlorenen Kindheit bei ihm auslöst:

Obwohl man sich nun in der Stadt befand, lag weiterhin freies Gelände vor einem, Böschungen, ein Haus in einem Garten. Zwischen zwei hohen, glatten und schwar-

---

[121] Beides sind Ersttitel für »La Coalition«.
[122] Unveröffentlichtes Tagebuch von Pierre Bost vom 27. September 1927.

zen Mauern, die Dämmen gleich sich neigten und auf denen drei- bis achtstöckige Wohnhäuser sich erhoben, dachte Maxime an gescheiterte Fluchtversuche, an das Erklimmen von Wänden mit bloßen Fingern, an herabgelassene Seile, die sich nirgends verfangen konnten, an die Gefängnisse, die er sich als Kind in seiner Vorstellung gebaut hatte und in denen alle Vorkehrungen getroffen worden waren, damit es zu keinem Ausbruch kommen konnte.[123]

Um sich für seinen ersten editorischen »Seitensprung« zu entschuldigen, schenkt Bove den Brüdern Émile-Paul ein Exemplar von »Un soir chez Blutel« mit dieser simplen Widmung: »Mit all meiner Freundschaft dieses Buch, ein Ausreißer aus der Herde.« Der Verleger Lucien Kra wollte gleich alles auf einmal haben: einen Klappentext des Autors mit seinem Porträt von dem Illustrator Dignimont, eine notgedrungenermaßen gedrängte Bibliographie, eine Reproduktion der letzten Manuskriptseite – und eine autobiographische Notiz. Gerade dieser besonders heiklen Angelegenheit entledigt sich Bove auf sowohl elegante wie humorvolle Weise:

Wenn ich um des Redens willen rede, wird man meinen, daß ich einen kleinen virtuosen Akt vollführe, und mir erneut sagen, was ich schon so oft gehört habe: »Sie haben das Talent, aus nichts etwas zu machen.« Sollte ich dieses Talent wirklich haben, dann schwillt mir deshalb aber nicht gleich der Kamm, denn ich halte es nicht für verdienstvoll, aus nichts etwas zu machen, sondern eher, etwas aus dem zu machen, was man vorfindet. Und das ist in diesem Fall meine Unfähigkeit, Angaben zu meiner Person zu liefern. Dafür gibt es tausend Gründe. Der hauptsächliche Grund ist eine Scham, welche mich daran hindert, von mir selber zu sprechen. Alles, was ich sagen könnte, wäre darüber hinaus verkehrt.[124]

In diesem November 1927 reagiert Émile-Paul Frères auf seine Art und bringt eine prachtvolle Neuausgabe von »Mes amis« heraus: großformatig (19 x 28 cm), illustriert mit zwölf Radierungen des Malers und Graphikers Dignimont und in einer auf zweihundert Exemplare begrenzten Luxusausgabe für 450 Franc das Stück. André Warnod gibt in der Zeitschrift »Comœdia« ein Porträt des Illustrators: »Man soll nicht glauben, Dignimont habe sich auf die Malerei verfallener Orte spezialisiert. Mit einer seltenen Beobachtungsgabe kann er Straßen und Vororte darstellen, aber die kleinen Bars mit

---

123 »Un soir chez Blutel«, Éditions Kra, Paris 1927; Neuauflage bei Flammarion, Paris 1984. [Vgl. Textstelle ebd., S. 22. A.d.Ü.]
124 »Un soir chez Blutel«, »Autobiographische Notiz«, Édition Kra 1927. Vollständiger Text (»Biographie«) im Anhang.

ihren zahlreichen Aperitiftrinkern und den volkstümlichen Tanzveranstaltungen finden in ihm ebenfalls ihren Maler. Man spürt, daß er die Straße gut kennt und daß er sie liebt. Dignimont ist ein Illustrator, der zu jenen Schriftstellern paßt, die so wie er sich gern Blumen nehmen, die aus dem Dreck der Städte sprießen.«[125]

Aus Anlaß einer Ausstellung im Dezember 1928 mit letzten Werken Dignimonts wird Bove von den »Annales politiques et littéraires« gebeten, einen Text über den Mann beizusteuern, den Francis Carco den »Maler des Abenteuers« nannte. Bove schreibt:

Es gibt Menschen, die, sowie wir sie sehen, sogleich, ohne Vorwarnung, uns denken lassen: »Wie gerne wäre ich ihr Freund! Wenn sie nur einen Blick für mich hätten!« Man fühlt sich zu ihnen hingezogen. Irgend etwas in ihren Augen spricht zu uns, unterscheidet uns von unserer Umgebung. Wenn sie uns verlassen, dann ahnt man, daß sie wiederkommen, daß sie nicht vergessen, daß wir da sind. Halten Schüchternheit und Angst vor Enttäuschung uns zurück, dann tragen sie es uns nicht nach. Wir bewundern ihren Gang, ihr Reden, ihr Lachen. Jede ihrer Gesten hätten wir selber gern. Am Vortag wußten wir noch nicht, daß Menschen dieser Art existieren, nun gehen sie uns auf einmal nicht mehr aus dem Kopf, und zwar ohne es selbst zu ahnen, denn wenn sie auch in unseren Augen so aussehen, als würden sie alles haben, so empfinden sie in ihrer Einsamkeit darum nicht minder solche Schmerzen, die den unseren ähnlich sind.

Dignimont ist einer dieser Menschen. Er besitzt eine ruhige Kraft, die Kraft jener, die Schläge einstecken können, die, nachdem sie ihren Gegner bezwungen haben, ohne ihm weh zu tun, sich entfernen und ihm die Waffen lassen. Hört man ihm zu, meint man, er habe unentwegt recht. Man hält zu ihm. Man spürt das Verlangen, auf seiner Seite zu sein. Man wartet darauf, daß er im Unrecht sei, um ihm die Treue zu beweisen. Ja, man wünscht sogar, er möge sich ereifern, damit man seinen Zorn teilen kann, um ihm zu folgen, damit er einen beiseite nehme und einem, noch in der Erregung, vertrauliche Dinge sage. Beim ersten Mal, als ich mit ihm sprach, war ich auf der Stelle gefesselt, überrascht von der Wichtigkeit, die er den paar unbedeutenden Sätzen von mir beizumessen schien, und von der Qualität seiner Aufmerksamkeit. Hatte er für mich eine ähnliche Sympathie empfunden wie die, die er bei mir hervorgerufen hatte, noch bevor ich ihm nähergetreten war? Ich habe mich oft gefragt, ob eine solche Koinzidenz möglich sein kann, denn entgegen sonstiger Meinung hatte ich den Eindruck, Sympathie bei dem einen ergibt sich nicht allein aus dem Umstand heraus, daß sie bei dem anderen bereits existiert. Und dennoch konnte ich an diesem Tag in einem einzigen Menschen so viele hervorragende Qualitäten auf einmal entdecken. Und womöglich ist Dignimont wegen dieser Qualitäten, wegen soviel Sensibilität und Taktgefühl, ein großer Maler. Auf den ersten Blick kann einem die Welt, die er zum Leben erweckt, eng vorkommen. Doch diese Mäkelei

125 »Comœdia« vom 16. Juni 1923.

hält nur dann stand, wenn man davon ausgeht, daß Oberflächlichkeit wichtiger sei als Tiefe. Abgesehen davon sieht es nicht so aus, als ließe sich eine Welt begrenzen. Es ist kindisch, eine Gesellschaft in soziale Klassen aufzuteilen. Man bräuchte eine Million Menschen, um vom Vagabunden bis zum Minister eine Kette zu bilden. Dignimonts Figuren sind nicht nur Strafgefangene und »Vogelfreie«, sondern auch Männer ohne Skrupel, Männer, für die die Gefahr nicht existiert. Seine Frauen wiederum sind keine Prostituierten, sondern verlorene Mädchen, mal denken sie nicht daran, mal sind sie traurig. Über diesen Wesen liegt eine große Verzweiflung. Man erspürt diese Menschen, ihren Ehrgeiz, für den ihnen die Mittel fehlen, die Bereitschaft, ihr Leben hinzugeben, ihre Tristesse und Gewalttätigkeit und die eiserne Disziplin, die über sie herrscht.

Bove unterhält sein ganzes Leben lang besondere Beziehungen zu Malern und Graphikern, so zu Albert Marquet, Laglenne, Touchagues und René Ben Sussan, dem vor allem er in der Zeitschrift »Arts et Métiers graphiques« seine Bewunderung ausdrückt:

Die Illustration, das ist diese Macht, zu malen, ohne Schaden zuzufügen – nicht dem Text, sondern dem, was dieser in unserem Kopf hat entstehen lassen. René Ben Sussan denkt mehr daran, was ein Buch in uns bewirkt, als an das Buch selbst. Er gibt unserer Phantasie einen Körper und gibt ihn uns so, daß unsere Freiheit gewahrt bleibt.[126]

Bove hat, gewiß nicht ohne Talent, Spaß daran, sich selbst oder Leute, die ihm nahestehen, zu porträtieren. In jenen Monaten ist Bove sehr ins Schreiben vertieft und meidet die Feste, die von einer Gruppe Freunde – Künstler und Presseleute – organisiert werden und an denen er gelegentlich, seit seinen journalistischen Anfängen, teilgenommen hatte. Pierre Bost vermerkt in seinem Tagebuch, Eintrag vom 13. Oktober 1927, seine Abwesenheit: »Gestern abend: Essen derer ›unter 30‹. Kaum einer da. Espiau, Pol Rab, Marcel Denis, Michel Herbert und ein paar andere. Nicht gerade eine große Ausbeute an Leuten, von denen man bei denen ›unter 30‹ etwas erwarten kann! Die Besten, die ›Großen‹, wenn man so will: Achard, Passeur, Bove, Cassou, Kessel, Sarment, kommen nicht oft oder gar nicht. So daß kaum noch mehr als die jungen, mehr oder weniger intelligenten und zumeist wenig kultivierten Zeitungsfritzen übrigbleiben, die schon mal ein wenig die Physiognomie dieser Abendes-

---

[126] »Arts et Métiers graphiques«, No. 23 vom 15. Mai 1931. Vollständiger Text im Anhang.

sen verändern. Über Literatur redet man verdammt wenig, nur das Theater ist erlaubt, darüber ließe sich eine Menge sagen. Aber schließlich gehe ich dort nur wegen des Essens hin und um einige Freunde zu sehen (ich stoße immer auf ein paar) und um zu lachen, denn man lacht sehr viel. Pol Rab hat mit seiner Pantomimennummer gestern alles Bisherige in den Schatten gestellt.«

Im Dezember 1927 erscheint »La Coalition« im Verlag Émile-Paul Frères. Der Roman, diskret »H. de S.« (Henriette de Swetschine) gewidmet, »bitter und dunkel wie ein langer Regentag«,[127] an dessen Ende sich »der Leser die Stirn abwischt wie nach einem Alptraum«,[128] ließ Boves Ansehen steigen und gleichzeitig die mißbilligenden Äußerungen einiger Kritiker vergessen. Einer der verbohrtesten ist André Thérive. Man versteht dessen Gehässigkeit womöglich besser, wenn man sich vor Augen hält, daß auch er soeben einen Roman veröffentlicht hat (Titel: »Sans âme«), in dem er, mit seinen eigenen Worten, »die Bewohner der Städte beschreiben [wollte], die allen religiösen oder moralischen Lebens verlustig gegangen sind«, und wo er zu dem Schluß kommt, daß ihr moralisches und physisches Elend von der Preisgabe dieser Prinzipien herrührt. Mit bisweilen zweifelhaften Argumenten geht nun dieser André Thérive daran, den Autor der »Coalition« niederzumachen, freilich nicht, ohne auch seine Bewunderung durchscheinen zu lassen: »Man kann nicht sagen, daß seine Helden uns Mitleid, ein Gefühl von Brüderlichkeit einflößen würden, man kann nicht sagen, daß sie in uns diesen Rest möglicher Ähnlichkeit ansprächen, der uns sogar Monster und Spinner näherzubringen vermag, und dennoch: ihr betrübliches Bild wird allmählich präsenter, die Atmosphäre, in der sie vegetieren und in der keiner leben könnte (und in der in Wahrheit niemand je gelebt hat), scheint um uns herum zu sein. Das Ergebnis ist, was diesen Punkt betrifft, bemerkenswert. [...] Zunächst schreibt Bove in einem fürchterlichen Französisch. Mit einer Ungeschicklichkeit, die aufgesetzt zu sein scheint, mit einer schülerhaften Unbeholfenheit, die sogar seine Berufung in Zweifel ziehen könnte. Beispiel: ›Die elendste Kindheit, die man sich vorstellen kann, war die des Alexandre Aftalion. Er war in einem Marktflecken geboren worden, der etwa hundert Kilometer von Sofia entfernt lag.‹ Beiseite lasse ich

[127] Victor Margueritte, in: »Rumeur« vom 11. November 1928.
[128] Yves Gandon, in: »Vient de paraître« vom Februar 1928.

hier einmal seine Orthographie, die durch die Druckfehler allein nicht diese Unsicherheit haben kann. [...] Selbst wenn man sich auf ethnologisches Wissen nichts einbildete, wäre es nicht interessanter, uns die Eroberung der schlecht verteidigten französischen Herzen durch den sogenannten slawischen Geist zu zeigen? [...] Diese Leute leben in Frankreich wie woanders auch, und ich kann mich des Gedankens nicht erwehren, daß Bove, der mit daran denkt, ihnen ein normales Herkommen, allgemeine Lebensbedingungen zu unterstellen, selbst Russe ist und daß er, meines Erachtens, im Zivilleben einen anderen Namen trägt als auf seinen Büchern.«[129]

Einige Kritiker, wie Élie Richard in »Paris-Soir«, vermengen Vorwurf und Lobhudelei: »Nur wenige Schriftsteller haben die Sprache, die Syntax – gewissermaßen das plastische Element der Literatur – so barbarisch behandelt wie er. Dennoch habe ich Zweifel, daß man sich der Bewunderung entziehen kann, wenn man sein neues Werk, ›La Coalition‹, gelesen hat. Ein junger Schriftsteller, der seine Form noch nicht gefunden hat, sagt uns plötzlich, an was es uns allen ermangelt. [...] Ich halte es nicht für übertrieben zu behaupten, daß dieses Buch einen zukünftigen, einen sehr großen Romancier offenbart. Wohlgemerkt habe ich nicht vor, die unerträgliche Nachlässigkeit zu entschuldigen, die Bove im Bereich von Sprache und Stil nur allzuoft zeigt. Er soll wissen, daß meine Bewunderung der ständig demonstrierten Verachtung einer Kunstfertigkeit, die letztendlich in einem literarischen Werk zählt, nicht auf Dauer widersteht. Aber diese Kunstfertigkeit ist erreichbar. Bove besitzt das, was nicht erlernbar ist.«[130]

Was sich für einige als eine Attacke auf »grammatikalische Schicklichkeit« ausnimmt, wird für andere, etwa für Paul Husson, zu »köstlichen Fahrlässigkeiten«[131]. Max Jacob erliegt geradezu dem Charme der Bücher Emmanuel Boves. Auch er hatte eine armselige Jugend gehabt, was so weit ging, daß er einen ganzen Winter lang von dem Kredit einer barmherzigen Bäckersfrau lebte und des Nachts, wegen fehlenden Petroleums, nicht schreiben konnte. Dieser anspruchslose Dichter, der, als ihn endlich der Ruhm erreicht, zurückgezogen in der Nähe der Kirche von Saint-Benoît-

---

129 André Thérive, in: »L'Opinion« vom 18. Februar 1928.
130 Élie Richard, in: »Paris-soir« vom 6. Februar 1928.
131 Paul Husson, in: »Montparnasse« vom 1. November 1924.

sur-Loire lebt, ist einige Jahre lang ein bewundernder Briefpartner und Freund Boves: »Sehr geehrter Herr, ich habe den Sonntag damit verbracht, Ihre beiden Bücher zu lesen. Es fällt mir schwer, darüber zu sprechen, denn ich war zu aufgewühlt, um sie beurteilen zu können. Man möchte sagen, daß Sie genau das Bild meines Lebens skizziert haben (vor allem in ›Mes amis‹). ›La Coalition‹ ist ein großes Buch, ein Buch-Ereignis. Sie haben sich etwas vorgenommen, aus dem niemand außer Ihnen vermocht hätte, wieder herauszukommen. Jeder andere wäre in der Monotonie gelandet, hier aber vermögen die beschwörerische Kraft, die Wahl der ungemein bedeutungsvollen Details, der Schmerz und die Liebe des Autors, die Echtheit der Charaktere, welche zugleich so minutiös und so überaus menschlich wirken, mehr zu fesseln als eine Intrige bei Balzac oder ein Drama à la Dostojewski. Ich muß immerzu von Ihren beiden Büchern reden, und ich verbinde damit die ganze Begeisterung eines persönlichen Abenteuers, so sehr erkenne ich mich in diesem Nicolas wieder, der meine gesamte Jugend darstellt. Selbst der Freitod gehört noch dazu, da ich selbst zwei Versuche in dieser Richtung unternommen habe. Mit dem Ausdruck absoluter Bewunderung bitte ich Sie, meine ganz freundschaftliche Sympathie entgegenzunehmen.«[132]

Allein im Jahre 1927 publiziert Bove fünf Titel, darunter zwei Neuauflagen (»Le Crime d'une nuit«;[133] »Mes amis«), und beendet fünf Manuskripte, so »La dernière nuit«. Diese fruchtbare Produktion wird sich im folgenden Jahr, in dem er seinen dreißigsten Geburtstag feiert und das eines der markantesten seines Lebens und seines Werkes sein wird, noch beschleunigen.

»Nach 1928 traf man sich weniger oft«, berichtet Philippe Soupault. »Da tobte er sich am Schreibtisch aus. Oft schrieb er nachts, wenn ihn irgendwas aufgewühlt hatte. Nahm ihn etwas stark mit, dann mußte er diese Erregung in eine Form – den Roman – bringen, aber das passierte jäh, wie eine Erinnerung, auf die er wieder gestoßen war.«[134] Im Laufe des Januars 1928 kommt es nach Erscheinen der »Coalition« zu zahlreichen zustimmenden Artikeln: »Dieser junge Schriftsteller erinnert an Dostojewski – nicht mehr und nicht weni-

---

132 Max Jacob, Brief an Emmanuel Bove vom 17. Dezember 1928.
133 »Le Crime d'une nuit«, Éditions Émile-Paul Frères, im Juli 1927.
134 Philippe Soupault im Gespräch mit Raymond Cousse.

ger« (Georges Le Cardonnel in »Le Journal«). »Emmanuel Bove besitzt eine unbestreitbare Intuitionsgabe, die ein wenig an das morbide Genie eines Dostojewski erinnert« (André Billy in »L'Écho de Paris«). »Hier haben wir ein fürchterlich trauriges Buch vor uns und gräßliche Protagonisten. Ich frage Monsieur Bove nun zum zweiten Mal: ›Wie wär's denn mal mit menschlichen Wesen und nicht mit diesen Zoophyten? Ich gebe freilich zu, daß er diese Viecher großartig abbilden kann!‹« (nicht gezeichneter Artikel in »Liberté«).

Anfang Februar publiziert die Zeitschrift »Candide« das erste Interview mit Bove. Die kurze Unterhaltung mit André Rousseaux liefert tiefergehende Informationen über Boves literarische Absichten:

Im Bereich Roman träume ich von etwas, das viel größer, viel tiefer ist als das, was ich bislang gemacht habe. Und ich bin mir auch bewußt, was mir dazu noch alles fehlt: eine Erfahrung, die ich nicht habe – Erfahrung im weitesten Sinne –, eine umfassendere und ausgeprägtere Kenntnis sowohl der Menschen als auch der Welt. – Sie zeichnen Ihre Figuren also nach Vorbildern? – Überhaupt nicht. Meine Figuren ähneln allen Arten von Leuten, die ich gekannt habe, aber niemandem im einzelnen. Echtheit ist nicht möglich, wenn man sich damit begnügt, die Natur zu imitieren. Wenn man seine Figuren nur kopiert, dann erschafft man sie nicht, dann ist da kein Leben. Die lebenden Modelle spielen zwar eine Rolle, aber sie dürfen für den Schöpfungsprozeß lediglich die Elemente liefern. – Wer sind Ihrer Meinung nach die Meister in der Kunst des Romans? – Balzac, Dickens, Dostojewski. Bringen Sie mich nicht dazu zu sagen, daß ich ihnen zu gleichen trachte, was ebenso unnütz wie absurd wäre. Denn man darf sich genausowenig darauf versteifen, den Meistern zu gleichen wie lebende Modelle zu kopieren. Ich glaube, man darf sich nicht von seinen literarischen Vorlieben beeinflussen lassen, vielmehr muß man versuchen, sich davon freizumachen, um so weit wie möglich den Meistern nahezukommen, und zwar über den Weg, den diese selbst eingeschlagen haben, um vom Leben zur Kunst zu gelangen. Sehen Sie, diese großen Männer sind keine Literaten. Das sind Männer, die schreiben. Das Leben ist ja auch nicht literarisch ... – Genausowenig wie es malerisch ist. – ... Leben kommt in die Literatur erst über einen Schriftsteller dieser Größe, und zwar ohne daß der Autor dabei irgend etwas Literarisches hat schaffen wollen.[135]

Im selben Monat schreibt Yves Gandon für die Zeitschrift »Vient de paraître« einen langen Artikel mit dem Titel »Emmanuel Bove, der Romancier der verpaßten Leben«; der Untertitel dazu lautet: »Der Determinismus in der Literatur«. Am Ende seiner subtilen Werkana-

---

135 André Rousseau, »Un quart d'heure avec Emmanuel Bove«, in: »Candide« vom 9. Februar 1928.

lyse beschließt der für damalige Verhältnisse geradezu visionäre Autor seinen Text mit den warnenden Worten: »Ich weiß nicht, wie diese mächtigen und herben Bücher aufgenommen werden, und es ist denkbar, daß sie nur wenige Leser erreichen. Emmanuel Bove gehört sicherlich nicht zu jenen, die dem Leben vertrauen, und diese geistige Sicht wird von der Allgemeinheit, die auf niedere Weise auf den unverzüglichsten und derbsten Genuß aus ist, kaum geschätzt. Aber ich denke nicht, mich zu weit vorzuwagen, wenn ich sage, daß das Publikum dieses Schriftstellers von Jahr zu Jahr größer werden wird und daß er zu einem Zeitpunkt, von dem ich hoffe, daß er bald ist, als ein Meister anzusehen ist. Was fest steht, ist, daß er uns immer noch in Erstaunen versetzen kann.«[136]

»Mein lieber Kollege, ›Un père et sa fille‹ gehört zu den schönsten Büchern, die ich kenne. Es könnte von irgendeinem der größten Meister sein: Es ist von Ihnen. Seien Sie meiner tiefen Bewunderung versichert.« So Max Jacob am 18. Juni 1928 in einem Brief an Bove; er bezieht sich darin auf eine Erzählung, die kurz zuvor, versehen mit acht wunderschönen Lithographien von René Ben Sussan, erschienen war.[137] Zuvor hatten im Verlag Au Sans Pareil Schriftsteller wie Francis Carco, Blaise Cendrars, André Beucler und Philippe Soupault (der ihn in seinen Anfängen leitete) in dieser Reihe mit illustrierten Originalausgaben bereits Texte veröffentlicht.

Aus Anlaß des »Salon des Tuileries« stellt Ben Sussan im Mai 1928 seine acht Lithographien aus, und Bove bringt seine ganze Bewunderung zum Ausdruck:

Ich entsinne mich noch, wie erstaunt ich gewesen war, als Monsieur Hilsum, der diese Erzählung herausgab, mir zum ersten Mal diese acht Lithographien vorlegte. Er hatte sie zuvor schon in den Himmel gelobt, aber ich war so sicher, daß sie mir mißfallen würden, und glaubte so wenig daran, daß es möglich wäre, »mich zu illustrieren«, daß ich es überhaupt nicht eilig hatte, sie zu sehen. Meine Überraschung war dann total. Sie sind so, wie ich sie selbst für mein Buch gewollt hätte. Und sie komplettieren es auf so perfekte Weise, daß mir letztens, als ›Un père et sa fille‹ in einer gängigen Edition ohne diese Illustrationen neu herauskam, an meiner Erzählung etwas fehlte.[138]

136 Yves Gandon, in: »Vient de paraître« vom Februar 1928.
137 »Un père et sa fille«, Éditions Au Sans Pareil, Paris 1928 (Februar); in: »Les Œuvres libres«, No. 81 (März).
138 Artikel in der Zeitschrift »Art et Métiers graphiques«. Vollständiger Text im Anhang.

Bezüglich dieser Erzählung stellt sich John Charpentier im »Mercure de France« vom 15. November 1928 die Frage: »Wird Bove einmal aus seinem Alptraum aufwachen? Ich wünsche es, ohne es allerdings allzusehr zu hoffen. ›Un père et sa fille‹ ist wiederum, es stimmt, eine traurige Geschichte. Es geht darin um einen armseligen Kerl, der, nachdem er dahintergekommen ist, daß er seine Ambitionen nicht verwirklichen kann, und nachdem er von seiner Frau betrogen und fallengelassen, von seiner Tochter hängengelassen worden ist, sich der absoluten Erniedrigung überantwortet ...«

In diesem Zusammenhang stößt man übrigens zum ersten Mal auf den Begriff »bovianisch«; Noël Labord prägt ihn in einem Artikel für »Paris-Soir« vom 1. August 1930: »Der unglückliche Vater, allein zurückgeblieben mit seiner Tochter und einer alten Hausgehilfin, mit der er schäkert, ist mit dem Kind kaum glücklicher als mit der Mutter; anders konnte es nach den unerbittlichen Gesetzen der bovianischen Welt und bei den Unerbittlichkeiten dieses Dramas auch gar nicht sein.« Bevor Bove wie jeden Sommer Paris verläßt, ist er mit dem frühen Tod eines Freundes konfrontiert, nämlich des Dichters und Gründers der Zeitschrift »Montparnasse«, Paul Husson, der mit 45 Jahren verstirbt. Bove nimmt auf seine Art an der Gedenknummer der Zeitschrift teil:

Da einige Stimmen das ihn umgebende Schweigen brechen, da vor allem mein Freund Géo Charles mich so eindringlich darum gebeten hat, an dieser Nummer für Paul Husson teilzunehmen, werde ich diesen in meinen Augen leicht frevelhaften Akt begehen und über einen verstorbenen Freund schreiben. Es gibt allerdings Augenblicke, in denen man aufhören sollte, Schriftsteller zu sein. Ein Blumenhändler würde auf das Grab eines ihm teuren Menschen auch nicht seine eigenen Blumen legen. Ich meine, im Angesicht des Todes sollte jede Besonderheit verschwinden. Die Traurigkeit, die Überraschung und die Leere, die dieses Verschwinden in mir auslösten, könnte ich, scheint mir, nicht zum Ausdruck bringen, ohne sie auf Kosten der Wahrheit noch zu verstärken oder einzuschränken. Unter solchen Bedingungen muß Kunst aufhören zu sein. Wenn es nur darum geht, einfach zu sagen, was man fühlt, ist sie zu nichts nütze. Schreiben heißt wählen, heißt, teilweise im Innersten seiner selbst die intimsten Gedanken aufzugreifen, sie neu zu ordnen, sie zu deformieren, damit sie treffen. Ich habe sehr deutlich den Eindruck, daß nur eine glückliche Verkettung von Worten – eine immense Arbeit – eine Vorstellung des Schmerzes liefern könnte. Im übrigen: Wenn etwas zu unserem lieben Paul Husson gelangen kann, dann sind es nicht die Sätze, sondern unser Herz, so wie es ist.[139]

139 Vgl. »Montparnasse«, No. 50 vom März 1928.

Im März beginnt Bove mit Louise Ottensooser eine schüchterne Korrespondenz, die er jedes Mal, wenn beide durch die Umstände getrennt werden, wieder aufnimmt. Auf einer Postkarte, die die Überland-Metro in Passy zeigt, finden sich diese Zeilen: »Wir sind über diese Brücke gefahren. Viele Grüße E. Bove.«[140]

So lautete die erste, kurze Botschaft des Schriftstellers an die, die zwei Jahre später seine zweite Ehefrau werden sollte. Aus einer begüterten und mondänen jüdischen Familie stammend, führt sie Bove ins Künstler-Milieu ein.

Am 26. März 1928 schreibt er ihr eine Postkarte mit »Frohe Ostern«, der zu entnehmen ist, daß Louise als Schülerin des Bildhauers Bourdelle an einer Büste Boves arbeitet: »Liebe Louise, sicherlich wissen Sie nicht, daß es viel schwieriger ist, Ihnen zu schreiben, als mit Ihnen zu reden. Hier stehen die Worte ganz allein. Ich möchte Ihnen gerne ernsthafte Dinge mitteilen, aber ich habe nicht den Eindruck, daß Sie sie lesen würden. Und selbst wenn, dann würden Sie sie sofort nach Beendigung des Briefes vergessen. Kurzum, ich fühle mich überhaupt nicht gut dabei. Ich freue mich darauf, Sie morgen zu sehen und freundlicher mit Ihnen zu reden, als ich es momentan tue. Ich war in der Rue Armand Moisant, um mir ein Atelier anzusehen, aber der Boden ist aus Stein, und es ist düster und trist darin. Die Büste von mir ist sehr gelungen. Sie wird das Hauptschmuckstück meines nächsten Zuhauses sein, und nicht nur das, sie wird auch ein Stück von Ihnen selbst sein. Wie schade, daß ich Ihnen sonntags nicht Modell sitzen kann! Es regnet, und obwohl es schwierig ist, Stunden unbeweglich auf dem Modellstuhl zu verbringen, wäre es heute doch wirklich angebracht. Also bis morgen, meine liebe Louise. Ich küsse zärtlich Ihre Hände.«

Ein paar Tage später faßt er sich ein Herz: »Nachdem ich Sie zwei Tage lang nicht gesehen habe, schreibe ich Ihnen mit sehr viel mehr Liebe als nach nur einem Tag. Und sollten wir einmal monatelang getrennt sein, werden Sie mir sicherlich wie ein wildes und instinktiv agierendes Tier vorkommen.«[141]

Im Mai 1928 verläßt Bove sein möbliertes Zimmer in der Rue Singer, um sich nach Südfrankreich zu begeben, wo er, abgesehen von einer kurzen Rückkehr nach Paris, den ganzen Sommer verbringt.

---

[140] Postkarte von Bove an Louise Ottensooser vom 18. März 1928.
[141] Emmanuel Bove, Brief an Louise Ottensooser vom 1. April 1928.

Diese Abreise war bereits in obigem Interview von »Candide« angekündigt:

Ich denke, bald eine Reise zu machen. Wohin? Egal. Sollte ich mit einem fertigen Buch zurückkommen, glaube ich, daß das Ziel der Reise meinen Leser noch weniger als mich selbst interessieren dürfte. Denn bei dem Buch, das ich schreiben will, handelt es sich weniger um ein Reisetagebuch als um das Tagebuch eines Reisenden; weniger um die Darstellung durchreister Länder als um einen Tapetenwechsel.

Dennoch beginnt Bove im ersten Brief an Louise dieses Reisejournal – mit einer apokalyptischen Beschreibung:

Wie schon gesagt, habe ich mich also als erstes nach Banyuls begeben. Diese Stadt war einmal, so meinen zahlreiche Leute, ein kleines Paradies. Auf der »Vermeille«-Seite gelegen, kam sie in den Genuß der Vorteile von Land und Meer, gar nicht zu sprechen von denen, die die Stadt bietet, denn alles dort war angenehm und so hergerichtet, daß es dem Besucher gefallen mußte. Nun, einhundert Kilometer vor Perpignan wurde ich unruhig. Stellen Sie sich eine unendliche Moorlandschaft vor, eine trostlose Ebene, verlassene Hütten und über all dem eine Art Nebel, bestehend aus Myriaden von Mücken. Darüber wiederum ein dunkler und schwüler Himmel. Ich dachte, das würde irgendwann aufhören, und in der Tat hört diese Landschaft auf, doch statt daß es besser wurde, fuhr der Zug nun durch eine steinige Landschaft, wo der höchste Baum gerade eine erste Etage erreicht hätte. Endlich also komme ich in Banyuls an, der Perle der »Vermeille«-Seite. Kaum habe ich den Bahnhof verlassen, werde ich von Gendarmen nach meinen Papieren gefragt. Ich gehe in die Stadt. Sogleich taucht unvorstellbarer Dreck auf. Und noch immer kein Baum. Die Frauen gehen in Gruppen zu sieben oder zu acht, sind schwarz gekleidet, und die letzte von ihnen leiert Gebete herunter. Das Ganze ist absolut malerisch, aber auch von einer bestürzenden Tristesse. Die Einwohner von Montpellier, Palavas, Spanier, beginnen allmählich, das Land zu überziehen. Alles ist vermietet. Und was nicht vermietet ist, ist unbewohnbar. Kein Strand, kein Zugang zum Meer, irgendwelche Kasernen und Fabriken versperren einem den Weg dahin. Ich frage um Auskunft, bekomme keine Antwort. Fassungslos reise ich eine Stunde später wieder ab.[142]

Auf der Flucht vor dieser unheimlichen Umgebung pachtet Bove, nach einigen Tagen des Umherirrens zwischen Toulon und Nizza, schließlich ein kleines Haus auf dem Chemin du diable in Sanary, wo er zwei Romane und einige Erzählungen zu Papier bringt. Bevor er aus Paris abgereist war, hatte er in der Reihe »Les Introuvables« einen kurzen Text mit dem Titel »La Coalition« veröffentlicht – eine Variante seines gleichnamigen Romans mit ebendenselben Figu-

142 Emmanuel Bove, Brief an Louise Ottensooser vom 17. Mai 1928.

ren. Die Auflage dieses Buches war auf ein paar Dutzend Exemplare beschränkt – »für die Brüder Émile-Paul, für den Autor und einige Freunde«.

Die Erzählung »Voyage autour d'un appartement«, die am 1. Mai in den »Annales politiques et littéraires« erscheint, beschreibt den abgekapselten Alltag eines Schriftstellers mit seiner Frau. Es ist ein kurzer, besonders fesselnder Text, denn inmitten einer überaus aktiven Schreibphase setzt Bove sich zum ersten Mal mit seinen Zweifeln und Bedenken direkt auseinander:

Mir fällt wirklich nichts ein. Ich weiß nicht, was ich schreiben soll. Es zehrt an einem, wenn man trotzdem etwas zu Papier bringen will. Mir scheint, ich wäre nicht so müde, wenn ich hundert Seiten geschrieben hätte. Ich kann trotzdem nicht andauernd das wiederholen, was ich schon gesagt habe. Und wenn ich alles hinschmeißen würde?! Wenn ich nie wieder auch nur eine Zeile schreiben würde! Was für eine Erleichterung! Ich glaube, wäre mir das erlaubt, würde ich vor Glück an die Decke springen! Feierabend! Schluß mit den Stunden mit mir selbst, mit der Leere! Schluß mit dem Schwindelgefühl, dem Ekel vor mir, dem Gefängnis in diesen vier Wänden, während draußen die Menschen wirklich arbeiten! Auch ich ginge in der Sonne spazieren, hätte Verpflichtungen, hätte nichts mehr zu tun. Alles würde mich ablenken. Und ich wäre hundertmal zufriedener als heute.[143]

Darüber hinaus erscheint in der Mai/Juni-Nummer der Zeitschrift »Montparnasse« eine Erzählung unter dem Titel »Le Dîner d'honneur«, wobei es sich um einen Auszug aus seinem Roman »Cœurs et visages« handelt.

Nachdem er einen weiteren Roman beendet hat, beabsichtigt Bove, Sanary am 13. Juni zu verlassen: »Ich bleibe für einen oder zwei Tage in Marseille, um meine Erzählung abtippen zu lassen, und bin Samstag oder Sonntag in Paris. [...] Sie werden dann einen kleinen Roman zu lesen bekommen, der mir sehr gefällt.«[144]

Diese lange Erzählung oder dieser »kleine Roman« ist die erschütternde Beschreibung einer Freundschaft, wie sie zwischen der Hauptperson Dinah, einem armen, kranken dreizehnjährigen Mädchen, und Jean Michelez, einem reichen Unternehmer, im letzten Augenblick ihres Lebens zustande kommt. In seiner Betroffenheit findet der Unternehmer seine verlorengegangene Menschlichkeit

---

143 Vgl. »Les Annales politiques et littéraires« vom 1. und 15. Mai 1928. Vollständiger Text (»Reise um eine Wohnung«) im Anhang.
144 Emmanuel Bove, Brief an Louise Ottensooser vom 10. Juni 1928.

wieder – freilich zu spät für die kleine Dinah, mit deren Tod das Buch endet:

Jean Michelez setzte sich neben Dinah. Er ließ sie nicht mehr aus den Augen. Er hörte hinter sich Edith verhalten weinen. Er drehte sich nicht einmal um. Er konnte seinen Blick nicht vom Gesicht des Kindes lösen. Von Zeit zu Zeit murmelte er ein paar zärtliche Worte, die das Mädchen nicht hörte. Plötzlich öffnete sie die Augen, Augen, die nichts sahen, die sich aber dennoch auf Jean Michelez richteten. Er hielt den Atem an. Die Augen blieben geöffnet. Es kam ihm so vor, als richteten sie sich unmerklich, obwohl sie sich nicht bewegten, mit noch mehr Intensität auf ihn. Die Lippen waren noch durchblutet. Ein kleiner Luftzug bewegte die Haare an den Schläfen. Er betrachtete die Haare. Sie bewegten sich mit außerordentlicher Leichtigkeit, und plötzlich sah er die Augen starr, das Gesicht bleich werden und etwas unendlich Heiteres über das Gesicht des Kindes fliehen, sah Schatten an den Rändern der Wangen und um die Lippen und dann nichts mehr als Regungslosigkeit. Er begriff, Dinah war tot.[145]

»La Mort de Dinah« ist (»zum Beweis meiner großen Bewunderung«) Jean Giraudoux gewidmet, dessen Roman »L'École des indifférents« Bove ausnehmend gut gefallen hatte. »La Mort de Dinah« wird in der Zeitschrift »Les Annales politiques et littéraires« vom 15. August und vom 15. September 1928 vorveröffentlicht und erscheint dann in Buchform in der Reihe »Le Coffret des plaisirs variés« im Oktober bei den Éditions des Portiques.

Gewohnheitsgemäß veröffentlicht Bove einen Auszug aus diesem Roman in Form einer Erzählung mit dem Titel »Le Jeune Frère« im Juli 1928 in der Zeitschrift »Le Crapouillot«. Er nutzt seinen Aufenthalt in Paris auch noch für die Veröffentlichung des Erzählungen-Bandes »Henri Duchemin et ses ombres«. Als Erzähler fungiert darin durchgehend Henri Duchemin, und der Leser stößt auch auf drei Texte, die er bereits kennt: »Le Crime d'une nuit«, »Un autre ami« und »Visite d'un soir«.

Von den anderen vier Erzählungen hebt sich eine ganz besonders hervor: »Le Retour de l'enfant«, wo man der bewegenden Entwicklung eines verlorenen Sohnes beiwohnt, der zu seinen Eltern aufs Land zurückkommt und der dann im letzten Moment sich anders entscheidet und kehrtmacht:

---

[145] »La Mort de Dinah«, Éditions des Portiques, Paris 1928; Neuauflage bei Le Dilettante, Paris 1992. [Deutsche Übersetzung: »Dinah«. Aus dem Französischen von Michaela Ott, Friedenauer Presse, Berlin 1992, S. 120. A.d.Ü.]

Ich sah die Artischocken wieder – sie sind ungekocht so hart –, die tiefhängenden Äste, die es mir einst erlaubten, auf die Bäume zu klettern, sah meine Briefmarken-sammlung vor mir, von denen eine dreieckig war, den kleinen Bach, der nah am Haus vorbeilief, zwischen den Brennesseln ein Gang, der mit Sand bestreut war für meine nackten Füße. [...] Ich hatte nicht die Kraft, einen Schritt zu tun. Ich, der ge-glaubt hatte, man würde lachen, man würde mich bedauern, fühlte nun, daß ich au-ßerstande wäre, auch nur ein Wort zu sagen. Mir wurde schwarz vor Augen. Von gan-zem Herzen hoffte ich jetzt, daß jemand aus dem Haus treten und mich sehen würde. Dann hätte ich das Bewußtsein verloren. Man hätte mich fortgetragen. Ich wäre in einem Bett aufgewacht, und am Kopfende wären die Meinen gestanden, auf all meine Gesten achtgebend. Doch niemand kam. Ich hörte meine Schwester singen, meine Mutter reden, ohne daß ich jemanden sah, dabei waren die Fenster geöffnet.[146]

In den »Nouvelles Littéraires« vom 4. August 1928 bringt Edmond Jaloux seine Faszination für Bove und dessen Werk erneut und in differenzierter Form zum Ausdruck: »Emmanuel Boves Erzählun-gen sind noch signifikanter als seine Romane: Ich meine damit, daß seine Qualitäten in einer eher kurzen Erzählung gegenwärtig besser zum Zuge kommen als in seinen Romanen. Und dennoch hat er das echte Talent eines Romanciers, vielleicht ist es nur zu üppig geraten, zu komplex, vielleicht ist es zu reichhaltig. Es muß sich erst abset-zen, so wie es bei seinen Erzählungen der Fall war. Emmanuel Bove behandelt mit bewundernswerter Einfachheit zutiefst menschliche Themen. Er will uns nicht überraschen und uns auch nichts beibrin-gen, er deckt nichts auf, er erteilt uns keinen Unterricht; aber er ist Menschen begegnet, Menschen ›wie du und ich‹, er hat gesehen, wie sie leiden, und dieses Leiden hat ihn überwältigt. Dieses nackte Lei-den zeigt er uns. Er zeigt es uns mit den echtesten Worten, nämlich mit denen, die wir selbst direkt benutzen, ohne lange zu überlegen, so wie wir täglich miteinander sprechen. Dies stärkt die Intensität des geschilderten Gefühls. Wenn das Thema es wert ist, endet Boves minutiöse Schilderung in einer sehr persönlichen und sehr überzeu-genden Vision der Wahrheit; ist das nicht der Fall, dann hat man eher den ermüdenden Eindruck, das Ganze sei kindisch, aber das passiert selten. Fast immer ist eine Erzählung Emmanuel Boves von großer Vielfalt. Und Bove liefert sie, ohne sich mit dieser Häufung kleiner Details, kurzer Informationen zu überlasten – wobei die meisten so fein und genau sind, daß man erstaunt ist, daß er der erste

---

[146] »Le Retour de l'enfant«, in: »Henri Duchemin et ses ombres«, Flammarion, Pa-ris 1983. Vgl. dort S. 192f. und 201. A.d.Ü.

ist, der dies macht. Emmanuel Bove erinnert manchmal an einen japanischen Haiku-Dichter.«

Anfang Juli verläßt Bove Paris erneut, um nach Sanary zu fahren, wo er den zweiten Roman dieses Sommers abschließt: »L'Amour de Pierre Neuhart« (dt.: »Die Liebe des Pierre Neuhart«), einen Kurzroman, der in köstlicher Mehrdeutigkeit die Begegnung eines reifen Mannes mit einem jungen Mädchen erzählt.

Boves Korrespondenz mit Louise ist für diese Zeit besonders wertvoll: Sie erlaubt es, seinen literarischen Schaffensprozeß nachzuvollziehen: »3. Juli 1928. Du verstehst das vielleicht nicht, aber ich muß unbedingt abreisen. Ich habe so viele Sachen zu schreiben, daß ich unmöglich bleiben kann. [...]« »4. Juli. Ich habe mit der Arbeit begonnen. Nur für Dich gehe ich bei dieser glühenden Hitze zum Postamt runter, damit der Brief Dich schnell erreicht. [...]«

7. Juli. Du wirst sehen: Wenn ich wieder in Paris bin, werde ich ein Buch geschrieben haben, das Dir gefallen wird. Weißt Du, mit jedem neuen Buch habe ich den Eindruck, näher an dem zu sein, was ich machen will. Das, was ich machen will, ist nämlich gar nicht das, was Du denkst. Für mich darf ein Roman nicht die Nacherzählung irgendeines Abenteuers oder irgendeiner Verstörung sein; er muß die einfachste Beschreibung des Lebens sein. Ein Mensch, der schreibt, hält sich für einen kleinen Gott. Er muß eine Welt erschaffen. Und er wird umso größer sein, je weiter und lebendiger die von ihm geschaffene Welt ist. Doch um diese Weite erreichen zu können, gilt es, mehr zu arbeiten, als ich es bislang getan habe. Begabung zum Leben ist nicht so wichtig. Man findet sie bei allen talentierten Kollegen, jedenfalls bei den Themen, die ihnen etwas bedeuten. Aber was schwieriger ist, ist, sich auszubreiten, reine und unreine Wesen unterschiedslos zu schaffen, den Leser in eine Form des Menschseins hinüberzuführen, die sicherlich reduziert ist, zugleich aber auch so komplett wie die, die um uns herum ist. Das ist eine übermenschliche Aufgabe. Aber nur der, der am weitesten geht in diesem Leben, ist auch der, der für seine Mitmenschen am nützlichsten gewesen sein wird. Du kannst aufgrund dessen, was ich Dir soeben gesagt habe, ersehen, wie unbedeutend die Bücher sind, die ich bislang geschrieben habe. In meiner Vorstellung können sie zu einer Gruppe zusammengefaßt werden und den fünfzigsten Teil eines Werkes bilden, bei dem die 49 anderen Teile Menschen und Menschenleben zeigen, die völlig verschieden sind. Wenn Du in Deinen Briefen mütterlich bist, dann bin ich in meinem Brief ein bißchen zu literarisch, denn ich müßte Dir hier sagen, daß ich Dich liebe und daß ich Dich küsse. [...] Bobby.

Die Fotos aus dieser Zeit zeigen einen lächelnden, gut aufgelegten Bove zwischen Sonnenbad und Schriftstellerei in der Ruhe des Gartens vor seinem »Häuschen«. Léon und seine Mutter, die nach ihrem

fruchtlosen Versuch, sich in Montpellier niederzulassen, wieder in Bécon eingetroffen sind, würden nur zu gern die Idylle teilen. Bove ist mitten in der Arbeit und mahnt sie zur Geduld: »Mein lieber Bruder, ich habe Deine beiden Briefe bekommen. Einerseits hast Du recht. Hier findet man, was man will in puncto Wohnung, freilich erst nach den Ferien, denn momentan ist alles belegt. Zur Zeit kann man eine wirklich nette möblierte Wohnung für zweihundert Franc im Monat haben. Ich werde es bezahlen. Im übrigen kann ich Dir zu Bandol nur raten (übers Jahr im Schnitt acht Stunden Sonne pro Tag). Mami und Du, Ihr beide könnt hier eine prima Zeit haben.«[147] Nach einem arbeitsintensiven Sommer kehrt Bove nach Paris zurück, um im September bei den Éditions de France den ein Jahr zuvor geschriebenen Roman »Cœurs et visages« zu veröffentlichen. Dieses Buch, in dem die Gefühle beschrieben sind, die etwa hundert geladene Gäste auf einem Bankett bewegen, wird von der Kritik positiv aufgenommen: »Emmanuel Bove schreibt weiterhin Bücher, in denen es um alles und um nichts geht. Sein letztes Werk erscheint wie ein heilloses Unterfangen und eine Glanzleistung zugleich.«[148] »Auch dieses Mal sind die Herzen [cœurs] ganz klein und die Gesichter [visages] keinesfalls schön. Aber da ist Leben drin. Es ist der gestochen scharfe Kupferstich einer desillusionierten Hand. Der Stahl kratzt, die Säure ätzt. Angesichts dieser schlagenden Herzen und lebendigen Gesichter reizt es mich nur (wie diese Figur bei Émile Augier) auszurufen: ›Verrecke doch, Gesellschaft, denn dies hier sind deine Ornamente!‹«[149]
»Bove wiedergesehen, er arbeitet«, so Pierre Bost am 20. September in seinem Tagebuch. Einige Tage später notiert er die Ausschreibung eines neuen Literaturpreises hin, an dem Bove mit »Mes amis« und »La Coalition« teilnimmt: »François le Grix hat zufällig mit den Brüdern Tharaud über mich gesprochen. Sie wußten nicht, daß ich Romane geschrieben habe. Sie wollen sie lesen, weil sie in einer Jury sind, die in Eugène Figuères Namen, diesem vergessenen Lyrikverleger, einen kolossalen Preis verleihen will. Diese Jury besteht aus lauter Politikern. Komisch. Nichts gegen Preise, aber ich möchte nicht gezwungen sein, darum zu bitten« [24. September 1928].

[147] Emmanuel Bove, Postkarte an Léon Bobovnikoff vom 28. Mai 1928.
[148] »L'Écho de Paris« vom 8. November 1928.
[149] »Rumeur« vom 11. November 1928.

Im Oktober erscheint bei den Éditions de la Belle Page eine lange Erzählung Emmanuel Boves in einer Auflage von nur 300 Exemplaren, mit einer Originallithographie von Alexander Alexejew als Frontispiz. Titel der Geschichte: »Une Fugue« (dt.: »Flucht«). Die Éditions de la Belle Page hatten in dieser bibliophilen Reihe bereits Autoren wie Jacques Chardonne, Alphonse de Chateaubriand, Pierre Mac Orlan und Jacques Rivière herausgebracht. Für die Neuauflage 1984 schreibt Raymond Cousse im Vorwort: »Die jugendliche Heldin ist von zu Hause ausgerissen. Mehrere Leute begeben sich auf die Suche. Zum einen sieht man die Erwachsenen, ihr Verhalten und ihre widerlichen Motive; zum anderen sind da die Arglosigkeit des Mädchens, seine Selbstsuche und erfundenen Geschichten, die so entwaffnend sind. Ein Kampf zwischen Plumpheit und Anmut.«[150] Gleichzeitig mit »Une Fugue« erscheint nun bei den Éditions des Portiques Boves in Sanary geschriebener Roman »La Mort de Dinah«.

Ebenfalls im Oktober wird Bove von Georges Kessel, dem Bruder des Journalisten und Romanciers Joseph Kessel, kontaktiert. Gaston Gallimard hatte diesem soeben die Schaffung und Leitung einer neuen Wochenzeitung anvertraut, die sich einzig und allein den »faits divers«, den »vermischten Nachrichten«, zu widmen hatte und den Namen »Détective« trug. Bove ist von der Idee, bei einem Sensationsblatt mitzumischen, nicht gerade begeistert:

Das ist wohl meine Art Glück: Das eine Mal, wo man mir 5.000 Franc anbietet, ist es für meine Mitarbeit an einem Käseblatt, das über drei Nummern nicht hinauskommen wird. Keiner würde sich trauen, es in der Métro aufzuschlagen, um keinen Tumult auszulösen.[151]

Wie Gaston Gallimard und die Kessel-Brüder dürfte freilich auch Bove von dem überwältigenden Erfolg der neuen Zeitschrift überrascht gewesen sein. Die erste Nummer am 25. Oktober geht an den Kiosken weg wie warme Semmeln – 350.000 Exemplare werden abgesetzt. Unter den ersten Mitarbeitern befindet sich auch ein Freund und Kollege Boves, Louis Roubaud. »Détective« bietet seinen Lesern

150 Raymond Cousse, »Préface«, in: »Un soir chez Blutel«, Flammarion, Paris 1984, S. 13.
151 Vgl. Yves Courrière, »Joseph Kessel ou Sur la piste du lion« (Biographie), Plon, Paris 1986.

außer den Artikeln großer Reporter auch solche, die mehr literarischer Natur sind: Da tauchen Artikel auf von Francis Carco, André Salmon, Marcel Achard und Georges Simenon. Das Ganze wird energisch aufgemacht und mit den prächtigen expressionistischen Aufnahmen von Germaine Krühl versehen. Ein Bildmedaillon mit Bove, der als Mitarbeiter angeführt wird, erscheint in der dritten Nummer vom 15. November 1928. Man sieht ihn da umgeben von Jean Cocteau (der für das Blatt im übrigen nie einen Artikel schreibt) und von Pierre Mac Orlan. Witziger Zufall: In dieser Nummer vom 15. November findet man einen Miesmacher Boves als Angeklagten wieder, nämlich den unbekehrbaren Bilderstürmer Pfarrer Bethléem, der juristisch belangt wird, weil er an mehreren Kiosken der Boulevards anstößige Publikationen zerrissen hatte, deren Titelfotos seiner Meinung nach eine große Gefahr für die öffentliche Moral darstellten.

Tatsächlich arbeitet Bove aber erst im Jahre 1936 mit zwei Kriminalgeschichten an dieser Zeitung mit. An dieser spärlichen Teilnahme läßt sich erneut ablesen, wie bedacht er darauf ist, anderen Schreibweisen neben seiner eigentlich literarischen möglichst wenig Raum zu lassen. Eine Anekdote aus Pierre Bosts Tagebuch unterstreicht dies: »Bove warf mir neulich vor (wir kamen gerade vom Tennis), daß ich soviel und zudem wertloses Zeug schreiben würde. Er hat ja verdammt recht damit, trotzdem beschied ich ihm, daß es, da ich diesen hingeschluderten Mist aus finanziellen Gründen nun einmal schreiben muß (?), dann doch lieber kleine Berichterstattungen für die Zeitungen als richtige Bücher für den Buchhändler sein sollten. Und ihm geht's genauso, das weiß er. Wir einigten uns dahingehend, daß wir den dreckigen Job, den wir ausüben, bejammerten« [28. Oktober 1928].

Einige Seiten weiter im selben Tagebuch läßt sich Bosts Verbitterung über diese Aufspaltung des schriftstellerischen Schaffens deutlich vernehmen: »Ich mache weiterhin Berichterstattung, fast überall. Ich spreche über das, was auf den Bühnen passiert, über Bücher, über Schallplatten, über Straßentheater, über alles und nichts. Ich stelle jeden Tag fest, daß die Kritik nicht frei ist. Man fordert mich auf, lieber nichts als etwas Schlechtes über jemand Bestimmten zu sagen; bald wird man von mir verlangen, daß ich noch etwas Positives über ihn schreibe ... Und dies fällt mir nur zu leicht, ich bin nicht aufrichtig genug. Diesbezüglich mischt sich Verachtung in meine Nachsicht, doch ich allein weiß es. Immerhin habe ich mich den ›Nouvelles Littéraires‹ gegenüber soeben etwas weniger fügsam gezeigt. Martin du Gard lehnte einen Artikel, in dem ich mich mit Paul Léautaud angelegt hatte, mit der Begründung ab, der Artikel sei nicht besonders gelungen. In Wirklichkeit ist es so, daß ganz Paris Bammel hat vor Paul Léautaud, angeblich ist er verdreckt, liebt die Hunde, mokiert sich über den Teufel und den lieben Gott und spottet über alle Welt. Aber ich gedenke nicht, vor denen zu zittern, die anderen Angst einjagen. Ich habe Martin du Gard gesagt: Entweder mein Artikel erscheint, oder ich nehme meinen Hut. Ich ahne schon, daß es zu der zweiten Lösung kommen wird« [26. März 1929].

Eugène Figuière, jener »vergessene Lyrikverleger«, wie Bost sagt, war durch Verlagsgeschäfte, die »zu Autorenkosten« gingen, ein reicher Mann geworden. Als prunkvoller Mäzen hatte er in diesem Jahr 1928 die gute Idee, einen Literaturpreis über die stattliche Summe von 50.000 Franc zu vergeben. So wird an seinem Lebensabend, da die Verlagsgeschäfte bereits zum Erliegen gekommen sind, der Prix Figuière, die Chrysalis unter den Literaturpreisen, für die Zeit eines Tages seiner Dotierung wegen die höchste literarische Auszeichnung dieser Zeit sein. Ein paar Jahre später bemerkt der glückliche Preisträger, Emmanuel Bove, zu diesem Thema ironisch:

Tatsächlich hatte ich einmal richtig Glück. Allerdings hat sich mein Pech auf meine Nachfolger übertragen. Denn nach mir ist der Prix Figuière nie wieder vergeben worden ... Ich habe das Huhn, das goldene Eier legt, sterilisiert.[152]

Der Tag selbst war allerdings ein besonders denkwürdiger Tag für Bove. Die Jury dieses lukrativen Preises bestand aus einer bunten Mischung von Politikern und Schriftstellern: Louis Barthou, Édouard Herriot, Charles Daniélou, Paul Brulat, Jérôme Tharaud, François Mauriac, André Maurois, Jean Giraudoux (der bestimmt ein glühender Fürsprecher Boves war) sowie Madame de Joannis. An jenem Mittwoch, dem 7. November 1928, befindet sich die Regierung gerade in einer ausgesprochen krisenhaften Situation (Ratspräsi-

152 Zitiert nach einem nicht gezeichneten Nachruf auf Bove in den »Nouvelles Littéraires« vom 19. Juli 1945.

dent Raymond Poincaré war soeben zurückgetreten), und die beiden
somit verhinderten Minister in der Jury, Barthou und Herriot, über-
mitteln deshalb ihre getroffene Wahl schriftlich. Am Morgen dieses
Tages schaut Bove bei seinen Verlegern Émile-Paul in der Rue de
l'Abbaye vorbei: »Es sieht so aus«, sagt er, »als würde der Preis zu
einem späteren Zeitpunkt vergeben, da Herriot und Barthou nicht
kommen können. Im übrigen rechne ich ohnehin kaum damit.«
Nach dieser pessimistischen Bemerkung verzieht sich der Autor.
Schließlich, nachdem die Jury im letzten Moment den Ort ihrer Ab-
stimmung gewechselt hat, begibt sie sich, angeführt von Charles Daniélou, ins Restaurant »Le Doyen« auf die Champs-Élysées. Als die
für einen Augenblick verwirrten Journalisten wieder auf die Jury
stoßen, ist es 14 Uhr 30, und die Diskussionen halten an. Nicht weniger als 406 Konkurrenten hatten sich um den Preis beworben, nur
dreißig kamen in die engere Wahl. Von den ernsthafteren Konkurrenten für Bove sollten erwähnt werden: André Malraux (für seinen
Roman »Les Conquérants«), Pierre Wimereux (für »Chutt le Hut-
teux«), Pierre Drieu La Rochelle (für »Blèche«) und Robert Bouchet
(für »L'Étrange Raid du Margaret«). Nach ausführlicher Beratung
fällt die einstimmige Wahl der Jury schließlich auf Emmanuel Bove,
der den Preis für seine beiden Bücher »Mes amis« und »La Coalition«
erhält. Der Jurypräsident, Charles Daniélou, verliest die beiden Titel
und verkündet den Namen des Preisträgers. »Und wissen Sie was«,
sagt er, »ich habe den Scheck dabei!«
Bove ist der letzte, der die frohe Botschaft erfährt, denn er ist einfach
nirgends zu finden. Jeder nennt eine andere Adresse, die sich schnell
als veraltet oder falsch herausstellt. Dann glaubt man endlich, die
richtige Adresse herausbekommen zu haben, aber auch da ist Bove
vor einem Monat ausgezogen. Die ungeduldigen Fotografen, in der
Absicht gekommen, den glücklichen Preisträger aufzunehmen, einigen sich statt dessen darauf, ein Foto von der Jury zu machen. Derweil beschließt Bove, der gerade zufällig an der Rue de l'Abbaye vor-
beikommt, im Verlag der Brüder Émile-Paul vorbeizuschauen, wo
seit zwei Stunden von überallher angerufen wird. Und auf diese Weise erfährt er hier zu seiner großen Überraschung von seinem Glück.
Die folgenden Tage wird er von Journalisten belagert und gibt eine
Reihe von Interviews: »Bove ist ein großer Junge, der ein wenig traurig, ein wenig melancholisch wirkt und der eine absolute Schwäche

für Orient-Zigaretten hat. Er raucht bis zu hundert Stück pro Tag. Das Schreiben fällt ihm nicht leicht, aber er liebt seinen Beruf, was bei einem Schriftsteller dieser Generation, die vorgibt, die Literatur zu verachten, überraschen kann.«[153]

Ich traf ihn heute morgen bei seinem Verleger, und als ich das Büro des Direktors betrat, ging er rauchend auf und ab. Natürlich empfängt man einen Scheck über 50.000 Franc nicht ohne eine gewisse Genugtuung. – Wissen Sie, weshalb mir dieser Preis vor allem Freude macht? fragt mich Emmanuel Bove. Weil er mir erlaubt, in Ruhe an meinen Romanen zu arbeiten. »La Coalition«, das Buch, hinter dem ich am meisten stehe, markiert, glaube ich, eine entscheidende Etappe auf dem Weg, den ich eingeschlagen habe. »L'Amour de Pierre Neuhart«, das Buch, das in diesen Tagen erscheint, ist gewissermaßen eine Synthese aller Elemente meines vorigen Werkes. – Ihre Anfänge? – Ich fing an mit dem Journalismus. Doch zuvor hielt ich mich in England und in Österreich auf. Ich blieb ein Jahr in Wien, als dort die schlimmste Hungerzeit war. Das sind Erinnerungen, die zählen in unserem Alter. Zurück in Paris, hatte ich das Glück, Freunde zu treffen, auf die ich mich verlassen konnte und die mir bei meinen Anfängen geholfen haben. – Und wann erfuhren Sie gestern die gute Nachricht? – Mitten am Nachmittag. Ich war zufällig bei meinem Verleger. Ich glaubte, der Preis sei bereits vergeben worden, und ich muß gestehen, daß ich ein bißchen überrascht war, angenehm, versteht sich, als ich erfuhr, daß ich der Preisträger war. – Woraufhin Emmanuel Bove sich eine neue Zigarette ansteckt und hinzufügt: Jetzt muß ich aber an meine Arbeit. – Ist es nicht schön zu sehen, daß Einfachheit im Dienste des Talents mitunter zum Ziel führt?[154]

Der glückliche Preisträger, dem wir gratulieren kamen, ist ein junger Mann von dreißig Jahren, der aussieht wie zwanzig; sein jugendliches Gesicht ist freilich von merkwürdig wachen und forschenden Augen aufgehellt. – Ich rechnete nicht damit, unter so vielen guten Schriftstellern ausgewählt zu werden, daher werde ich mich an die Arbeit setzen, um mich der erbrachten Ehre auch würdig zu erweisen. – Und die 50.000 Franc? – Also, da mache ich Ihnen ein Geständnis, sagt uns der Schriftsteller und lächelt schelmisch. Die 50.000 Franc nehme ich gern an. Ich bin sehr stolz darauf, von einer Jury ausgewählt worden zu sein, aber der Scheck, der den Ruhm begleitet, läßt mich nicht kalt. – Ihre Karriere? – Sehr einfach. Es begann mit dem Journalismus. Die Reportage – eine vorzügliche Schule; dann brachte ich ein paar Erzählungen heraus. Unterstützt und ermutigt wurde ich von Colette und Jean Giraudoux. »Mes amis« erschien 1924, »Armand« 1926, und mein letztes Buch, das, welches mir am meisten am Herzen liegt, »La Coalition«, in diesem Jahr. – Und der junge Autor entwischt uns, um die Glückwünsche seiner begeisterten Verleger entgegenzunehmen.[155]

153 »Aux écoutes« vom 10. November 1928.
154 »L'Intransigeant« vom 9. November 1928.
155 »Le Petit Journal« vom 8. November 1928.

Diese von 50.000 Franc »Prämie« begleitete literarische Krönung verstört und ärgert einige Nörgler und Verächter des Boveschen Amoralismus. Offen reaktionäre Stimmen erheben sich von neuem und hetzen in Artikeln, die vor nichts, Xenophobie inklusive, zurückschrecken. Hier ein paar besonders markige Beispiele: »Wir sind ein wenig verärgert und leicht alarmiert darüber, daß eine aus kultivierten Menschen bestehende Jury einen Preis in Höhe von 50.000 Franc für eine Produktion vergeben hat, die so deutlich gegen unsere Grammatik und unsere Syntax verstößt. Ich weiß sehr wohl, daß es nicht schwer wäre, auch unter unseren durch und durch nationalen Jung-Genies Belege für eine ebensolche Ignoranz elementarster Anforderungen der französischen Sprache zu finden. Freilich, daß wir gezwungen sind, eine bestimmte Anzahl von Schnitzern unserer Kinder zu tolerieren, bedeutet nicht, daß wir uns verpflichtet fühlen müssen, auch noch jene gelten zu lassen, die Leute bei uns begehen, die nicht zu uns gehören. Bevor Ausländern die von ihnen beantragte französische Staatsbürgerschaft zuerkannt wird, gehen genauere Nachforschungen über ihre Person voraus. Bevor einem ausländischen Schriftsteller durch eine Aufsehen erregende Auszeichnung seine Naturalisierung zuerkannt wird, wünschte man sich, eine Jury stellte erst einmal klar, ob er auch genug Kenntnis von unserer Sprache hat – wenn nicht schon für das Abitur ausreichend, so doch wenigstens für den Volksschulabschluß.«[156]

»Monsieur Bove ist ein Star. Er hat soeben einen bedeutenden Literaturpreis bekommen. Ich werde mich hüten zu sagen, daß er ihn für sein Gesamtwerk nicht verdient hätte! ... Und obwohl er sich einbildet, ›ich möge ihn nicht‹ – er selbst schreibt das auf dem Vorsatzblatt seines Buches –, habe ich mich jederzeit glücklich geschätzt, sein Talent zu loben, auch wenn ich gleichzeitig bedauerte, daß seine Figuren fast immer dieselben waren: mittelmäßige Wesen, unintelligent und willenlos, mehr der Klasse der Zoophyten oder der Bauchfüßler zugehörig als einer Menschheit, die mit Willen und Denkvermögen ausgestattet ist. Je mehr er schreibt, desto nachlässiger wird Monsieur Bove – leider. Und ich sage es ihm heute ins Gesicht. Statt einer würzigen Sauce hat Monsieur Bove der Blanquette den Vorrang gegeben. Ein absichtlich platter, zäher Stil. Nun gut, die getroffene Entscheidung ist vertretbar. Für das weiße Fleisch war diese

---

156 André Lichtenberger, in: »Victoire« vom 16. Dezember 1928.

Sauce schon ganz in Ordnung. Ich akzeptiere diese gewollte Fadheit, allerdings nicht die Unkorrektheiten. [...] Lassen wir das also; alles bei ihm ist ja von Anfang bis Ende unverständliches Gerede.«[157]

1983, bei der Neuauflage von Boves Werk, stößt man noch auf andere Griesgrame dieser Art, für die die französische Sprache ebenso wie ihr literarischer Moralismus »ad vitam æternam« festzustehen haben. Diese verbitterten Schreiberlinge, die es geschickt verstehen, die Modernität einer Schreibweise durch Lappalien, wo nicht durch unglückliche Druckfehler im Text, zu diskreditieren, bilden angesichts begeisterter Leser und lobender Kritik eine Minderheit – gestern ebenso wie heute. Georges Dupeyron wies im Juli 1928 in der Zeitschrift »Signaux« jegliche Polemik zurück und schrieb: »Weit davon entfernt, Emmanuel Bove Fehler vorzuwerfen, die jedermann in die Augen springen, würden wir es ihm fast als Verdienst anrechnen, wenn er sie beibehielte, sind sie doch der Beweis einer recht luziden und viel zu begabten Persönlichkeit, als daß sie nicht gar die Bedingung wären für weiteren Fortschritt.«

Nach der Vergabe des Prix Figuière sollte Fernand Vandérem, der Boves Beitrag und Originalität ja von Anfang an festgestellt hatte, in einem Artikel des »Figaro« seinen Kollegen in triftiger und bissiger Weise einen bitteren Hieb verpassen. Er schrieb: »Vor vier Jahren, einen Tag bevor Sacha Guitry in ›Candide‹ das Buch ›Mes amis‹ von Emmanuel Bove als das persönlichste und fesselndste beschrieb, das er seit langer Zeit gelesen hatte, übergab ich der ›Revue de France‹ einen Artikel, in dem ich über dieses Werk haargenau dasselbe sagte. Von wenigen Ausnahmen abgesehen, gab es allerdings nur ein schwaches Echo seitens der Presse, welche ›Mes amis‹ mit Schweigen überging oder dem Buch nur ein paar Zeilen zugestand, mal oberflächlich, mal streng. Schon wahr, daß Bove nichts in der Hand hatte, um sie zu verführen. Stilistisches Talent und Beobachtungsgabe, Humor und Sensibilität, das schon, aber kein Hauch philosophischer Thesen oder Ideen. Nun tut sich die Kritik oft sehr schwer, wenn sie ein Buch, in dem solche Ideen nicht nachweisbar sind, gut oder schlecht finden soll, und so weiß sie auch nicht, was darüber schreiben. Einige Monate später wurde Bove übrigens noch eine andere Enttäuschung zuteil, als ihm der Prix Femina nicht zugesprochen wurde. [...] Dies besagt, wie wenig mich das einstimmige Urteil

[157] Anonym, in »Liberté« vom 19. November 1928.

beim Prix Figuière überrascht hat. Aber man möge nun keinen aufgeblasenen Wahrsager in mir sehen, wenn Emmanuel Bove wie Jean Fayard[158] bis dahin auch nur ein Buch geschrieben hatte, es war wirklich kein Kunststück, den zwei jungen Autoren eine brillante Zukunft zu prophezeien. Es bringt nichts, wenn man das Blumenorakel befragt, um herauszubekommen, von wem man sich in einer literarischen Generation etwas, viel oder gar nichts für die Zukunft versprechen darf. Er reicht schon, wenn man das Spiel kennt und wenn man mehr oder weniger vom Fach ist.«[159]

Einige Tage nach der Überreichung des Prix Figuière erscheint der Roman »L'Amour de Pierre Neuhart« sowohl bei Émile-Paul Frères als auch in der »Revue européenne«, einer Publikation, die gemeinsam von Philippe Soupault, Edmond Jaloux und Valéry Larbaud geleitet wird. Bove wird von nun an öfter für diese Zeitschrift arbeiten, die Anfang der zwanziger Jahre von dem Verleger Lucien Kra lanciert wurde und sich als Äquivalent zu Gallimards »N.R.F.« verstand. Wie es gerade kam, schrieben dort Romanciers wie Henry de Montherlant, Paul Morand, Pierre Drieu la Rochelle, Blaise Cendrars, Joseph Delteil, Jean Cocteau und Ernest Hemingway, zudem gab es Berichterstattungen von Jean Cassou und Henri Pourrat.

»Eine Synthese aller Elemente meines Werkes«, so hatte Bove mit Bezug auf »L'Amour de Pierre Neuhart« verlauten lassen, dieser beißenden und quälenden Erzählung, von der hier bereits die Rede war. Was seine Protagonisten betrifft, so zeigt Bove sich sichtlich befreiter: Sie haben mehr Eigenleben, sind primär Individuen und nicht mehr ausschließlich Zeugen der Gemeinheit und Grausamkeit des sie umgebenden Universums.

»Emmanuel Bove wird von ›seinen Freunden‹ gefeiert.« Die Anspielung verwendet Pierre Lazareff in einem Artikel für »Paris-Midi«, worin er die Statements eines der letzten der berühmten Abendessen der »noch nicht Dreißigjährigen« zusammenträgt. Einige von ihnen hatten beschlossen, sich in einem Restaurant auf der Place du Théâtre-Français zu treffen, um Boves Erfolg beim Prix Figuière zu feiern. Letzterer, durch die Atmosphäre sichtlich aufgeheitert, läßt sich zu einigen rührenden Vertraulichkeiten hinreißen:

---

158 Jean Fayard erhielt 1931 den Prix Goncourt für »Mal d'amour«.
159 »Le Figaro« vom 10. November 1928.

Um den jungen Preisträger herumgruppiert waren der Zeichner Pol Rab, die Romanciers Pierre Bost und Jean Fayard, der Bühnenautor Marcel Espiau sowie der Komponist Maurice Roget. Es war ein fröhliches Essen, man sprach vor allem von Emmanuel Boves tollem Gewinn. – Mir kam zu Ohren, riskierte einer unter ihnen, daß du gezwungen warst, die 50.000 Kröten unter deinen Gläubigern aufzuteilen. – Ach was! erwiderte Bove. Doch nicht die ganzen 50.000 Franc! Außerdem schüre ich nicht gern Neid, und da das Geld sowieso nicht ausgereicht hätte, um alle zufriedenzustellen ... – Das muß dir dann ja so gesehen ziemlich gegen den Strich gegangen sein, 50.000 Franc auf so aufsehenerregende Weise zu gewinnen! – Ach, nicht so sehr. Aber merkwürdig, der einzige, der deswegen Geld von mir wollte, war ein Verleger, dem ich noch eine Erzählung schulde! Bei den Ladenbesitzern hat es mir übrigens nichts eingebracht. Einzig der Besitzer meines Hotels meinte, als ich nach der Bekanntgabe zurückkam, mit einem Lächeln zu mir: »Nunmehr, Monsieur, können Sie die Miete am Monatsletzten bezahlen, und es muß nicht mehr im voraus sein!« [...] Wenn Bove über Balzac redet – den er »unseren Balzac« nennt –, dann lebt er auf und bekommt glänzende Augen. Bestimmten modernen Autoren gegenüber ist er kritischer eingestellt. Von einem, der sich einer außergewöhnlichen Beliebtheit erfreut, sagt er: »Vergebens probiert er sich im Romanschreiben.« Über einen anderen, den Jean Fayard und Pierre Bost verteidigen, ereifert er sich: »Seine Typen‹ leiden nur intellektuell. Wenn man leidet, dann bitte mit Fleisch und Blut.« Bove, der eine Zeit großer Misere selbst durchgemacht hat, weiß nur zu gut, daß es eine mitleiderregendere, interessantere menschliche Verzweiflung gibt als die »der großen verstörten Seelen«. Dann: – Da ich durch meinen Vater zur Hälfte Jude bin, habe ich das »Lebensgefühl« dieser Rasse. – Pol Rab bemerkt: Dein Preis kam gerade richtig, nicht zu früh, denn das hätte dich abgehalten, uns die paar verquälten Elendsbücher, die du geschrieben hast, zu schenken; auch nicht zu spät, denn du bist dreißig, und dies wird dir erlauben, dich ganz mit jenen Romanen zu beschäftigen, die du schreiben willst. – Stimmt genau, pflichtet Bove bei. – Hast du wenigstens deinen Scheck in Empfang genommen? fragt Marcel Espiau mit ironischem Unterton. – Gestern morgen. – Na dann, fordert Maurice Roget, schmeiß mal eine Runde![160]

Anfang Dezember 1928 schreibt Bove, der sein Zimmer in der Rue Singer gegen eine große Wohnung in der Rue Vaneau Nummer 1a getauscht hat, an Léon, der mit seiner Mutter in Bandol ist: »Mein lieber Bruder, habe heute Deinen Brief erhalten. In zwei oder drei Tagen übersende ich Dir zweitausend Franc. Du müßtest doch mit Mama eigentlich klarkommen, denn die Überweisung geht absolut regelmäßig ein. Eure Rente ist gesichert. Und für mich ist es ein großes Glück, endlich etwas für meine liebe Mama und für meinen jüngeren Bruder tun zu können. Und was macht Dein Buch?«[161]

[160] Pierre Lazareff, in: »Paris Midi« vom 21. November 1928.
[161] Brief von Bove an Léon Bobovnikoff vom 3. Dezember 1928.

Durch den Erfolg seines Bruders verspürte Léon auf einmal schriftstellerische Anwandlungen. Den literarischen Versuch, auf den Emmanuel hier anspielt, betitelt Léon mit »Le Solliciteur« (Der Bittsteller), ein Titel, der einen schmunzeln läßt, weiß man um Léons Hartnäckigkeit, mit der er von seinen Bruder, den er sich als Millionär vorstellt, Geld erbettelt. An den Prix Figuière erinnert er sich auf seine Weise: »Die 50.000 Franc hat er benutzt, um seine Wohnung einzurichten. Er hätte sich in diesem Moment statt dessen ebensogut um uns kümmern können.«[162] Auch Soupault kann über diesen plötzlichen finanziellen Segen berichten: »Das war eine Menge Geld, aber er hatte Schulden, und ich denke, die 50.000 Franc waren sehr schnell aufgebraucht.«[163]

In der Presse gibt es ebenfalls ein mokantes Echo auf Boves neuen Lebensstil: »Für den, der Bove kennt, war dieser Literaturpreis eine Art Revolution. Der Schriftsteller hat sich entschlossen, einen festen Wohnsitz zu beziehen. Vorbei die Zeit, da man nicht wußte, an welche Adresse ihm die Briefe schicken. Man traf ihn am Rande der Stadt, in Passy, beim Panthéon ... Die Herren Émile-Paul waren regelrecht gezwungen, Buch über seine Wohnungswechsel zu führen. Heute sitzt er in einer eleganten Erdgeschoßwohnung am Anfang der Rue Vaneau, in einem überaus aristokratischen Viertel. Dort schreibt er langsam, aber sicher an einem neuen Buch, das, so versichert er, erst in einem Jahr erscheinen wird. Er hat dort sogar eine Komödie geschrieben, die Louis Jouvet für die Comédie des Champs-Élysées bereits vorgemerkt haben soll.[164] So wie Marcel Pagnol hat auch Emmanuel Bove gute Angewohnheiten angenommen. Er ist jetzt nicht mehr traurig; auch kaum noch geistesabwesend. Würde er ›Mes amis‹ wohl noch einmal schreiben? Emmanuel Bove kann seine Zufriedenheit nicht verhehlen, ruhig an seinem Roman arbeiten zu dürfen: ›Nichts ist schädlicher‹, sagte er noch vor kurzem, ›als diese Heftchen, diese kleinen Bücher, die man nur deshalb fabriziert, weil man leben muß, und die diejenigen, die dafür nicht geschaffen sind, dazu zwingen, sich zu verzetteln. Man kann ja über die Literaturpreise sagen, was man will – dem jungen Schriftsteller

[162] Léon Bobovnikoff im Gespräch mit Raymond Cousse.
[163] Philippe Soupault im Gespräch mit Raymond Cousse.
[164] Ein von Bove gezeichnetes Theaterstück findet sich allerdings in den von Louis Jouvet geleiteten Theaterprogrammen dieser Zeit nicht.

leisten sie einen enormen Dienst ...«[165] In seinem Tagebuch kann Pierre Bost diese journalistischen Beobachtungen erhärten: »Bove hat begonnen, einen Roman zu schreiben. Bis es soweit ist, liefert er Erzählungen für irgendwelche Luxusausgaben. Zur Zeit lebt er allein in einer Erdgeschoßwohnung, die er sich mit den 50.000 Franc vom Prix Figuière eingerichtet hat. Mir sagt er: Momentan bin ich ein Mensch, der sich sucht und über alle Mittel verfügt, sich zu finden. Ich erwidere ihm, daß er nach ›La Coalition‹ nicht das Recht gehabt habe, ›Cœurs et visages‹ zu schreiben. Das weiß er sehr wohl. Er ist ein echter Romancier, einer der besten unter uns, einer der wahrhaftigsten. Auch das weiß er. Er spricht ohne Verachtung von jenen, die, wie er sagt, ›den Funken nicht haben‹. ›Jemand, der den Funken hat, kann sich irren, ein schlechtes Buch schreiben, kann erfolglos sein. Aber er hat immer das eine, nämlich den Funken ...‹ Bove hat ihn. Was mich angeht – keine Ahnung. Boves ›Privatleben‹ ist kompliziert, mysteriös und nicht immer ganz korrekt, zumindest in dem Sinn, wie ich es verstehe.«[166]

Dieses leicht anstößige Leben, auf das Bost anspielt, resultiert aus der Verbissenheit, mit der Bove seinen Intimbereich abblendet, sowie aus seiner schmerzhaften Unfähigkeit, in der Wirklichkeit zu leben. Er führt, in einem Wort, ein Schattendasein. Dieses Unangepaßtsein im Alltäglichen überträgt Bove auch auf das Schreiben. Von daher erklärt sich sein umfangreiches Werk bei einer insgesamt eher kurzen Karriere. Wenn ihm später die unausweichliche Frage gestellt wird: »Warum schreiben Sie?«, dann wird er antworten:

Ich schreibe, um mich mitzuteilen, weil dies, wie ich finde, mit den Mißverständnissen des alltäglichen Lebens nicht möglich ist. [...] Unterm Strich allerdings weiß man eigentlich nie genau, warum man schreibt.«[167]

In den Jahren 1927/28 schreibt und veröffentlicht Bove etwa die Hälfte seines Werkes, das heißt elf Bücher, nicht mitgezählt die Erzählungen, die etwa dreißig Titel umfassen. Es ist seine fruchtbarste Periode.

[165] Ein nicht gezeichneter Artikel in einer nicht identifizierten Zeitung vom 28. Februar 1929.
[166] Unveröffentlichtes Tagebuch vom 27. März 1929.
[167] Claudine Chonez, Interview mit Emmanuel Bove, in: »Marianne« vom 16. Januar 1935.

1929–1939: Eine Ahnung

»Rue Vaneau 1a, den 17. Februar 1929. Meine gegenwärtige Situation gestaltet sich, wie Du Dir vorstellen kannst, wesentlich besser, und die Pension über 1.200 Franc ist absolut gesichert. Das ist aber nur ein Minimum. Es wird noch Extras geben. Für Deine Zukunft ist es wichtig, daß Du liest und Dich bildest (die großen französischen Klassiker sind unbedingt zu lesen). Und in ein paar Jahren kannst Du eine führende Position haben. Aber Bildung zuallererst. Daher lies, jetzt, da Du Ruhe hast, und sei es nur für eine Stunde am Tag. Das reicht. Ein Diplom ist nicht so wichtig, wie man denkt. Aber Intelligenz zählt im Leben. Ich kenne Leute, die haben alle Diplome der Welt, von allen Fakultäten, und sind trotzdem strohdumm und außerstande, 1.000 Franc im Monat zu verdienen.«

Einige Wochen nach diesem Brief Boves an seinen Bruder Léon sendet der Autodidakt Emmanuel diesem eine Liste mit Autoren, die es vordringlich zu lesen gilt: »Dostojewski, Proust, Montaigne, Tolstoi, Conrad, Balzac, Plutarch, Pascal, Stendhal etc. etc.« In dieser Aufzählung fehlt der Name des großen Erzählers Tschechow, den Bove besonders mochte und den er sogar Dostojewski vorzog. Als Boves »Petits Contes« bei den Éditions des Cahiers Libres erscheinen, wird er mit Tschechow verglichen; weiter heißt es in dem Artikel: »Auf wenigen Seiten gelingt es Emmanuel Bove, das ganze Leben eines Mannes zu erzählen.«[168] Das Frontispiz dieses Bandes mit Erzählungen zeigt ein Porträt Boves von René Ben Sussan.

In seiner komfortablen Wohnung in der Rue Vaneau schreibt Bove ununterbrochen. Sicherlich aber stattet er André Gide, seinem berühmten Mitbewohner, der in der letzten Etage des Mietshauses wohnt, hin und wieder einen Besuch ab. Von Louis Jouvet dazu ermuntert, versucht sich Bove in einer für ihn ungewohnten Gattung, der Dramatik. In der Erzählung »Reise um eine Wohnung«, ein Jahr zuvor verfaßt, hatte sich der Erzähler bereits gefragt:

– Und wenn ich ein Stück schriebe? – Sie betrachtete ihn liebevoll. – Wenn dir das vorschwebt, dann solltest du es auch versuchen. – Dann fragte er: Glaubst du, ich

[168] Nicht gezeichneter Artikel in: »L'Intransigeant« vom 12. August 1929.

könnte das? – Warum nicht? Du bist genauso begabt wie alle anderen auch. – Eben noch sagtest du, ich wäre begabter als die anderen. – Ja, aber Theater, das ist etwas anderes. Man muß ein Gespür haben für die Dialoge. Hast du ein Gespür für die Dialoge? – Was denkst du? – In deinen Erzählungen jedenfalls machst du gute Dialoge. Bleibt nun nur noch, in Erfahrung zu bringen, ob der Dialog in Erzählungen derselbe ist wie der auf der Bühne.[169]

Boves Zweifel sind begründet. Trotz einer gewissen Begeisterung für das Theater fällt es ihm schwer, sein Roman-Universum auf die Bühne zu übertragen. Die Komplexität dieser Alchimie ist für Bove, einen Romancier, der sich der Innerlichkeit und Passivität verschreibt, sehr reell:

Die große Schwierigkeit beim Roman besteht darin, von der Analyse der Gefühle zu ihrer Darstellung zu gelangen. Wenn eine Figur beispielsweise die Wohnung verläßt, um zum Friseur zu gehen, dann läßt sich eine solche Szene nur rechtfertigen, wenn sie auch den Charakter dieser Figur erhellt. Ich glaube, die Szenen, in denen die Figuren leben und handeln, müssen spärlich sein. Kurz und gut, es gibt kein Thema, es gibt nur das, was man empfindet. Ich empfinde mit aller Macht zum Beispiel die Nicht-Handlung, sie wird zur Handlung in meinem Buch.[170]

1990 versuchte der Schauspieler und Regisseur Didier Bezace, das Bovesche Universum für das Theater zu adaptieren, und stieß dabei auf Schwierigkeiten: »Bove läßt sich kaum auf die Bühne bringen. Man glaubt, man brauche nur die Wirklichkeit, von der er spricht, zu reproduzieren und schon könne man sie auch erzählen. Nun läßt sich aber Bovesche Wirklichkeit nicht reproduzieren. Bove bedient sich der Wirklichkeit, um subjektives Empfinden darzustellen. Diese andere Wirklichkeit aber ist verzerrt.«[171] In einem Koffer aus dem Nachlaß Boves stößt man auf verschiedene Theaterentwürfe. Das einzige abgeschlossene Stück, versehen mit einem Firmenstempel von Compère (einer Kopieranstalt von Theatertexten für Schauspieler), ist eine Komödie in vier Akten mit dem Titel »Diane«.[172] Es

169 »Les Annales politiques et littéraires« vom Mai 1928. Text im Anhang.
170 Aus dem wiedergefundenen Tagebuch Boves. Text im Anhang.
171 Didier Bezace im Gespräch mit Micheline Bourgoin, in: »Les Carnets du Théâtre de Cherbourg«.
172 Vier Akte waren von Bove ursprünglich konzipiert, so ist es auch durch eine handschriftliche Notiz auf der genannten Kopie belegt: »Comédie en 4 actes«. Tatsächlich befanden sich in dem Koffer aber nur drei Akte, die im übrigen als durchaus kohärentes Ganzes angesehen werden können. Ob es einen vierten Akt mithin überhaupt gegeben hat, bleibt fraglich. A.d.Ü.

geht darin um das ewige Thema der unmöglichen Kommunikation zwischen Mann und Frau:

Élisa: Es ist immer so: Man empfiehlt nur die Leute, die man nicht kennt. Die anderen stellt man vor!
Antoine: Gott, wie naiv du bist. Wenn du mich nicht hättest, mich, von dem du soviel Schlechtes sagst, dann wärst du schon lange auf die schiefe Bahn geraten. Du willst einfach nicht sehen, daß die Welt egoistisch ist, daß die Leute nur an sich selbst denken, daß sie nur so tun, als würden sie an dich denken, um in dir ein Gefühl der Dankbarkeit zu erzeugen. Weißt du denn nicht, daß mit der steigenden Zahl deiner Beschützer du umso mehr Feinde am Tag deines Erfolgs haben wirst?
Élisa: Wie verbittert du bist! Für dich ist auch gar nichts schön! Noch in den erhabensten Gesten spürst du ein eigennütziges Motiv auf. Nichts ergreift dich. Du empfindest nichts. Die Feinheiten, die Aufopferungen einer Frau sind dir egal.

Andere wichtige Themen Boves, die als Leitmotiv in den Exposés geplanter Theaterstücke wiederkehren – etwa das Scheitern bis hin zum totalen Fiasko, das Nicht-Verstehen des anderen –, tauchen in seinen privaten Aufzeichnungen, den Carnets, auf:

Die Geschichte eines Spaßmachers. Weil er in seinem Leben gescheitert ist, treibt er lauter Possen. Das heißt, er deutet sie eher an – bis zu dem Tag, da er das Maß überschreitet. Die Leute um ihn herum aufzeigen. Wichtig ist, daß die Figur sympathisch ist, trotz ihrer Inkonsequenzen, und daß die Leute ihrerseits erbarmungslos, aber menschlich sind. Die Menschen sind böse zu unserem Helden, weil sie ihn nicht verstehen. Der tiefere Grund seiner Absonderlichkeiten entgeht ihnen. Was Feinfühligkeit ist, inneres Leid und das Gefühl, ungerecht behandelt zu werden, wird als Unbeständigkeit, Egoismus und Wahnsinn ausgelegt.

Bove schreibt an seinen Bruder Léon und ist voller Zuversicht: »Ich habe ein Theaterstück geschrieben, wenn es läuft, bin ich reich. Und Du, der Du ein solches Talent für Dialoge hast, solltest versuchen, in diesem Sommer ein Stück in drei oder vier Akten zu schreiben!«[173] Boves zweiter Beitrag für die »Revue européenne« im Mai/Juni 1929 ist eine Jugenderzählung und sicherlich ein der Autobiographie sehr naher Text, da die Hauptfigur siebzehn Jahre alt ist und in Genf zur Schule geht, also dort, wo Bove selbst als Jugendlicher für kurze Zeit im Collège Calvin eingeschrieben war. Dieser Text über eine »Initiation«, »Monsieur Thorpe«, erscheint im April 1930 außerdem noch

[173] Brief vom 6. Juni 1929.

in einem Band der Reihe »Les Deux Masques« bei den Éditions Lemarget.

Während des Sommers 1929 zieht Bove sich in die Schweiz zurück, ein Land, das er noch von seinen Jugendjahren her kennt. Zuvor, im Juni, bittet Dominique Braga ihn noch um Unterstützung und überredet ihn, ihm einen Roman zu liefern für seine neue Reihe bei Plon, »La Grande Fable/Chronique des personnages imaginaires«. Die Figuren dieser Reihe mit ihrem märchenhaften Leben entspringen der Literatur, dem Theater, dem Kino und der Legende. Sie sind fiktiv, besitzen aber von nun an ein wirklicheres Leben als viele historische Figuren. Auch andere Schriftsteller nehmen an dieser originellen Unternehmung teil: So steuert Jean Cassou seine »Mémoires de l'ogre« bei, Philippe Soupault den Essay »Charlot« und Alexandre Arnoux den Text »Merlin l'enchanteur«. Bove nimmt sich Raskolnikow vor, den Helden aus Dostojewskis »Schuld und Sühne«, der hier den Namen Changarnier erhält. Bove verfolgt im Gegensatz zu Dostojewski, der das Problem des Loskaufs behandelt, die Idee von der letzten, bis ins Absurde gesteigerten psychischen Abwehr der Buße:

Sie haben begriffen, daß in meinem Herzen nichts Vulgäres war, daß, wäre ich in einem Moment der Selbstvergessenheit fähig, die schlimmste aller Taten zu tun, ich auch zur größten Lauterkeit befähigt wäre.[174]

Von seinem Hotel in Rheinfelden in der Schweiz aus schreibt Bove an Braga: »Ich bleibe bis zum 15. September in der Schweiz, um einen Roman zu beenden. Was ›Raskolnikoff‹ betrifft – das geht in Ordnung. Die Vertragsbedingungen akzeptiere ich im voraus, als Datum für die Abgabe des Manuskripts visiere ich den Januar 1930 an. Sobald Sie und ich zurück sind, nehmen wir uns einen Tag frei, dann gehen wir essen und reden über diese Fortsetzung von ›Schuld und Sühne‹ – was ja von einer Verwegenheit zeugt, die nur durch eine Reihe gerechtfertigt werden kann.«[175]

[174] Aus: »Un Raskolnikoff«. Erstausgabe: »Les Œuvres libres«, No. 126 vom Dezember 1931, Éditions Fayard; danach in der Reihe »La Grande Fable« bei den Éditions Plon, 1932. [Neuausgabe 1986 zusammen mit »La Coalition« bei Flammarion; Zitat ebd., S. 403. A.d.Ü.]
[175] Emmanuel Bove, Brief an Dominique Braga vom 1. August 1929 (Sammlung Pierre Alechinsky).

Bei der von Bove in dem Brief erwähnten Romanarbeit handelt es sich wahrscheinlich um den Anfang eines langen Manuskripts mit dem Titel »Journal d'un homme marié«, später umbenannt in »Journal écrit en hiver«, dessen erstes Kapitel 1930 in der Septembernummer der »Revue de Paris« erscheint. Dieses fiktive Tagebuch erweist sich als Epithalamium wie das des Schriftstellers Jacques Chardonne[176] – allerdings als ein bösartiges und grausames.

Das »Journal écrit en hiver« darf als eine literarische Meisterleistung bezeichnet werden. Dieses »falsche« Tagebuch präsentiert sich als die In-vitro-Studie eines Ehepaars, bei dem der Gatte zugleich derjenige ist, der den Stein ins Rollen bringt, und derjenige, der das Versuchskaninchen darstellt. Diesen gut situierten und sorgenfreien, von einer schönen und sensiblen Frau geliebten Mann bringt die pure Untätigkeit dazu, sein Glück minutiös zu zerstören. Er stichelt gegen seine Frau und notiert dabei ihre Reaktionen mit bald wissenschaftlicher Akribie – ähnlich einem Forscher, der die Reaktion eines Tieres bei allerlei Experimenten studiert. Doch der machiavellistische Ehemann ist von dem für ihn katastrophalen Resultat vollkommen überrascht. Bei diesem grausigen, erbarmungslosen Buch kann es einem kalt den Rücken hinunterlaufen, wird hier doch das ganze Ausmaß einer Selbstzerstörung deutlich gemacht. Wenn dieses Buch innerhalb der Hauptwerke Boves auch eher selten Erwähnung findet, so handelt es sich nichtsdestoweniger um eins seiner gewagtesten und gelungensten.

Dank seines Bruders Léon, dieses emsigen Konservators, ist es uns möglich, den Weg des Autors in den dreißiger Jahren, den verschwommensten seines Lebens, nachzuverfolgen – bis dieser Weg in das Werk selbst einmündet. Bove schreibt ihm einige Briefe aus der Schweiz: »Rheinfelden, Juli 1929. Ich bin hierher gekommen, um mir Ruhe zu gönnen, denn letzten Winter mußte ich mir die Hakken ablaufen. Hier ist es ruhig, wenn das Leben auch teuer ist, aber das hat einen Vorteil: Dann fallen einem die Pariser nicht auf den Wecker. [...]« »Lausanne, 20. August 1929. Nach den Sommerferien kümmere ich mich um Dein Buch. Ich korrigiere dann die Fehler und ein paar Kleinigkeiten, und danach wirst Du damit etwas Geld

---

[176] Jacques Chardonne (1884–1968) schrieb vor allem in den zwanziger und dreißiger Jahren zahlreiche moralisierende Romane zur Liebes- und Eheproblematik. A.d.Ü.

verdienen. Schreib mir nach Lausanne und sage mir, mit wie vielen Monatszahlungen ich im Rückstand bin, Du weißt ja, daß ich kein großer Praktiker bin, was?, und daß ich mich nie an irgend etwas erinnern kann. Und das Stück? Und die Bildung? Liest Du viel? Da führt kein Weg dran vorbei, wenn Du willst, daß ich in zwei oder drei Jahren eine wichtige Stellung für Dich finden soll. Lesen ist das Wichtigste von der Welt – nicht lesen um des Lesens willen, sondern lesen, um sein Wissen über alles, was die gelehrte Welt einen über die anderen und über einen selbst lehren kann, zu komplettieren; hast Du Proust (übrigens ein Halbjude)[177] gelesen? Das ist überaus wichtig. Und die großen Klassiker? Verstehst Du, wenn Du ihre Intelligenz, ihre Erfahrung und ihr Leiden in Dich aufgenommen hast, dann machst Du Dich zu etwas Größerem, und allein aufgrund dieser Tatsache wirst Du intelligenter sein als eine Masse von Leuten, die zwar diese Autoren gelesen haben, die sie zitieren können, die aber nichts davon verstanden haben. Wenn Du den Willen und die Ausdauer hast, das zu tun, was ich Dir rate (denn Bildung besteht nicht darin, wie Du vielleicht denken magst, Dinge zu wissen, sondern seine Intelligenz auszubauen, und das sage ich Dir, weil ich weiß, daß Du intelligent bist), dann wirst Du, ohne es zu merken, sehen, daß alles im Leben Dir in den Schoß fällt und daß die Stellung, derer Du würdig bist, sich ganz natürlich durch Dich selbst ergibt. [...] Entschuldige, wenn ich Dir solch gebieterische Ratschläge erteile, denn es entspricht gar nicht meinem Charakter, irgend etwas vorzuschreiben (ich lasse jeden tun, was ihm gefällt), aber ich mache es, weil Du mein Bruder bist und ich Dein Bestes will, und zwar nicht nur in materieller Hinsicht, sondern auch in moralischer, und ich versichere Dir, daß, sollte letzteres gefunden sein, sich auch ersteres alsbald einstellen wird.« Durch diese Korrespondenz läßt sich auch der familiäre Zwist in Boves Leben besser nachvollziehen. Trotz der ihm eigenen Naivität und seines mangelnden Differenzierungsvermögens, das Mißverständnisse heraufbeschwört bei seinem Bruder und seiner Mutter, welche, wie die Figuren von »La Coalition«, von einem reichen Leben träumen (was so weit geht, daß sie sogar überlegen, nach Amerika auszuwandern), Boves Aufrichtigkeit kann nicht in Zweifel gezogen werden. Léon, der nie das Glück oder den Willen hat, dem Elend seines Zuhauses und der daraus entste-

---

[177] Bove ist Halbjude durch seinen Vater.

henden sozialen Entfremdung zu entkommen, flüchtet sich in Haß und Verbitterung: »Ich ging davon aus, daß es ganz normal war, daß er uns versorgte.«[178]

Bove, wieder in Paris auf dem Boulevard Raspail Nummer 259, spricht ihnen in ihrer finanziellen Abhängigkeit Mut zu: »Du siehst, daß ich Wort halte, was ich auch sage. Ich schicke Dir zu jedem Ersten eines Monats 1.000 Franc, denn meine Lage verbessert sich. Überflüssig, unten im Süden Arbeit zu suchen. Wenn ich Dir und Mama eine Pension zukommen lasse, dann darum, daß Ihr den Kopf zurücklegen könnt. Wenn man an das schreckliche Leben denkt, das Ihr geführt habt, dann habt Ihr auch ein Recht darauf. Dein Euch liebender Bruder.«[179]

Trotz gewisser Bedenken bittet Bove Louise Ottensooser darum, ihr Leben mit ihm zu teilen.[180] Am 22. März 1930 begräbt Bove, der jetzt 32 Jahre alt ist, sein »Junggesellendasein« in Begleitung von etwa zehn Freunden im Restaurant »Au bateau ivre«. Nachdem sie sich mit russischem Kaviar und Entenragout à la Bourgogne gestärkt und das Ganze mit einem 1906er Chambertin begossen haben, verziert ein ausgelassener Gast nach dem anderen die Gourmet-Speisekarte mit seiner Widmung: »– Die Freunde ›Meine(r) Freunde‹ sind meine Freunde (Marcel Espiau). – Auf dich, mein alter Bove, und das mit deinem eigenen Stift (André Beucler). – Einer von ›Ihren Freunden‹ (Pierre Lazareff). – Für Bove, mon amour, love (Carlo Rim). – Also ich, mein Alter, bin nicht besoffen (Pol Rab). – Auf Bove mit seiner tollen Boxervisage; die gefiel mir schon, bevor ich ihn bewunderte (unlesbare Unterschrift). – Was für eine ›Coalition‹! (unlesbare Unterschrift).« Und andere, wie Pierre Bost, zeichnen diskreterweise nur mit ihrem Namen.

Von nun an überstürzen sich die Ereignisse. In einem mit 18. Mai datierten Brief schreibt Bove an seinen Bruder: »Ich kann Dir die Mitteilung machen, daß ich nun offiziell geschieden bin.« Boves erste Frau, Suzanne, hatte also endlich in die Scheidung eingewilligt. Das neue Paar hat es in der Tat eilig. Als beide am 18. Juni 1930 vor dem Rabbiner stehen, von dem sie nach jüdischem Ritus die religiöse

---

[178] Léon Bobovnikoff im Gespräch mit Lionel Duroy.
[179] Emmanuel Bove, Brief an Léon Bobovnikoff vom 9. November 1929.
[180] »Du sagst, wir würden nicht glücklich werden, und jetzt verstehen wir uns nicht nur vollkommen, sondern unsere Gedanken begegnen sich sogar« [Louise Ottensooser, Brief an Bove vom 12. Juli 1929].

Weihe ihres Ehebundes erhalten, ist Louise bereits schwanger. In Zeitungsmeldungen wird das glückliche Ereignis mit leicht spöttischem Unterton vermeldet: »Emmanuel Bove heiratet! Der junge und bereits berühmte Romancier, dessen bitteres Werk ihn als einen besessenen Misanthropen erscheinen ließ, vermählte sich soeben im allerengsten Kreise mit einem charmanten jungen Mädchen. Nach Galtier-Boissière, dem Verfasser von ›Vie de garçon‹ [Junggesellenleben], ist es nun also der Autor von ›Mes amis‹, der unter die Haube kommt!«[181]

Im selben Monat erscheint in der No. 108 der »Œuvres libres« Boves bislang unveröffentlichte Erzählung »Un malentendu« (Ein Mißverständnis). Die Titel seiner Erzählungen und Romane wirkten oft wie Vorboten, bis hin zu seinem letzten, einige Wochen vor seinem Tod publizierten Buch »Départ dans la nuit« (Aufbruch in der Nacht).

Diese Heirat nun mißfällt Boves nächster Verwandtschaft, sie beurteilt sie mit einem üblen Beigeschmack von Antisemitismus. Léon erinnert sich, wie seine Mutter, als sie die Nachricht erfuhr, ausrief: »Eine Katastrophe! Er heiratet eine Israelitin!« Die arme Frau, die ja von einem ebenfalls jüdischen Ehemann sitzengelassen worden war, hatte an eine Kabale geglaubt. »Für sie«, so fährt Léon fort, »war die Ehe mit einer Jüdin gleichbedeutend mit einer Mesalliance.«[182] Louise selbst äußerst alsbald den Wunsch, ihre Schwiegermutter und Léon kennenzulernen. Im Juli sucht das Paar die beiden in ihrer Unterkunft in Toulon auf: »Emmanuel kam zunächst einen Tag zuvor als Kundschafter«, berichtet Léon. »Als er sah, daß wir in einem recht ordentlichen und möblierten Zimmer wohnten, meinte er: ›Okay, das geht.‹«[183] Die soziale Differenz in dieser Ehe führt bei Bove zu einem Schuldgefühl, das bis zum körperlichen Unbehagen geht, werden ihm doch die Türen zu einer Welt aufgetan, die ihm fremd ist und in der er sich immer als Fremder fühlen wird. Sein Halbbruder Victor vermerkte diese Veränderung: »Nach seiner zweiten Heirat fand er sich im großen Pariser Milieu wieder. Er steckte da in einer leicht künstlichen Welt, die ihn zwang, sich zu isolieren, um weiter existieren zu können.«[184]

181 »Paris-Presse« vom 1. September 1930.
182 Léon Bobovnikoff im Gespräch mit Raymond Cousse.
183 Wie Anm. 182.
184 Victor Bobovnikoff im Gespräch mit Raymond Cousse.

Im Glauben, das Richtige zu tun, bemüht sich Louise, prunkvolle Empfänge zu Ehren ihres Gatten zu organisieren. André Beucler, ebenfalls dort zu Gast, berichtet: »Da war wirklich einiges los. Maurois war da, Jaloux, Cocteau, Segonzac usw. Bove hatte nicht viel Spaß daran. Er nahm sich sogleich jemanden für ein vertrauliches Gespräch zur Seite. Er hatte etwas Schüchternes und Demütiges an sich. Ich sagte zu ihm: ›Wenn du Lust hast, Mauriac zu sprechen, laß ihm ein paar Zeilen zukommen und geh dann hin zu ihm.‹ – ›Das würde ich nie tun‹, erwiderte er mir. Er duzte nicht viele Leute, aber er duzte Pierre Bost. An diesem Abend sagte er mir: ›Du bist ja oft bei Kessel; ich könnte nicht eine Viertelstunde mit ihm zusammen sein. Er ist zu wichtig, schlingt alles in sich hinein, nimmt den ganzen Raum ein.‹ Er war lieber mit seinem Schwager Georges zusammen, ›weil er schweigsam ist‹, sagte er.«[185]

Bei seinen Schwiegereltern fühlt sich Bove wie ein Eindringling, er wird dort höflich toleriert. Der Schwiegervater, Bankier und mondäner Mäzen, läßt für seine Kinder Gouvernanten und Privatlehrer von der École Normale Supérieure kommen. Louise wird von Antoine Bourdelle in Bildhauerei unterrichtet, als Literaturlehrer hat sie Charles Péguy. Im Sommer begibt sich die Familie zusammen mit ihren sieben Domestiken nach Venedig, an einen Ort, der zahlreiche Zerstreuungen bietet: Reiten, Tennisspielen und Schwimmen; im Winter dann hält man sich zum Eis- und Skilaufen in der Schweiz auf. In diesem strahlend goldenen Rahmen, den er bei seiner Schwiegermutter Emily zuvor so nicht kennengelernt hatte, fühlt sich der Autor von »Mes amis« fehl am Platz. In seinen privaten Aufzeichnungen hält er einige Jahre später einen Gedanken fest, der sein Gefühl gut zusammenfaßt: »Festhalten, daß man, sobald man zu einer bestimmten Welt gehört, sich gegenseitig rühmt. Louise über ihre Freunde: Die Leute sind alle wunderbar.« Mag es Zufall oder auf den Einfluß Louises zurückzuführen sein, die bei den Kunstmalern ein und aus ging – man stößt in diesem Jahr in Boves Schriften auf eine Arbeit über den Maler Georges Braque.[186]

Am 4. Juni wird zwischen Bove und dem Verlag Calmann-Lévy ein Vertrag für ein weiteres Werk unterzeichnet; es handelt sich dabei

---

[185] André Beucler im Gespräch mit Raymond Cousse.
[186] Artikel in der Zeitschrift »Formes« vom März 1930. Vollständiger Text im Anhang.

um einen Roman, dem von vornherein eine Auflage von 10.000 Exemplaren garantiert ist. Die Veröffentlichung dieses Werks geht allerdings nicht so leicht vonstatten, zwei Jahre verstreichen zwischen der Abgabe des Manuskripts und dem Erscheinen des Buchs.

Am 8. August lassen sich die Boves im Hotel Wyndam im Londoner Viertel Kensington nieder. Nora de Meyenbourg erinnert sich: »Louise erzählte mir immer wieder, daß, wenn sie mit ihm in ein Hotel ging, er den ganzen herumstehenden Krempel nahm und ihn unten im Schrank verstaute. Stets hatte er in seinem Koffer ein paar Bücher, Seidentücher und Gegenstände, und so veränderte er das Aussehen des Hotelzimmers in Nullkommanichts.«[187]

»Ich bleibe wahrscheinlich eine Weile in England«, so Bove an seinen Bruder, »denn ich muß arbeiten und zu Geld kommen.« Was provisorisch gedacht war, dauert de facto zehn Monate. Bove schickt der »Revue de Paris« die letzten Kapitel seines Romans »Journal écrit en hiver«. Diese Literaturzeitschrift, in der so herausragende Autoren wie Joseph Conrad, Paul Valéry, Iwan Turgenjew und André Malraux auftauchen, veröffentlicht dieses »imaginäre« Tagebuch in fünf Teilen, vom 1. September bis zum 1. November 1930. Im Dezember erscheint es dann in Buchform bei den Éditions Émile-Paul Frères.

Mitte September verläßt das Paar das Hotel in Kensington und zieht in ein weiträumiges Haus mit Garten in Twickenham, einem Londoner Vorort. In dieser fast bukolischen Umgebung, Waldegrave Park Nummer 64, arbeitet Bove gleichzeitig an zwei Romanen – an »Un Raskolnikoff« für die Reihe bei der Librairie Plon und an »Un Célibataire« (dt.: »Ein Junggeselle«), an dem Werk, das er dem Verlag Calmann-Lévy versprochen hat. Zwischen dem Autor und seinen beiden Verlegern kommt es zu einer Korrespondenz, die über ein halbes Jahr andauert und bei der jede Seite geschickt ihre Interessen zu wahren sucht. Betreffend »Un Raskolnikoff«, dieser fiktionalen Fortsetzung von »Schuld und Sühne«, schreibt Bove an Dominique Braga: »Sie erhalten mein Manuskript um den 15. Oktober. Aber ich kann Ihnen versichern, daß es dafür nicht der Aufstellung aller Vorschüsse bedurft hätte, die ich bekommen habe. Jetzt, da dieser Punkt geregelt ist, würde ich gerne von Ihnen, lieber Freund, erfahren, wie die allgemeinen Vertragsbedingungen aussehen, denn ich

---

[187] Nora de Meyenbourg im Gespräch mit Jean-Luc Bitton.

habe davon nicht die leiseste Ahnung.«[188] Nach abgeschlossener Arbeit schreibt Bove erneut an Braga: »Ich schicke Ihnen heute den ›Raskolnikoff‹. Natürlich sieht es nicht aus, als wäre er aus Fleisch und Blut, aber sein Einfluß auf das Denken eines jungen Mannes ist deutlich. Sie müssen ihn lesen, bevor Sie sich eine Meinung bilden. Meiner Meinung nach paßt er sehr gut in Ihre Reihe. Jedenfalls war es absolut unmöglich, diesen Raskolnikow anders in Erscheinung treten zu lassen, ohne gleichzeitig Ihrer Idee Schaden zuzufügen. Denn es gibt bestimmt keinen Kritiker, der es akzeptieren würde, wenn ein Autor sich die Freiheit herausnähme, einen Romanhelden wie Raskolnikow anzurühren. (Wenn ich sage: ein Kritiker, dann meine ich das in kommerzieller Hinsicht.) Im übrigen übernehme ich die Verantwortung für das, was ich geschrieben habe, und dieses Buch kann mithin sehr wohl unter dem Titel ›L'Ombre de Raskolnikoff‹ oder ›L'Élève de Raskolnikoff‹ oder einfach nur ›Raskolnikoff‹ herauskommen.«[189]

Letztlich, nachdem Bove den Text ausgeweitet hatte (Braga befand ihn als zu kurz), erscheint er zunächst in der Nummer 126 der »Œuvres libres« vom Dezember 1931 und einen Monat später dann unter demselben Titel – »Un Raskolnikoff« – in der Reihe »La Grande Fable« bei Plon.

Um solche Verlagsangelegenheiten zu regeln, löst Bove am 26. Oktober eine Fahrkarte nach Paris. Er nutzt die Reise auch, um bei Léon und seiner Mutter vorbeizuschauen, die in einer kleinen möblierten Wohnung in Saint-Germain-en-Laye wohnen. Beide beklagen sich bei ihm über die unregelmäßigen Überweisungen ihrer »Pension«. Vergleicht man Orte und Daten, wo und wann sie aufgegeben werden, könnte man glauben, Bove versuche, dieser bedürftigen Familie aus dem Weg zu gehen oder, wie Léon unterstreicht, sie gar zu verheimlichen. Genau das Gegenteil ist der Fall. In seiner Korrespondenz zeigt Bove sich von einer extremen Zuvorkommenheit für seinen Bruder und seine Mutter, er lädt sie sogar ein, mit ihm in Twickenham zu wohnen.

Die finanzielle Lage des Paares verschlechtert sich indessen mit einemmal. Aus London zurückgekehrt, schreibt Emmanuel an seinen

---

[188] Emmanuel Bove, Brief (undatiert) an Dominique Braga (Sammlung Pierre Alechinsky).
[189] Wie Anm. 188.

Bruder: »Wir hatten Pech, aber ich hoffe, es ist nicht so schlimm: Die Worms-Bank, in der meine Frau einen Teil ihres Vermögens angelegt hat (glücklicherweise nur Wertpapiere) ist hochgegangen.«[190] Weil er dringend Geld benötigt, schickt Bove das versprochene Manuskript an den Verlag Calmann-Lévy und verlangt gleichzeitig die Hälfte der vertraglich geregelten Summe. Wie zuvor Braga in bezug auf »Un Raskolnikoff« hält auch Gaston Calmann den Text für zu kurz und auch für ein wenig hingepfuscht: »In Ihrem Roman gibt es allerlei kleine Punkte, von denen ich einige nebenbei notiert habe und die, glaube ich, einige unerläßliche Korrekturen verlangen.«[191] Diese »kleinen Punkte« fügt Calmann seinem Brief bei, wobei er seine eigenen Anmerkungen in Klammern setzt: »– War einst ein junger Mann gewesen. (Ein bißchen kühn, oder?) – Was zu lange dauern würde, wollte man es hier definieren. (Kündigen Sie da einen neuen Band an?) – Im gleichen Moment, da er geschmeichelt war, daß ihm eine Frau persönlich schrieb. (Er ist aber schnell geschmeichelt.) – Nichts tat er mit überschwenglicher Freude. (Überrascht etwas.) – Die Leere der Tage verflog. (Es ist der Eindruck der Leere, der verfliegt.)«

Später, am 12. Mai 1931, während der Herstellung des Buches, verwirft der Verleger den von Bove vorgeschlagenen Titel: »›Aventures amoureuses‹ ist als Titel nicht sehr opportun, der Plural läßt vermuten, daß es sich um eine Reihe von Geschichten handelt, die nichts miteinander zu tun haben. Wenn das auch Ihre Meinung ist, wäre ich Ihnen dankbar, mir möglichst bald einen anderen Titel zu nennen, schlimmstenfalls scheint es mir immer noch besser zu sein, den Namen der Hauptperson zu nehmen als diesen Titel da, oder aber noch einen anderen, der auf den Charakter des Protagonisten hinweist.« Bove entscheidet sich für die zweite Lösung und nennt sein Buch »Un célibataire«. Wenn ein Schriftstück in der Lage ist, die naturgegebene Großzügigkeit Boves und seine sanft-traurige Lauterkeit wiederzugeben (Raymond Cousse wird später schreiben: »Die Aura der Heiligkeit ist bei ihm kein leeres Wort«), dann dieser Brief vom 15. Februar an seinen Bruder Léon:

190 Emmanuel Bove, Brief an Léon vom 18. November 1930.
191 Gaston Calmann, Brief an Bove vom 30. Dezember 1930 (Archiv Calmann-Lévy).

Emmanuel Bobovnikoff,
genannt »Der Prusco«,
der Vater von Emmanuel, Léon
und Victor, im Jahr 1900

Henriette Michels, die Mutter
von Emmanuel und Léon,
genannt »Die Luxemburgerin«

Léon (15 Monate) und sein Bruder Emmanuel (als Vierjähriger)

Emmanuel Bove als
Zwölfjähriger

Léon Bobovnikoff
mit ca. 8 Jahren

Emily Overweg,
die Stiefmutter von Emmanuel, ca. 1914

Emmanuel Bove beim Militärdienst, 1918

Emmanuel Bove und seine Tochter Nora
im Jardin du Luxembourg, ca. 1924

Suzanne Vallois, die erste Frau Emmanuel Boves,
mit ihren Kindern Nora und Michel, ca. 1927

Emmanuel Bove mit
Henriette de Swetschine,
ca. 1925

Emmanuel Bove mit seiner
zweiten Frau, Louise
Ottensooser, ca. 1928

Louise Ottensooser
(vorne) mit ihrer
Schwester Colette,
1908

Louise Ottensooser mit ihren Geschwistern
Colette und Raymond, ca. 1912

Emmanuel Bove in Bandol, ca. 1928

Emmanuel Bove , ca. 1928

Emmanuel Bove in den zwanziger Jahren

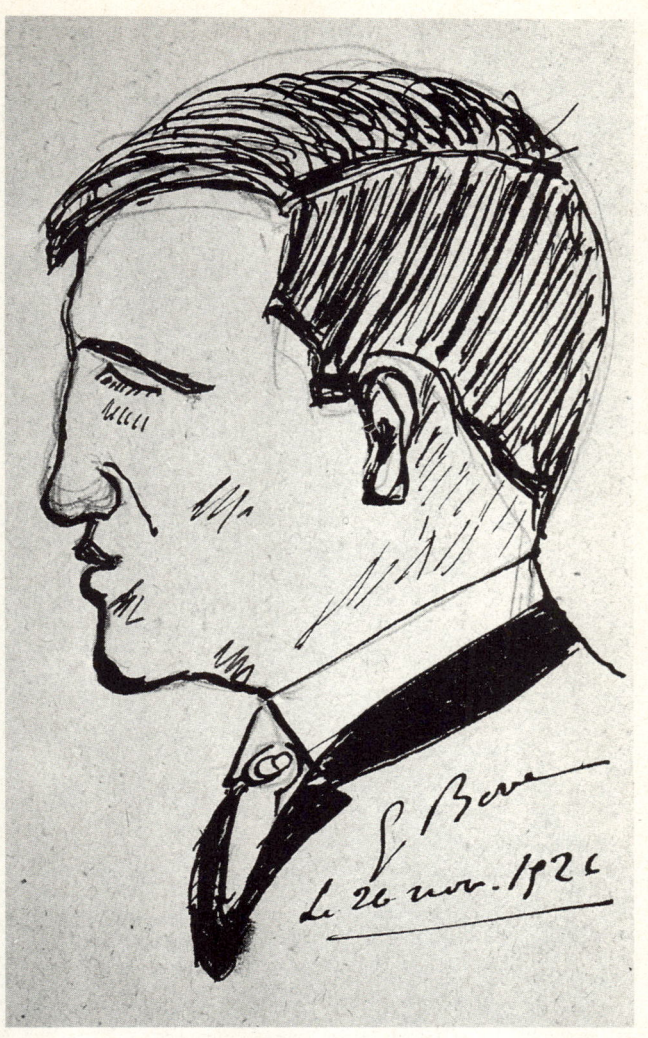

Emmanuel Bove, Selbstportrait, 1926

A Monsieur Eugène Coulon

Bécon-les-Bruyères

I

Le billet de chemin de fer que l'on prend pour aller à Bécon-les-Bruyères est semblable à celui que l'on prend pour se rendre dans n'importe quelle ville. Il est de ce format adopté une fois pour toutes en France. Le retour est marqué de ce même "R" rouge que celui de Marseille. Les mêmes recommandations sont ~~reproduites~~ au verso. Cela fait songer à ces directeurs qui ont la puissance de donner à un papier la valeur qu'ils ~~veulent~~ disent, simplement en faisant imprimer un chiffre, et par enchaînement, à ces formalités administratives qui sont les mêmes quand il s'agit de percevoir un ~~million~~ franc ou un million.

Ce n'est que le ticket de papier ordinaire, d'un format inhabituel, que remet le contrôleur au voyageur sans billet, non sans l'avoir validé d'une signature sans plus de valeur que celles des prospectus, qui paraisse assorti au voyage de Bécon-les-Bruyères.

Die erste Seite des Manuskripts von
»Bécon-les-Bruyères« aus dem Jahre 1927

Illustration von Dignimont
für den Roman »Mes amis«, 1927

Louise und
Emmanuel Bove
beim Golfspiel,
ca. 1935

Emmanuel Bove am Beginn der
dreißiger Jahre

Emmanuel Bove im Jahr 1936

Louise und
Emmanuel Bove in
Cap-Ferret, ca. 1939

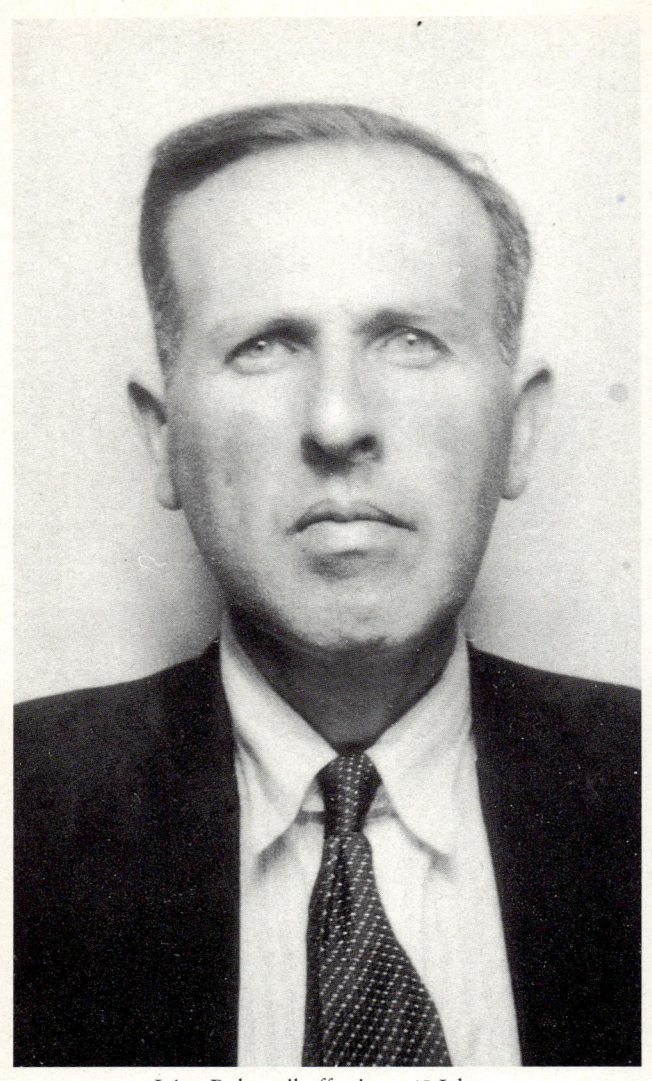

Léon Bobovnikoff mit ca. 45 Jahren

Letztes erhaltenes Bild von Emmanuel Bove

Gruft der Familie Ottensooser am Friedhof Montparnasse
in Paris, in der auch Emmanuel Bove begraben liegt

Was mußt Du wohl von diesem langen Schweigen halten? Nun, der Grund ist, daß ich viel Ärger hatte. Meine Frau wäre bei einer Entbindung fast gestorben. Man mußte die Geburtszange nehmen und operieren. Dabei wurde das Kind tödlich verletzt, und sie hat lange gebraucht, um sich davon zu erholen. Jedenfalls ist jetzt alles vorbei. Glaube nicht, daß ich meinen lieben Bruder und meine liebe Mama vergessen hätte, ich denke immer daran, alles für Euch zu tun, und mir ist vollkommen klar, daß man mit 1.000 Franc im Monat nicht sehr weit kommt. Und dann schulde ich Dir noch 10.000 Franc. Sowie ich in Paris bin, gebe ich sie Dir. Ich komme im Mai. Ich sag's Dir lieber gleich, als Dich in Hoffnung zu wiegen, ohne dann genau zu wissen, ob ich auch kommen kann. Denn hier verdiene ich nichts, und ich treffe auch nur sehr wenige Leute. Ihr könnt beide davon ausgehen, daß Euer Leid der Vergangenheit angehört und daß Ihr fortan stets etwas haben werdet, von dem Ihr immer besser leben könnt. Das Wichtigste momentan ist eine große Summe als Startkapital. Wenn Ihr die habt, dann braucht Ihr Euch nur noch an dem Ort niederzulassen, an dem Ihr am liebsten sein wollt. Ich tue, was ich kann, und wenn ich einmal nicht viel tue, glaubt mir, dann geht es auch nicht.«

Léon wird von dieser Treuherzigkeit erst viel später berührt sein und sagen: »Ich glaube, er liebte uns, auf seine Art zwar, aber trotzdem.«[192]

Am 15. Mai verlassen Emmanuel und Louise Bove England wieder Richtung Paris. Seinem Bruder schreibt er: »Ich bin froh, denn schließlich sind wir schon sehr lange im Ausland.«[193] Nach einem kurzen Zwischenaufenthalt in der Rue Boulard Nummer 29 im 14. Pariser Arrondissement zieht das Paar schließlich nach Compiègne. Bevor die Zelte erneut abgebrochen werden, lädt Bove seinen Bruder und seine Mutter enthusiastisch ein, zu ihm zu kommen: »Für 6.000 Franc im Jahr haben wir ein ganzes Haus. Ihr lebt da gut und für wenig Geld.«[194] Bove ist indessen schnell ernüchtert. Am 28. Juli macht er gegenüber Léon seinem Herzen Luft: »Seit drei Wochen sind wir in Compiègne, und ich muß feststellen, daß es eine sehr wenig sympathische Stadt ist (feucht, militärisch und prätentiös).« Einige Monate später wiederholt Bove seinen Eindruck in einem Postskriptum: »Es ist eine Provinzstadt mit all ihren Schrecken, und das mag ich nicht sehr.«[195] Trotz dieser Negativbeurteilungen stellt Compiègne den einzigen längerfristigen Fixpunkt im Leben des Schriftsteller-Nomaden dar, immerhin wohnt das Paar fünf Jahre dort.

[192] Léon Bobovnikoff im Gespräch mit Jean-Luc Bitton.
[193] Emmanuel Bove, Brief an Léon vom 12. Mai 1931.
[194] Emmanuel Bove, Brief an Léon vom 19. Juni 1931.
[195] Emmanuel Bove, Brief an Léon vom 30. September 1931.

Das zu Beginn des Jahres bei Émile-Paul Frères erschienene »Journal écrit en hiver« erfährt eine günstige Aufnahme, und Philippe Soupault meint, daß es »das am meisten an Proust erinnernde Buch Boves« sei.[196] Es gibt freilich Kritiker, wie den des »Excelsior«, die eine reserviertere Haltung einnehmen: »Daß hier Proustscher Einfluß vorherrscht, springt in die Augen. Aber so wie Proust zu schreiben ist nicht jedermann gegeben! Die Sätze hier sind geschwätziger als die schlechtesten bei Proust. Ich meine vor allem den Anfang, die ersten Seiten des Buches sind die mißlungensten, die es gibt. Man hat das Gefühl, Bove komme nicht aus den Startlöchern. Man würde das Buch am liebsten wieder zuklappen. Und dann, mit einemmal, zündet es ... Und ab geht's!«[197]

Edmond Jaloux, klarsichtiger oder einfach pragmatischer, schreibt: »Selten ist die totale Absurdität, die die Basis zahlreicher Ehen bildet, auf grausamere und scharfsinnigere Weise aufgezeigt worden.«[198] Einige Kritiker, wie Jean des Cognets in »Ouest-Éclair« vom 26. Juni 1931, legen luzide eine anthropologische Seite frei: »Haben Sie schon einmal gesehen, wie sich Mikroben unter dem Mikroskop in einem Tropfen Wasser bewegen? Das eine Mal sieht man nur Blau, das andere Mal einen verschwommenen Regenbogen. Dann kommt alles wieder in Ordnung, man erkennt wieder die Mikroben und ihren Kriegs- und Todestanz. Genau diesen Eindruck habe ich bei der Lektüre von Emmanuel Bove.«

Max Jacob, ein unerschütterlicher Anhänger Boves, nimmt diesen Roman zum Anlaß, erneut seine Wertschätzung zum Ausdruck zu bringen: »Ich habe Ihr wunderbares Buch erst einmal gelesen und dann noch einmal gelesen, bevor ich mich nunmehr dafür bedanke, daß Sie es mir geschickt haben. Ihre Analyse hebt nicht für irgendwelche Luxus- und Kunstbagatellen vom Boden ab, sie bleibt unseren Helden, diesem Herrn und dieser Dame, die ich nun ebensogut kenne wie Sie, auf den Fersen. Das ist gut und solide gemacht, das ist für die Ewigkeit. All die, denen ich diese wundervolle menschliche Studie zu lesen gegeben habe, sind meiner Meinung, eingeschlossen unser Freund Cassou. Es ist nicht derselbe Bove wie der von ›Mes amis‹, aber es ist auch ganz ausgezeichnet. Ich reise in ein paar Tagen

---

196 Philippe Soupault im Gespräch mit Raymond Cousse.
197 Unsignierter Artikel in: »L'Excelsior« vom 13. Juli 1931.
198 Edmond Jaloux, in: »L'Esprit des livres« vom 11. Juli 1931.

ab und nehme dieses Buch mit, das ich dort in der Provinz anderen zu lesen geben werde; mitnehmen werde ich auch die Erinnerung an Ihren gütigen Blick und Ihren ehrlichen Händedruck.«[199]

Am Ende dieses Sommers ist Bove in seinem Haus in Compiègne trotz solcher Freundschaftsbeweise in einer eher depressiven Stimmung: »Diesen Winter«, so schreibt er an seinen Bruder, »möchte ich gerne ein bißchen in den Süden, denn seit einem Jahr habe ich hier nur Regen gesehen.«[200] Diese Entmutigung wird noch verstärkt: Mit dem Börsenkrach in New York sowie mit den verschiedenen Finanzskandalen, die in Frankreich die Bank- und Geschäftswelt erschüttern, erfährt Louises Familie erhebliche Vermögensverluste. Von da an hängt die ökonomische Situation des Paares nur noch von den unregelmäßigen Einkünften des Schriftstellers und den letzten Reserven Louises ab. Die Wirtschaftskrise, die das Land heimsucht, trifft auch das Verlagswesen mit voller Wucht. Angesichts des allgemeinen Unglücks behält Bove einen Optimismus, wie ihn die Coué-Methode[201] anstrebt, indem er einfach darauf hofft, daß am nächsten Tag die Sonne schon wieder scheinen wird, überzeugt, daß das Unglück genausowenig wie das Glück von Dauer sein kann – eine bovianische Weisheit mithin, wie sie komprimiert auch in diesem Auszug aus seinen Notizen zum Ausdruck kommt:

Das Leben ist nicht lang genug, als daß sich alle Sorgen, die wir uns über die Zukunft machen, verwirklichen könnten. Mit den Sorgen ist es halt wie mit den Ambitionen.

Bove reizt das Geld, das einem zur damaligen Zeit mit dem Erfolg eines Theaterstücks sicher war, und so macht er in seiner dramaturgischen Arbeit unbeirrt weiter. In seinen Antworten auf die Bittbriefe seines Bruders, der über das Ausbleiben der Überweisungen beunruhigt ist, bringt er erneut seine Hoffnungen zum Ausdruck: »Glaube mir, die momentanen Schwierigkeiten sind mir vollauf bewußt, aber sie werden aufhören, ich habe da eine große Sache (Theater) in Aussicht. Wenn's klappt, bedeutet das für Euch endgül-

199 Max Jacob, Brief an Bove vom 23. Juni 1931.
200 Emmanuel Bove, Brief an Léon vom 9. September 1931.
201 Benannt nach Émile Coué (1857–1926), einem französischen Apotheker und Psychotherapeuten, der eine Methode der Autosuggestion entwickelte, bei der es darum geht, den Patient zu festgesetzten Zeiten einen Satz wiederholen zu lassen. Dieser Satz wirkt auf das Unterbewußte ein und führt (idealiter) zu einer Korrektur und Normalität fehlgeleiteter Funktionen. A.d.Ü.

tig Ruhe. Und die käme wohl nicht zu früh.«[202] Im ersten Viertel-
jahr 1932 werden drei Werke Boves veröffentlicht: »Un Raskolnikoff« bei Plon, »Un célibataire« bei Calmann-Lévy sowie »Deux Jeu-
nes Filles« im Verlag Émile-Paul Frères (wobei es sich hier um zwei
bereits zuvor erschienene Texte handelt, nämlich »La Mort de Dinah« und »Monsieur Thorpe«).

Bereits bei diesen Veröffentlichungen läßt sich feststellen, daß Be-
sprechungen in der Presse immer mehr ausbleiben. Wie es 1928 der
weitblickende Journalist Fernand Vandérem andeutete, besaß Bove
in diesen Zeiten der Ideologien nichts, was einen hätte verführen
können, nicht der Schatten einer These oder Idee; seine Texte nähr-
ten keinerlei Debatte.

Trotz seiner späteren Unterstützung der antifaschistischen Bewegung bleibt Bove abseits von allem und von jedem. Einige wenige
Artikel kommentieren immerhin noch das Erscheinen der letztge-
nannten Werke. Zu »Un Raskolnikoff« etwa schreibt ein anonymer
Kritiker: »Bove liefert uns eine Neuauflage des berühmten Helden
Dostojewskis. Er geht unbefangen an den Kern seines Themas heran
– der Idee der Sühne, die hier bis zur Demenz getrieben wird. Ein
kleiner verblüffender Roman.«

Zur Handlung in »Un célibataire« (»vier Frauen – ein Mann«, so
hebt es eine Anzeige in »Vient de paraître« hervor) resümiert Georges Petit: »Mit der üblichen Geschicklichkeit kreist Bove um seinen
Helden. Diese ruchlose, mediokre, leichtfertige Person bleibt schließlich sehr deutlich im Gedächtnis des Lesers haften, der mit leicht
verächtlicher Neugierde den allesamt unglücklichen Verführungs-
versuchen dieses Albert Guittard folgt, der jede der Frauen dort in
ihrem Winterquartier an der Côte d'Azur ein wenig lächerlicher als
zuvor verläßt.«[203]

Edmond Jaloux, der sich in seiner Kritik an Boves letzten, bei Émile-
Paul Frères erschienenen Band hält, liefert eine subtilere Analyse in
einem Artikel des »Excelsior« (vom 6. April 1932), wo er intuitiv das
beschreibt, was Virginia Woolf als »stream of consciousness« bezeichnet hatte – dieses bewegte und nicht greifbare Leben, auf das
man ununterbrochen und in filigraner Weise auch in Boves Werk

---

[202] Emmanuel Bove, Brief an Léon vom 15. Januar 1932.
[203] Georges Petit, in einem Artikel vom 18. Juni 1932 (die Quelle konnte nicht
identifiziert werden).

stößt. Bove selbst orientiert sich in einer Aufzeichnung seines Tagebuchs an William James' Definition dieses Begriffs.[204]

»Feucht, militärisch und prätentiös«, so lauteten Boves Klagen über
Compiègne. Feucht? Sicher, Compiègne, seinerzeit eine Stadt von
15.000 Einwohnern, wird von der Oise durchquert und von Staats-
forsten umringt, in denen der damalige Bürgermeister, der Baron
James de Rothschild, seine Hetzjagden veranstaltete. Militärisch? Ja,
auch das, mit seiner Spahigarnison, in der einen Liebhaber zu haben
sich jede Frau in Compiègne schuldig war, und dem »Messager de
l'Oise«, einer Zeitung, die sich mitunter zum skandalösen Echo ei-
ner Schwulenliebe zwischen einem Prominenten und einem der
schönen nordafrikanischen Reiter-Soldaten der Garnison machte.
Prätentiös? Nun, in dieser kleinen bürgerlichen Provinzstadt fiel das
Ehepaar Bove auf. Man tratschte über Louises originelles Bohemien-
Aussehen, wenn sie, Füße und Beine nackt, umherspazierte, ihre
Nachmittage in Begleitung der Frau des Unterpräfekten im Café du
Commerce verbrachte, ihren Tee auf der Terrasse trank und etliche
Zigaretten rauchte ... Dies erregte in einer Stadt, in der keine Frau
jemals das Café ohne Begleitung eines Mannes oder der Familie be-
trat, Aufsehen.

Um dieser leicht lähmenden Atmosphäre zu entgehen, aber auch aus
beruflichen Gründen, mietet Bove schließlich eine Dienstbotenkammer in der Rue Lalo Nummer 11 in Paris. Bei seinen Abstechern in die Hauptstadt trifft Bove sich nach der üblichen Stippvisite
bei seinem Verlag Émile-Paul Frères mit einigen Freunden im »Deux
Magots«, so mit Pierre Reverdy, Jean Giraudoux, Pierre Bost und
André Beucler; dieser beschreibt die Begegnungen: »Bei den Gesprä-
chen mit Bove kam man immer wieder auf die literarische Arbeit
zurück. Das beschäftigte ihn sehr. ›Ich mag l'art pour l'art nicht‹,
sagte er. Er zog Gide Mauriac vor: ›Gide, den kann jeder verstehen‹,
meinte er zu mir. Er empörte sich oft über die Ungerechtigkeit im
Literaturbetrieb, deshalb verstand er sich auch so gut mit Bost.«[205]

Bevor er das Zimmer in der Rue Lalo mietet, kommt Bove noch bei
einigen seiner Freunde unter. Der Dramatiker Marcel Archard erinnert sich: »Emmanuel war einer der außergewöhnlichsten Personen.
Der diskreteste und der mysteriöseste meiner Freunde. Wir mochten

---

[204] Siehe Anhang, »Tagebuchseiten« (28. Oktober 1936).
[205] André Beucler im Gespräch mit Raymond Cousse.

uns. Vorausgesetzt, ich blieb diskret und er mysteriös. Er wohnte einige Tage bei mir, aber damals hieß Gastfreundschaft noch nicht, dafür auch zu bezahlen. Ich wußte von ihm nur das, was er gerade vorhatte, und das war, mit Schwung die Welt zu verändern. Er visierte eine Zukunft à la Calvin, à la Mohammed oder à la Lenin an, dabei sollte ihm kaum mehr Zeit als dem Duc de Reichstadt bleiben.«[206]

Zwischen 1932 und 1935 schlägt die wirtschaftliche Krise im Verlagswesen voll durch, der Bankrott geht um. Émile-Paul Frères, wichtigste Verleger Boves, müssen ihre Produktion drosseln, trotz der vorsichtigen Wahl ihrer Autoren und eines hervorragenden Programms (darin: »Le Grand Meaulnes« von Alain-Fournier nebst Büchern von Giraudoux, Suarès, Rilke, Carco oder Cassou), und im Jahr 1935 sehen sie sich gezwungen, Schritte zum Verkauf des Geschäfts einzuleiten. Letztendlich machen die beiden Brüder bis zum Krieg in verlangsamtem Tempo weiter. Ein Brief von Robert Émile-Paul als Antwort auf eine Bewerbung Léons zeugt von dieser Flaute: »Ihre Bewerbung um eine Anstellung hier nehme ich gern zur Kenntnis. Die Sache ist nicht leicht, denn die Verlagshäuser versuchen, Personal abzubauen. Ihr Bruder bleibt kaum davon verschont, weil die Literatur ihre Schöpfer nicht ernähren kann, und selbst die besten Absichten sind schwer umzusetzen.«[207]

Dank billiger Taschenbuchausgaben geht es gewissen Verlagen angesichts der Krise noch recht gut. So konnte Arthème Fayard – der schon 1923 eine Reihe mit Einzeltiteln zu 2,50 Franc lanciert hatte (»Le Livre de demain«), in der solch risikolose Texte wie »Salammbô« von Flaubert oder »Les Enfants terribles« von Cocteau publiziert worden waren – im Mai 1932 Boves erstes Buch, »Mes amis« neu auflegen, noch dazu mit 49 Original-Holzschnitten von Paul Baudier.

Krise hin, Krise her – in Compiègne versucht Bove sich im Golfspiel, bei dem er es, Louise zufolge, zu beachtlicher Könnerschaft bringt. Ebenfalls in dieser Zeit sieht man Emmanuel Bove am Steuer eines großen Ford mit Schiebedach (den er mangels Geld einige Monate später wieder verkaufen muß); damit fährt er häufig bei seinen

---

[206] Marcel Achard, Brief vom 15. Juli 1971 an François Beloux. [Duc de Reichstadt ist Napoleon II., der 1832 im Alter von 21 Jahren starb.]
[207] Robert Émile-Paul, Brief an Léon Bobovnikoff vom 20. Juni 1934.

zwei Kindern, Nora und Michel, vorbei, deren Leben – ganz wie das des »kleinen Léon« zwanzig Jahre zuvor – um ein Haar eine andere Wendung genommen hätte: »Er wollte mich wiederhaben, also stellte er mich vor die Wahl: ›Willst du bei Mama bleiben oder mit mir kommen?‹ Das war nicht ganz fair von ihm, denn er erzählte mir was von Pferden, Golf, von einem tollen Leben ... Trotzdem habe ich mich für meine Mutter entschieden. Ich hatte das Gefühl, er sei ein vornehmer Herr, ohne zu wissen, daß er dafür gar nicht die finanziellen Mittel hatte.«[208] »Glaubst Du, einen Kriminalroman schreiben zu können? (Wird mit 12.000 Franc bezahlt.) Wenn ja, schicke ich Dir Muster zu, damit Du sehen kannst, wie das geht.«[209] Nach dem Beispiel dieses an Léon gerichteten Postskriptums gelangt Bove, wie andere Schriftsteller auch, zum Kriminalroman. Hatte nicht schon André Berge 1927 mit Bezug auf »Armand« scharfsinnig festgehalten: »Die Beschreibung ist so detailliert, daß man sich nicht wundern würde, wenn sie für ein kriminalistisches Rätsel die Lösung abgäbe. Bove ist ein hervorragender Detektiv ohne Anstellung.«[210] Zwischen dem 2. und dem 28. November 1932 wird Boves Kriminalroman »Le Meurtre de Suzy Pommier«, noch bevor er 1933 im Verlag Émile-Paul Frères als Buch erscheint, in der großen Pariser Tageszeitung »Le Journal« abgedruckt.[211] Das Blatt, das eine Auflage von 400.000 Exemplaren aufwies, räumte der Literatur viel Platz ein. Ein Jahr lang, in dem ihm besonders wenig Einkünfte beschert waren, sollte Bove dort als Redakteur arbeiten.

Über »Le Meurtre de Suzy Pommier« heißt es in der Zeitschrift »Comœdia«: »Mit einer sicheren Faszination hält dieses Buch den Leser in Atem. Zehn Seiten vor dem Ende hat man noch keinen blassen Schimmer davon, wer der Mörder ist. Das ist selten.«[212] Ein anderer Journalist, Alain Laubreaux, der sich einige Jahre später als einer der fanatischsten Kollaborateure entpuppt (was so weit geht, daß er seine Artikel gar der Gestapo vorlegt), nutzt dieses innovative Moment in den Werken Boves, um seine Gehässigkeit unter die

[208] Michel Bove im Gespräch mit Lionel Duroy.
[209] Emmanuel Bove, Brief an Léon vom 31. März 1932.
[210] André Berge, in: »La Revue européenne«, März 1927.
[211] Wiederveröffentlichung 1987 bei Samuel Testat Éditeur, Paris. Deutsche Übersetzung: »Der Mord an Suzy Pommier«. Aus dem Französischen von Barbara Heber-Schärer. Fischer Taschenbuch Verlag, Frankfurt/M. 1993. A.d.Ü.
[212] Nicht signierter Artikel in: »Comœdia« vom 24. März 1933.

Leute zu bringen und die legendäre Zurückhaltung des Autors auf seine Weise auszulegen: »Monsieur Bove, der sich in Reportagen ja immerhin auskennt, bringt hier Polizeiinspektoren ins Spiel, wie man sie noch nie gesehen hat. Mir ist nichts Schnöderes und nichts Platteres bekannt als dieser Roman. Dazu muß man natürlich wissen, daß Monsieur Bove russischer Abstammung ist. Er hat stumme Gesichtszüge und einen glanzlosen Blick. Er redet nicht. Er lacht nicht. Er macht kaum eine Bewegung. Man weiß nicht, wenn man ihn sieht, ob er verzweifelt ist oder nur verblödet. Vielleicht ist es auch eine kalkulierte Haltung, aber das glaube ich nicht. Jedenfalls kann einen das stutzig machen. Und weil man über ihn nichts erfährt, muß man es in seinen Büchern suchen.«[213]

In den darauffolgenden Monaten schreibt Bove einen weiteren »Krimi« für die Reihe »Le Roman policier moderne«, deren Leitung ihm von Émile-Paul Frères überantwortet wurde. »La Toque de Breitschwantz« (ursprünglicher Titel: »La fiancée du violoniste«[214]), dessen Handlung zwei Bovesche Antipoden als Schauplatz hat – das 16. Arrondissement und die Pariser Vorstadt –, erinnert mehr an das Universum eines Simenon oder einer Agatha Christie als an das einer reinen »Série noire«. Bove, der durch die Zeilenarbeit für die »faits divers« häufig mit der Welt des Verbrechens konfrontiert war, skizziert in seinem Tagebuch das psychologische Porträt eines seiner Protagonisten:

Inspektor Piquet [...]. Es gibt einen Zug, der diese Art Mensch charakterisiert. Es ist eine Art gezügelter Haß und Verbitterung. Sie sehen immer so aus, als täten sie jemanden einen Gefallen. Sie sagen uns Sachen »in unserem Interesse«. Wenn wir ihnen nicht zuhören wollen – Pech für uns. Ihre Empfindlichkeit betimmt alle ihre Gesten. Stets sind sie in der Defensive. Es scheint, als hätten es die Banditen auf sie persönlich abgesehen. [...] Schwer, auf eine größere Gewöhnlichkeit des Gefühls zu stoßen. Sie fürchten, als »Trottel« angesehen zu werden.[215]

Pierre Bost, der sich früh für das Kino begeisterte, kam in seinem Tagebuch auf die Verachtung zu sprechen, die einige seiner Freunde

213 Alain Laubreaux, in: »La Dépêche« vom 16. Mai 1933.
214 Unter diesem Titel 1987 wiederaufgelegt bei den Éditions Ledrappier, Paris. Wie Raymond Cousse in einer 1983 bei Flammarion erschienenen Broschüre zu Bove anmerkte, wählte Bove für diesen Roman bei Émile-Paul Frères das Pseudonym Pierre Dugast. A.d.Ü.
215 Aus den wiederentdeckten Tagebuchseiten (28. August 1936); siehe Anhang.

für das empfanden, was man später die »Siebte Kunst« nennen sollte: »Nichts zu machen, Alain wird das Kino nie akzeptieren. Er war kürzlich in zwei Filmen, ›Ombres blanches‹ und ›La Symphonie d'une grande ville‹. Das hat ihn vollkommen kalt gelassen. Ich muß hier an Soudays Ausspruch denken: ›Kino, das ist schlimmer als Ziegenscheiße.‹«[216] Gegenüber André Beucler wird Bost in bezug auf sein Werk eines Tages sagen: »Wenn von diesem Buch nicht 2.000 Exemplare verkauft werden, höre ich zu schreiben auf und mache nur noch Kino.« Und so geschah es auch. Zusammen mit Jean Aurenche schrieb er die Drehbücher und die Dialoge zahlreicher Filme der Vor- und Nachkriegszeit, für Regisseure wie Jean Grémillon, René Clément oder Claude Autant-Lara. Auch Bove erhoffte sich einiges von dem durch den Tonfilm ausgelösten kreativen Schub, von dieser für den Schriftsteller neuen finanziellen Möglichkeit, seine Kunst in den Dienst des Kinos zu stellen: »Wahrscheinlich werde ich nun für das Kino arbeiten, wodurch ich dann endlich Geld verdiene.«[217] »Ich bin dabei, einen Film zu machen, das Kino ist im Moment das einzig Florierende.«[218]

Obwohl dieser Versuch im Bereich Film und Drehbuch scheiterte, notiert der ernüchterte Bove zwei Jahre später auf dem Höhepunkt seiner Krise kurz und bündig: »Ich hoffe, in diesen Tagen eine Stellung beim Film zu bekommen (die Literatur ist tot).«[219]

Boves Werk hätte sich für das realistische Kino eines Jean Vigo oder Marcel Carné sicherlich gut adaptieren lassen, hegte er doch eine besondere Vorliebe gerade für Carnés Verfilmung des berühmten Romans Eugène Dabits: »Gestern abend lief ›Hôtel Du Nord‹ im Kino Paris-Soir-des-Ternes. Ich fand den Film sehr gut. Jouvet ist hervorragend. Jeansons Dialog ist genauso gut wie der in ›Entrée des Artistes‹. Kurz, ich bin froh, diesen Film gesehen zu haben.«[220] Von Marc Allégret, auf den Bove hier anspielt, läßt sich eine Verbindung herstellen zu einem anderen »vergessenen« Filmemacher aus der Kinolandschaft Frankreichs der dreißiger Jahre, zu einer der rätselhaftesten und widersprüchlichsten Figuren, dessen pessimistischer Blick auf die natürliche Bosheit der Welt und die menschliche Dummheit

216 Pierre Bost, Tagebuch vom 12. Juli 1929.
217 Emmanuel Bove, Brief an Léon vom 6. August 1933.
218 Emmanuel Bove, Brief an Léon vom 23. August 1933.
219 Emmanuel Bove, Brief an Léon vom 5. Juni 1935.
220 Emmanuel Bove, Brief an Louise Bove vom 3. März 1940.

direkt an den Boveschen Mikrokosmos anschließt. Gemeint ist der Regisseur Julien Duvivier, der mit »La Belle Équipe« den besten Film im Sinne der Volksfront machte, einen Film, den es im übrigen mit zwei verschiedenen Enden gibt – einmal (aus kommerziellen Überlegungen) mit Happy-End, einmal ohne. In seinem Film »Panique« (nach einem Roman Georges Simenons) ist die Affinität zu Bove geradezu frappierend, ebenso in »Les Finançailles de Monsieur Hire« (dt.: »Die Verlobung des Monsieur Hire«), wo der von Michel Simon meisterlich interpretierte Monsieur Hire – Opfer seiner äußeren Erscheinung und seiner marginalen Position in der Gesellschaft – sich schließlich aus einem Wohnhaus stürzt, um der Lynchjustiz einer aufgebrachten und dummen Menge zu entgehen.

Schlimme Vorzeichen von jenseits des Rheins und von Italien her; das Aufkommen des Faschismus in Europa erreicht im Januar 1933 mit der Wahl Hitlers zum Reichskanzler eine neue Dimension.

In ihrer Korrespondenz berichtet Louise von Boves diesbezüglicher Position: »Er war ernst und sich der sich abzeichnenden dramatischen Ereignisse bewußt.«[221] Obgleich Bove der Front dank des Waffenstillstands 1918 gerade noch einmal entgangen war, war er, wie viele seiner Generation, deshalb nicht weniger durch den Ersten Weltkrieg traumatisiert. Einige Zeilen aus seinem Notizheft fassen die Anfänge der großen pazifistischen und antifaschistischen Bewegung zusammen, die durch die Initiative Romain Rollands und Henri Barbusses' ins Leben gerufen worden war: »Ich denke an den Krieg, den ich schon einmal erlebt habe. Werde ich die Kraft haben, ihn noch einmal mitzumachen? Ich glaube nicht.« Aus solchen Selbstbefragungen und Ängsten, die 1934 kollektiv auftreten, geht die Volksfront und das »Comité de Vigilance des Intellectuels Antifascistes« (C.V.I.A.) hervor, ein erster Zusammenschluß von Kommunisten und Nichtkommunisten in ihrer gemeinsamen Sache gegen den Faschismus.

Wie seine Kollegen und Freunde Pierre Bost, Jean Cassou und André Beucler gehört Bove zu den 8.500 Mitgliedern des C.V.I.A. Als diskreter »Wegbegleiter« bezeugt er seine Solidarität durch Erzählungen und Novellen in den wichtigsten antifaschistischen Zeitschriften wie »Marianne«, »Vendredi« oder »Regards«.

---

[221] Louise Bove, Brief an Christian Dotremont vom 4. Mai 1971 (Sammlung Guy Dotremont).

Für ihn in Compiègne, wo er, wie er an seinen Bruder schreibt, »nicht einen Sou ausgibt«, ist das Jahr 1933 von seinem Versuch mit dem Kino und durch den Tod von Louises Vater gekennzeichnet – sieht man einmal von einigen Abstechern in den Süden ab, die er unternimmt, um dem rauhen Klima der Oise zu entgehen.

Zu Beginn des Jahres 1934, als in Paris ununterbrochen Demonstrationen und Umzüge der Volksfront stattfinden, beendet Bove in seinem friedlichen Compiègne »einen großen Roman, von dem meine künftige Situation abhängt«. Das Erscheinen der langen Novelle »Une jeune fille romanesque« am 24. Januar 1934 in »Marianne« markiert Boves erste Zusammenarbeit mit dieser Wochenzeitschrift. Finanziert und herausgegeben wurde diese gemäßigt links orientierte literarische Revue von Gaston Gallimard, um gegen die rechtslastige Zeitschrift »Candide« von Arthème-Fayard Position zu beziehen. Gallimard übergibt die Leitung an Emmanuel Berl, mit Pierre Bost als Chefredakteur. »Es war eine der schönsten französischen Wochenzeitschriften, die ich kannte«, so die Erinnerung des Schriftstellers Jean Gaulmier.[222]

»Bisher hatte ich nur Jugendwerke geschrieben. Jetzt ist es ernst«, so Bove an seinen Bruder.[223] Léon, der wirtschaftlich immer noch von ihm abhängig ist, ist an literarischen Stimmungen seines Bruders nicht interessiert. Mit der zunehmenden Rezession wird auch seine Paranoia immer schlimmer, wie sich aus einer Antwort Emmanuels ergibt: »Ich habe soeben beide Briefe auf einmal bekommen. Du scheinst komplett zu übersehen, wie sehr ich mich anstrenge, um Dir zu helfen. Du denkst wohl, daß ich reich bin und obendrein mit Dir nur die dunkelsten Pläne vorhabe. Irrtum. Mir geht es finanziell sehr dreckig, und nur weil ich kein Wort darüber verliere, ist es deshalb nicht anders. Aber ich bin optimistisch, und das macht Dich bestimmt glauben, dies alles sei leeres Gerede.«[224]

Trotz seines unerschütterlichen Vertrauens in die Zukunft ist Boves Situation in diesem Sommer 1934 völlig desolat. Wegen der Ferien verzögert sich die Veröffentlichung seines nächsten Buches.

»Mit einem sehr schönen reifen Roman kehrt Emmanuel Bove nach vierjährigem Schweigen auf die literarische Bühne zurück.« So kün-

222 Jean Gaulmier im Gespräch mit Raymond Cousse.
223 Emmanuel Bove, Postkarte an seinen Bruder Léon vom 30. Dezember 1933.
224 Emmanuel Bove, Brief an Léon vom 25. Juni 1934.

digt die Werbeabteilung des Verlags Bernard Grasset am 25. Oktober das Buch »Le Beau-Fils« an, eines der längsten Werke Boves und ein Roman, der am deutlichsten autobiographisch ist. Überfliegt man die Artikel, die dem Buch insgesamt sehr positiv gegenüberstehen (einige sprechen gar schon vom kommenden Prix Goncourt), hat man das verblüffende Gefühl, hier werde das Intimleben des Schriftstellers nach außen gekehrt: »Von seiner jüngsten Kindheit an ist Jean-Noël von einer schüchternen und verdrängten Leidenschaft für seine Stiefmutter erfaßt. Diese Zuneigung wird das ganze Buch über der Grund für die aufeinanderfolgenden Fehlschläge des Helden sein. [...] Jean-Noëls Leben ist gescheitert. Alles, was er versucht, geht daneben: seine Heirat, ja seine mehrfachen Verheiratungen, ebenso wie seine Arbeit. Er ist in der Zwickmühle zwischen seiner Leidenschaft für Annie, die Stiefmutter, und seinem Streben, sich selbst zu verwirklichen, denn er will kein Schattendasein führen.«[225]

Der Filmkritiker Georges Sadoul versucht bei der Gelegenheit, Bove kumpelhaft für seine Zwecke einzuspannen: »Wenn Bove sich Schlußfolgerungen verbietet, so sind doch die nicht ausgesprochenen Konsequenzen dieses Buches deshalb nicht weniger niederschmetternd für die Klasse, aus der seine Helden hervorgegangen sind. Bove weiß, daß eine pessimistische Sicht auf die Gesellschaft zu einer revolutionären Schlußfolgerung führen kann. Wir sind felsenfest davon überzeugt, daß Bove zu jenen gehört, die sich unserem Kampf alsbald anschließen werden.«[226]

Marcel Arland bringt in der illustren »Nouvelle Revue Française« einen zurückhaltenden Enthusiasmus zum Ausdruck, wenn er schreibt: »Keine Seite in ›Le Beau-Fils‹, wo man die Arbeit, die drinsteckt, nicht spüren würde. Ich halte Emmanuel Bove trotz aller Vorwürfe, die man ihm machen kann und mit denen man ihn bisweilen zuschütten will, für einen unserer Schriftsteller, die der Aufmerksamkeit und der Sympathie besonders würdig sind, und sein neues Werk ist eines von drei oder vier wirklich bemerkenswerten Romanen in diesem Jahr.«[227]

Um seinen schwer auf ihm lastenden Verpflichtungen nachzukommen – dem Unterhalt von drei Haushalten –, kehrt Bove wieder

225 Jacques Chabannes, in: »Notre temps« vom 30. November 1934.
226 Georges Sadoul, in: »Commune« vom Februar 1935.
227 Marcel Arland, in: »La N.R.F.« vom 17. Januar 1935.

nach Paris zurück und begibt sich auf Arbeitssuche; sein letztes Buch hat ihm mehr einen »moralischen« als einen »Verkaufserfolg«[228] beschert. Er bleibt drei Monate in der Hauptstadt und arbeitet jeden Tag in seinem Zimmer in der Rue Lalo an den Kapiteln für einen »volkstümlichen Roman« mit dem Titel »L'Impossible Amour«, der in Fortsetzungen vom 27. Februar bis zum 7. April 1935 in der Tageszeitung »Paris-Soir« erscheint.[229] Dieses große Nachrichtenblatt erreichte 1933 bereits eine mittlere Auflage von über einer Million Exemplaren – Bove kam somit in den Genuß einer riesigen Leserschaft. In dem Roman »L'Impossible Amour« geht es um die machiavellistischen Umtriebe einer bürgerlichen Familie, die alle Hebel in Bewegung setzt, um die Mesalliance ihrer Tochter mit einem mittellosen Maler zu verhindern. Gallimard zeigte sich an einer Veröffentlichung der Geschichte interessiert – ohne weitere Folgen indes.

Bove, bei dem die Hinauswürfe und erzwungenen Umzüge seiner Kindheit Spuren hinterlassen haben, träumt unentwegt davon, Eigentümer eines Landhauses zu werden, um sich zurückziehen und ruhig arbeiten zu können. Die Utopie vom besseren Leben setzt er in einem Brief an seinen Bruder und seine Mutter auf naive Weise in Szene, adressiert sie also an jene, die er stets »vor Elendsunterkünften und Sorgen schützen«[230] wollte: »Ich träume davon, im Departement Lot oder Tarn ein Haus zu kaufen. Sobald ich Geld habe, mache ich das als erstes. Ich fände es schön, wenn Du schon mal Deine Fühler ausstrecken könntest. Vonnöten wäre ein Grundbesitz mit einem Park, ein paar Hektar groß, kleiner Wald dabei, das Ganze dürfte 100.000 Franc nicht übersteigen. Im März begebe ich mich dann immer dorthin und komme erst im November wieder nach Paris, denn schließlich muß ich ja ein paar Monate in Paris sein. Aber die restliche Zeit lebe ich dort unten als ›gentleman farmer‹. Erzähl mir, was Du davon hältst. Natürlich werdet auch Du und Mami ein Haus in der Gegend haben, und man könnte sich dann sehen, wann immer man will. Wenn wir es so organisieren, brauchen wir nichts oder fast nichts, schließlich haben wir Milch, Eier, Hüh-

---

228 Laut eines undatierten Briefs an seinen Bruder.
229 Im Verlag Le Castor Astral erschien dieser Roman 1994 zum ersten Mal in Buchform. A.d.Ü.
230 Emmanuel Bove, Brief an Léon vom 5. April 1935.

ner, Holz, Gemüse und Obst. Ich denke schon lange daran, doch gerade jetzt, wo alles so schwierig ist, glaube ich, muß man es einfach machen. PS: Wenn Du Paris jetzt sehen könntest – es ist gräßlich, es widert mich an.«[231]

Boves Luftschlösser zerplatzen allerdings sehr bald, schon am 25. April dämpft er Léons Begeisterung in einem Brief: »Bis es soweit ist mit dem Traum, reden wir lieber von der Gegenwart, und die ist weniger schön.«

In diesem Leben zwischen Paris und Compiègne geht es mit Boves Vitalität und Moral bergab: »Hier fühle ich mich gesundheitlich nicht besonders«, schreibt er an Léon, und: »Ich habe nicht mehr den Schwung, den ich mit 25 hatte, vielleicht liegt es daran, daß ich müde bin und alles schwarz sehe.«[232] Im Juli 1935 schreibt Léon in die seinem Bruder vorbehaltene Spalte seines Heftes: »14. – Parade der Volksfront, Paris.« Bove hatte im Juni an der fieberhaften Tagung des »Internationalen Schriftstellerkongresses zur Verteidigung der Kultur« auf Einladung von dessen Generalsekretär, dem Schriftsteller Louis Guilloux, teilgenommen; so ist es auch durchaus denkbar, daß er bei der historischen Demonstration vom 14. Juli – sie markierte den Beginn einer breiten Bewegung gegen den Faschismus in Frankreich – an der Seite seiner Kollegen mitmarschiert ist. Zu den eigentlich politischen Aktivitäten Boves in diesem ereignisreichen Jahr läßt sich feststellen, daß sein Name in der Zeitschrift »L'Œuvre« vom 5. Oktober 1935 zitiert wird; angeführt wird er dort als eine der Persönlichkeiten, die sich mit dem Text solidarisieren, mit dem linke Intellektuelle dem rechten Manifest »Für die Verteidigung des Okzidents« entgegneten, in dem die Expedition der faschistischen Truppen Mussolinis nach Äthiopien befürwortet worden war.

In diesem Sommer 1935 sitzt Emmanuel Bove an seinem nächsten Roman, doch da ihm finanziell gesehen das Wasser bis zum Halse steht, ist er gleichzeitig wieder bereit, seinem ersten Beruf, dem Journalismus, nachzugehen. Er arbeitet zeitweilig, genau gesagt zwischen dem 4. August und dem 22. September, an der Pariser Tageszeitung »Le Journal« mit. Diese Artikel beschränken sich auf einige »faits divers« aus der Welt des Verbrechens oder auf kleine Reporta-

---

[231] Wie Anm. 230.
[232] Emmanuel Bove, Brief an Léon vom 4. und vom 17. Mai 1935.

gen im Stil »Schwimmwettbewerb in der Seine«. In einem dieser Artikel, bei dem es um einen Fall von Umweltverschmutzung geht, wittert Bove ein böses Omen: »Tote Fische, die, wenn auch abseits von der Aktualität, gestern den ganzen Tag über weiterhin in der Seine trieben – sollen sie uns nicht eine Warnung sein? Sind sie nicht gestorben, um uns die Gefahren aufzuzeigen, die auf uns lauern?« Am Ende schwächt er seinen Artikel freilich ab und sagt: »Nun, wenn es in Paris keine Fische mehr gibt, so singen wenigstens die Vögel weiterhin in unseren Gärten.«[233] Bove beendet seine Mitarbeit an der Zeitung mit einer Reportage auf der ersten Seite; es geht um eine Straße in Compiègne, die von Arbeitslosen gebaut wird – 1935 wird ihre Zahl mit einer Million angegeben.[234]

In ihrem kleinen Haus in Compiègne empfangen die Boves kaum einmal Gäste. Marcel Aymés Gattin kann indes von einem der seltenen Besuche berichten: »Zusammen mit den Beuclers fuhren wir für ein Wochenende zu den Boves nach Compiègne. Als wir sahen, daß Louise nicht zu den Frauen gehörte, die in ihrem Heim aufgehen, und daß auch kein Geld da war, nahmen wir sie beide mit ins Restaurant. Bove sprach sehr wenig. Ich fand ihn komisch.«[235]

Seine Manuskripte diktierte Bove gewöhnlich seiner Frau in die Maschine. Ihren Tagesablauf überhaupt beschreibt Louise später einmal so: »Morgens ging er Golfspielen. Nachmittags arbeitete er in seinem von ihm selbst eingerichteten Arbeitszimmer, das häufig in einen anderen Raum des Hauses verlegt wurde. Es graute ihm vor dem Lärm, der durch die Hausarbeit entstand. Seine von ihm selbst gebauten Regale umfaßten über 3.000 Bücher. Er hatte Freude an seltenen Ausgaben. Nach dem Tee, so gegen fünf Uhr, traten wir vor die Tür. Wir nahmen immer unseren Hund mit, einen großen Briard, und unsere Katze, eine Chinchilla-Perserkatze. Im Kino saßen wir stets auf einem Logenplatz, weil der Hund nicht gut allein zu Hause bleiben konnte. Ich kann Ihnen auch etwas über unsere Hühner erzählen – 35 Stück hatten wir, denn keiner traute sich, sie zu töten, um sie zu essen. Was manch einem merkwürdig erscheinen kann, ist, daß dieses sehr geregelte Leben nie langweilig wurde, viel-

233 Emmanuel Bove, »Paris est-il trop grand pour la Seine?«, in: »Le Journal« vom 17. August 1935.
234 Emmanuel Bove, »Avec les chômeurs au travail dans la forêt de Compiègne«, in: »Le Journal« vom 22. September 1935.
235 Marie-Antoinette Aymé im Gespräch mit Raymond Cousse.

mehr immer Überraschungen bot.«[236] Zwischendurch, das heißt, wenn er nicht gerade schreibt oder Golf spielt, sucht Bove drei Personen auf, die damals in der Stadt einen kleinen eingeschworenen Kreis bildeten: Monsieur Trabuco, einen sehr konservativen Philosophielehrer mit Hang zur Action Française und Avantgardist in Sachen Literatur; den Doktor Perrin, eine eher marginale Figur mit hochrotem Gesicht; und Georges-Michel Drucker, einen Englischlehrer und passionierten Proust-Leser. Er ist der letzte noch Lebende dieser Gruppe und erinnert sich an die Zusammenkünfte: »Wir sprachen über Literatur. Oft dauerten diese Sitzungen – wir saßen in einem Café – bis tief in die Nacht. Wir rauchten ungezählte Zigaretten, und bei all dem ging es hoch her. Diese Treffs, die mindestens dreimal die Woche stattfanden, gehörten zu den Annehmlichkeiten von Compiègne. Bove hatte Trabuco zwei oder drei seiner Romane gegeben und wartete auf eine Reaktion, auf ein Echo, aber Trabuco sagte keinen Ton, denn das alles gefiel ihm nicht: ›Eine nihilistische, kosmopolitische und dekadente Literatur‹, entschied er. Wir warteten ungeduldig auf die nächsten Neuerscheinungen, die Buchhandlung hatte einen enorm wichtigen Platz in unserem Leben.«[237]

Bove, knapp bei Kasse, leiht seine Bücher in der Stadtbücherei aus und verbringt Stunden in der Buchhandlung, um in den Neuerscheinungen herumzustöbern. Jacques Riguet und Denise Margot, beide Enkel der Buchhändler, können sich an diesen regelmäßigen Kunden erinnern. Jacques Riguet: »Er kam sehr oft und war immer ganz neugierig, was mein Großvater von seinen Einkäufen mitbrachte. Eines Tages verkaufte Bove meinem Großvater surrealistische Zeitschriften – bestimmt, weil er Geld brauchte. Das erste, was mir bei ihm auffiel, war so ein Zug à la Fitzgerald: ein russischer Emigrant, eine von Nonchalance begleitete Abgespanntheit mit Eleganz in den Gesten. Eine sanfte Stimme, eher neutral, was auffiel in einer Zeit, da die Leute allzusehr dahin tendierten, bei den anderen Schuldgefühle zu wecken. Bove war jemand, der einem dieses Schuldgefühl nahm. Ein gewisser Fatalismus ging von ihm aus. Ich fand, er war ein Fremder in der Stadt.«

Und Denise Margot: »Ich sah ihn, wie er die Straßen entlangging, er war nachdenklich, ein Mann in Grau, grauer Hut, grauer Überzie-

236 Louise Bove, Brief an François Beloux vom 13. August 1971.
237 Georges-Michel Drucker, Telefongespräch mit Jean-Luc Bitton.

her, sehr diskret, beinahe unscheinbar. Sehr gut geschnittene Kleidung, aber ohne Bügelfalten, nichts Auffälliges.«[238]

Fremder in der Stadt ... und Fremder im Leben, wie etwa der Anti-Held seines Romans »Le Pressentiment« (dt.: »Die Ahnung«[239]), ein Buch, das Anfang Oktober 1935 in der Reihe der »Œuvres libres« und dann, gegen Ende desselben Monats, in einer veränderten Fassung bei Gallimard erscheint. Diese erste Zusammenarbeit mit Gallimard mündet in einem kommerziellen Mißerfolg: verkauft werden gerade 500 Stück bei einer Auflage von 3.300 Exemplaren. Die Hauptfigur dieses Romans, Charles Benesteau, bricht wie aus heiterem Himmel mit der Bourgeoisie, der Klasse, der er selbst angehört. Er läßt Frau, Familie und Freunde hinter sich, um einsam und anonym unter kleinen Leuten eines einfachen Pariser Viertels zu leben. Dort bemüht er sich, von seiner neuen Umgebung akzeptiert zu werden, die in ihm den Vertreter einer feindlichen Kaste erspäht. Erst auf den letzten Seiten des Romans, im Moment, da er stirbt, schlägt die allgemein feindselige Stimmung in Dankbarkeit um.

Zu diesem Werk schreibt Edmond Jaloux am 16. November 1935 in den »Nouvelles Littéraires«: »Nichts von dem, was ich von Bove bislang gelesen habe, hat mich so zufriedengestellt wie ›Le Pressentiment‹. Bove besitzt die seltene Qualität, als Romancier geboren zu sein.« Auch Alain Laubreaux, der Kritiker, von dem man es am wenigsten erwartet hätte, bringt seine Wertschätzung für diesen Roman zum Ausdruck (eine Premiere!) – wenn natürlich auch auf seine Weise: »Um mein Gefühl richtig wiederzugeben, sage ich über Bove, daß er es versteht, aufsehenerregend monoton zu sein.«[240] Doch wie dem auch sei, mit Boves Moral ist es schlecht bestellt, und so schreibt er an seinen Bruder Léon: »Ich habe noch nie ein so schlechtes Jahr gehabt wie 1935. Hoffen wir nun das Beste für 1936.«[241]

Am Ende dieses Jahres arbeitet Bove an der neuen Zeitschrift »Vendredi« mit, die wegen ihrer Authentizität und Unabhängigkeit dem Geist der Volksfront am nächsten steht. Im »Annuaire de la presse« definiert sich die Zeitschrift selbst als: »Literarische Wochenzeitschrift, politisch und satirisch, gegründet von Schriftstellern und

---

238 Jacques Riguet und Denise Margot im Gespräch mit Raymond Cousse.
239 »Die Ahnung«. Aus dem Französischen von Thomas Laux. Deuticke Verlag, Wien Frühjahr 1996.
240 Alain Laubreaux, in: »La Dépêche de Toulouse« vom 19. November 1935.
241 Emmanuel Bove, Brief an Léon vom 7. Dezember 1935.

Journalisten und von ihnen geleitet. Das große Wochenblatt für Frieden, Wahrheit und Freiheit.« Das Direktionskomitee besteht aus André Chamson, Jean Guéhenno und Andrée Viollis. In der langen Liste mitarbeitender Autoren ist Bove umgeben von seinen Freunden Pierre Bost und Jean Cassou, aber auch von Gide, Romain Rolland, Aragon, Dabit, Giono, Martin du Gard, Paul Nizan, Ramuz, Jules Romains und Stefan Zweig. Boves »große unveröffentlichte Novelle« mit dem Titel »Le Secret« erscheint am Freitag, dem 13. Dezember 1935, in der Nummer 6 der Zeitschrift. Eine andere unveröffentlichte Novelle, »La Garantie«, taucht am 15. Januar 1936 in der Wochenzeitschrift »Marianne« auf.[242]

»Am Ende eines feuchtkühlen Nachmittags im Januar 1936 ging ein Mann von kleinem Wuchs die Rue de la Sous-Préfecture hinauf.« So beginnt Boves neuer Roman »Adieu Fombonne«. Schauplatz ist hier Compiègne, ohne daß die Stadt selbst nur einmal erwähnt wird; das Buch erscheint im Juli 1937 in einer Auflage von 3.300 Exemplaren bei Gallimard.

Boves einige Monate zuvor formulierte Wünsche werden sich freilich nicht erfüllen. Das Jahr 1936 kündigt sich kaum besser an als das vorige, so daß er seinem Bruder schreibt: »Kopf hoch! Mir geht es so wie Dir, und ich weiß nicht, was ich machen soll, um etwas zu essen zu haben. Alles ist so schwierig!«[243] Mißtrauisch, wie er ist, muß Léon sich diesen verzweifelten Zustand vom Verleger Robert Émile-Paul bestätigen lassen. Dieser antwortet auf Léons Nachfragen: »Ich habe Ihren Brief erhalten. Ich sehe Emmanuel ziemlich oft. Obwohl ich ihn nicht mehr verlege, bin ich doch ein wenig sein Vertrauter und weiß, welche Probleme er hat, um etwas Geld aufzutreiben. Sein Leben ist verdammt unglücklich, und er schreibt wie besessen, um Erzählungen anzubieten und dann doch nur unbedeutende Summen einzunehmen. Das Leben in Paris wird immer schwieriger.«[244]

Von diversen Schuldeinforderungen bedroht, rackern sich die Boves buchstäblich ab, um den Kopf über Wasser zu behalten. »Es war die

---

[242] Beide Erzählungen finden sind wieder in: »Monsieur Thorpe«, Éd. Le Castor Astral, Pantin 1988; dt. unter den Titeln »Das Geheimnis« und »Die Garantie« in: »Monsieur Thorpe«, Reclam Verlag Leipzig 1993. A.d.Ü.

[243] Emmanuel Bove, Brief an Léon vom 20. Dezember 1935.

[244] Robert Émile-Paul, Briefe an Léon Bobovnikoff vom 25. März und 29. April 1936.

schönste Zeit, es war die schlimmste Zeit«, so der erste, grausam-ironische Satz in Charles Dickens' Roman »Eine Geschichte zweier Städte«, mit dessen Übersetzung Louise beauftragt wird. Mit Hilfe ihres Mannes beendet sie zügig diese Arbeit, die in Fortsetzungen dann vom 9. Juli bis zum 22. Oktober 1936 in der kommunistischen Wochenzeitung »Regards« erscheint. Ebenfalls aus dem Englischen überträgt Louise in diesem Jahr den Roman »Die dritte Runde« von Sapper, Pseudonym des Oberstleutnants Cyril McNeil. Das Buch erscheint bei Gallimard in der Reihe »Détective«.

Trotz dieser Nebentätigkeiten kann das Paar allerdings die finanziellen Probleme nicht überwinden. So muß Bove den Roman, an dem er gerade sitzt, beiseite legen, um auf Aufforderung von Zeitschriften eine Anzahl von Texten niederzuschreiben. Die Erzählung »Tant que nous vivons« (Solange wir leben), Titel und Inhalt ein Ausdruck der Lage – der ruinierte und kränkelnde Erzähler bittet einen alten Freund und Chef eines Unternehmens um Hilfe –, erscheint am 7. Mai 1936 in »Regards«. Die Zeitschrift bringt als Werbeslogan ihrer Sondernummer »Sieg der Volksfront«: »Die Volksfront ist in allen Herzen, ›Regards‹ gehört in alle Hände.« Im Gegensatz zu seiner Frau Louise (die als militante Kommunistin lauthals die »Humanité« an der Métrostation Kléber anbietet und bis zu ihrem Tod im Jahre 1979 ihrer Überzeugung auch treu bleibt) wird Emmanuel ein »Weggefährte« bleiben, der nicht engagiert, aber solidarisch ist. In sein Tagebuch notiert er übrigens einige Jahre später den Satz: »Die Politik zehrt wirklich zu sehr an einem.«

Seine Solidarität mit der antifaschistischen Bewegung bekundet Bove von neuem, indem er in »Vendredi« eine Geschichte mit dem Titel »Le Retour« publiziert (am 15. Mai 1936), des weiteren eine mit quasi identischem Titel, wenn auch mit anderem Aufbau in »Regards« (»Retour«;[245] am 16. Juli 1936); nicht zu vergessen eine Lokalgeschichte in derselben Zeitschrift (vom 13. August 1936): »Un drame de la vanité«. Davon abgesehen schreibt er weiter für die Sparte »Vermischtes« der Wochenzeitschrift »Détective«, mal geht es dabei um lokale »faits divers« aus Compiègne,[246] mal um ein Verbrechen, das in einem Zustand von Mondsüchtigkeit begangen wur-

[245] Unter dem Titel »Rückkehr« hier im Anhang. A.d.Ü.
[246] »Madame Vignon, 22, rue de Clamart, à Compiègne, a étranglé ...«, in: »Détective« vom 2. Juli 1936.

de.[247] Das Sensationsblatt überläßt ihm für einige Monate auch das Horoskop. Louise konnte übrigens sein Interesse an der Sterndeuterei bestätigen: »Er interessierte sich für Astrologie, weil Max Jacob ihm gesagt hatte, daß Balzac, bevor er zu schreiben anfing, das Horoskop all seiner Figuren erstellte. Als wir noch in Paris waren, ging er allmorgendlich in das von Max bewohnte Hotelzimmer in der Rue Nollet und weihte ihn in die Sternenkunde ein.«[248]

Im Sommer 1936 herrscht Jubel auf den Pariser Straßen. Akkordeonklänge dringen aus bestreikten Fabriken, die Atmosphäre ist ebenso militant wie festlich und voller Hoffnung. Im Radio lauscht Bove den Reden Léon Blums, so wie er ein paar Jahre später der Stimme de Gaulles aus London zuhören wird. »Nicht vergessen, von der Freude der anderen zu sprechen«, vermerkt er in seinem Tagebuch.

Die wiedergefundenen Seiten dieses Tagebuchs setzen mit dem 25. August 1936 ein. Bove notiert dort Gedanken, Begegnungen und Lektüreeindrücke. Er entwirft ein detailliertes Porträt von Gaston Gallimard, einem seiner Verleger: »Eindruck eines Gauchos, eines Südamerikaners, aber all das ist freilich gewollt. Filzhut mit Tendenz zum Sombrero und dennoch kein Allerweltshut. Das ist der Gipfel des Chics – etwas darzustellen und gleichzeitig die Banalität aller beizubehalten.«

Unter demselben Datum bringt Bove seine Bewunderung für »Les Superbes« zum Ausdruck, ein Kapitel aus Jules Romains großem Romanzyklus »Les hommes de bonne volonté« (dt.: »Die guten Willens sind«). Er greift dabei einen Satz auf, den er in einer Hagiographie der heiligen Philomene gefunden hat: »Das größte Wunder, das der Herr für die heilige Märtyrerin bewirkt hat, ist die ungeheure Schnelligkeit, mit der sich ihr Kult verbreiten konnte«, und fügt hinzu: »Ich zitiere das nicht aus irgendeinem Skeptizismus heraus.«

Am 25. Oktober 1936 schreibt er in sein Tagebuch: »Habe beschlossen, jeden Tag ein paar Seiten in der Bibel zu lesen, so daß ich in einem Jahr damit durch bin und jedes Jahr wieder neu anfangen kann.« Wie viele atheistische Intellektuelle begreift auch Bove sich als Freidenker und beschäftigt sich interessiert mit den Texten der großen Mystiker und der Heiligen Schrift; er stößt da, bisweilen wohl zu seiner Verblüffung, auf eigene philosophische und morali-

[247] »Somnambulisme«, in: »Détective« vom 30. Juni 1936.
[248] Louise Bove, Gespräch mit François Beloux.

sche Gedanken: »Las gestern einige Seiten von Vater J.-B. Saint-Jure, ›Über die Bescheidenheit‹. War überrascht von einem letztlich ja kindlichen Satz, der lautete: ›Die Bescheidenheit fußt auf dem fortdauernden Gedenken göttlicher Gegenwart.‹«

In den Bruchstücken dieses Tagebuchs findet sich auch eine Stelle, wo Bove mit ein paar Zeilen im Ton eines Epitaphs den frühzeitigen Tod des Romanciers Eugène Dabit in Sewastopol beschreibt:

Traurig. Denke an unser Essen im Hôtel Du Nord. Welch seltsamer und charmanter Junge; seltsam, weil unverständlich, ungreifbar! Keine sozialen Klassen: In dem Teil seines Hirns, wo sein Werk Gestalt annahm, gab es so etwas nicht. Da bin ich ganz sicher. Vielleicht war es das, was all seinen Gesten, all seinen Handlungen diese Leichtigkeit, diese vollkommene Unbefangenheit gab. Alles betrachtete er vom Gefühlsstandpunkt aus.

Am 6. September 1936 kehren Emmanuel und Louise überstürzt nach Compiègne zurück. Nach einer verschleppten Grippe ist Bove mit einer Brustfellentzündung ans Bett gefesselt; er wird sich nie vollständig davon erholen. Diese Atemwegserkrankung markiert den Anfang einer physischen wie moralischen Auszehrung. Louise löst ihren Mann von nun an darin ab, Léons unaufhörliche Bittgesuche zu beantworten: »Ich schreibe Ihnen ein paar Neuigkeiten über Emmanuel, sie hören sich ein wenig besser an, aber er darf sich immer noch nicht bewegen. Das Fieber ist gesunken, aber sein Brustfell ist immer noch voller Wasser. Sobald ich ihn allein lassen kann, fahre ich nach Paris, um zu versuchen, seinen nächsten Roman in einer Zeitschrift unterzubringen, und sowie ich das Geld dafür in der Tasche habe, schicke ich Ihnen etwas zu. Momentan haben wir selbst nichts.«[249]

Mag Bove auch eine leichte Tendenz zum Hypochonder haben wie sein Held »Armand« im gleichnamigen Roman,[250] die Sache ist ernst. Bove ist beunruhigt und will seine Kinder Nora und Michel sehen. Doch deren Mutter, Suzanne, die selbst seit Monaten schon in einer aussichtslosen finanziellen Situation steckt, kann das Geld für die Reise nicht aufbringen.

---

[249] Louise Bove, Brief an Léon Bobovnikoff vom 21. September 1936.
[250] Vgl. »Armand«, a.a.O., S. 113: »Plötzlich fühlte ich einen Schmerz an der Leiste, einen kurzen Stich. Beengt ging ich weiter, in Angst, der Schmerz würde zurückkehren, heftiger als zuvor; er sei das Symptom einer schweren Krankheit.«

Am 4. Oktober kann Bove erste Versuche machen aufzustehen: »Wir gedenken, bald nach Paris zurückzukehren«, schreibt Louise an diesem Tag an Léon, »denn wir fühlen uns hier wirklich ein wenig verloren.« Am 19. desselben Monats beschreibt Bove, der wieder an den Schreibtisch zurückgekehrt ist, das Glücksgefühl, wenn nach einer langen Krankheit die Lebensgeister wieder erwachen; in seinem Tagebuch liest sich das so:

Kam gestern gegen halb sechs in Paris an. Das war das dritte Mal, daß ich nach meiner Krankheit vor die Tür gekommen war. Bei den ersten beiden Malen waren es jeweils nur zehn Minuten. Raymond holte uns mit dem Taxi ab. Abfahrt gegen vier Uhr. Strahlender später Herbstnachmittag (Strahlend heißt: worauf Sonnenstrahlen sind). Sonne über dem Land. Wunderbar. Die Sonne ohne Wärme. Windstille. Man meinte, der Tag sei aus der Zeit herausgefallen, und es schien, als habe er seine ganzen alltäglichen Mängel dort zurückgelassen. Die Ankunft in Paris war noch bemerkenswerter. Die großen Avenuen. Die angehenden Lichter, die schwachen Scheinwerfer der Autos.

Das mittellos dastehende Paar quartiert sich bei Louises Mutter in der Avenue Malakoff Nummer 93 ein. Louise sendet von da aus eine letzte Überweisung über 50 Franc an Léon, der spürt, daß die Situation ihm entgleitet, und deshalb in seinen Briefen zu Beleidigungen übergeht.
Bove selbst denkt bereits über seinen nächsten Roman nach:

Schwierigkeit, Thema zu finden. Es ist seltsam, alles außer dem Thema zu haben. Ich frage mich manchmal, ob das Thema nicht eine nachgeschaltete Leistung des Geistes ist. Wenn ich die Menschen male, so, wie sie sind, ihre Handlungen entwerfe, so, wie ich sie vermute, dann kommt das Thema ganz von selbst. Es gibt nichts Lähmenderes als diese Suche nach einem Thema.[251]

Am 3. März 1937 erscheint in der Zeitschrift »Marianne« die Novelle »Elle est morte« (Sie ist tot), wieder ein »vorwegnehmender« Titel: Soeben war Louises Mutter verschieden, und Henriette, die Mutter Boves, stirbt am 4. April an Brustkrebs. Der »kleine Léon«, der die Adresse seines Bruders mit behördlicher Hilfe herausbekommen hat, übermittelt ihm die traurige Nachricht. »Aber«, fügt er in weinerlichem Ton hinzu, »er kam nicht zur Beisetzung, ich hatte kein Geld, meine Mutter zu beerdigen. Leute aus dem Dorf haben mir was ge-

---

[251] Emmanuel Bove, Tagebuch, 25. Oktober 1936.

liehen.« Bove, der diesem Ereignis weder psychisch noch finanziell gewachsen ist, zieht es vor, zu Hause zu bleiben. Er schreibt an Léon diese Zeilen: »Ich wäre am 15. gern gekommen, aber unmöglich. Ich werde mein möglichstes tun, damit ich es Anfang Juni nachholen kann. Ich würde gern sehen, wo unsere Mutter liegt. Mir geht's jetzt besser, nur verdienen tue ich immer noch nichts.«[252]

Im Juli erscheint bei Gallimard endlich der in Compiègne verfaßte Roman »Adieu Fombonne«. »Es gibt nicht viel Neues zu berichten über ›Adieu Fombonne‹, dabei habe ich das Buch wirklich gemocht«, schreibt er ein Jahr später an den Verlag Gallimard.[253] Von der Auflage von 3.300 Stück werden nur 1.300 verkauft. Die Konjunkturlage, soviel ist klar, war schwierig in dieser Zeit.

Auch die Reaktionen auf das Buch sind negativ, beziehungsweise, noch schlimmer, sie bleiben aus. Edmond Jaloux, Mitglied der Académie française, schreibt: »Emmanuel Boves Werk ist eins der charakteristischsten unserer Zeit, obwohl es niemals die große Anerkennung erfahren hat, auf die es Anspruch gehabt hätte. Keines der Bücher Emmanuel Boves ist im übrigen ein kompletter Erfolg, einige darunter kann man gar als glatte Fehlschläge betrachten. ›Adieu Fombonne‹ gehört dazu. Ein Roman, das ist zuallererst etwas, das nacherzählt werden kann. Aber läßt sich ›Adieu Fombonne‹ nacherzählen? Und dennoch gehört dieser Romancier zu jenen, denen man das meiste Interesse entgegenbringt, eben weil er über eine einzigartige Persönlichkeit verfügt.«[254]

Nachdem das Ehepaar Bove im Oktober 1937 eine Wohnung in der Avenue de Peterhof Nummer 3 im 17. Arrondissement gemietet hat, sinnt es nun schon wieder darüber nach, Paris erneut zu verlassen. Bove beschäftigt sich mit Auswanderungsplänen und unternimmt eine Reise in die Schweiz, um einen geeigneten Ort ausfindig zu machen – doch ohne Erfolg. Zurück in Paris, schreibt er an Suzanne und schlägt ihr vor, daß er seinen Sohn Michel mitnimmt: »Da Paris für uns zu teuer ist, ich nicht mehr gesund genug bin, um die Redak-

252 Emmanuel Bove, Brief an Léon vom 22. April 1937.
253 Emmanuel Bove, Brief an die Éditions Gallimard vom 30. Juni 1938 (Archiv Gallimard).
254 Edmond Jaloux in einem Artikel vom März 1939 in einer nicht identifizierten Zeitung. [Zu »Adieu Fombonne« läßt sich mindestens noch eine weitere zeitgenössische Rezension anführen: die von Jean Vaudal, in: »N.R.F.«, No. 291 (1937), S. 1018f. A.d.Ü.]

tionsräume abzuklappern, und da ich, selbst wenn ich es wäre, nicht mehr dieselben Möglichkeiten hätte wie vor einigen Jahren und weil die Einsicht mir befiehlt, mich ausschließlich der Literatur zu widmen, was es mir erlauben dürfte, die finanzielle Situation zu erlangen, von der ich weiß, daß ich sie mit entsprechender Ruhe erreichen kann, hat meine Frau also beschlossen, ein kleines Landhaus in Zentralfrankreich zu kaufen. Mir wäre es jetzt lieb, Du wärst einverstanden, mir Michel anzuvertrauen. [...] Mir liegt daran, Dir zu sagen, daß ich keinerlei Unterschied zwischen meinen beiden Kindern mache und daß wir bereit sind, sie alle beide zu nehmen, wenn Du es nur willst.«[255] Diese Sehnsucht nach einem Familienleben, für das Bove in Wirklichkeit nie sorgen konnte, bleibt allerdings utopisch.

Zu guter Letzt lassen sich Emmanuel und Louise in Cap-Ferret, im Becken von Arcachon am Atlantik, nieder – wie Marcel Aymé und dessen Frau, die ihren Urlaub dort verbringen. Sie mieten sich kiefernumstandene Sommerhäuser inmitten von Dünen, mit Namen wie »La Tanière« oder »Les Goëlands«. Louise empfängt Schüler und Modelle für ihre Kurse in Bildhauerei, und Bove muß sich ein Zimmer im Hôtel de Normandie in Bordeaux nehmen, um in Ruhe arbeiten zu können.

Bove ist soeben vierzig Jahre alt geworden. In einem Schulheft, das er ab 1938 für Notizen nutzt, vermerkt er: »Ich bin allein in einem Hotelzimmer, wie Ende November 1916. Aber es gibt einen Unterschied: Ich bin vierzig. Ich betrachte die Vergangenheit, denn die Vergangenheit ist nun deutlich der überwiegende Teil meines Lebens. Und ich mag alles wiedersehen, ich erkenne nur Abertausende unbedeutender Dinge. Nichts Großes, nichts Edles, nichts, das wert ist, erwähnt zu werden. Nichts erscheint mir tragischer im Leben als diese Art Abschluß, der näherkommt, je älter man wird. Das Provisorische wird allmählich definitiv. Und die Geste, mit der man sich befreien könnte, fällt einem jeden Tag schwerer. Man macht sie zwar, aber sie ist schwerfällig, linkisch.«

Auf einzelnen Blättern dieser Schulhefte zählt Bove seine vollgeschriebenen Seiten zusammen: »Mai: 80 Seiten. Juli: 260 Seiten. Oktober: 530 Seiten ...« Minutiös legt er auch ein komplettes persönliches Glossar an und notiert sich eine Reihe grammatikalischer Regeln. Gewisse Kenntnisse macht er sich zur Pflicht: »Griechische,

---

[255] Emmanuel Bove, Brief an Suzanne Vallois vom 30. Dezember 1937.

lateinische Grundgrammatik. Religionskurs. Bibel. Philosophie. Dann und wann einen klassischen französischen Text.«

»Ist man weitab vom Schuß wie ich, freut man sich über Neuerscheinungen«, schreibt Bove am 30. Juni 1938 an den Verlag Gallimard. Er bittet um die Zusendung einiger der letzten Publikationen des Hauses, so »Myrthe« von Stephen Hudson, eine Biographie über Joseph Conrad, vor allem aber »La Nausée« (dt.: »Der Ekel«) – Jean-Paul Sartres »bovianischer« Monolog.

Im Laufe des Jahres 1938 werden die düsteren Anzeichen zur Realität: Die Volksfront zerfällt, Hitler annektiert Österreich und zerstückelt die Tschechoslowakei. Auf die sogenannte »Kristallnacht« folgen in Deutschland die Pogrome. In dieser erdrückenden Atmosphäre, am Heiligabend 1938, wirft Bove, der durch eine sehr lange Rekonvaleszenz geschwächt ist und sich durch den Umstand, nunmehr vierzig zu sein, zudem deprimiert fühlt, einige Zeilen für einen neuen Roman hin:

Genau in dem Augenblick, da ich in der Mitte meines Lebens angelangt bin, stelle ich fest, daß ich nichts habe, daß ich mich immer geirrt habe, daß ich stets so gehandelt habe wie jemand, der meint, auf dem rechten Weg zu sein, und sich in Wirklichkeit im Irrtum befindet. Alles gerät ins Wanken, und so sieht es mit mir aus: Ich habe keinen Freund, kein Vermögen, keinen Beruf. Er deckte sein gesamtes Leben auf. Er sah alles in Schwarz, und, merkwürdig, er fühlte sich erleichtert dabei. Nachdem er akzeptiert hatte, daß er nichts besaß, daß er sich nicht eine Freundschaft schaffen und genausowenig das Hab und Gut seiner Frau verwalten hatte können, da empfand er die bittere Freude, frei, von nichts abhängig zu sein. Doch dieses Gefühl war nicht von Dauer.

Im März 1939 erscheinen bei Gallimard in der von Paul Morand geführten Reihe »La Renaissance de la nouvelle« einige Texte unter dem Titel »La dernière nuit«. Diese Sammlung, Boves letzte Veröffentlichung vor Ausbruch des Krieges, umfaßt sechs Erzählungen, die größtenteils bereits in Zeitschriften erschienen waren, sowie einen Roman, mit dem das Buch beginnt und der ihm seinen Titel gibt. 1927 verfaßt, war er 1933 in den »Œuvres libres« bereits unter einem anderen Titel erschienen. Dieses Mal hat Bove einen pessimistischen Schluß gesetzt, denn der Held stirbt auf den letzten Seiten der Geschichte. Edmond Jaloux schreibt am 20. März in den »Nouvelles Littéraires«: »Es geht um einen im wesentlichen ›bovianischen‹ Menschen, der eines Abends in einem billigen Hotelzimmer die Unsinnigkeit seiner Existenz bemißt. [...] ›La dernière nuit‹ ist eines der besten Werke von Emmanuel Bove, in ihm zeigt sich sein besonderes Talent am deutlichsten. Er ist in typischer Weise ein Autor ›der Abendstimmung‹, einer der besonnensten Erforscher und Analytiker dieses Dämmerlichts, das den Zentralkern unseres Bewußtsein umgibt und mitunter auch verdunkelt. Wenn unsere Zeit Vergangenheit sein wird und man die Gesamtheit der literarischen Äußerungen des ersten Drittels des 20. Jahrhunderts studiert, wird man feststellen, daß seine Größe – und nicht nur in Frankreich – darin bestanden hat, Licht in diese bis dahin unbekannten Zwischenbereiche gebracht zu haben. Jede Epoche wird etwas zum Allgemeingut beigesteuert haben; unser Beitrag dürfte meiner Meinung nach der hier vorliegende sein.«

Anfang April erfährt Bove vom Tod des Kritikers – und Freundes – Fernand Vandérem:

Das Gefühl festhalten, das ich jedesmal empfinde, wenn einer, der bei meinen Anfängen dabeigewesen ist, verschwindet, bevor ich ihm habe zeigen können, daß er sich nicht getäuscht hat, als er mir sein Vertrauen gab.

Ein paar Tage später notiert ein mit sich selbst unzufriedener und sich selbst fordernder Bove:

Nichts mehr schreiben, ohne ein großes Thema zu haben. Nicht mehr, wie zuvor, ein Thema finden in dem, was ich geschrieben habe.

Mitte Juni verläßt Bove die Gironde und begibt sich nach Paris, ein getipptes, 226 Seiten starkes Manuskript mit dem Titel »Mémoires d'un homme singulier« im Gepäck. Dieser Roman ist für das Lektorat bei Gallimard bestimmt. Glücklich, wieder in Paris zu sein, speist Bove zusammen mit Pierre Bost und André Beucler in der »Coupole« zu Abend. »Was das Geld angeht im Verlag, so sieht es nicht besonders gut aus«, schreibt er am 24. Juni 1939 an Louise, »ich werde die im Vertrag vorgesehenen 3.000 Franc verlangen, und wenn es klappt, stelle ich meine Bedingungen oder gehe woanders hin.« Doch statt dem Verlag einen Vertrag aufzuzwingen, erfährt Bove zum ersten Mal eine herbe Enttäuschung durch einen Verlag. Im Laufe des Juli erhält er einen Ablehnungsbescheid, wenn sich in ihm auch Anerkennung bemerkbar macht: »Handelt es sich um eine

Autobiographie (oder so etwas Ähnliches)? Man könnte es meinen bei dem einen oder anderen Tonfall, der einen mitunter rührt. Es geht immer um denselben Helden Boves und immer um dieselbe Geschichte. [...] Er vegetiert armselig vor sich hin, versucht, sich an Frauen zu klammern. Vielleicht wird der Krieg ihn verändern?« Doch an diesen Krieg zu glauben, weigert sich Bove; in den letzten Sätzen des Manuskripts heißt es:

Sollte es zu einem neuen Krieg kommen, wäre ich diesmal ein Held oder würde getötet werden. Aber es gibt keinen Krieg. Und ich werde kein Held sein und werde auch nicht getötet werden. Ich bin jetzt einundvierzig. Was soll ich tun?

Der Bescheid aus dem Verlag endet mit dem doppelsinnigen Satz: »Das ist vielleicht nicht allererste Qualität, aber es ist mehr als jemals sonst Bovesche Qualität.«[256]
Fassungslos, wie vor den Kopf geschlagen, reist Bove zurück nach Cap-Ferret. An Pierre Bost schreibt er: »Danke, daß Sie mich unter für mich so wichtigen Umständen verteidigt haben, jetzt bin ich beruhigt ... Dank Gallimard schreibe ich die Fortsetzung dieses Buches, was ich womöglich sonst nicht getan hätte. Ich habe also Zeit, einen Verleger zu finden.«
Wenn er auch so tut, als würde ihn die Sache nicht weiter anfechten, ist Bove doch ziemlich mitgenommen. Ein Brief von Marcel Arland, der dem Lektorat bei Gallimard angehört, vermittelt ihm ein wenig Trost: »Ich sagte zu Gallimard, dies sei vielleicht nicht das ›gelungenste‹ Buch, keins für das breite Publikum, aber ein Buch, das Ihnen am nächsten ist. Ihnen am nächsten – und das verleiht ihm auch einen schmerzlichen Akzent, was Sie vielleicht daran hindert, Ihrem Helden eine so deutliche Zeichnung und Kontur zu geben, wie man sich das gerne vorstellte. [...] Ich wünschte, man würde es publizieren, und ich habe das letzte Woche wiederholt. Aber da war noch ein anderer Lektor, der sich unsicher war, na ja, und Gallimard erst recht, aus Absatzgründen.«[257] Der Roman bleibt beinahe fünfzig Jahre unveröffentlicht, bis er 1987 im Verlag Calmann-Lévy erscheint.
»Neige zur Melancholie. Sollte mich in acht nehmen«, schreibt Bove

[256] Von Marcel Arland an Bove überbrachte Mitteilung.
[257] Marcel Arland, Brief an Emmanuel Bove vom 20. Juli 1939.

in sein Tagebuch. Diese Melancholie verstärkt sich noch durch die Ablehnung seines Buches, und Bove zieht sich in seine Villa »Les Goëlands« in Cap-Ferret zurück. Marcel Aymé versucht, ihn aus seiner Verdrossenheit herauszuholen. Jeden Morgen schaut er bei Bove vorbei. Nach ausgiebigen Diskussionen über Literatur beschließen sie den Tag bei Billard- oder Tischtennisspiel im Café du Centre. Aymés Frau Marie-Antoinette geht derweil mit Louise zusammen an den Strand: »Louise war eine reizende Frau, wenn auch sehr bohemehaft. Ich entsinne mich, wie sie am Strand die Frauen aus Bordeaux verrückt machte, weil sie als Badeanzug so eine Art Spielhöschen anhatte, aus dem sie ihre Zigaretten herausholte sowie ein Feuerzeug, das dann an ihren Beinen herunterbaumelte. Eine andere, noch wichtigere Sache, die die Weiber aus dem Häuschen brachte: Sie holte sich ihre Milch in einem Bierglas mit einer solchen Selbstverständlichkeit, ja, das war ihr dermaßen egal, sie hielt das Ding in den Händen, als wäre es ein Silberkrug. Eines Tages war Louise nach Arcachon gefahren, allein, um die Rothschilds zu treffen, die einen Abstecher dorthin gemacht hatten, und sie hatte sich von mir ein paar Sachen ausgeliehen. Ich denke, daß sie versucht hat, sich etwas Geld zu verschaffen, denn es reichte ja vorne und hinten nicht. Sie sagte mir, sie müsse sich um Emmanuel wie um ein Kind kümmern. Er war anziehend, häufig traurig. Ich erinnere mich an eine Autofahrt mit ihm, er wollte nie selber fahren, er war düster, schon krank, er hustete.«[258]

Der Schluß des Originalmanuskripts von »Mémoires d'un homme singulier« weicht von dem maschingeschriebenen ab. Bove hatte einige Sätze gestrichen, um den Text lockerer zu machen. Hier der Vollständigkeit halber die andere Fassung:

Ich kann so nicht mehr leben. Der Ekel vor dem Leben, das ich geführt habe, ist so stark geworden, daß ich mich davon lösen muß. Wird wohl der Krieg mich da herausreißen können? Über eine Sache bin ich mir sicher, die einzige auf der Welt überhaupt. Sollte es aufgrund eines fürchterliches Mißverständnisses unter den Völkern zu einem neuen Krieg kommen, wäre ich dieses Mal ein Held oder würde getötet werden. [...] Ich will aber mein Leben riskieren. Wenn ich Arzt oder auch nur Krankenpfleger wäre, würde ich zu einer entfernten Kolonie aufbrechen und dort Lepra oder Typhus heilen. Wenn ich Offizier wäre ... Aber das ist unmöglich. Ich spüre, daß ich heute mein Leben aufs Spiel setzen muß, um glücklich zu sein. Es sei

[258] Marie-Antoinette Aymé im Gespräch mit Raymond Cousse.

denn, ich schreibe weiter Bücher. Wenn ich keine Geschichten erzählen kann, dann kann ich zumindest die Wahrheit sagen. Mag sein, daß dies meine Bestimmung auf Erden ist. (Ende. Freitag, 9. Juni 1939. Emmanuel Bove. »La Tanière«, Le Cap-Ferret.)

Am 3. September 1939 erklärt Frankreich Deutschland den Krieg.

Ein Mann mit Erfahrungen[259]

»Mittwoch, 27. März 1940,
 6 Uhr
Liebling, ich komme gerade aus dem Saint-Lazare[260] und schreibe
Dir schnell ein paar Zeilen, damit Du den Brief möglichst morgen
schon hast. Alles ist sehr gut verlaufen. Wir sind eigentlich eher Ar-
beitsdienstler als Soldaten. Man hat uns so eine Art Postbotenkäppi
aufgesetzt und uns in eine gestreifte Zivilkleidung gesteckt. Was für
ein Heidenspektakel bei unserer Ankunft! Du wärst sprachlos,
könntest du all diese Männer sehen. Wir sind in einem alten, verfal-
lenen Anwesen untergebracht, auf Strohsäcken. Bestimmt werden
wir in Fabriken geschickt. All das ist recht aufregend, und ich leide
nur darunter, daß ich Dir nicht erzählen kann, was ich sehe. Tausend Küsse, Emmanuel.«
In diesem Brief an die in Cap-Ferret gebliebene Louise beschreibt
Bove seinen ersten Tag als Einberufener. Einberufen zur 2. Arbeits-
kompanie des Kavallerieregiments in Saint-Germain-en-Laye, wartet
er nunmehr unruhig auf seinen Einsatz: »Ich weiß nicht, was mit
mir geschehen wird. Paris zeigt sich nicht gerade von seiner heiteren
Seite. Jedermann zieht sich in sich selbst zurück. [...] Der Regi-
mentsarzt hat mich mit einem Apparat abgehorcht, aber nichts gesagt. Ich habe ihm natürlich erzählt, daß ich eine Rippenfellentzün-
dung hatte. ›Ja, ja, ja‹ – das war alles, was er darauf sagte. Dann habe
ich ihm erzählt, daß ich Schriftsteller sei und befürchte, keine an-
strengenden Arbeiten machen zu können. Er erwiderte, immer noch
mit sehr leiser Stimme, daß es Aufgabe der Führung sei, jeden an
seinen Platz zu stellen. Jedenfalls war es ein Mann, der sehr intelligent aussah. Wenn Du die anderen gesehen hättest! Ich kann Dir
versichern, daß ich ansonsten ganz gesund bin.«[261]
Im Büro eines Hauptmanns, wo er als Sekretär Befehle, die nie
kommen, erwartet, fällt Bove bald schon die Decke auf den Kopf.

---

[259] Die Kapitelüberschrift ist wie im vorigen Kapitel gleichlautend mit einem Titel
 der letzten Romane Boves [hier: »Un homme qui savait«]; er ist, leicht erkenn-
 bar, hier frei übersetzt wiedergegeben. A.d.Ü.
[260] Staatsgefängnis unter der Revolution, Frauengefängnis bis 1932. A.d.Ü.
[261] Emmanuel Bove, Brief an Louise Bove vom 28. März 1940.

Die Deutschen sind noch weit weg von der Hauptstadt. Bove hofft, in Paris eine Wohnung mieten zu können und seine Frau dorthin kommen zu lassen: »Ich muß in Paris sein. Ob der Krieg nun endet oder nicht, es ist auf jeden Fall das beste. Wenn er aufhört, werde ich zu arbeiten haben, mit allen Kontakt aufnehmen und dort sein müssen. Wenn er nicht aufhört, Paris bleibt das Zentrum der Orte, zu denen ich geschickt werden kann.«[262] Abends kann Bove die Kaserne verlassen und die Nacht bei seiner Stiefmutter Emily in Paris verbringen. Wie viele andere zeigt auch er sich über das armselige Aussehen und die beklagenswerten Lebensbedingungen der Einberufenen seines Jahrgangs schockiert: »Jeder ist sehr lieb, aber was soll's, es ist schon traurig, all diese Männer, die im Krieg waren, unter solchen Bedingungen leben zu sehen.«[263]

Bove fühlt sich isoliert. Seinen Freund, den Illustrator René Ben Sussan, der zwar in dieselbe Kompanie eingezogen, aber wieder nach Hause geschickt wurde, verfehlt er knapp: »Ich habe kein Glück«, schreibt er an Louise. »All meine Freunde verschwinden nach und nach.« Dank Louises Beziehungen hofft Bove, auf einen Posten versetzt zu werden, wo er sich nützlich machen kann, doch vergeblich, landet er doch in einer Gießerei im Departement Cher.

Der Waffenstillstand überrascht ihn in Ambert; von dort aus kehrt er in seine Fabrik zurück, die nach Aveyron[264] verlegt worden ist. In einem der drei in Algier verfaßten Romane, der diesen dunklen Jahren gewidmet ist, beschreibt Bove diese Begebenheit detailliert:

Im Moment des Waffenstillstands, nachdem ich meine Einheit verloren hatte, befand ich mich in Ambert, im Puy-de-Dôme. Ich stellte mich auf der Gendarmerie. Man hieß mich warten. Ein paar Tage darauf ließ ein Kommandeur sich in der Unterpräfektur nieder, der den Titel eines Zonenoffiziers bekleidete – keine Ahnung, woher er den hatte. Der Trommler verkündete, daß alle Soldaten in der Stadt sich bei ihm zu melden hätten. Das tat ich. Da ich Journalist war und der Kommandeur einen Sekretär brauchte, nahm er mich und unterstellte mich seinem Dienst. So kam es, daß ich es war, der alle Bauern des Bezirks entließ. Als ich an der Reihe war, machte ich dasselbe mit mir.[265]

262 Emmanuel Bove, Brief an Louise Bove vom 3. April 1940.
263 Emmanuel Bove, Brief an Louise Bove vom 4. April 1940.
264 Ambert: Stadt im Zentralmassiv, zwischen Clermont-Ferrand und St.-Étienne gelegen; Aveyron: Fluß und Departement im Süden des Zentralmassivs; der dortige Verwaltungssitz ist Rodez. A.d.Ü.
265 Vgl. Emmanuel Bove, »Le Piège«, La Table Ronde, Paris 1986, S. 49.

Diese Version ist von der Wahrheit nicht weit entfernt. Am 10. Juli 1940 füllt Bove seine Entlassungsurkunde selbst aus. Darin gibt er, noch bevor die Kampfhandlungen beginnen, als Beruf, den er vor dem Krieg ausgeübt hat, an: »Homme de lettres« – Schriftsteller.

Kurze Zeit später kommt Louise zu ihm nach Ambert, wo beide den Sommer des Jahres 1940 verbringen. Jeden Tag schauen sie bei Henri Pourrat vorbei, einem Autor folkloristischer Romane, der ein Jahr später den Prix Goncourt für seinen bei Gallimard verlegten Roman »Vent de Mars« erhalten sollte. Gaston Gallimard ist es auch, der das Paar finanziell unterstützt und Bove Ratschläge erteilt, wie er es anstellen muß, um nach London zu gelangen. Es ist symptomatisch für die Ambivalenz dieser verworrenen Zeit, daß Henri Pourrat, Autor von »Gaspard des montagnes«[266], seinen kommunistischen Freunden während des Exodus Zuflucht gewährt, zugleich aber auch ein positives Porträt jenes Mannes verfaßt, der in Vichy gerade dabei ist, einen neuen, Deutschland ergebenen französischen Staat zu gründen: Marschall Pétain. Der Titel seines propagandistischen Machwerks lautet »Le Chef français«.

Ein Autor »des Dämmerlichts« hatte Edmond Jaloux mit Bezug auf Bove geschrieben, und in diesem »zwielichtigen« Frankreich sollte Bove auch ein ideales Thema finden. So schreibt er ab 1944 an dem Roman »Le Piège« (dt.: »Die Falle«), einem der scharfsinnigsten Bücher unter den zahllosen Publikationen über diese nach wie vor dunkle Epoche französischer Geschichte. Dort heißt es unter anderem:

Wenn jeder Franzose sich selbst durchforschte, wenn er aufrichtig wäre, müßte er sehr wohl zugeben, daß ihm ein riesengroßer Stein vom Herzen gefallen war, als der Waffenstillstand unterzeichnet wurde.[267]

Um die Komplexität und Widersprüchlichkeit der damaligen Zeit zu begreifen, mag man sich vor Augen halten, daß für die Mehrheit der Franzosen des Jahres 1940 Pétain einem »Retter des Vaterlands« gleichkam; ein Auftritt von ihm in der Öffentlichkeit löste massenhaft Hysterie und Trancezustände aus – wohingegen der so gut wie unbekannte General nicht gehört worden war, der die Kapitulation

266 Vollständiger Titel: »Les vaillances, farces et gentillesses de Gaspard des montagnes«, Paris 1922–1931. A.d.Ü.
267 Vgl. »Le Piège«, a.a.O., S. 10.

verweigert und am 18. Juni auf dem Umweg über Radio London die Franzosen dazu aufgerufen hatte, sich ihm anzuschließen, um den Krieg fortzusetzen.

Mit Blick auf ihren Mann schreibt Louise: »Er ließ sich nie für dumm verkaufen.« Bove hatte den Aufruf de Gaulles sehr wohl vernommen; in »Le Piège« heißt es:

Es machte ihm Vergnügen, diesen Botschaften zuzuhören. Sie waren das Indiz, das einzige Indiz inmitten all dieses Elends, daß irgend etwas passierte, daß es irgendwo auf der Welt noch Menschen gab, die die Deutschen reinlegten, die etwas gegen sie unternahmen. Und er hoffte irgendwie darauf, daß durch weiß der Teufel was für Umstände, eine dieser Botschaften ihm allein gelten würde, daß er auf einmal beispielsweise den Satz vernähme: »Der Mann von Yolande wird in London erwartet. Wir wiederholen: Der Mann von Yolande wird in London erwartet.«[268]

Dank des Tagebuchs von Henri Pourrat und der genauen Wiedergabe von Orten und Daten in dem Roman »Le Piège« wird einem klar, daß auch Bove, wie sein Anti-Held Joseph Bridet, im Hinblick auf den notwendigen Passierschein, um nach England zu gelangen, sich mit der Vichy-Regierung und ihrem widerwärtigen politischen System konfrontiert sieht. »Man riskierte, Verdacht zu erregen, wollte man nichts für sich selbst, man war immer verdächtig, wollte man etwas für einen anderen.« So resümiert Maurice Martin du Gard in seinen Memoiren[269] die lebensgefährliche Stimmung in Vichy.

Bove erkennt sehr rasch die Ambivalenz seiner Unternehmungen und die damit verbundene Gefahr. Mit seinem kafkaesken Roman liefert er eine bedeutsame psychologische Studie Frankreichs unter dem Vichy-Regime. Eine der Figuren in der Erzählung, Paul Basson, den der Protagonist Joseph Bridet um einen Passierschein bittet, weist eine gewisse Ähnlichkeit mit dem Schriftsteller Jean Giraudoux auf, der dem Vichy-Regime seinerzeit nahestand und den Bove sowohl kannte als auch bewunderte. In diesem die faulen Kompromisse von Vichy anprangernden Roman vermied Bove jede Schwarzweißmalerei. Dabei hätte er leicht Lektionen in Rechtschaffenheit erteilen können, weigerte er sich doch trotz aller Angebote

---

[268] Ebd., S. 58. [Yolande ist in dem Roman die Gattin des Protagonisten Joseph Bridet. A.d.Ü.]

[269] Vgl. Maurice Martin du Gard, »La Chronique de Vichy«, 1940–1944, Flammarion, Paris 1975.

von Verlagen, unter deutscher Besatzung weiter zu veröffentlichen. Die für die eigene Bekanntheit heikle Wahl einer Literatur »des Schweigens« wird von seinen Schriftstellerkollegen indessen kaum geteilt. Robert Émile-Paul, einer der wichtigsten Verleger Boves, vertritt diese »literarisch korrekte« Haltung allerdings ebenfalls. Er bildet die Ausnahme eines Berufsstands, von dem gewisse Leute Profit aus dem Lesehunger des Landes schlagen, dafür das Spiel der Kollaboration mitspielen und die Zensurvereinbarungen ebenso wie die Listen verbotener Werke, Arisierung, die Kommission für Papierbewirtschaftung und die Publikation von Propagandamaterial bereitwillig akzeptieren. Bei der Befreiung argumentieren diese opportunistischen Verleger mit der Strategie des »geringsten Übels« – übrigens mit einigem Erfolg.

Dagegen geht für andere Verleger und Schriftsteller nach einem Leben im Untergrund und in der Résistance die Euphorie bei der Befreiung mit der Zerstörung ihrer Illusionen einher. Auch Bove gehört dazu. Zunächst aber, da in Paris gerade die Ausstellung »Der Jude und Frankreich«[270] eröffnet wird, ist es vordringlich für das Ehepaar Bove, sich vor den Nazi-Ausschreitungen in Sicherheit zu bringen. Obwohl Bove durch die Maschen der sogenannten »Otto«-Liste[271] fällt, dürfte sein Name als Mitglied des »Komitees zur Wachsamkeit der antifaschistischen Intellektuellen« auf einer der schwarzen Listen gestanden haben. Und auch für Louise wird wegen ihrer jüdischen Herkunft und ihrer Zugehörigkeit zur Kommunistischen Partei die Gefahr von Tag zu Tag zusehends größer.

Lyon ist für das Paar die erste Etappe auf dem Weg in den Untergrund. In der Metropole der Seidenarbeiter, Fluchtort derer, die aus der besetzten Zone kommen, bald auch Hauptstadt der Résistance, finden zahlreiche Pariser Schriftsteller und Journalisten Unterschlupf. Die bedrückende Atmosphäre dort beschreibt Bove minutiös am Anfang von »Le Piège«:

In dieser Menschenmenge, die in die Stadt eingefallen war, bei den Schwierigkeiten eines jeden und all den Leuten, die selbst in Paris, falls sie sich kannten, nichts mit-

---

270 »Le Juif et la France« – eine antisemitische Propaganda-Ausstellung für Franzosen, die am 5. September 1940 eröffnet wurde.
271 Mit Hilfe bestimmter Verleger erstellte die deutsche Besatzung sogenannte »Otto-Listen« (insgesamt drei), um Werke vornehmlich französischer jüdischer Autoren zu erfassen und vom Markt zu nehmen.

einander zu tun hatten, war kein Raum für das mindeste Gefühl von Solidarität. Man gab sich die Hand, war bemüht, auch beim zehnten Wiedersehen genauso zufrieden auszusehen wie beim ersten Mal, man fühlte mit in der riesigen Katastrophe, indem man so tat, als glaube man daran, das Unglück würde die Menschen eher zusammenschweißen als sie spalten, doch sobald man aufhörte, von der allgemeinen Misere zu reden, und dazu überging, auf den eigenen kleinen Fall hinzuweisen, befand man sich vor einer Wand.[272]

Unter den Pariser Exilanten trifft Bove auf einige seiner Freunde, so auf Pierre Bost, der nach überstandener Gefangenschaft aktiv an den illegalen Aktionen der in die Gegend von Lyon geflüchteten Schriftsteller teilnahm.

»Seitdem er in Lyon war, suchte Bridet nach einem Mittel, um nach England zu gelangen. Das war nicht einfach.« So der Anfang von »Le Piège«. Wie seine Hauptfigur Bridet hält Bove an der Idee fest, jenseits des Kanals zu den »Forces Françaises Libres« zu stoßen. Aber es ist ein schwieriges Unterfangen, französischen Boden zu verlassen, denn das Land ist ja durch die »Demarkationslinie« in zwei Teile geteilt. Diese neue Grenze im Innern, die eine besetzte »Nordzone« von einer sogenannten freien »Südzone« trennt, durchzieht das Land vom Genfer See bis hin zur spanischen Grenze. Alle Seehäfen sind, mit Ausnahme der Häfen am Mittelmeer, gesperrt.

Ende September 1940 bemüht sich Bove innerhalb seiner Lyoner »Bekanntschaften« verstärkt darum, an einen Passierschein zu gelangen, der es ihm gestattet, via Nordafrika nach London zu kommen. Über seine Stiefmutter Emily sowie durch den Freund und Pastorensohn Pierre Bost war Bove mit dem Protestantismus in Berührung gekommen; schließlich fand er in der Gemeinschaft dieses Glaubens auch die gesuchte Unterstützung. Man muß hier den Weitblick und den Mut der Protestanten während der Okkupationsjahre hervorheben. Die meisten Franzosen, wie auch die Bewohner Lyons, teilten die Überzeugung, die sich kurz nach dem Waffenstillstand verbreitet hatte und welche lautete: Frankreich hat gesündigt, und weil es gesündigt hat, wurde es besiegt. Bekanntlich setzte sich das Episkopat dieser Glaubenshaltung nicht entgegen – im Gegenteil.

Pastor Roland de Pury zeigte während einer sonntäglichen Predigt in der Kirche der Rue Lanterne in Lyon den Weg für die Protestanten auf, als er sagte: »Lieber ein totes als ein verkauftes Frankreich.«

[272] Vgl. »Le Piège«, a.a.O., S. 7f.

Die katholische Hierarchie zeigte ihren Unmut gegen das Vichy-Regime erst viel später, als nämlich die Razzien gegen die Juden einfach nicht mehr zu übersehen waren. Zahlreiche Pastoren und einfache Mitglieder der protestantischen Kirche engagierten sich in einer antinazistischen Bewegung, indem sie Kettensysteme und Zufluchtsorte schufen, die es jüdischen und politischen Flüchtlingen ermöglichten unterzutauchen.

Im Oktober 1940, als die Regierung Pétain die antisemitischen Gesetze vorantreibt, finden Emmanuel und Louise Bove Zuflucht in einem der Zentren des Untergrunds, genauer gesagt in Dieulefit, einer kleinen Gemeinde von 3.000 Einwohnern im Süden des Departements Drôme. Das protestantische Dorf besaß bereits eine gewisse Vergangenheit als Asylort, hatte es doch 1939 schon etwa zwanzig Republikanerinnen bei sich aufgenommen, die vor dem Franco-Regime in Spanien geflohen waren. Ab dem Frühjahr 1940 nehmen die Bewohner von Dieulefit Flüchtende aus dem Norden und dem Osten Frankreichs bei sich auf, aber auch Belgier, Polen, Deutsche, die in Opposition zum Naziregime stehen, Italiener, Engländer und Amerikaner. Aus Gastfreundschaft wird eine engagierte, durchorganisierte Aufnahme, die der Résistance nahesteht. Zwischen 1940 und 1944 sollten mehr als 1.500 Flüchtlinge – Antifaschisten, Juden, Schriftsteller und Künstler – dort Zuflucht finden. Wegen seiner geographischen Lage bietet sich Dieulefit geradezu an für den Untergrund. Dreißig Kilometer von der Rhône und einem Bahnhof entfernt, mit einer Landschaft ringsherum, die nirgendwo hinführt, hat man hier den Eindruck, am Ende der Welt zu sein. So wie viele Flüchtende kommen die Boves in der »Pension de Beauvallon« unter, die gleich hinter Dieulefit liegt. Unter den ersten, die dort Unterschlupf finden, sind der Dichter Pierre Jean Jouve sowie seine Frau, die Psychoanalytikerin Blanche Revenchon, des weiteren der Dichter Pierre Emmanuel und seine Frau Jeanne Bourgogne. Ihre Erinnerung an diese Zeit: »Im Winter 40/41 herrschte eine Saukälte. Es gab Schnee. Wir lernten Dieulefit über Pierre Jean Jouve kennen. Er ging bereits in der Pension Beauvallon ein und aus, und dort lernte ich auch die Boves kennen. Louise sah wirklich nach etwas aus, wirkte sehr offen, vielleicht sogar ein wenig maskulin. Sie hatte uns gesagt, sie sei eine Freundin des Filmemachers Pabst. Sie sagte zu mir: ›Ich werde Sie Pabst vorstellen, weil ich finde, daß Sie wie eine junge Komödiantin aussehen, die gerade ihr Debüt macht; jedesmal, wenn ich Sie sehe, muß ich lachen.‹ Er hingegen war eher unscheinbar, fast farblos.«[273]

Wenn Bove nicht schreibt, verbringt er seine Zeit in der Beauvallon-Schule, gleich neben der Pension. Diese Schule entpuppt sich als wahres kulturelles Zentrum und als eines des Widerstands. In der hierhin geflüchteten Gruppe Intellektueller kommt es zu einem intensiven kulturellen Austausch. Bove hört sich dort häufig Vorträge an, etwa den des Hinduisten Jean Hébert, der von Henri-Pierre Roché eingeladen wurde. Roché, Autor von »Jules et Jim«, inszeniert für die Kinder der Schule auch Theaterstücke auf einer improvisierten Bühne, und Bove steuert hierfür ebenfalls ein kleines Stück bei. Die Kindergärtnerin der Schule, Renée Sevenier, erinnert sich genau an den Autor: »Bove war ein kleiner Mann mit gräulichem Teint. Er hatte nicht die Dynamik, die man sich von ihm erwartet hätte. Er war ganz in Schwarz gekleidet, eher trist, immerzu mit einem zweiteiligen Anzug und einem kleinen modischen Filzhut bekleidet. Eines Tages sagte er mir: ›In dieser Schule passiert nicht viel, es ist wirklich fad hier.‹ Und ich erwiderte ihm: ›Hören Sie, Sie täuschen sich, es passieren tolle Dinge, schauen Sie nur genau hin, Sie können hier auf Fundgruben stoßen für Ihre Romane.‹ Bove hatte etwas sehr Bescheidenes, war immer im Hintergrund. Er sprach nie über sein Werk. Dabei hätte ihm das helfen können.«[274] In Dieulefit trifft Bove auf den Literaturkritiker André Rousseaux, dem er 1928 für die Zeitschrift »Candide« eines seiner seltenen Interviews gegeben hatte. Der Journalist ist in einem großen Gebäude im Zentrum des Dorfes untergebracht, wo er sein Buch über Péguy schreibt und Vorträge über Poesie hält.

Die Bewohner von Dieulefit und ihre »Gäste« nehmen auch Anteil an den Aktivitäten der Résistance. Abends versammelt man sich zu Dutzenden um ein Radiogerät und lauscht gebannt dem Londoner Sender. Die Schule in Beauvallon nimmt die verletzten oder verfolgten Mitglieder aus dem Widerstand auf, die »maquisards«, und gibt die aus Lyon kommenden Nachrichten an die Untergrundposten im Gebirge weiter. Die Schule dient auch als Zwischenlager für die Post der Résistancegruppe aus dem Rhône-Tal, die von Louis Aragon und

273 Jeanne Bourgogne im Gespräch mit Raymond Cousse.
274 Renée Sevenier im Gespräch mit Raymond Cousse.

Elsa Triolet zugespielt wird. Der Bürgermeister, immerhin Vichy-Anhänger, drückt angesichts der Aktivitäten seiner eigenen Sekretärin, Madame Barnier, die den Geflohenen gefälschte Pässe verschafft, beide Augen zu. Das gut informierte und von der Präfektur in Valence in gewisser Hinsicht protegierte Dieulefit ist dennoch vor einem Besuch durch die Gestapo nicht gefeit; einer ihrer Chefs hatte in Lyon erklärt: »Dieulefit, das ist ein Nest von Juden und Terroristen.«

Am Ende dieses Sommers 1941 nutzt Bove die kurze Ruhepause aus, um sich der Lektüre (»Souvenirs de jeunesse« von Ernest Renan) und dem Schreiben zu widmen.

Nach der Niederschrift einiger Erzählungen setzt er sich an einen neuen Roman, den er am 2. April 1942 beendet. Mit Bleistift notiert er am Rand den Titel, der ihn besser als alles andere charakterisiert: »Un homme qui savait«.[275] Ein alter Arzt mit obskurer Vergangenheit steht im Mittelpunkt dieses Textes. Nach Jahren der Trennung, das Alter vor Augen, findet er zu seiner Schwester Émilie zurück, und alle beide überwinden nunmehr, in ihrem gemeinsamen Versuch zu überleben, ihre Einsamkeit, ihre Armut, ihre Untätigkeit und sogar ihre gegenseitige Verachtung. Der heruntergekommene Arzt Maurice Lesca unternimmt es (so wie die meisten Figuren bei Bove), mittels einer glasklaren und schmerzhaften Introspektion, die Lehre aus seinem Scheitern zu ziehen:

Ich verstehe jetzt, warum ich in allem, was ich unternommen habe, gescheitert bin. Ich verstehe, warum ich arm bin, warum ich keine Freunde, keine Frau, keine Kinder habe. Was mir gerade passiert ist, ist mir schon hundertmal zugestoßen. Ich komme nur bei den Leuten an, die leiden, nur bei denen, die das Leben bereits ausgelöscht hat, nur dort, wo mir nichts Erfreuliches mehr passieren kann.[276]

Obwohl Dieulefit eine Insel des Friedens ist, verdüstert sich Boves Stimmung hier im Laufe der Monate zusehends. Simone Monnier, eine der Leiterinnen der Beauvallon-Schule, erzählt: »Ich sehe ihn genau vor mir in den Gängen der Schule. Er bewegte sich wie ein

---

[275] Dt. etwa entsprechend der Kapitelüberschrift; siehe hier Anm. 259. A.d.Ü. Der Roman blieb bis 1985 unveröffentlicht. 1987 erfolgte in Paris eine Inszenierung dieses Textes durch das Theaterensemble Jacques Kraemer am »Théâtre Jean-Marie Serreau«.

[276] »Un homme qui savait«, La Table Ronde, Paris 1985, S. 24.

Schatten, ein wenig gebeugt. Er sah fast krank aus. Er war sehr nett, ungemein sanft. Obwohl er gut aussah war, fiel er nicht auf. Er war davon überzeugt, daß das, was er schrieb, nichts wert war, daß keiner ihn jemals lesen würde. Seine Frau Louise war sehr extrovertiert. So, wie sie extrovertiert war, war er introvertiert. Sie hatte eine männliche Art zu denken, er dagegen war ganz weiblich, mit einer Art innerer Flamme versehen. Es wundert mich nicht, daß er ins Goldene Buch der Schule nichts eingetragen hat, er wollte halt keinerlei Spuren von sich hinterlassen.«[277]

Ein Schatten, unscheinbar, farblos ... Alle Augenzeugenberichte unterstreichen den entschiedenen Willen Boves, nicht aufzufallen, sich nur dem Schreiben zu widmen und gleichzeitig hinter dem Schreiben zurückzutreten. Man könnte sagen, daß er sich in seiner inneren Welt verschanzt, sich mit jedem neuen Buch weiter zurückzieht und dabei auf seine Persönlichkeit zugunsten eines imaginären Universums verzichtet.

Bove in seiner Isolation erfährt nichts von dem Ereignis, das seine Melancholie in diesem Frühjahr 1942 verschlimmert hätte. Die Frau, die er über alles bewundert hatte, die ihn in seiner Jugend gefördert hatte – Emily, die »reiche Engländerin« –, stirbt in Paris. »Den ganzen Sommer über war er in den Dörfern des Puy-de-Dôme, der Ardèche, der Drôme umhergezogen ...«[278]

Der Erzähler aus »Le Piège« scheint hier Boves Situation widerzuspiegeln. Das Paar, das von geheimen Mittelspersonen, die von der Ardèche aus nach Spanien wirken, gewarnt wird, verläßt Dieulefit und sucht sich ein anderes Refugium: ein Dorf mit dem Namen Le Cheylard. Die Einwohnerzahl von 3.000 verdoppelt sich dort während des Krieges, ähnlich wie die von Dieulefit. Die Bauern in den Bergen der Ardèche sind von Natur aus mißtrauische Menschen; andererseits sind sie auch wegen ihrer traditionellen Gastfreundschaft bekannt. Die Flüchtenden leben überwiegend auf den Bauernhöfen in der Umgebung von Le Cheylard. Auch auf dieser zweiten Etappe ihres Exodus kommen den Boves die geheimen Quartiere, die von den Protestanten eingerichtet wurden, zugute.

Sehr wahrscheinlich nimmt Jacques Bost, Pastor des Dorfes Le Cheylard und Mitglied der Familie von Pierre Bost, das Paar bei sei-

[277] Simone Monnier im Gespräch mit Raymond Cousse.
[278] Vgl. »Le Piège«, a.a.O., S. 9.

ner Ankunft bei sich auf. Dieses »religiöse« Netz erlaubt es zahlreichen sowohl jüdischen als auch nichtjüdischen Flüchtlingen, sich dank der Verbindung der Orte und der Einwohner untereinander von Region zu Region unentdeckt zu bewegen, bis sie schließlich zu ihrem endgültigen Zufluchtsort gelangt sind. Wie die anderen Flüchtenden, die verstreut in den angrenzenden Bauernhöfen unterkommen, warten auch Louise und Emmanuel Bove den Moment ab, da sie sich nach Spanien oder in die Schweiz absetzen können.

Bei einer Stippvisite in Lyon tifft Bove in einem Bistro, einem Treffpunkt ausgescherter Journalisten, mit dem Publizisten Pierre Courtade zusammen. Courtade hat einen Brief von Jean-Jacques de Meyenbourg bei sich, worin er für seinen Bruder Henri um die Hand von Boves Tochter Nora anhält. »Wer ist dieser Kerl?« ruft Bove in einem Anflug väterlicher Autorität aus.[279]

Im Sommer 1942, als sich die Diskriminierungen der Juden verstärken und in Auschwitz ein Todestransport nach dem anderen ankommt, nehmen französische Polizeieinheiten in Paris Tausende Männer, Frauen und Kinder jüdischer Herkunft fest, um sie im Vélodrome d'Hiver zusammenzupferchen. Diese generalstabsmäßig angelegten Razzien werden in weiterer Folge auch auf die gesamte Südzone ausgedehnt. Die Lage wird für das Paar mit dem verfänglichen Familiennamen Bobovnikoff und seinen politisch höchst suspekten Ansichten zusehends kritischer – man stelle sich vor: ein Gaullist zusammen mit einer Kommunistin! Trotz der Unterschiede in den politischen Anschauungen wächst der Zusammenhalt aber im ganzen Land. Die erste, allein von Claude Morgan verfaßte Nummer der »Lettres Françaises« im September 1942 belegt das Zusammengehen innerhalb der Résistance auf beeindruckende Weise. Diese »historische« Nummer beinhaltet eine Hommage auf den von den Deutschen erschossenen Gründer dieser Zeitschrift, Jacques Decour, sowie eine Würdigung seines Manifests für eine »Nationale Front der Schriftsteller«: »Schriftsteller Frankreichs, wir haben unsere Rolle zu spielen in dem historischen, vom Front national eröffneten Kampf. Die ›Lettres Françaises‹ werden angegriffen. Wir werden sie verteidigen. Repräsentanten aller Richtungen und aller Konfessionen: Gaullisten, Kommunisten, Demokraten, Katholiken, Protestanten haben sich zusammengeschlossen, um den Front national des

---

[279] Nora und Jean-Jacques de Meyenbourg im Gespräch mit Jean-Luc Bitton.

Écrivains français zu konstituieren. [...] Durch unsere Schriften werden wir die Ehre der französischen Autoren retten.«

Von ihrer Nummer 5 an werden die »Lettres Françaises« zum Organ des »Nationalkomitees der Schriftsteller«, einer Vereinigung von Autoren für Widerstand und Wachsamkeit, die von Aragon ins Leben gerufen wurde und der Bove sich angeschlossen hatte.

Einige Wochen bevor die deutsche Armee mit der Absicht einer totalen Besetzung des französischen Territoriums in die Südzone eindringt, unternimmt das Ehepaar Bove eine lange und gefährliche Reise über Spanien nach Nordafrika.

Ich sollte Frankreich, wo ich die schönsten und fruchtbarsten Jahre meines Lebens verbracht hatte, verlassen. Die restlichen, die mir noch zum Leben blieben, sollte ich im Ausland verbringen. Würde man mir es da unten danken? Würde man diese Jahre, die möglicherweise die meines Niedergangs waren, akzeptieren? Das fragte ich mich. Würde man einen Mann akzeptieren, der bei seiner Ankunft womöglich krank wird, einen, den man pflegen müßte?[280]

Es ist möglich, daß Bove und seine Frau, bevor sie in Gibraltar ankamen, der Drehscheibe des Krieges und dem Ort der Überfahrt nach Algier, unterwegs einige Tage in den Gefangenenlagern Francos zugebracht haben – Bove liefert darüber nämlich ein detailliertes Bild in seinem letzten Roman, »Non-Lieu« (Einstellung des Verfahrens).

Am 1. November 1942, also eine Woche vor der Landung alliierter Truppen in Nordafrika, kommen Emmanuel und Louise nach einem kurzen Zwischenstopp in Oran schließlich in Algier an, wo sie sich in einer hoch gelegenen kleinen Wohnung auf dem Boulevard Carnot Nummer 6, einem langgestreckten Boulevard oberhalb des Hafens, einquartieren. Wie die meisten Einwohner Algiers wird das Paar in der Nacht vom 7. zum 8. November durch den Kanonendonner der Admiralität aus dem Schlaf gerissen; diese hatte vergeblich auf die amerikanischen Zerstörer gefeuert, die im Hafen die Fahne hißten ...

Algier war nunmehr befreit und wurde für zwei Jahre die Hauptstadt des »Freien Frankreichs«. Doch auf Enthusiasmus und Freude folgten Enttäuschungen und Mißverständnisse. Als der Admiral Darlan, ein Anhänger des Vichy-Regimes, an die Macht kommt, ist die

---

280 Vgl. Emmanuel Bove, »Non-Lieu«, La Table Ronde, Paris 1988, S. 349.

erste Konsequenz des Putsches die Ablösung des deutsch kontrollierten Vichy-Apparats durch einen Vichy-Apparat unter amerikanischem Protektorat.

Am 15. Dezember 1942 macht »Combat«, die Zeitung der Résistance, für die Bove in der Folge Artikel schreibt, mit folgendem Titel auf: »Lieber Weihnachtsmann, bring uns de Gaulle!« Es galt indes, noch bis zum 30. Mai 1943 zu warten, bis dieser Wunsch in Erfüllung ging.

Vier Monate nach der Landung verbessert sich das politische Klima in Algier leicht. General Giraud, der Admiral Darlan ablöst, setzt die Vichy-Gesetze, auf deren Grundlage die Regierung Pétain die ab 1870 gültigen Zivilrechte algerischer Juden aufgehoben hatte, außer Kraft. Bis dahin hatte Algiers koloniale Gesellschaft die Vorschriften Pétains nicht nur respektiert, sie war ihnen gelegentlich gar vorausgeeilt. Bei ihrer Ankunft in Algier zeigen sich die Boves durch die Ausbeutung der Algerier und durch die alltäglichen Erniedrigungen, die diese zu erleiden haben, schockiert. Philippe Soupault, der zu der Zeit ebenfalls als Flüchtling in Algier weilt, bezeugt Boves Empörung: »Ich erinnere mich, daß er in einem Bus einmal einen armen Eingeborenen, der angegriffen wurde, verteidigte.«[281]

Pierre Bloch, späteres Mitglied der gaullistischen Regierung in Algier, beschreibt in seinen Memoiren die brodelnde und zwielichtige Atmosphäre, in der sich auch Bove bewegte: »Die Muslime in ihrem Burnus, die verschleierten Frauen, die stark geschminkten und hell gekleideten Europäerinnen kamen mit den Soldaten der Alliierten in Berührung. Algier war übervölkert. Jeeps, Lastwagen, Kommandowagen rasten die Straßen hinunter und tauchten in voller Geschwindigkeit von allen Seiten herkommend auf. Die Bucht war voll von Kriegsschiffen, Truppentransportern, Lebensmittel- oder Munitionsfrachtern. Unter dem gleichgültigen Blick der überforderten Ortspolizei wurde einem alles mögliche auf dem Schwarzmarkt angeboten: Zigaretten, Konserven, Reifen und ›gute Adressen‹. Nicht zu vergessen: die immer lächelnden kleinen Araber, die ›Yaouleds‹, mit ihren kleinen Kartons mit Schuhputzzeug, die einem für zwei Sou die schäbigsten Schuhe auf Hochglanz brachten. Es gab freilich auch gefährlicheren Handel. In dieser Stadt, die innerhalb weniger Monate zu einer der weltoffensten der Erde geworden war und zu einem der

---

[281] Philippe Soupault im Gespräch mit Raymond Cousse.

Brennpunkte eines Krieges, der die Welt erschütterte, wimmelte es von Geheimagenten. Von unseren, selbstverständlich. Doch gab es auch Spione, Vichy-Anhänger und die Kollaborateure.«[282]

In einem seiner Hefte aus der Zeit in Algier notiert Bove: »Ich hätte nie gedacht, daß der Mensch eine solche Fähigkeit hat, Verworrenes zu entwirren. Vor dem Krieg merkte man nichts davon.« Jeden Morgen gegen neun Uhr steigt Bove in den Trolleybus, der ihn auf einen vorgelagerten Gebirgskamm nach Bouzaréah bringt, einem Außenbezirk Algiers. Auf diesem sattgrünen Hügel, der mit alten türkischen Häusern übersät ist, bezieht Bove ein Zimmer, um in Ruhe arbeiten zu können. Dieses kleine, neben einem Café gelegene Haus verläßt er nur am Abend. Der Schriftsteller Emmanuel Roblès, der selber in Bouzaréah wohnte, erinnert sich an Boves Kommen und Gehen: »Er hatte einen schlendernden Gang, immer die Hände hinter dem Rücken verschränkt, war gebeugt, blaß wie einer, der im Keller lebt. Man erkannte gut seine Silhouette, die sich von dem Aussehen der anderen Leute abhob. Er sprach leise, stets sehr ruhig. Diese Art zu reden, diese zurückhaltenden Gesten waren mir aufgefallen. Das wirkte irgendwie fremd. Er lächelte häufig und hatte gute Augen, einen gütigen Blick.«[283] Ist der Arbeitstag beendet, trifft Bove sich mit seiner Frau Louise im Flüchtlingszentrum des »Combat«, wo sie jeden Tag unter anderen freiwilligen Frauen aufopferungsvoll mit anpackt.

Am 22. Februar 1943 kommt Bove wieder mit Philippe Soupault im »Coq-Hardi« in der Rue Charras zusammen, um über die Möglichkeit einer Zusammenführung geflüchteter Journalisten zu diskutieren. In derselben Straße befindet sich das Zentrum des intellektuellen Lebens von Algier, nämlich die Buchhandlung des jungen Verlegers Edmond Charlot. Dieser winzige Laden mit dem Namen »Les Vraies Richesses« – eine Hommage an einen Roman Jean Gionos[284] – dient als Sammelpunkt für alle, die schreiben und gerne lesen. Charlot, der auch das erste Buch Albert Camus' verlegte, erinnert sich an Bove, wie er lange in der Buchhandlung verweilte, um in den Büchern zu schmökern: »Ich war durch ›Mes amis‹ auf ihn aufmerksam

---

[282] Vgl. Pierre Bloch, »Alger, capitale de la France en guerre«, 1942–1944, Éditions Universal, Paris 1989.
[283] Emmanuel Roblès im Gespräch mit Raymond Cousse.
[284] Deutscher Titel: »Vom wahren Reichtum«. A.d.Ü.

geworden, lange Zeit vor dem Krieg. Ich hatte ihm geschrieben und ihn gefragt, ob er wohl einen Text bei mir veröffentlichen wolle. Er hatte mir freundlich geantwortet: ›Ja, aber im Augenblick habe ich nichts zur Verfügung.‹ Und eines schönen Tages kam er in Algier in meine Buchhandlung; so sind wir einander begegnet. Er hat mich sehr in Erstaunen versetzt. Er war fast transparent, ein sehr offener Mann mit einem traurigen Lächeln und sanfter Stimme, so als ob er befürchtete zu stören. Es war diese Art von Schüchternheit, die ich beim ersten Kontakt außergewöhnlich fand.«[285] Einige Wochen später bringt Bove dem jungen Verleger das maschingeschriebene Manuskript von »Départ dans la nuit«, das de Gaulle gewidmet ist. Wie viele andere empfand auch Bove eine echte Bewunderung für den General, obwohl diese Art Gaullismus natürlich differenziert betrachtet werden muß. De Gaulle war der einzige gewesen, der in Frankreich klar Position bezogen hatte. Für die meisten blieb er angesichts der Deutschen und Vichy die einzige Hoffnung auf ein freies und Widerstand leistendes Frankreich. Gaullist zu sein hatte also 1940 eine ganz andere Bedeutung als 1960.

Charlot gewährt dem Autor – ein seltener Fall für diese Zeit – eine kleine Anzahlung und überläßt das Manuskript seinem literarischen Berater, Albert Camus, zur Lektüre. Man kommt überein, »Départ dans la nuit« zu veröffentlichen. Die Herstellung des Buches beginnt, doch die endgültige Herausgabe wird wegen fehlender Druckerschwärze und mangelnden Papiers erst in Paris, im Juni 1945, erfolgen. Diesem Roman mit dem ursprünglichen Titel »Luttes pour ma vie« (Meine Lebenskämpfe) läßt Bove die Fortsetzung »Non-Lieu« folgen. Raymond Cousse schreibt in seinem Vorwort zur Neuauflage dieser beiden Romane im Jahre 1988 unter anderem: »›Départ dans la nuit‹ erzählt die Flucht einer Gruppe von etwa zwölf Männern aus einem deutschen Gefangenenlager. Das Buch endet mit der Ankunft des Erzählers in Frankreich. Er kehrt allein dorthin zurück, nachdem er unterwegs seine Kumpel verlassen oder verloren hat. Der Plan des Romans könnte so zusammengefaßt werden: von der unmöglichen Gemeinschaft zur hoffnungslosen Einsamkeit. Umgekehrt zeigt ›Non-Lieu‹, wie die Hauptfigur der Feindseligkeit oder der Gleichgültigkeit seiner Landsleute im besetzten Frankreich ausgesetzt ist. Unter dem Vorwand, nicht wieder gefan-

---

[285] Edmond Charlot, Gespräch mit Jean-Luc Bitton auf Videofilm.

gengenommen werden zu wollen – allerdings ist in dem Buch von den Deutschen faktisch nie die Rede –, bemüht er sich, die verdammten Ketten seiner Einsamkeit zu sprengen. Der Roman endet in diesem allerletzten Scheitern. Da er sich verfolgt und terrorisiert fühlt, beschließt der Erzähler, woanders Frieden und Sicherheit zu suchen. Man wird sehen, daß der gewählte Ort geradezu ideal ist, handelt es sich doch um das Spanien Francos: ›Ich wandte mich um. Zwei spanische Wachen kamen auf mich zu. Ich wußte, sie würden mich ins Gefängnis bringen, aber das war mir egal: Ich war frei.‹«[286]

Im Laufe dieser vier Kriegsjahre bildet die Runde der nach Algier geflohenen Musiker, Maler und Schriftsteller eine Exil-Intelligentsia. Für den vereinsamten Bove macht dieses enge Zusammenleben von Künstlern und Intellektuellen Begegnungen leichter, und aus einigen geht gar eine echte Freundschaft hervor, etwa mit dem Maler Albert Marquet. In einem seiner privaten Hefte notiert Bove im übrigen den zweckmäßigen Aspekt, den diese Konzentration von Intellektuellen für einige hatte:

Ich muß immer wieder daran denken, was diese Leute darstellten, bevor sie hier zusammenkamen. Und es wird klar, wenn man sich den Platz ansieht, den sie einnehmen. Am zahlreichsten sind die, die einst nichts Bedeutendes waren und sich vorstellen, daß die Freundschaften, die sie sich hier schaffen können, beitragen werden, später in Paris die Position zu bekommen, die sie sich allein nicht zu verschaffen vermocht hätten.

Die Frau des Malers Marquet, Marcelle, entwirft ein Porträt ihres Mannes, das frappante Ähnlichkeiten mit Bove aufweist: »Er sprach selten, lächelte dafür mehr. Er war nicht geschwätzig, aber wenn er etwas sagte, dann war es immer das richtige Wort, eine beißende Bemerkung. Das, was er zeichnete, war aufs Wesentliche reduziert. Er haßte Verzierungen, ging aller Schwülstigkeit aus dem Weg. Er sprach nie von sich, auch nicht von seiner Vergangenheit.«[287] Man wird später noch mit Samuel Beckett und dem Maler Bram van Velde, beide jeweils große Bewunderer Boves, auf solche schweigenden und hypersensiblen Geistesverwandten stoßen, die sich durch Verzicht, Einfachheit und Zuvorkommenheit auszeichnen.

[286] Raymond Cousse, »Préface«, in: Emmanuel Bove, »Départ dans la nuit suivi de Non-Lieu«, La Table Ronde, Paris 1988, S. 9.
[287] Vgl. »Marquet par Marcelle Marquet«, Éd. Robert Laffont, Paris 1951.

Bove stattet häufig seinem Freund und Nachbarn Albert Marquet einen Besuch ab. In seinem Zwei-Raum-Atelier über dem Hafen von Algier zeichnet und malt der reiselustige Marquet, ein Liebhaber des orientalischen Lichts, mit Blick durchs offene Fenster die eleganten Silhouetten der Feluken, die auf dem Mittelmeer dahingleiten. Nicht weit ab von Staffelei und Maler verharrt Bove, in ein komplizenhaftes Schweigen vertieft: »Ich traf ihn bei Marquet«, berichtet Soupault, »das war schon ein Bild: Die zwei, beide sagten keinen Ton.«[288] Die Unterhaltungen zwischen Bove und Soupault hingegen drehten sich zumeist um Kriegsaktualitäten: »Angesichts der Invasion in Frankreich war er entsetzlich beunruhigt. Ich habe ihn nie erregter erlebt, als wenn er von Hitler sprach; er nannte ihn ›diesen Henker‹. Er wandte sich auch heftig gegen die Kollaboration.«[289]

Im Frühjahr 1943 wird der aus Tunis kommende André Gide unverzüglich zum Mittelpunkt der Intelligentsia von Algier. Bove schreibt ihm ein paar Zeilen zur Begrüßung, worauf Gide zuvorkommend antwortet: »Mein lieber Emmanuel Bove, Ihre liebe Botschaft rührt mich, und ich freue mich darauf, Sie wiederzusehen. Bestimmt haben wir uns viel zu erzählen. [...] Ich bin ziemlich erschöpft in Algier angekommen und bitte Sie daher, unser Treffen auf die nächste Woche zu verschieben. Das einfachste wäre, Sie riefen mich an unter der Nummer 67995, dann können wir ein Rendezvous vereinbaren. Aufmerksamst, Ihr André Gide.«[290]

Gide lädt Bove häufig zum Tee und zum Schachspiel ein. Wenn er verlor, zeigte Gide sich zutiefst irritiert. Einige seiner Anhänger gaben lieber auf, als daß sie das Risiko auf sich nahmen, sich mit dem großen Schriftsteller zu überwerfen. Bove, der seinen Plan, nach London zu gelangen, noch immer nicht fallengelassen hat, bittet einen anderen Schachpartner, den Piloten und Schriftsteller Saint-Exupéry, sich für ihn zu verwenden. Trotz seiner Ablehnung des Gaullismus läßt der Autor des »Kleinen Prinzen« seine Beziehungen spielen, um der Bitte seines Freundes nachzukommen – leider erfolglos. Um über diese erneute Enttäuschung hinwegzukommen, läßt Bove über die Presseagentur Téléafrique Auszüge seines Romans »Départ dans la nuit« nach London gelangen. Diese Montage von Auszügen

288 Philippe Soupault im Gespräch mit Raymond Cousse.
289 Wie Anm. 288.
290 André Gide, Brief an Bove vom 4. Juni 1943.

mit dem Titel »Entre ciel et terre« (Zwischen Himmel und Erde) wird auch in den »Lettres Françaises« vom 9. Dezember 1944 abgedruckt. Obwohl es gesundheitlich – mit einer Malaria, die er sich in Algier zugezogen hat, und durch Atemprobleme, die auf Nachwirkungen der Brustfellentzündung von 1936 beruhen – weiter bergab geht, hört Bove nicht zu schreiben auf. Abgeschnitten von der Außenwelt in seinem Zimmer in Bouzaréah, verfaßt er bis zu zwanzig Seiten am Tag, wobei er gleichzeitig an seinen zwei letzten Texten, »Non-Lieu« und »Le Piège«, arbeitet. Für letzteren, bei dem Rahmen und Figuren genau stimmen müssen, entsinnt sich Bove seiner journalistischen Erfahrungen. Nach Recherchen erstellt er eine exakte Hierarchie der nationalen Polizei, denn, so präzisiert der Erzähler aus »Le Piège«, »alles ist national, noch nie waren wir so national wie heute«. Wie bei allen Romanen Boves waren auch für »Le Piège« anfangs mehrere Titel vorgesehen: »La Brebis galeuse«, »Premières Luttes«, »Double Jeu«, »Misères de l'armistice«, »La Dénonciatrice« sowie »Une femme dans la guerre«.[291] Diese Auflistung verdeutlicht die Unschlüssigkeit Boves über das letztendliche Thema und die unterschwellige Misogynie, die in seinem Werk immer wieder zutage tritt. »Es ist unglaublich, wie vernarrt Frauen in Geschichten sind«, resümiert der Erzähler aus »Le Piège«. Doch diese Mysogynie erweist sich in erster Linie als eine Selbstkritik des Mannes.[292] Didier Bezace, der »Le Piège« 1990 auf die Bühne bringt, liefert unfreiwillig eine biographische Interpretation der Frauenrolle in diesem Roman, wenn er feststellt: »Da gibt es einen Intellektuellen, der von einem Ideal erfüllt ist, und eine pragmatische Frau. In einem gewissen Sinne mag ich Yolandes Naivität. Sie ist eine sehr schöne Figur. Die meisten Frauen bei Bove durchschauen die Dinge und haben nur wenig Grund, an ihre männlichen Begleiter zu glauben, ja häufig lösen sie sich von ihm, weil jegliche realistische Organisation des Lebens mit ihnen unmöglich ist. Boves Misogynie respektiert die Frauen außerordentlich.«[293]

---

[291] Wörtliche Übersetzungen: »Das räudige Schaf«, »Erste Kämpfe«, »Doppeltes Spiel«, »Nöte des Waffenstillstands«, »Die Denunziantin«, »Eine Frau im Krieg«. A.d.Ü.

[292] Dies belegt auch André Dussoliers feinsinnige Interpretation der Hauptfigur im gleichnamigen Film. [»Le Piège«, Frankreich 1990, Regie: Serge Moati, Drehbuch: Jean-Claude Grumberg].

[293] Didier Bezace, Gespräch mit Micheline Bourgoin, in: »Carnets du Théâtre de Cherbourg«.

Bove nimmt an den intensiven Aktivitäten der literarischen und politischen Zeitschriften in Algier kaum teil. Sein Name erscheint in den Redakteurslisten des »Combat«, der sich der gaullistischen Bewegung verschrieben hat, sowie in den »Cahiers antiracistes«, einer unabhängigen, entschieden antinazistischen Zeitschrift. Aus Vorsicht bleiben die Artikel, Berichterstattungen und Kurznachrichten dieser Zeitschriften unsigniert. Man stößt auch in den anderen Zeitschriften dieser Zeit – »L'Arche«, »La Nef«, »Fontaine« – auf keinerlei Spur Boves.

Einige seiner Beiträge erscheinen in der gaullistischen Wochenzeitung »La Bataille« (ehemals »La Marseillaise«). In dieser »im Exil und im Kampf geborenen« Zeitung, die gleichzeitig in London, Kairo, Algier und Dakar erscheint, veröffentlicht Bove patriotische Erzählungen und Novellen sowie Auszüge seiner letzten Romane, die er mit dem Pseudonym Victor Bâton zeichnet, dem Namen seines einsamen Helden aus »Mes amis«. Der Chefredakteur der Wochenzeitung, François Quilici, verfaßt nach Boves Tod folgende Hommage: »Als der Sitz unserer Zeitung in Algier war, verging kein Tag, an dem nicht Bove bei uns vorbeikam. Man sah, wie er unauffällig eintrat, doch auf der Stelle entbrandeten endlose Gespräche, bei denen er, der ja so zögerlich schien, sich unheimlich ins Zeug legte, um Nuancen und Skrupel zu definieren und klarzumachen. Unserer Zeitung gab dieser rechtschaffene Schriftsteller außer zahlreichen Novellen auch den Erstabdruck seines letzten Romans ›Le Piège‹, der in Frankreich erst nach der Befreiung erscheinen sollte.«[294]

Im März 1944 verfaßt Bove im Auftrag derselben Zeitung einen Text zu Ehren seines soeben im KZ Drancy umgekommenen Freundes Max Jacob – »Max Jacob est mort«.[295]

Im Laufe dieses Jahres 1944 nun verbessert sich die Atmosphäre in Algier. Jean Gaulmier erinnert sich: »Das war ein ganz eigenartiges Klima. Da waren Franzosen aus allen Ecken der Welt. Der Krieg hatte eine deutliche Wendung genommen. Man war sich sicher, bald wieder nach Frankreich zurückzukehren, so daß das Gefühl der Niedergeschlagenheit der Hoffnung gewichen war.«[296] Am 27. Februar 1944 notiert Bove in seinen Taschenkalender ein Zitat André

---

[294] »La Bataille« vom 19. Juli 1945.
[295] »Max Jacob ist tot.« Vollständiger Text im Anhang.
[296] Jean Gaulmier im Gespräch mit Jean-Luc Bitton.

Gides, das, wenn man um Boves Fatalismus weiß, einen leicht bitteren Beigeschmack hat: »Eine der größten Freuden ist es, sein Leben in den Griff zu bekommen.« »Ich hatte die traurige Angewohnheit, mein Schicksal mit Ironie zu betrachten«, schreibt er einige Monate später, »so an dem Tag, als ich zu Gide sagte: ›Ich habe meinen Fall noch verschlimmert.‹«

Trotz seiner Schreibversessenheit nimmt Bove etwas am gesellschaftlichen Leben teil. Mittags oder abends ißt er zusammen mit einigen »Exilanten« der Intelligentsia Algiers, etwa mit Robert Aron oder dem Ehepaar Kessel. 1971 antwortet Joseph Kessel auf die Frage von François Beloux (der einer der ersten Leser war, die sich damals für Bove stark machten): »Alles, was ich Ihnen sagen kann, ist, daß ich fand, er habe viel Talent, ein sehr persönliches Talent. Ich war darüber hinaus für die fremdartige bittere Sanftheit und den durchdringenden Charme, den er immer hatte, sehr empfänglich.«[297] Bove wohnt auch einigen Sitzungen des gerade erst von de Gaulle geschaffenen beratenden Gremiums der Übergangsregierung bei. Von seinen Spaziergängen durch Algier kommt Bove mitunter mit einer überraschenden Anekdote zurück, die seine jeweilige Befindlichkeit reflektiert. In seinen Heften ist etwa zu lesen:

Am Gitter eines Kellerfensters sah ich heute morgen sehr hübsche Mädchen stehen. Mir war sofort klar, daß sie zusammengelesen worden waren, als sie gerade illegaler Prostitution nachgingen. Diese Einblicke ins geheime Leben der großen Städte verblüffen mich überall. Das ist nicht afrikaspezifisch. Und dennoch: So groß ist mein Lebensekel, der mich beim Anblick dieses Elends überkam, und auch dieses Gefühl des Ausgestelltseins, das mich nicht mehr verläßt.

Zwischen Mai und Juni 1944 notiert Bove in seinem Kalender mehrfach das Wort »Druckerei«. Möglich, daß eine Ausgabe von »Départ dans la nuit« in Algier ins Auge gefaßt worden war, bevor das Buch in Paris erschien. Jegliche Verifizierung ist freilich wegen des 1961 erfolgten Sprengstoffattentats der O.A.S. auf das Archiv des Verlags Edmond Charlot unmöglich geworden. Manuskripte, Druckfahnen und Verträge wurden dabei vernichtet.

Nachdem er seine beiden letzten Manuskripte abgeschlossen hat, beginnt Bove am Samstag, dem 27. Mai 1944, damit, »Le Piège« und, im Laufe des Sommers, »Non-Lieu« in die Maschine zu diktieren.

[297] Joseph Kessel, Brief an François Beloux vom 3. September 1971.

In den Tagen nach der Landung alliierter Truppen in der Normandie findet man keinen besonderen Eintrag in Boves Heften. Am 1. August 1944 melden die Tageszeitungen in Algier das Verschwinden des Piloten und Schriftstellers Antoine de Saint-Exupéry bei einem Erkundungsflug. In seinem Heft mit »verstreuten Gedanken« hält Bove folgendes fest:

Mein Verhältnis zu Saint-Ex hatte sich wegen seiner Umgebung abgekühlt. Sie alle betrachteten ihn als einen so großen Mann und mich daneben als so minderwertig, als jemand, der ihnen selbst viel ähnlicher ist, als jemand, der gerade würdig genug ist, ihnen bei ihren Recherchen zu helfen. Ich hatte stark den Eindruck, daß, würde man ihn finden, sie mich fallenließen und mehr Rechte auf seine Freundschaft beanspruchten als ich ...

Bove, der Vorkehrungen trifft, um nach Paris zurückzukehren, verarbeitet die Erfahrungen, die er dabei macht, im selben Heft zum Beginn einer Erzählung:

Der kleine Beamte, der mich empfing, war ein recht unsympathischer Mann. Er sah aus wie einer der Leute, die, obwohl sie nur eine ganz normale Stellung bekleiden, sich dennoch ziemlich wichtig nehmen. Alles schien organisiert zu sein, um das Publikum auf die für ihn angenehmste und praktischste Art zu empfangen. Man war sogar ein wenig übers Ziel hinausgeschossen, waren da doch gleich zu viele Hinweisschilder, Ordner und Schalter für die paar Leute, die sich dort einfanden. Augenscheinlich überstieg die Organisationswut hier einmal das zu Organisierende. [...] Der kleine Beamte bat mich, Platz zu nehmen. Und hier muß ich eine psychologische Beobachtung allerersten Ranges anbringen. Allein aus dem Umstand heraus, daß ich einen Wunsch vorbrachte, war ich für ihn ein Mensch aus einer anderen Zeit. Er tat so, als respektiere er meinen Wunsch, nach Paris zurückzukehren, dabei war ersichtlich, daß er mich im Innersten seines Herzens für ein wenig überheblich oder prätentiös hielt. Und er redete in einem recht herablassenden Tonfall mit mir, nicht, weil er sich mir überlegen fühlte, sondern weil er glaubte, er befinde sich mehr auf seiten der Wirklichkeit als ich. Ich sagte zu ihm: »Glauben Sie nicht, Monsieur, ich käme zu Ihnen, um Sie um etwas zu bitten. Ich will lediglich wissen, ob ich von Algier nach Paris gelangen kann.«

Im Sommer 1944, als der Schirokko über Algier hinwegweht, befindet sich die gaullistische Propaganda auf ihrem Höhepunkt. Die Bewohner der Stadt tragen unzählige kleine Lothringer Kreuze auf der Brust zur Schau. Louise macht ein elegantes Porträt von Emmanuel; auf Kragen und Krawatte ist das berühmte Kreuz zu sehen, und Bove notiert am 25. August 1944 (dem Tag der Befreiung von Paris) in seinen Kalender: »5 Uhr. Lothringer Kreuz.« Abgesehen von einer Notiz über einen Empfang am 6. September – wahrscheinlich, um die Befreiung zu feiern –, bleiben die folgenden Seiten seines kleinen Kalenders leer, kein Hinweis auf ein Rendezvous, keine Einladung, so als sei das Paar ganz allein in Algier und warte nur darauf, endlich abzureisen.

Der rührende Bericht des Schriftstellers Jean Gaulmier bestätigt diese Isolation. Gaulmier, der aus Beirut kommt, wo er mit dem Informationsdienst und der Ausstrahlung von »France Libre« beauftragt war, soll in Algier die Leitung von Radio France Alger übernehmen. Er gehört zu den Bewunderern des Boveschen Werkes, das er im Libanon und in Syrien in den zwanziger Jahren entdeckt hatte. Er schildert seine wundersame Begegnung mit Bove in einem Algierer Restaurant: »Der libanesische Winter ist, im Gegensatz zu dem, was man allgemein glaubt, regnerisch, eine zutiefst melancholische Jahreszeit. Und so kam es, daß ich eines Tages, als ich gerade meinen Frust durch die Straßen Beiruts trug, das Buch eines Autors kaufte, den ich nicht kannte: Emmanuel Bove. Und dieses Buch war ›La Coalition‹. Ich machte es auf, las die ersten Seiten und konnte dann bis zum Schluß nicht mehr aufhören. Bei Kerzenlicht auf meinem Zimmer beendete ich es. Und ich fand es einfach bestechend wegen seines verzweifelten Tonfalls und seines ganz eigenartigen Akzents. [...] Ich verließ Beirut im Juli 1944 Richtung Algier. Damals war Mangel überall an der Tagesordnung. Das französische Algerien war ein Land der Monokultur. Man lebte hauptsächlich von den zwei Grundressourcen des Landes, vom Schaf und vom Wein. In den Restaurants, in denen Bove und auch ich verkehrte – und das waren keine Restaurants, die vom Schwarzmarkt lebten –, gab es nur Schafsfüße; die Keulen hingegen waren für den Schwarzmarkt vorgesehen, für die, die sich so etwas leisten konnten. Eines Tages, genau gesagt am 19. September 1944, betrat ich also ein Bistro, das von vielen Franzosen aufgesucht wurde, ›La Taverne alsacienne‹. Das Restaurant war voll, es war Mittag, alle Plätze belegt. Am Ende des langen und engen Raumes war gerade noch ein Stuhl frei geblieben. Ich fragte den kleinen Herrn, der auf der anderen Seite des Tisches auf der Bank saß, ob ich mich vor ihm an den Tisch setzen dürfe. ›Aber gerne‹, erwiderte dieser, wobei er sich erhob und vorstellte: ›Emmanuel Bove.‹ Und ich sagte zu ihm: ›Jean Gaulmier.‹ – ›Sind

Sie das, der jeden Tag diese Sendung im Radio macht?‹ – ›Ja, das bin ich. Und Sie sind Bove, aber Moment mal … doch nicht etwa der Autor von *La Coalition*?‹ Daraufhin zeigte sich ein Lächeln in diesem blassen und mageren Gesicht, ein Lächeln, das ich meinen Lebtag nicht vergessen werde, ein zugleich befriedigtes und leicht trauriges Lächeln: ›Sie haben das Buch gelesen?‹ Er hörte mir zu, sagte nichts. Er schien überrascht zu sein, daß er bis ins ferne Syrien eine Leserschaft hatte. Er saß da vor einer Karaffe Wasser und Schafsfüßen, genauer gesagt: vor einem Teller voller Knochen. ›Wenn Sie nichts dagegen haben‹, sagte ich zu ihm, ›teilen wir uns eine Flasche Mascara, ich ernähre mich nämlich von Rotwein.‹ Woraufhin er die Arme gen Himmel hob: ›Sie können aber was vertragen!‹ – ›Was treiben Sie hier?‹ fragte ich ihn. – ›Warten, warten … Ich weiß nicht, worauf. Ich warte, ja gewiß, vielleicht darauf, zurückzukehren, aber ich weiß es nicht.‹ Ich sah ihm an, daß er zutiefst bedrückt war: ›Wenn Sie wollen, machen Sie eine Sendung im Radio, ich könnte Ihnen da eine verschaffen.‹ – ›Bemühen Sie sich nicht‹, antwortete er mir. ›Danke. Außerdem, wissen Sie, kann ich öffentlich nicht reden …‹ Da erkannte ich den Autor der ›Coalition‹. ›Wissen Sie, ich bin ein Freund von Ihnen. Schon seit fünfzehn Jahren befinde ich mich in Ihrem Universum und fühle mich wohl dort.‹ – ›Komische Vorstellung‹, erwiderte er, ›komische Vorstellung …‹ Das war alles, was ich von Bove als Antwort bekam. Ich weiß nicht, was er mit ›komische Vorstellung‹ meinte, aber da war dieses unvergeßliche Lächeln in einem kränklichen Gesicht. Es war zu spüren, der Mann war am Ende.«[298]

Der italienische Schriftsteller und Antifaschist Enrico Terracini, der sich seinerzeit ebenfalls in Algier aufhielt, verfaßte im Jahre 1973 für den Sender France Culture ein wunderbares Porträt zur Erinnerung an Emmanuel Bove: »Ich vernehme wieder diese ruhige, besonnene Stimme, die schamhaft die wahren Gefühle dieses Mannes verbirgt; ein Gesicht wie das etwa von Georges Pitoëff, herausragend, mager, unter seitlich gescheiteltem Haar. Wenn die Gesichtszüge auch ein Profil ausmachen, eine Physiognomie hervorbringen, es gelingt ihnen nicht, das wahre Wesen dieser Erscheinung herzustellen. Er war zusammen mit seiner Frau nach Algier gekommen, der treuen Weggefährtin durch eine Existenz im Zeichen von Einfachheit, Beschei-

---

[298] Jean Gaulmier im Gespräch mit Jean-Luc Bitton (auf Videofilm).

denheit: Anti-Helden. Er selbst mochte den Wirbel um seine Berühmtheit nicht. Er wollte nichts weiter als ein gewissenhafter Mensch sein, der in seinem Innersten nach Wahrheit und der Poesie des Lebens suchte. Krank, wie er war, führte Bove ein fast dämmerhaftes Leben, er machte daraus übrigens kein Hehl. Manchmal, da führte er seine Hand an sein Gesicht, eigentlich nicht so sehr, um einen Hustenanfall zu ersticken, sondern um eine durch den Schmerz hervorgerufene Grimasse zu verdecken. [...] Sah man den stets blassen und ausgemergelten Schriftsteller auf der Straße, hatte man das Gefühl, daß er bald verschwinden würde, daß er schon morgen nicht mehr unter uns bei den Versammlungen der einzelnen Zeitschriften – ›Fontaine‹, ›Renaissance‹, ›L'Arche‹, ›Cahiers antiracistes‹ – dabeisein würde. Bove nahm an diesem literarischen Wahnsinn nicht teil, an den Radiosendungen, die unter der Rubrik ›Lumières de France‹ abliefen. Oft verschwand er zu einem Krankenhausaufenthalt, aber er sprach nicht über sein Gebrechen, über die langen Geduldspartien, die ihm aufgezwungen waren, aber auch nicht über seinen literarischen Ruf als junger Schriftsteller russischer Herkunft. [...] Boves Diskurse waren, entgegen denen seiner meisten Freunde, von Zurückhaltung geprägt, eine außergewöhnliche und sehr seltene Qualität, Indiz für einen tiefen Respekt vor sich selbst. Emmanuel Bove war eben nicht nur ein Schriftsteller, sondern auch ein Mensch. Wenn man sich von ihm verabschiedete, ihm die Hand reichte, spürte man, daß das Schreiben für ihn nichts Leichtes war, nichts, das ihm in den Schoß fiel, sondern Qual, Leiden. Ich verlor ihn dann aus den Augen, aber ich sehe ihn wieder vor mir, groß, schlank, als einen flüchtigen Schatten in der hektischen Masse der Trottoirs oder auch, wie er allein die Straße, den von der Augustsonne aufgeweichten Asphalt schräg überquert. Wenn ich die Erinnerung an ihn wachrufe, heute, da uns beunruhigende Neuigkeiten von allen Seiten her bedrängen, dann fällt mir wieder ein, daß er, als er schon so krank war und sein Bewußtsein dem Rhythmus des Herzens folgte, weder auf Ruhm noch auf Ansehen aus war. [...] Seine schwer greifbaren Bücher, ›Mes amis‹, ›Cœurs et visages‹, ›Journal écrit en hiver‹ etc., hatten uns beigebracht, daß, sollte die Welt ein Gefängnis sein, es an jedem von uns liegt, aus diesem Kerker herauszukommen, um von neuem die Freiheit zu erlangen.«[299]

[299] Enrico Terracini für »France Culture«, 1973 (Archiv Jeanne Terracini).

In einen kleinen Taschenkalender notiert Bove unter dem Datum des 21. Oktober 1944 in Großbuchstaben das Wort DÉPART und unterstreicht es. Um die Reisekosten zu bezahlen, hat Louise ihren Schmuck ins Pfandhaus gegeben. Im Hafen von Algier geht das Paar für eine zweitägige Überfahrt nach Toulon an Bord der Jeannne-d'Arc. Am 28. Oktober befinden sich die beiden in Marseille, wo ihnen für zehn Tage Essensmarken ausgehändigt werden. Ende des Monats kommen sie schließlich in Paris an. Ohne weitere Geldmittel quartieren sie sich auf der Avenue des Ternes Nummer 59 in Victors Wohnung ein. Emmanuels Halbbruder ist zu diesem Zeitpunkt in deutscher Gefangenschaft.

Direkt nach seiner Ankunft versucht Bove, alte Kontakte wiederherzustellen. Seine erste Begegnung bringt ihn mit dem Verleger Gaston Gallimard zusammen, dem er am 7. November das maschingeschriebene Manuskript von »Le Piège« überreicht. »Er redete über ›Le Piège‹ und war zufrieden damit«, berichtet sein Sohn Michel. Doch dann erhält er von Gallimard einen Ablehnungsbescheid, so wie zu Beginn des Krieges schon im Falle von »Mémoires d'un homme singulier«. Bove ist einmal mehr das Opfer »aktueller Umstände«: »Ich habe das Manuskript von ›Le Piège‹ wohl gelesen und fand es sehr bemerkenswert. Leider fällt es mir schwer, in den folgenden Monaten seine Veröffentlichung vorzunehmen, denn ich muß eine gewisse Anzahl früher eingegangener Verpflichtungen einhalten, und die Drucker arbeiten nur sehr begrenzt weiter.«[300]

»Le Piège«, dieses wunderbare Dokument über Frankreichs Zerrissenheit unter der Besatzung, ist seiner Zeit voraus; in der Euphorie der Befreiung geht es jedenfalls vorläufig unter. Ein anderer Brief, einer aus dem Verlag Les Éditions de la Jeune Parque, zeigt das vorliegende Mißverständnis in bezeichnender Weise auf: »Ich habe Deine Absichten vielleicht nicht verstanden, aber ich weiß auch nicht, ob sie sehr klar ausgedrückt sind.«[301]

Letztendlich wird am 5. Januar 1945 ein Vertrag mit dem Verleger Pierre Trémois unterzeichnet, und »Le Piège« erscheint im April 1945. Unterdessen, im November 1944, hält sich das Paar nur dank der Essensmarken über Wasser, die im Rathaus des 17. Arrondisse-

---

[300] Gaston Gallimard, Brief an Bove vom 24. Januar 1945.
[301] Brief an Bove vom 23. November 1944 (die Unterschrift ist nicht zu entziffern).

ments verteilt werden. In der Hoffnung auf Arbeit begibt sich Bove zur Zeitung »Franc-Tireur«, die sich in den ehemaligen Räumen der »Pariser Zeitung«, einem Kollaborationsblatt, eingerichtet hat. Es kommt zu einer kuriosen Situation. Georges Altmann, der Begründer der Widerstandszeitung, stellt Bove dessen eigenen Schwiegersohn, Henri de Meyenbourg, vor; dieser teilt Bove mit, daß er Großvater eines kleinen Mädchens mit dem Namen Annie ist.

An einem der folgenden Tage begibt Bove sich nach Sceaux, südlich von Paris, wo Nora, ihr Mann und das kleine Mädchen leben. »Sag Großpapa guten Tag!« Der überraschte Bove blickt um sich und realisiert nicht, daß mit dieser Bezeichnung er gemeint ist. Auf diese Weise kommt man wieder zusammen.

Und wie war es Léon, dem Bruder und Bittsteller, den Krieg über ergangen? Er war von den Deutschen als Buchhaltungshilfe in den Arbeitsdienst eingespannt worden. Als er eines Tages durch das befreite Paris spaziert, glaubt er seinen Bruder zu erkennen: »Auf der Rue Lafayette begegne ich einem Pärchen. Ich sage mir: Aber der Kerl da, das ist doch mein Bruder. Er geht an mir vorbei, ohne mich zu sehen. Ich bleibe stehen und sehe mir den Gang des Typen an, eine Schulter ist bei ihm höher als die andere. Das ist er! sage ich mir. Also gehe ich hinter ihnen her. Sie überqueren die Straße, um in ein Haus zu gehen, das irgend etwas mit Flüchtlingen zu tun hatte. Ich warte davor, und fünf Minuten später kommen sie wieder raus. Im Moment, da ich ihnen begegne, sage ich: ›Guten Tag, Emmanuel.‹ Er schaut mich an und sagt: ›Guten Tag, Léon‹, so als ob nichts gewesen wäre. Dann haben wir ein Gespräch begonnen und unsere Adressen ausgetauscht.«[302]

Trotz seines beklagenswerten Gesundheitszustands scheint Bove voller Energie zu sein. Nach fünf Jahren freiwillig auferlegten Schweigens stellt er alles mögliche an, um von neuem zu publizieren. Aber die Bedingungen sind schwierig. Bove, stets auf der Suche nach dem idealen Verlag, hätte bei Edmond Charlot, dem jungen Verleger aus Algier, Unterstützung finden können; der hatte sich nämlich nach der Befreiung in Paris niedergelassen: »Ende 1944 hatte ich die Idee, Boves Gesamtwerk zu publizieren, denn ich hielt es für recht außergewöhnlich. Aber die Umstände waren nicht geeignet.«[303] Was der

302 Léon Bobovnikoff im Gespräch mit Raymond Cousse.
303 Edmond Charlot im Gespräch mit Jean-Luc Bitton.

Verleger hier diskret mit »Umständen« umschreibt, war in Wirklichkeit der zügige Untergang seines Pariser Verlagshauses. Manch einer sah darin die Folge einer stillen, aber effizienten Koalition Pariser Verleger, unter denen einige während der Okkupation mit den Deutschen kollaboriert hatten. Für sie, deren Zukunft durch die Milde der Säuberungskomitees und des Syndikats der Verleger gesichert war, liefen die Geschäfte gleich wieder gut an. Nach der Befreiungseuphorie nun also die Zeit der Desillusionierung. Noch heute wird diese Periode im dunkeln gehalten, und bestimmte Verlage verweigern den Einblick in die Archive; so bleiben etwa die vom »Syndicat national de l'Édition« und vom »Cercle de la Librairie« weiterhin unzugänglich.[304] Bove freut sich jedoch, einige seiner Freunde wiederzusehen, von denen er durch sein Exil getrennt gewesen war. Mehrmals kommt er mit Pierre Bost, Marcel Aymé, den Illustratoren Dignimont, Alexeïeff, Oberlé, der Malerin Micheline Laglenne und der Schriftstellerin Elsa Triolet zusammen. Er ist auch bei den letzten Versammlungen des Nationalen Schriftstellerkomitees zugegen.

Im Dezember 1944 werden Auszüge aus »Départ dans la nuit« in Novellenform zum einen in der Nummer 9 der »Lettres Françaises« (unter dem Titel »Entre ciel et terre«), zum anderen in der Nummer 28 der Zeitschrift »La Batille« (unter dem Titel »Deux Allemands tués«) veröffentlicht. Durch die Malaria empfindlich geschwächt, versucht Bove nun – mit seiner üblichen Arglosigkeit –, die zersplitterte Familie zusammenzuführen. Er schaut häufig bei seinen Kindern Nora und Michel vorbei. Michel erinnert sich, daß sein Vater den Wunsch hegte, er möge sich dem Theater zuwenden; er hatte ihn dafür schon zu einem Lehrgang eingeschrieben. Anfang 1945 verbessert sich die finanzielle Lage der Boves dank der 12.500 Franc, die der Verleger Pierre Trémois ihnen überweist; es handelt sich dabei um die Hälfte des Honorars für »Le Piège«. Im Lauf des Februar erhält Bove vom Verlag Robert Laffont eine erste Anzahlung für die vorgesehene Veröffentlichung seines Romans »Non-Lieu«.

Bove, von da ab in dem sicheren Gefühl, daß seine letzten Werke publiziert werden, vertraut Pierre Trémois am 5. März die durchgesehenen Druckfahnen von »Le Piège« an. Einige Tage darauf erhält

---

[304] Vgl. Pascal Fouché, »L'Édition française sous l'Occupation«, Éditions Université, Paris VII.

er einen Brief von Edmond Charlot zusammen mit den zu korrigierenden Fahnen von »Luttes pour ma vie« (ursprünglicher Titel von »Départ dans la nuit«). Charlot trifft seinen Autor am 27. März und überweist ihm die Summe von 10.000 Franc. Am Ende desselben Tages schreibt Bove in seinen Kalender: »Krank geworden.«

Ab dem 30. März, wo noch ein Essen im Café Flore erwähnt ist, bleiben die Seiten des kleinen Kalenders traurigerweise leer, nimmt man einmal den 20. April aus, seinen Geburtstag. »47 Jahre« steht da lakonisch, das Ganze ist dreimal unterstrichen und mit einem Ausrufezeichen versehen. Danach erfolgt kein weiterer Eintrag mehr. Wegen anhaltenden Fiebers ist der von Kälteschauern geschüttelte Bove ans Bett gefesselt und wird sein Zimmer bis zu seinem Tod nicht mehr verlassen.

Léon stattet mehrere Krankenbesuche ab: »Er war nicht gerade begeistert, mich zu sehen.«[305] Bove stellte sich über die wahren Motive dieser Besuche wohl auch so seine Fragen, und Léon bat ihn – womöglich zum letzten Mal – um Unterstützung in einer haarsträubenden Geschichte um eine Frau, die eine Abtreibung vorgetäuscht hatte, um ihm wiederum Geld abzuknöpfen. Léon zufolge schien Emmanuel sich für diese Geschichte vor allem deshalb zu interessieren, weil er in ihr ein mögliches Romanthema sah. »Einmal«, so Léon weiter, »da sagte er mir, Louise würde einer jüdischen Tradition zufolge die Tür für den Besuch eines Propheten offenstehen lassen. ›Glaubst du daran?‹ fragte ich ihn. Und er schien zu antworten: ›Oh, das hat gerade noch gefehlt.‹«[306]

Der vom Fieber ausgezehrte Bove nimmt kaum noch etwas zu sich. Léon meint, sein Bruder sei unheilbar krank. Louise hingegen scheint an ein tragisches Ende nicht zu glauben. Und so wird keine Röntgenaufnahme, keinerlei genaue Untersuchung gemacht. Einzig eine homöopathische Behandlung läßt man ihm angedeihen, erteilt von den beiden Ärzten Girardin und Pictet. Bei den seltenen Visiten der Ärzte scheint Bove mehr daran interessiert, sich mit ihnen über Literatur als über seinen Gesundheitszustand zu unterhalten. Nachdem er es abgelehnt hatte, seine Bücher im besetzten Frankreich zu veröffentlichen, mußte er das Erscheinen seines Romans »Le Piège« am 19. April, einen Tag vor seinem Geburtstag, wie eine Linderung

305 Léon Bobovnikoff im Gespräch mit Raymond Cousse und Jean-Luc Bitton.
306 Wie Anm. 305.

seines Leidens empfinden. So notiert er einen Monat später, fiebrig und mit krakeliger Schrift, als Postskriptum des letzten von ihm bekannten Briefes: »Mein Buch erscheint.« Diese anrührende, schmucklose Notiz kann auch auf den Roman »Départ dans la nuit« bezogen werden, der am 25. Juni gleichzeitig in Paris und Algier im Verlag Edmond Charlot herauskommt. Doch das Erscheinen von »Le Piège« erregt kein Interesse und wird kaum wahrgenommen. Ein Journalist von »La France au combat« hat in der Ausgabe vom 17. Mai 1945 dafür die Gründe parat: »Lebten wir nicht in einer Zeit, in der die literarischen Ereignisse von den Ereignissen schlechthin in den Schatten gestellt werden, dann zöge das Erscheinen eines neuen Buches dieses Meister-Schriftstellers eine Unzahl von Kommentaren und nicht endende Neugierde nach sich.«

Raymond Cousse ging 1988 in seiner Analyse noch weiter, als er sagte: »Diese Zeit hat anderes im Sinn. Im Namen der wiedererlangten Freiheit und des in der Luft hängenden Umsturzes ist sie ganz wild darauf, vor den neuen Totems – Marke Sartre, Camus, Aragon – ihren Kniefall zu machen. Mögen sie nun doch verrecken, die Boves, Calets, Hyrernauds, Guérins und Konsorten, diejenigen nämlich, für die Diskretion wichtiger ist als literarische Eitelkeit, für die die Ablehnung der Verlogenheit bei sich selbst beginnt. Da sieht man wieder einmal, daß der Status eines ›großen‹ Schriftstellers nur selten einhergeht mit simpler Luzidität im Umgang mit sich selbst.«[307]

Einige Kritiker, wie Jacques Miauray in den »Nouvelles Littéraires«, zeigen sich irritiert durch das unentschlossene Handeln und die Verzögerungstaktik des Anti-Helden in »Le Piège«, Joseph Bridets, der am Schluß des Romans erschossen wird, wo er doch überhaupt keinen Akt des Widerstands gesetzt hat. Diese Nachkriegszeit braucht ihre Helden, um ihre Schwächen zu vergessen. Erkenntlich zeigt sich dagegen Louis Parrot, ein Journalist, Übersetzer und talentierter Schriftsteller, einer der Aktivposten des intellektuellen Lebens in den dreißiger und vierziger Jahren und einer der wichtigsten Träger des intellektuellen Widerstands in der Süd-Zone.[308] Für die Ausgabe der »Lettres Françaises« vom 26. Mai 1945 verfaßt er eine lange, lo-

---

307 Raymond Cousse im Vorwort zu »Départ dans la nuit«, a.a.O., S. 8.
308 Louis Parrot ist Autor des Werkes »L'Intelligence en guerre«, Éd. La Jeune Parque, Paris 1945; Wiederveröffentlichung bei Le Castor Astral, Pantin 1990.

bende Rezension dieses Buches – unter einer Überschrift, die perfekt zum Boveschen Universum paßt: »Féerie et banalité« (Zauberspiel und Banalität).

Am 22. Mai nutzt Bove eine kurze Verschnaufpause, die ihm die Krankheit läßt, um einen seiner letzten Briefe aufzusetzen, adressiert an René Herman, der sich zu Zeiten der Sommerurlaube in Cap-Ferret um das Paar gekümmert hatte. Bove ist, was die Chancen seiner Gesundung angeht, hier noch optimistisch: »Welche Überraschung und welche Freude, nach fünf Jahren von Ihnen zu hören. Wir haben oft an Cap-Ferret gedacht. Ich bin zutiefst gerührt darüber, daß Sie sich um unsere Sachen haben kümmern können, und ich bin Ihnen unendlich dankbar dafür. Ich schreibe Ihnen von meinem Bett aus, an das ich seit zwei Monaten gefesselt bin; schuld daran ist ein Fieber, das ich mir in Nordafrika zuzog, wo wir soeben zwei Jahre verbracht haben. Ich bin zur Zeit in einem beklagenswerten körperlichen Zustand, und wenn Sie, lieber R.H., noch einige weitere Wochen ein Auge auf unsere Sachen haben könnten, wäre ich überaus glücklich, denn dann könnte ich kommen und alles auf einmal regeln. Verzeihen Sie, wenn ich Ihnen nicht ausführlicher schreibe, aber Sie würden mir eine große Freude machen, wenn Sie mir einen langen Brief schrieben, in dem Sie von sich und vom Cap berichteten. Meine Frau und ich sagen Ihnen: Danke und auf bald. In guter Freundschaft. Mein Buch erscheint.«

Nach fünf Jahren Kriegsgefangenschaft in Deutschland kehrt Victor Mitte Juni zu sich nach Hause, in die Avenue des Ternes Nummer 59, zurück: »In meiner Abwesenheit war meine Mutter gestorben, und meinen Bruder fand ich halb bewußtlos in meinem Bett vor. Ich nahm mir ein Hotelzimmer.«[309]

In einem letzten Brief vom 15. Juni wünscht Edmond Charlot seinem Autor, er möge für die anstehende Veröffentlichung seines Romans »Départ dans la nuit« wieder auf den Beinen sein: »Ich werde die Fahnen der Goncourt-Jury schicken«, schreibt er. Zur gleichen Zeit erhält Bove einen Brief, der ihn in seiner mißlichen Lage wohl kurz aufgeheitert haben dürfte. Es ist ein Dankesbrief für seinen Roman »Le Piège«, und er stammt vom Präsidium der Übergangsregierung, unterschrieben von Gaston Palewski, dem Kabinettschef de Gaulles. Anfang Juli kommt Nora an das Bett ihres Va-

---

309 Victor Bobovnikoff im Gespräch mit Raymond Cousse.

ters, es ist das letzte Mal, daß sie ihn lebend sieht: »Er sah aus wie ein Sterbender, ich werde seinen verzweifelten Blick nie vergessen. Er wußte, daß er sterben würde. Als er sich von mir verabschiedete, weinte er.«[310] »Mein kleines rachitisches Wesen läßt mich an diese Kirschen denken, die als letzte übrigbleiben.«[311] In der zweiten Juliwoche des Jahres 1945 liegt eine ungewöhnliche Hitze über Paris: »Eine Bleikappe hat sich auf die Stadt gesenkt« lautet die Schlagzeile einer Tageszeitung. Hier und da gibt es Festvorbereitungen für den ersten 14. Juli nach der Befreiung. Auf den Straßen geht es hoch her. In der Avenue des Ternes Nummer 59 schließt Louise die Fensterläden, um dieses erste Aufkeimen der Freude nicht hören zu müssen. »Feiertage sind mir ein Greuel.«[312] In der Nacht vom 12. auf den 13. Juli (ein Freitag) ringt Bove mit dem Tod, am frühen Morgen macht er seinen letzten Atemzug. »Ich weiß nicht, was ich dem Leben angetan habe, aber es hat mich oft mit unbarmherzigem Humor traktiert.«[313] Doktor Louis Pictet konstatiert das Ableben und stellt den Totenschein aus: »[...] bescheinige hiermit, daß Monsieur Emmanuel Bove heute morgen an einer Kachexie und Herzschwäche infolge einer Reihe äußerst akuter Malariaanfälle verstorben ist.«

Boves Sterben gibt wie sein Leben Rätsel auf und anhaltenden Anlaß für Gerüchte. Während Victor eine Aufklärung der genauen Todesursache verlangt, verweigert Doktor Pictet seltsamerweise jeglichen Kommentar. Später, als immer noch Zweifel bestehen, läßt Victor die gesamte Wohnung desinfizieren, so wie seine Mutter es dreißig Jahre zuvor hatte machen lassen, als sein Vater gestorben war. Dieser letzte Akt setzt einen Schlußpunkt hinter die verblüffende Parallelität der Lebensläufe von Vater und Sohn, die bis hin zu ihrem Tod unter praktisch den gleichen Bedingungen und im selben Alter geht. Bove in »Mes amis«:

Dieses Mobiliar gehört mir. Ein Freund hat es mir geschenkt, vor seinem Tod. Ich habe es persönlich desinfiziert, mit Schwefel, denn ich fürchte die ansteckenden Krankheiten. Trotz dieser Vorsichtsmaßnahme habe ich lange Zeit Angst gehabt. Ich hänge am Leben.[314]

---

[310] Nora de Meyenbourg im Gespräch mit Raymond Cousse und Jean-Luc Bitton.
[311] Emmanuel Bove, undatierter Hefteintrag.
[312] Emmanuel Bove, undatierter Hefteintrag.
[313] Zitat Boves in einem Gespräch mit einem Journalisten.
[314] Vgl. »Meine Freunde«, a.a.O., S. 14.

Louise geriet in Harnisch, sobald die Gerüchte von Selbstmord und Tuberkulose aufkamen; dabei hatte sie zu dem Mysterium um Bove selbst beigetragen, indem sie die Todesanzeige folgendermaßen abfaßte: »Er verstarb soeben im Alter von 47 Jahren, dahingerafft von einer unbestimmten Krankheit aus den Kolonien.« All das Ungesicherte wirkt sich bis in unsere Tage aus, so daß 1987 das »Dictionnaire des littératures de langue française« (Bordas) Bove bei einem »Unfall« umkommen läßt.

Eine Woche nach seinem Tod erweist die Presse mit einigen lakonischen Zeilen unter dem nüchternen Titel »Emmanuel Bove ist tot« dem Stil des Autors eigentlich eine letzte Ehre. Eine große Tageszeitung gibt seinen Tod gar in der Rubrik »Heiratsmarkt« bekannt ...

Es obliegt Michel, dem Sohn, neben Louise am Totenbett zu wachen: »Ich bekam einen Anruf, und mir wurde gesagt: ›Dein Vater ist gestorben.‹ Ich bin losgestürzt. Eine ganze Badewanne war mit dreckigem Geschirr voll. Es war fürchterlich heiß, und man konnte wegen des Geschmetters der Musikkapellen zum 14. Juli die Fenster nicht aufmachen. Ich blieb ganz allein mit dieser von Nervenzusammenbrüchen geschüttelten Frau.«[315] Am Montag, dem 16. Juli, Tag der Beisetzung, läßt Louise eine Feierstunde im Temple de l'Oratoire in der Rue Saint-Honoré veranstalten, um damit ihre Dankbarkeit der evangelischen Gemeinschaft gegenüber zu bekunden, die Bove während des Krieges Schutz geboten hatte. Der Pastor nimmt auch die Bestattung in der Gruft der Familie Ottensooser auf dem jüdischen Teil des Friedhofs Montparnasse vor. Léon erinnert sich: »Es folgte ein kleiner, völlig unbedeutender Trauerzug. Ich erinnere mich, geweint zu haben. Ich liebte ihn ja trotz allem.«[316]

Am 21. Juli würdigt Pierre Bost den Verstorbenen in den »Lettres Françaises« unter der Überschrift: »Emmanuel Bove und seine Freunde«: »Emmanuel Bove starb im Alter von gerade 47 Jahren. Er war der geborene Romancier, einer der ganz wenigen Romanciers seiner Generation. Seine Kindheit und Jugend waren schwierig. Er hatte viele Berufe ausgeübt, aber eines Tages, das konnte gar nicht anders kommen, da veröffentlichte er einen Roman: ›Mes amis‹. Der Erfolg kam schlagartig. Irrtum ausgeschlossen. Fünfzehn Romane folgten. Es ging immer weiter auf dem einmal eingeschlagenen Weg,

---

[315] Michel Bove im Gespräch mit Raymond Cousse.
[316] Léon Bobovnikoff im Gespräch mit Raymond Cousse.

was die Liebhaber von Neuheiten verunsicherte. Doch Bove machte unbeirrt weiter; er wußte ganz genau, was er zu tun hatte. Ich kenne wenig Schriftsteller, die sich so wenig über ihre eigenen Fähigkeiten getäuscht haben. Er schrieb ›bovianisch‹, er besaß die Gradlinigkeit, diese Sicherheit, die ihn daran hinderte, jemals abzuschweifen. Die Augen fest auf die Welt und die Menschen geheftet. Und immer mit dieser Art Erstauntsein und Resignation angesichts des Lebens – und mit Gefühl, Gefühl vor allem. Boves Universum ist ein trauriges Universum, aber nie eines der Verzweiflung und niemals ›niedrig‹. Und warum? Weil es in all dem eine Qualität des Herzens gibt, die alles errettet. Mag sein, daß er sich armselige Helden ausgesucht hat, aber er hat sie nie ›verachtet‹, und darin steckt vielleicht das große Geheimnis. Herz allein würde auch nicht ausreichen. Bove ist ein wunderbares Beispiel für das, was so die ›Intelligenz‹ bei einem Romancier genannt wird: Er geht ebensoweit wie die größten Analytiker oder die größten Stilisten. Es gibt etwas Proustisches bei diesem Schriftsteller, der von Proust indessen meilenweit entfernt ist.

Sein Werk ist qualitativ unausgeglichen, und ich weiß auch, warum. Es liegt daran, daß er niemals – wie es fast alle Schriftsteller seines Alters getan haben – seine Begabung in den unzähligen sich anbietenden Arbeiten vergeuden konnte oder wollte, in denen die Nebenprodukte des Talents zur Geltung kommen. Er lehnte alle Alibis ab. Und es ist diese Aufrichtigkeit, die dazu führte, daß einige seiner Bücher Mißerfolge wurden. Aber das ist völlig unwichtig. Es bleiben ›Mes amis‹, ›La Coalition‹, ›Un Père et sa fille‹, ›La Mort de Dinah‹, ›Journal écrit en hiver‹, ›Le Piège‹ und noch viele andere.

Und nun soll man nicht glauben, man habe es gemäß bestimmter Gemeinplätze mit einem Romancier der Schwäche oder des Mittelmaßes zu tun. Lesen Sie ihn, und Sie stoßen unter der scheinbaren Beschaulichkeit auf eine jähe Leidenschaft, eine Gewalt, ja eine Grausamkeit, die freilich einen Gemeinplatz zulassen könnte (wenn man zudem an diese ›romanhafte Figur‹ denkt, die er darstellte) und daran erinnert, daß er russisches Blut in den Adern hatte. Noch viel mehr müßte man über den Schriftsteller sagen. Und über den Menschen. Doch für wen nur? Die, die ihn nicht gekannt haben, haben nur seine Bücher, und das reicht. Die, die ihn gekannt haben, haben ihn verloren. Diese Einfachheit, diese Feinheit des Herzens, diese Freundlichkeit in Person einerseits, diese Verachtung für die Dummköpfe und die Selbstgefälligen andererseits ... Dem Leben gegenüber staunend, fragil, aber furchtlos. Unerschütterlich in Fragen der Freundschaft. Bove hatte menschliche Qualitäten, die wir nicht vergessen werden. Wir sind bereits unterwegs auf einer Reise, bei der wir Tote zurücklassen: Eugène Dabit, Paul Nizan, Antoine de Saint-Exupéry, Jean Prévost, Emmanuel Bove. Das sind schon so viele wie Finger an der Hand ...

Sein erstes Buch trug wahrhaft den schönsten Titel der Welt, so schön auf ihn und auf sie alle zugeschnitten: ›Mes amis‹.«

Haben Sie schon mal Emmanuel Bove gelesen?[317]

Nach dem Tod ihres Mannes befugt Louise Bove den Schriftsteller Marcel Aymé, die Rechte am Werk ihres Mannes wahrzunehmen. Aymé ist so gesehen mitbeteiligt an der Veröffentlichung von Boves letztem, im August 1946 im Verlag Robert Laffont erscheinendem Roman »Non-Lieu«. Der Roman wird zwischen dem 25. Dezember 1945 und dem 2. April 1946 auch in dem Magazin »Les Étoiles« in Fortsetzungen vorveröffentlicht. Anzumerken ist auch das Erscheinen der Novelle »Une offense« am 21. Juli 1945 in der Reihe »Le Livre des Lettres« bei Robert Laffont, zwischen einem Gedicht von Jean Cocteau und einem Theaterstück von Jacques Audiberti. Darüber hinaus verhandelt Marcel Aymé über die Vergabe der Übersetzungsrechte von »Le Piège« für die Tschechoslowakei und für Dänemark.

1948 erkundigt sich ein Verlag aus Österreich beim Verleger Pierre Trémois nach den Bedingungen für eine deutsche Übersetzung dieses Romans. Doch Louise, die zwischenzeitlich die Werknutzungsrechte wieder selbst wahrnimmt, fordert eine zu hohe Summe. Das Projekt einer deutschen Übersetzung von »Le Piège« scheitert damit. Merkwürdigerweise trägt Louise, die bis zu ihrem Tod einen wahren Kult um ihren Mann betreibt, unfreiwillig zum Vergessen desselben bei, indem sie für die Nutzungs- oder Übersetzungsrechte immer wieder zu hohe Summen verlangt.

Auf einer Vernissage in den fünfziger Jahren erkundigen sich der Maler Bram van Velde und sein Mäzen Jacques Putman bei Samuel Beckett, welchen Autor er ihnen zur Lektüre empfehlen könne.[318] »Emmanuel Bove«, lautet seine Antwort, »denn wie kein anderer besitzt er das Gespür für das treffende Detail.« Es ist leicht einsehbar, daß Beckett von Victor Bâton, dem Anti-Helden aus »Mes amis«, »betroffen« sein konnte. Der Schöpfer Godots räumt ein, daß auch er eine Zeitlang in einem kleinen Hotelzimmer auf dem Montparnasse gelebt habe, so wie Oblomow erst mittags aufgestanden sei und gerade die Kraft aufgebracht habe, sich bis zu einem Café zu schlep-

---

317 Titel des Artikels von Paul Morelle, in: »Le Monde« vom 3. Dezember 1977.
318 Catherine und Andrée Putman in einem Telefongespräch mit Jean-Luc Bitton.

pen, um dort zu frühstücken.[319] Man stößt in Becketts Werk auch auf bisweilen frappierende Ähnlichkeiten zu der Schreibweise Boves. Becketts Freund Bram van Velde, der mittellos war und sich fast selbst aufgegeben hatte, wird zu einem leidenschaftlichen Leser Boves und illustriert Anfang der siebziger Jahre die Novelle »Le Crime d'une nuit« für eine Luxusausgabe.

Wie Raymond Cousse 1983 in einem Artikel für »Magazine Littéraire« festhält (Titel: »Boviens de tous pays …« – Bovianer aller Länder …), gibt es für Bove stets eine relativ kleine, aber begeisterte Leserschaft: »Seine Leser sind bedingungslose Fans seines Werkes. Verrät man einem von ihnen, daß man das Werk Boves kennt, dann gibt man damit mehr als nur seine Identität preis. Es handelt sich vielmehr um einen Wiedererkennungsritus unter den Mitgliedern einer beinahe geheimen Bruderschaft. […] Da jeder Bovianer im Innersten von dieser Schreibweise berührt wird, ist dieser das genaue Gegenteil eines Propagandisten – leider. Für die, die es mögen, ist das Werk in erster Linie ein Refugium.«[320]

Abgesehen von einigen schnell abgebrochenen Versuchen, »Mes amis« und »Le Piège« zu verfilmen, ist Boves Werk etwa dreißig Jahre lang dem Vergessen anheimgegeben. Unterbrochen wird dieses freilich von kurzen Rehabilitierungsversuchen. Der erste dieser Versuche wird 1964 von dem Schweizer Verlag Les Éditions Rencontre gemacht, in dem »Journal écrit en hiver« neu aufgelegt wird. Ein Komitee, bestehend aus Jean-Louis Curtis, Robert Kanters, Olivier de Magny, Maurice Nadeau und Gilbert Sigaux, verleiht diesem 1931 erstmals veröffentlichten Buch einen Achtungspreis. In seinem Vorwort erstellt Sigaux eine düstere Liste von Versäumnissen seitens der Literaturgeschichte: »Bove taucht auf in der ›Histoire de la littérature française contemporaine‹ von René Lalou (PUF, 1946, S. 584). Henri Clouard widmet ihm eine Seite in der ›Histoire de la littérature française du symbolisme à nos jours‹ (2. Band: 1915–1940, Albin Michel, 1949), räumt ihm aber in der zweiten Auflage von 1962 nur noch drei Zeilen ein. Bove wird im 2. Band der ›Littérature française‹ von Bidier und Hazard erwähnt (Larousse, 1949), aber der ›La-

[319] Vgl. Charles Juliet, »Rencontre avec Samuel Beckett«, Éd. Fata Morgana, Montpellier 1986.
[320] »Boviens de tous pays …«, in: »Magazine Littéraire«, No. 193 (März 1983), S. 55. A.d.Ü.

rousse du XXe siècle‹ sowie der zehnbändige ›Nouveau Grand Larousse encyclopédique‹ lassen ihn unter den Tisch fallen. Unerwähnt bleibt er in der ›Encyclopédie‹ der Pléiade, in den zahlreichen Bänden R.-M. Albérès' über den zeitgenössischen Roman, in der ›Encyclopédie de la littérature française‹ von Jacques Nathan, im ›Dictionnaire des auteurs‹, in den Literaturgeschichtsschreibungen, den Handbüchern oder Artikelsammlungen von P.-H. Simon, Émile Henriot, André Rousseau, Marcel Arland usw.«

Diese Ignoranz und Gleichgültigkeit haben sich bis in unsere Tage hinein fortgesetzt, selbst wenn die genannten Publikationen besser werden, vor allem dank des »Dictionnaire de la littérature française et francophone« (Larousse, »Références«) oder des »Dictionnaire des littératures françaises du XXe siècle« (Le Robert). Die Literaturgeschichte zeichnet sich oft durch Ungerechtigkeiten aus, auch wenn sich ab und zu ein Leser und in der Folge mehrere Leser finden, um diese aus der Welt zu schaffen.

Der belgische Dichter und Schriftsteller Christian Dotremont, der 1948 die Künstlerbewegung »Cobra« (ein Kurzwort für Kopenhagen, Brüssel, Amsterdam) mitbegründete, war einer der frühesten und versessensten Leser, die sich für Bove stark machten. In einem ersten Brief an Louise Bove aus dem Jahre 1971 erläutert er seine Passion: »Für mich begann alles mit ›Mes amis‹, lange vor dem Krieg, ich war blutjung und hatte das Buch in der Bibliothek meiner Mutter gefunden. Die erste Lektüre beeindruckte mich. Später dann suchte ich nach anderen Büchern Boves und las immer wieder ›Armand‹, woraus ich mehrere Passagen auswendig kann. Auf meinen Rat hin entdeckten einige Freunde Boves Werk, andere stießen selbst darauf; bezeichnenderweise ist unsere Bewunderung für Bove uns allen gemein und wichtig. [...] Ich denke, daß die Lektüre seines Werkes mir in meinem Leben mehr noch als in meiner Arbeit geholfen hat – und dies immer noch tut. Das Lesen seines Werkes hat für mich überhaupt nichts Deprimierendes, im Gegenteil. Seine Beobachtung von Wirklichkeit und seine Reflexionen sind niemals morbid. [...] Bove hat eine bestimmte Art erfunden, Wirklichkeit zu sehen. Er hatte die geniale Gabe, uns zu zeigen, was evident ist und was wir gerade deshalb aus den Augen verloren haben, weil es so offen zutage liegt. [...]«[321]

[321] Christian Dotremont, Brief an Louise Bove vom 21. März 1971 (Sammlung Guy

Im August 1971 publiziert Christian Dotremont eine Art Manifest in Form einer Visitenkarte, die verteilt wird, um Boves Werk aus der literarischen Versenkung heraufzuholen: »Emmanuel Bove zu lesen ist wichtig. Gewiß, sein Werk hat starken Einfluß ausgeübt, tut es noch, und das ist gut so. Aber Emmanuel Bove selbst zu lesen bleibt natürlich unentbehrlich. Nun, seine Bücher sind rar geworden, dem öffentlichen Zugriff entzogen. Deshalb: Treten wir den Buchhändlern auf die Füße, machen wir unmittelbar den Verlegern die Hölle heiß! Hoch lebe Emmanuel Bove!«

Der belgische Poet kann mehrere seiner Künstlerfreunde für seine Sache gewinnen. Der Schriftsteller Michel Butor versucht, seinen Verlag Gallimard von der Notwendigkeit einer Neuauflage des Boveschen Werkes zu überzeugen – vergeblich. Und auch der Maler Pierre Alechinsky wird zu einem glühenden Bewunderer Boves. Wie Raymond Cousse es in seinem Artikel im »Magazine Littéraire« betont, rekrutieren sich die Liebhaber Boves nicht aus einer besonderen sozialen Schicht; das Spektrum ist breit gefächert. Der Surrealist Philippe Soupault kann aber durchaus Erlesenheit für die Bovesche Leserschaft bezeugen; er erhielt 1972 einen überraschenden Brief vom damaligen Finanzminister und späteren Staatspräsidenten: »Sehr geehrter Herr, ich hoffe, Sie nehmen mir meine Indiskretion nicht übel, Ihnen zu schreiben, obwohl ich Sie gar nicht persönlich kenne, eine Indiskretion, die noch frevelhafter erscheinen muß, als es mir um Auskünfte geht. Mein Interesse war neulich durch die Lektüre des Werkes von Emmanuel Bove geweckt worden, doch ist dieses Werk heute vollkommen verschwunden, nicht nur aus den Schaufensterauslagen, sondern auch aus den hinteren Räumen der Buchhandlungen. Ich glaube, Sie hatten die Gelegenheit, ihm zu begegnen, situieren sich seine wesentlichen Werke doch in einer Epoche, in der Sie an der Spitze der literarischen Bewegungen standen. Es wäre für mich ein großes Privileg, wenn Sie mir einige Informationen über ihn geben könnten. Wer war er? Wie war sein Wesen? Welche Spuren hat er hinterlassen? Ich erfuhr, daß Madame Bove noch am Leben sei. Haben Sie vielleicht eine Ahnung, wo man sie erreichen kann? Sie werden sich über diese Neugierde wundern, die nichts mit meiner Funktionsausübung zu tun hat. Doch wenn es dem Finanzminister, zumindest seinem Ruf nach, auch verboten ist,

Dotremont).

ein Herz zu haben, es ist ihm nicht verboten, sich für Literatur zu interessieren. Valéry Giscard d'Estaing«

In den Jahren nach Boves Tod hält Louise in England eine Reihe von Vorträgen zur Skulptur (über Bourdelle, Rodin und Maillol) und läßt sich dann endgültig mit ihrer Schwester Colette in einer geräumigen alten Wohnung auf der Place des États-Unis im 16. Pariser Arrondissement nieder. Die beiden Schwestern bildeten ein kurioses Paar. So wie Louise im Laufe der Jahre immer mehr in die Breite ging, wurde Colette immer dünner. Die eine war eine kompromißlose Kommunistin, die andere eine leidenschaftliche Gaullistin (Colette war während der Okkupation Offizier der Geheimcode-Abteilung in London). Um sich finanziell über Wasser zu halten, betätigt sich Louise als Vermittlerin bei Gemäldeverkäufen. Sie hat die Rechte an den Editionen ihres Mannes von den verschiedenen Verlagen zurückerlangt und ist überzeugt, daß der Zeitpunkt für Neuauflagen und erneute Anerkennung von Boves Werk kommen wird.

So wie Christian Dotremont begeistert sich 1971 noch ein anderer Leser für die Bücher und das Leben Boves: François Beloux.[322] Er spricht lange mit Boves Witwe. Was er davon schriftlich festgehalten hat, ist von einigem Wert, da es sich um die direkteste und intimste Aussage zu Bove handelt: »Was meinen Mann zur Verzweiflung brachte, war, die Katastrophe kommen zu sehen, ohne daß die Leute etwas bemerkten. ›Die sind wie Koffer in einem Zug‹, sagte er. Ihn bestürzte die totale Unfähigkeit der Leute, Dinge vorauszusehen. Die Unbedachtheit befremdete ihn. Seiner Meinung nach machte die Ignoranz die Menschen zu Herdentieren. Die Scharfsinnigsten wie Crevel, Desnos oder Moussinac mochte er. Er liebte auch seine Figuren. Er sah die lächerliche Seite des menschlichen Verhaltens, auch das Unverständnis der Leute, die Wichtigkeit, die sie stupiden und belanglosen Dingen angedeihen ließen. Weil er ein Mensch voller Humor war, sah er das Unernste, ja Komische, das zur Tragik gehört. Menschen aus den unterschiedlichsten sozialen Milieus liebten ihn, die ganz einfachen Leute, die sehr mondänen, die Intellektuellen

---

[322] François Beloux war Kino- und Fernsehregisseur. Während des Algerienkriegs desertierte er und wurde wegen seines politischen Engagements inhaftiert. Er schrieb einen Text mit dem Titel »Emmanuel Bove ou l'Absolu dans le dérisoire«. 1972 machte er seinem Leben im Alter von 36 Jahren ein Ende.

und die, die das gerade überhaupt nicht waren. Es stimmt, daß er nicht gesprächig war, und zwar deshalb, weil er zuhörte. Er hatte das Talent, überall am rechten Platz zu sein. Die Mittelmäßigkeit um ihn herum bestürzte ihn sehr.«

Im November 1972 gelingt es dem auf Kunstbücher spezialisierten Verleger Yves Rivière, Louise davon zu überzeugen, ihm die Neuauflage des Boveschen Werkes zu überlassen. In dem Vertrag wird festgeschrieben, daß Madame Bove Yves Rivière unentgeltlich das Recht auf die Publikation von sechs Erzählungen einräumt, die allesamt illustriert und in begrenzter Auflage erscheinen sollen. Als Gegenleistung verpflichtet sich Yves Rivière, mindestens sechs der ersten Werke Boves in einer gängigen Ausgabe herauszubringen.

Letztendlich veröffentlicht er 1974 drei Erzählungen Boves in einer Luxusausgabe, illustriert von Künstlern, die zu Boves Bewunderern gehörten. Diese Ausgaben in begrenzter Stückzahl (je 108) sind für erfahrene und zahlungskräftige Bibliophile gedacht. Bram van Velde illustriert mit Farblithographien den Text »Le Crime d'une nuit«, Roland Topor versieht die Erzählung »Histoire d'un fou« mit fünf Farbholzschnitten und Jean Messagier die Erzählung »Un autre ami« mit Farbradierungen.

Erst 1977 zeichnet sich jedoch eine Neuauflage Boves in einer handelsüblichen Ausgabe ab. Yves Rivière überläßt zu dem Zeitpunkt den Éditions Flammarion die Rechte für die ersten beiden Bücher Boves, »Mes amis« und »Armand«. Beide Werke erscheinen im Herbst, Jean Cassou schreibt das Vorwort für »Mes amis« und Christian Dotremont das für »Armand«. Ein halbes Jahrhundert nach ihrer Entstehung ist der Wiederauflage dieser beiden Romane nur ein begrenzter Erfolg beschieden. Charles-Henri Flammarion zeigt sich allerdings vom überschäumenden Enthusiasmus einiger Kritiker überrascht.

Paul Morelle, seinerzeit Journalist bei »Le Monde«, schreibt in bezug auf diese erste Neuauflage: »Als ich auf der Redaktionskonferenz ankündigte, einen Artikel über Emmanuel Bove zu machen, sahen mich alle mit großen Augen an ...«[323] Sein Artikel erscheint schließlich am 3. Dezember 1977 auf der ersten Seite des Literaturteils »Le Monde des livres« und hebt mit der Frage an: »Haben Sie schon mal Emmanuel Bove gelesen?« Unter anderem heißt es da: »Soeben kam

[323] Paul Morelle im Gespräch mit Jean-Luc Bitton.

es zu einem Phänomen, das in der modernen Literaturgeschichte selten ist. Ein nicht nur vergessener, sondern auch ignorierter Schriftsteller ist urplötzlich wieder da, wie eine Pflanze, die man glaubte, in einen frisch bestellten Acker versenkt zu haben, und die jäh zwischen zwei Steinen auftaucht, unausrottbar und zäh, für alle Ewigkeit. Und all das durch die Gunst einiger hartnäckiger Leser. [...] Lesen Sie eine Seite von Emmanuel Bove, egal welche, aufs Geratewohl, die erste, wenn Sie wollen, und Sie werden diese Zuneigung verstehen.«

Die Neuauflage von »Mes amis« wird durch die Aufnahme des Buches in zwei Taschenbuchreihen, »Le Livre de poche« (1980) und »J'ai lu« (1986), bestätigt. 1971, bei einem Gespräch mit François Beloux, hatte der Schriftsteller Claude Aveline bereits seiner Empörung Luft gemacht, als er sagte: »In dieser Zeit der Analphabeten ist die Vorstellung, daß kein Buch von Bove im Taschenbuch zu haben ist, ungeheuerlich, absolut ungeheuerlich.«

Am 30. Juli 1979 stirbt Louise Bove im Alter von 81 Jahren, nachdem sie diese erste Welle der Neuveröffentlichungen noch glücklich miterleben durfte. Unter ihrem Bett fand man dann eine Art Überseekoffer mit literarischen Schätzen, mit Briefen, Fotos, Heften, Tagebuchseiten, Fragmenten unveröffentlichter Werke, Druckfahnen und handgeschriebenen Manuskripten.

Als 1981 Peter Handke »Mes amis« ins Deutsche übersetzte, trug auch er zur Rehabilitierung Boves bei. Er löste in Deutschland eine solche Begeisterung aus, daß der Großteil des Boveschen Werkes dort nunmehr in verschiedenen Verlagen übersetzt und publiziert worden ist. Für Handke gehört die literarische Begegnung mit Bove zu seinen wichtigsten: »Ich war davon fast wie besessen, was ja auch eine Gefahr ist. Ich denke, daß viele Leute von ihm völlig überwältigt und mit dieser leicht krankhaften Leidenschaft in Gefahr sind, ihn zu verraten. Ist dieser Anfall erst einmal wieder vorbei, heißt es, die unerhörte Qualität dieses Schriftstellers gleichwohl festzuhalten. Nach diesen Jahren der Besessenheit ist mir sein Gesicht zwar abhanden gekommen, aber seine Bücher sind geblieben. Ich war von dieser Figur besessen, ich wollte seine Tochter treffen, sogar eine Erzählung schreiben von jemandem, der unterwegs und auf der Suche ist, weil man so wenig über diesen Mann weiß. Ich wollte die Geschichte eines Mannes schreiben, der die Spur dieses Verschwundenen verfolgt. Man ist immer versucht, seine Bücher denjenigen Leuten zu geben, die einem etwas näher stehen, aber manchmal, da stellt man überrascht fest, daß die anderen überhaupt nichts begreifen.«[324]

Statt eines Besuchs bei Nora de Meyenbourg schreibt Handke ihr (am 13. Mai 1982) einen Brief, in dem es unter anderem heißt: »Über die Bücher Ihres Vaters zu arbeiten war für mich mehr als nur ein Vergnügen. Es war eine besondere Freude, aber auch das Gefühl einer Pflicht. Im Laufe der Zeit möchte ich ruhig damit weitermachen, den Schriftsteller Emmanuel Bove zu ›verewigen‹.«

Handke übersetzt nach »Mes Amis« und »Armand« auch noch ein drittes Buch Emmanuel Boves: »Bécon-les-Bruyères«. Für ihn gehört diese poetische Monographie eines Stückchens Pariser Vorstadt trotz ihrer Kürze zu seinen größten Texten: »Das ist die Vorstadt in Reinkultur. Ich lebte zweieinhalb Jahre lang in Clamart, und ich bin immer wieder auf diese Art Vorstadt gestoßen. Emmanuel Bove hat das gut hinbekommen, und zwar ohne eine Geschichte zu erzählen. Das erinnert an kleine japanische Haiku-Gedichte, die sich zu einem großen, ausdrucksvollen Bericht über die Vorstadt verdichten. Bove läßt allen Dinge ihre Ruhe.«[325]

Der Regisseur Wim Wenders teilt Handkes Enthusiasmus. In einem seiner Kurzfilme läßt er bewußt ein Exemplar von »Mes amis« auftauchen, dessen erste Worte seinem Film auch den Namen gegeben haben: »Quand je m'éveille« (Wenn ich aufwache).[326]

In Deutschland zeigte man sich verwundert, daß dieser »große Schriftsteller« in Frankreich so lange Zeit verkannt worden war. »Der Spiegel« widmete Bove sechs Seiten,[327] eine deutsche Fernsehanstalt zog sogar los, um die Verwandten Boves zu filmen. Victor, der seine Jahre in deutscher Gefangenschaft nicht vergessen hatte, verweigerte jegliches Interview; Léon hingegen war ganz begeistert, sich auf einmal im Scheinwerferlicht wiederzufinden.

In Frankreich sollte bei den Neuveröffentlichungen von 1977 der Schauspieler und Dramaturg Raymond Cousse, der bei seinen ersten Schriften von Samuel Beckett und Eugène Ionesco unterstützt und ermutigt wurde, das Werk Emmanuel Boves entdecken und zu ei-

---

324 Peter Handke im Gespräch mit Jean-Luc Bitton (Videofilm).
325 Peter Handke, Interview, in: »Les Nouvelles« (19.–25. Oktober 1983).
326 »Quand je m'éveille«, New York, März 1982 (16 Millimeter, Farbe).
327 Harald Wieser: »Ich sehe, also bin ich – allein«, in: »Der Spiegel«, 36. Jg., Nr. 50 vom 13. Dezember 1982, S. 172–180. A.d.Ü.

nem seiner treuesten Fürsprecher werden. Als er bei Flammarion einen ersten Text publiziert (»Stratégie pour deux jambons«[328] – der Theaterfassung war ein glänzender internationaler Erfolg beschieden), legt man ihm einzig zum Zweck eines typographischen Vergleichs mit seinem eigenen Buch das in derselben Reihe erscheinende »Mes amis« vor. Und dies ist der Auslöser. Von da an setzt Raymond Cousse sich mit Enthusiasmus und Selbstlosigkeit für die Sache des vergessenen Schriftstellers ein. Er überzeugt den Verlag Flammarion davon, die »editorische Auferstehung« Boves weiter voranzutreiben, und widmet einen Großteil seiner Arbeit den biographischen Recherchen – eine Monumentalarbeit, bedenkt man, wie verstreut und fragmentarisch die Informationen über Bove damals waren. Diese ersten Recherchen sind die Grundlage einer vierzigseitigen Biographie in Form einer Broschüre, die von Flammarion 1983 kostenlos vertrieben wird und die die Neuauflage von »Henri Duchemin et ses ombres« sowie des »Journal écrit en hiver« begleitet.

Anläßlich dieser Wiederentdeckung Boves zeigt sich die Presse einmütig voll des Lobes, sieht man einmal von einigen wenigen Kritikastern ab, denen Cousse heftig, aber auch mit ätzendem Humor, in einem Pamphlet mit dem Titel: »À bas la critique et vive le Québec libre!« (Nieder mit der Kritik, hoch lebe das freie Québec!)[329] antwortet. Die Begeisterung der Leser und der Kritik dringen über die Grenzen Frankreichs, die amerikanische Journalistin Jane Kramer widmet dem französischen Schriftsteller einen zehnseitigen Artikel im berühmten »New Yorker«.[330]

Diskret wie sein Autor findet das Werk langsam, aber sicher immer mehr Anklang, Übersetzungen erscheinen in England, Schweden,

---

[328] Dt.: »Meine Zwei-Schinken-Strategie. Betrachtungen eines Schweins«, Rowohlt, Reinbek 1980. A.d.Ü.

[329] Éditions Rupture, 1983. – Zum Presseecho vgl. u.a.: Michel Sailhan, »Emmanuel Bove sort de l'hiver«, in: »Libération« vom 10.3.1983 und in der »Quinzaine littéraire« No. 390 (vom 16.3.1983); Lionel Duroy, »Le Roman vrai de Victor Bâton et ses frères«, in: »Libération« vom 31. Mai 1983; »Le Retour d'Emmanuel Bove, romancier de la solitude et du dénuement«, in: »Le Monde« vom 4.3.1983. [Zu weiteren bibliographischen Angaben vgl. meine Einführung »Kompensation und Theatralik. Eine Studie zu Emmanuel Boves frühen Romanen (1924–1928)«, Frankfurt/M. 1989, sowie die Diplomarbeit von Annegret Claushues, »Der ›deutsche‹ Emmanuel Bove«, Heinrich-Heine-Universität Düsseldorf, Romanistik III, 1994. A.d.Ü.]

[330] »New Yorker« vom 20. Mai 1985.

den Niederlanden, Italien, Griechenland, Spanien, Portugal sowie in Brasilien und Argentinien.[331] Nach der zweiten Welle der Neuveröffentlichungen 1983 bei Flammarion wird Boves Werk merkwürdigerweise wieder von einer Menge von Verlegern herausgebracht, wie schon zu seinen Lebzeiten: La Table Ronde (drei Titel ab 1985), Le Castor Astral (fünf Titel ab 1986), Le Dilettante (zwei Titel ab 1986), L'Autodidacte (ein Titel, 1986), Ledrappier (ein Titel, 1987), EST (ein Titel, 1987), Calmann-Lévy (drei Titel ab 1987) und Critérion (ein Titel, 1991).[332] Bei dieser enthusiastischen Wiederentdeckung (etwa zwanzig Titel werden innerhalb von zwölf Jahren neu- oder zum ersten Mal aufgelegt) erweisen sich Boves Texte auch als Inspirationsquelle für Künstler der verschiedensten Bereiche, vom Theater bis hin zum Ballett.

Nach diversen gescheiterten Anläufen (insbesondere für »La dernière nuit«) wird Bove schließlich doch noch verfilmt, und zwar von Serge Moati, der sich den Roman »Le Piège« vornimmt. Das Drehbuch für diesen kafkaesken Roman schreibt Jean-Claude Grumberg. »Schon bei der Lektüre«, sagt Serge Moati, »war der Schock so kolossal, daß ich mich sogleich entschied, einen Film daraus zu machen. Das war ja wie ein Krimi, mehr noch, wie ein echter metaphysischer Thriller. So zwischen Dostojewski und Hitchcock.«[333] Und der Schauspieler und Regisseur Didier Bezace macht aus »Le Piège« eine tragische Farce für das Théâtre de l'Aquarium, Titel: »Emmanuel et ses ombres« (Emmanuel und seine Schatten).

Im Laufe der nächsten Jahre dürfte Boves Werk sich weiter durchsetzen, so wie es Raymond Cousse bereits betonte: »Man geht wohl kein großes Risiko ein, wenn man behauptet, daß Boves Werk vor der Ewigkeit bestehen wird.« Und damit wird Emmanuel Bove seinen Platz unter den Menschen haben:

Ich habe vom Leben nichts Besonderes verlangt. Ich habe nur eins gewollt, und das wurde mir immer verwehrt. Ich habe wirklich darum gekämpft, es zu bekommen. Meine Mitmenschen haben es, ohne danach zu suchen. Es ist nicht das Geld, nicht die Freundschaft und auch nicht der Ruhm. Es ist ein Platz unter den Menschen, ein

[331] Mittlerweile ist Bove auch ins Japanische und ins Serbokroatische übersetzt. A.d.Ü.

[332] Ähnliches gilt für den deutschsprachigen Raum, wo Bove seit 1981 in bislang acht Verlagen herauskam. Näheres siehe Bibliographie. A.d.Ü.

[333] Serge Moati, Interview mit Jean-Louis Mingalin, in: »Le Monde« vom 1. Januar 1990.

Platz für mich, ein Platz, den sie als den meinigen anerkennen würden, neidlos, weil er gar nichts Beneidenswertes an sich hätte. Er wäre nicht anders als der, den sie selbst einnehmen. Er wäre ganz einfach zu respektieren.[334]

Am 4. Mai 1971 beantwortet Louise Bove einen ersten Brief Christian Dotremonts: »Ihre Bewunderung für meinen Mann rührt mich sehr. Wenn ich Ihnen sage, daß ich Sie verstehe, klingt das dumm, und dennoch stimmt es. Aber es fällt mir sehr schwer, von ihm zu sprechen, ohne den Eindruck zu haben, seine extreme Bescheidenheit zu verraten. Vielleicht ist das auch der Grund dafür, daß ich sein Andenken so schlecht verteidigt habe, überzeugt, wie ich war, daß der Augenblick kommen würde, da man seinen Wert und seinen Beitrag zur heutigen Literatur anerkennt. Er war schweigsam, aber er konnte stundenlang mit anderen Schweigsamen reden. Vor allem war er über die Selbstgefälligkeit und die Wichtigtuerei eines jeden verblüfft. Er erkannte darin das zutiefst Komische. [...] Er las viel. Nach getaner Arbeit zerstreute er sich damit, die Buchhändler aufzusuchen. Wir kannten sie alle, überall, wo wir vorbeikamen. Aber ich muß Schluß machen, obwohl ich Ihnen noch soviel zu erzählen hätte. Ich greife nie zur Feder, aber wenn ich mich dann einmal hinsetze, tendiere ich dazu, nicht wieder aufzuhören. Erlauben Sie mir, Monsieur, daß ich Sie, obwohl wir uns nie gesehen haben, meiner herzlichsten Freundschaft versichere. Louise Emmanuel Bove«

---

[334] Emmanuel Bove, »Mémoires d'un homme singulier«, a.a.O., S. 26.

Anhang

Verstreute Texte Emmanuel Boves

Biographie

(Bove anläßlich des Erscheinens von »Un soir chez Blutel«, 1927)

Ich gebe zu, mein Problem hier ist ein bißchen das des Schauspielers, der plötzlich seinen Text vergessen hat und gezwungen ist, die Repliken zu erfinden oder sich so gut es eben geht bei den Zuschauern zu entschuldigen. Die Frage, die Lucien Kra mir stellt, übersteigt meine Kräfte. Einmal in meinem Leben sollte ich einen Artikel schreiben. Das hat mich viel Arbeit gekostet, und zudem mußte mir jemand dabei helfen. Ich werde mich also damit begnügen, ein paar Zeilen niederzuschreiben. Da sie zur nachfolgenden Erzählung keinen Bezug haben, wird es auch nicht nötig sein, daß sie wie die persönlichen Notizen des Autors aussehen. Wenn ich um des Redens willen rede, wird man meinen, daß ich einen kleinen virtuosen Akt vollführe, und mir erneut sagen, was ich schon so oft gehört habe: »Sie haben das Talent, aus nichts etwas zu machen.« Sollte ich dieses Talent wirklich haben, dann schwillt mir deshalb aber nicht gleich der Kamm, denn ich halte es nicht für verdienstvoll, aus nichts etwas zu machen, sondern eher, etwas aus dem zu machen, was man vorfindet. Und das ist in diesem Fall meine Unfähigkeit, Angaben zu meiner Person zu liefern. Dafür gibt es tausend Gründe. Der hauptsächliche Grund ist eine Scham, welche mich daran hindert, von mir selber zu sprechen. Alles, was ich sagen könnte, wäre darüber hinaus verkehrt. Das einzig Exakte wäre mein Geburtsdatum. Aber auch da könnte mich eine Laune veranlassen, mich jünger oder älter zu machen. Wer könnte im übrigen dem Vergnügen widerstehen, in seinem Lebenslauf von großen Ereignissen und Albernheiten zu berichten: etwa von der Lust zu schreiben im Alter von acht Jahren, einer unverstandenen Jugend, einer blendenden oder mittelmäßigen Schullaufbahn, Selbstmordversuchen, von einer aufsehenerregenden Tat im Krieg, einer fast tödlichen Verwundung, einem Todesurteil in der Kriegsgefangenschaft und der Begnadigung am Vorabend der Hinrichtung. Am weisesten, glaube ich, ist es, gar nicht erst anzufangen.

Reise um eine Wohnung
Novelle

Pierre Vilbert arbeitete nur unter erheblichen Mühen. Unentschlossenen Schritts durchstreifte er seine Wohnung, blieb bisweilen stehen, um sich eine Zigarette anzuzünden, einen Blick auf die verlassene und verdreckte Avenue de l'Observatoire zu werfen und sich zu recken und zu strecken – so ausgiebig, als hätte er durch Gesten zu verstehen geben müssen, gerade aufgewacht zu sein. So also verbrachte er vor allem seine Zeit.

Gleich nach ihrer Heirat vor kaum ein paar Monaten waren Pierre Vilbert und seine junge Frau Marguerite in diese Wohnung eingezogen, die sie nicht ohne eine Menge Schwierigkeiten gefunden hatten (waren sie zu dem Zeitpunkt doch nur verlobt).

Pierre Vilbert war ein Mann um die Dreißig. Er schrieb Geschichten und Artikel für allerlei Zeitungen und Zeitschriften. Aus seiner Jugend in einer friedlichen Provinzstadt hatte er sich eine gewisse Naivität und Einbildungskraft bewahrt, die es ihm erlaubte, selbst die mittelmäßigste Landschaft noch in eine immense und malerische Gegend zu verzaubern. Als Kind konnte sich ein Teppich vor seinen Augen in eine große Wüste verwandeln, über der er sich dann, kaum größer als eine Fliege, umherkreisen sah. Heute freilich schützt ihn sein Alter vor soviel Naivität. Dennoch kam es hin und wieder vor, daß während seiner Träumereien sein Blick irgendein Objekt fixierte und dieses sich mit einemmal zu bewegen begann. Ein Art Summen erfüllte dann seine Ohren, und ein leichter Nebel legte sich vor seine Augen. In solchen Augenblicken mußte seine Frau sich sehr davor hüten, ihn zu stören, denn Pierre Vilbert zufolge waren diese Zustände Vorläufer einer dem Schöpfungsprozeß förderlichen Ekstase.

Pierre Vilbert zündete sich eine Zigarette nach der anderen an und ging immer wieder auf den Flur. In den Stunden, da er nicht arbeitete, überließ er sich gern dem Müßiggang inmitten seiner Bücher, sortierte Papiere, stellte Möbel um. Ein hohes Kupferfaß diente als Schirmständer und machte einen recht rustikalen Eindruck neben einer Wanduhr, die seine Frau auf einer Reise nach Südfrankreich erstanden hatte. Der Flur befand sich in der Mitte der Wohnung. Alle Räume mündeten in ihn, und da diese nicht miteinander verbunden waren, sahen sich die beiden Jungverheirateten ständig gezwungen, ihn zu durchqueren. So war dieses Vorzimmer schnell überfüllt. Gegenstände wurden dort abgelegt, all das, was man aus Bequemlichkeit nicht an seinen rechten Platz legte. Es war wie eine Art Kreuzung. Eine Laterne schirmte die Glühbirne ab. Besucher wußten in diesem überladenen Vorraum nicht, wo den Überzieher ablegen. Ein mit Kartons vollgestopfter bretonischer Wandschrank verdeckte eine ganze Tür und reichte gar noch bis zum Eingang des Schlafzimmers, dessen Tür glücklicherweise nach innen zu aufging. Ein langer schmaler Teppich bildete einen kurzen Pfad zwischen der Küche und dem Eßzimmer. Statt einer Klingel hatte Marguerite eine Art Glockenspiel haben wollen. Ließ der Besucher die Kordel los, bimmelte es weiter, bis der Ton immer schwächer wurde und letztlich ganz sanft erstarb. Unter dem Schrank waren sechs Paar Schuhe aufgereiht, deren vernickelte Schuhspanner, Pretiosen gleich, im Dunkeln leuchteten. Aus einer fernöstlichen Porzellanvase, die auf einer winzigen Etagere stand, ragten etwa zehn Zweige einer Stechpalme heraus. Von den roten und verschrumpelten Früchten fiel bisweilen eine auf den Boden, senkrecht, so daß sie nach zwei- oder dreimaligem Aufschlagen an der Stelle des ersten Aufpralls zu liegen kam.

Wenn Pierre Vilbert heimkehrte, legte er die Bücher und Zeitungen, mit denen er unvermeidlich beladen war, auf einem kleinen chinesischen Schemel ab, der mangels Platz an der Wand unterhalb der Kleiderhaken einer Garderobe stand und die Überzieher daran hinderte, in voller Länge hinabzufallen. Er legte dann seinen Hut ab, stellte seinen Spazierstock in eine Ecke und ließ ihn erst aus den Augen, nachdem er sich davon überzeugt hatte (so wie man es bei einem Fahrrad tut), daß er nicht wegrutschen konnte, besah sich in einem Spiegel, der mit einem Kettchen an einem Kupfernagel – kaum größer als ein Stecknadelkopf, damit die Wand nicht beschädigt würde – angebracht war, und begab sich dann in sein Arbeitszimmer, wo seine Frau ihn erwartete.

– Was gibt es Neues? fragte sie unverzüglich.

Er hob die Achseln. Sie stand auf und ging dann jedesmal zu dem kleinen Schemel. Sie verharrte einen Moment lang im Flur und blätterte in den Büchern, überflog die Zeitungen. Wenn sie zurückkam, sagte sie, auf eines der Bücher zeigend:

– Schau an, das hast du gekauft!

Pierre Vilbert erwiderte nichts darauf. Marguerite öffnete das Buch von neuem, las eine Widmung und fügte hinzu:
– Ach! Er hat es dir geschenkt!
Ihr Gatte nickte bestätigend mit dem Kopf. Sie fragte:
– Ist es gut?
– Es geht, gab Pierre zur Antwort.
– Du wirst das wohl nicht lesen, hoffe ich.
– Und wenn es gut ist?
– Ich lese es für dich und sage dir dann, ob es was taugt. Vertraust du meinem Urteil?
Pierre Vilbert begnügte sich mit einem Lächeln und ging dabei in seinem Arbeitszimmer auf und ab.

Das Zimmer war rot ausgelegt, der Belag war die Wände entlang angenagelt, und dort, wo der Flur und das gebohnerte Parkett begann, hörte er abrupt auf. Sein Arbeitszimmer – »dein Studio«, wie Marguerite sich ausdrückte – war im schönsten Raum der Wohnung eingerichtet worden. Wäre es nach dem Architekten gegangen, wäre er dem Salon vorbehalten geblieben. Der Kamin dort war aus geflammtem Marmor, die Wände waren holzverkleidet. Zwei hohe Fenster gingen auf die Avenue de l'Observatoire hinaus, leider ganz in Richtung Norden. Wegen dieses Nachteils hatte Pierre Vilbert sich lange Zeit nicht zwischen diesem und einem anderen Zimmer entscheiden können, welches zwar ganz klein war, dafür aber auf einen sonnenüberfluteten Hinterhof hinausging. Schließlich, auf Marguerites inständiges Bitten und ihre Behauptung hin, »das Wesentliche besteht letztendlich darin, sich frei bewegen zu können«, hatte Pierre sich für den großen Raum entschieden. Am darauffolgenden Tag wurde mit der Einrichtung des Zimmers begonnen.
– Den Mittelteil deines Studios lassen wir frei, damit du herumlaufen kannst, wenn dir danach ist, sagte Marguerite sogleich.
Ein Schreiner aus der Rue Saint-Jacques kam, um Maß zu nehmen und in einem Winkel des Zimmers eine Liege mit Bücherablage einzurichten.
– Magst du lieber Regale oder einen richtigen Bücherschrank? wollte Madame Vilbert von ihrem Mann wissen.
Nachdem ein Tag lang hin und her überlegt worden war, neigten die Jungvermählten der zweiten Lösung zu.

– Da du die Bücher nun einmal liebst, ist es so auch besser, bemerkte Marguerite.

– Vor allem will ich im Winter nicht frieren, sagte Pierre. Um arbeiten zu können, brauche ich Wärme vor allem anderen.

Man erwarb einen echten Dauerbrandofen der Marke Chaboche und wählte eine recht moderne Form dafür aus, das Ganze in Grün.

– Wie viele Steckdosen willst du? fragte Marguerite.

– Mindestens drei. Eine große Beleuchtung wird dann nicht vonnöten sein. Mit kleinen Lampen ist es intimer.

Seit nunmehr zwei Monaten war das Arbeitszimmer vollständig eingerichtet.

– Ich will nicht, daß irgend jemand meinen Tisch berührt, selbst du nicht, beschied Pierre seiner Frau. Das ist eine meiner Manien. Ich mag es, wenn meine Papiere an exakt dem Ort bleiben, wo ich sie hingetan habe. Wenn nichts berührt wird, kann ich mich in meinem Chaos zurechtfinden.

Marguerite hatte hohen Respekt vor den Manien ihres Mannes. Sie begriff, daß eine intellektuelle Leistung ohne kleine Macken gar nicht möglich ist. Sie befleißigte sich umso mehr, die stets zahlreicher werdenden Forderungen Pierres zu respektieren, als sie das Bedürfnis verspürte, seinem vergeistigten Beruf Bedeutung zu verleihen. Sie hatte immer das Gefühl, als würden die Freunde oder die Verwandten, die zu Besuch kamen, die Vermutung hegen, ihr Mann lebe, ohne zu arbeiten. Daher wollte sie in diesem Punkt jedes Mißverständnis vermeiden. Sie war es, die Pierre von der Notwendigkeit überzeugte, einen echten Schreibtisch zu kaufen. Eine ganze Woche lang hatte er sich dagegen gesträubt.

– Ein großer Tisch aus hellem Holz ist alles, was ich brauche. Es reicht, wenn ich nur Papier, Tinte und Wärme habe.

Dann jedoch schloß er sich ihrem Standpunkt an und akzeptierte sogar, daß ein Telefon installiert wurde, wogegen er trotz allem einen abgrundtiefen Haß hegte, weil man, wie er sagte, »mit solch einem Apparat nicht mehr bei sich zu Hause ist: Andauernd wird man gestört.« Briefbeschwerer, Tintenfässer, Brieföffner, ein Briefmarkenanfeuchter aus Deutschland (eine Art Röhre, die an einem Ende in einen Schwamm mündet und mit Wasser gefüllt wird, so wie ein Füller mit Tinte), Wörterbücher und nach Mandeln duftende Leimtöpfe bedeckten seinen Schreibtisch über und über, dieses bei einem Antiquitätenhändler in Versailles erstandene Einzelstück, das zwei Meter lang und an seinen Seiten mit unzähligen Schubladen versehen war.

Pierre Vilbert wußte nicht, was er in diesen Schubladen verstauen sollte. Zwar besaß er ein paar Manuskripte, einige Briefe, manch einen Entwurf, aber das Ganze hätte in einem davon reichlich Platz gefunden. Um ihrem Mann die Aufgabe zu erleichtern, hatte Marguerite die Schubladen auf der rechten Seite des Schreibtisches sich selbst vorbehalten. In die erste legte sie ihr Kontobuch; in die zweite kamen Kataloge; in die dritte 500 Blatt weißen Papiers.

– Wenn du Papier brauchst, frage mich, sagte sie zu ihrem Mann.

Sie hieß ihn, Ordnung zu halten.

– Lege die Briefe von deinen Verlegern, deine Verträge in eine Schublade. So verlierst du keine Zeit, wenn du irgend etwas suchst. Lege deine Manuskripte in Sammelmappen unterschiedlicher Farbe und deponiere das Ganze in der Schublade darunter. Es kann ja sein, daß man etwas von dir verlangt, womit du nicht gerechnet hast. Auf diese Weise findest du dich zurecht.

Nachdem Pierre Vilbert einige Minuten lang auf und ab gegangen war, nahm er hinter seinem Schreibtisch Platz. Sein Blick richtete sich auf die verstreuten, vollgeschriebenen Blätter vor ihm. In Momenten wie diesen fühlte er, wie eine undeutliche Verzweiflung in ihm aufstieg. Er überspielte sie betont vor seiner Frau, indem er so tat, als sei er unendlich müde.

Mechanisch nahm er eines der Blätter und las von neuem einen Satz, den er geschrieben hatte. Etwa solch einen: »Er öffnete die Tür und erblickte vor sich in der Dunkelheit eine Art weißes Tuch, das die Form eines Menschen hatte und sich bewegte.« Verächtlich warf er dieses Blatt weg und dachte:

– Wie dumm das ist! Ich hätte genausogut schreiben können: »Er öffnete die Tür und erblickte zunächst einmal nichts.« Oder auch: »Er drückte die Tür auf und bemerkte sogleich seine Schwester, die ausgestreckt auf einem Sofa lag.« Oder gar noch: »Er öffnete die Tür. Das Zimmer war leer. Er machte ein paar Schritte, setzte sich, zündete sich eine Zigarette an, schloß die Augen und wartete. Nach einem Moment in der Dunkelheit, an die er sich gewöhnt hatte, kam eine weiße Form auf ihn zu. Es war seine Schwester.«

Marguerite ahnte die Qual, die ihr Mann zu ertragen hatte. Sie versuchte, ihm zu helfen.

– Du solltest dieses Adjektiv nicht benutzen, riet sie ihm. Du setzt es zu oft ein. Auf einer einzigen Seite habe ich sieben gezählt.

Oder sie sagte:

– Du mußt dich in acht nehmen: Am Ende deiner Geschichte solltest du die Heldin nicht einfach so sterben lassen. So, wie du sie zuvor vorgestellt hast, ist sie außerstande, sich zu vergiften. Meiner Meinung nach müßte sie eher fliehen und dann, nachdem sie eine Stunde lang durch die Straßen gelaufen ist, zurückkommen und ihren Mann um Vergebung bitten.

Pierre Vilbert lächelte verächtlich, dann aber, in der Nacht, schrieb er das Ende seiner Geschichte um. Am darauffolgenden Tag rief er seine Frau und las ihr die Erzählung vor.

– Es ist gut, daß du auf mich gehört hast, sagte sie ihm.

– Nein, erwiderte er, ich habe nicht auf dich gehört. Ich habe nachgedacht. Mir schien dieses Ende besser zu sein. Ich habe die Hälfte der Geschichte geopfert und das Ende überarbeitet. Dann ist es halt anders. Jetzt rühre ich sie nicht mehr an. Schluß und aus. Die Sache ist vorbei für mich. Die ganze Kunst besteht darin, den Moment zu spüren, da man mit dem Herumfeilen aufhören muß.

Pierre Vilbert blieb nie lange hinter diesem Schreibtisch sitzen, der der Tür gegenüber stand, damit, sollte jemand eintreten, der Betreffende sofort wahrgenommen wurde. Vor allem Marguerite hatte gewollt, daß man den Schreibtisch so plaziere. Sie sah in jedem Besucher, der Monsieur Pierre Vilbert zu sprechen suchte, einen Gegner. Ihm mußte imponiert werden. Es ging darum, ihm zu zeigen, daß ihr Mann wirklich bei der Arbeit war. Das Licht von draußen mußte auf das Gesicht des Eindringlings fallen, während ihr lieber Pierre im Dunkeln versteckt blieb.

Fast unverzüglich erhob sich Pierre aus seinem Ledersessel und machte sich wieder daran, das Arbeitszimmer zu durchschreiten. Mitunter blieb er abrupt stehen und wandte sich an seine Frau mit den Worten:

– Und wenn ich ein Stück schriebe?

Sie betrachtete ihn liebevoll.

– Wenn dir das vorschwebt, dann solltest du es auch versuchen.

Dann fragte er:

– Glaubst du, ich könnte das?

– Warum nicht? Du bist genauso begabt wie all die anderen auch.

– Eben noch sagtest du, ich wäre begabter als die anderen.

– Ja, aber Theater, das ist etwas anderes. Man muß ein Gespür haben für die Dialoge. Hast du ein Gespür für die Dialoge?

– Was denkst du?

– In deinen Erzählungen jedenfalls machst du gute Dialoge. Bleibt nun nur noch in Erfahrung zu bringen, ob der Dialog in Erzählungen derselbe ist wie der auf der Bühne.

Pierre machte sich wieder daran, umherzulaufen. Er stellte sich den Beifall einer begeisterten Menge vor. Von den höchsten Logenplätzen fielen Blumen auf die Rampe. Marguerite saß allein in einem riesigen Proszenium. Ihr Abendkleid glitzerte im Licht, und ihr blondes Haar war von einer Gaze umhüllt. Man zog ihn am Arm, er wollte aber nicht vortreten. Mehrere Männer kamen, um ihn nach vorne zu schieben. Plötzlich wogte ein Gesichtermeer zu seinen Füßen: Er stand auf der Bühne. Der Autor wurde der Öffentlichkeit präsentiert. Applaus und Zurufe kamen von allen Seiten.

– Pierre! Arbeitest du heute nach dem Abendessen?

Es war immer ein Satz dieser Art, der ihn aus seinen Träumen riß. Er drehte sich Marguerite zu. Ausgestreckt auf dem Diwan, betrachtete sie ihn, wie er fieberhaft auf und ab ging. Ein Ausdruck der Bewunderung machte ihre Augen größer, verlieh dem ovalen Gesicht noch mehr Reinheit.

– Ich frage dich, denn falls du arbeitest, ist es besser, sogleich zu essen.

– Besser wäre es, ich arbeite, nicht wahr?

– Bist du dazu aufgelegt?

Pierre durchschritt das Arbeitszimmer von neuem. Er mochte auf solcherlei Fragen nicht gerne antworten. Schließlich fragte er:

– Wird mich auch niemand stören?

Marguerite wachte darüber, daß ihr Mann seine Ruhe hatte. Sie verwehrte den Zugang zu seinem Arbeitszimmer und verharrte dann stundenlang in einem Raum nebenan, untätig. Gegen vier Uhr nachmittag allerdings oder auch gegen elf Uhr abend klopfte sie sanft an die Tür zu seinem Arbeitszimmer, wobei sie sich heimlich wünschte, die Aufmerksamkeit und die Gewissenhaftigkeit, die ihr Mann seiner Arbeit entgegenbrachte, würden ihn daran hindern, sie zu hören. Wenn er nach einigen Augenblicken nicht geantwortet hatte, klopfte sie erneut, ebenso sanft. Schließlich trat sie auf Zehenspitzen ein. Ihr Mann hob nicht den Kopf. Sie rief kaum hörbar nach ihm. Selbst wenn er sie gehört hatte, antwortete er nicht beim ersten Mal. Sie rief ihn erneut. Dann suchte er nach ihr in der Dunkelheit des Zimmers, denn selbst am Tag arbeitete er bei dem Licht einer langen Glühlampe, die parallel zu seinem ins Licht getauchten Papier angebracht war.

– Pierre, sagte sie, du solltest eine kurze Pause machen.

Das Eßzimmer der Vilberts sowie jenes Zimmer, das Pierre als Arbeitszimmer abgelehnt hatte, gingen auf den sonnigen Hof hinaus. Vorhänge mit rot-weißem Schachbrettmuster hingen am Fenster. Ein Teppich aus Schnüren bedeckte den Boden. Der kleine Luster, halb Kristall, halb Schmiedeeisen, lieferte unterschiedliches Licht, je nachdem, ob man den Schalter ein- oder zweimal drückte.

Marguerite liebte alles »Kupferne«, auf allen Möbeln gab es davon. Genauso mochte sie Laubsträuße. Alle Vasen waren voll trockener Äste, so daß man, trat man in das bereits gelbrot tapezierte Zimmer, von einem Licht überrascht wurde, das an herbstliches Unterholz erinnerte. An einer Wand stand ein rustikales Buffet. Madame Vilbert hatte sich für diese »gewollt feinen Eßzimmer« überhaupt nicht erwärmen können, auch nicht für diese Anrichten, die »serienmäßig hergestellt werden und die man in allen kleinbürgerlichen Haushalten antrifft«.

Von ihrer berühmten Reise in den Süden hatte sie sich einen gewissen Geschmack für provenzalisches Mobiliar behalten, ein Geschmack, der zur Leidenschaft geworden war, nachdem sie mitbekommen hatte, daß dieser Stil in Mode gekommen war.

– Das Rustikale hat Charme, sagte sie. Es ist frisch, originell und hat einen besonderen Charakter.

Auch die Stühle waren rustikal, im übrigen bis hin zur Unbequemlichkeit. Niedrig, mit hohen Rückenlehnen, die strohgeflochtene

Sitzfläche weiß und hart wie Holz, erwiesen sie sich eher als dekorativ denn als praktisch. Bei der kleinsten falschen Bewegung kippten sie durch das Gewicht der Rückenlehnen nach hinten.

Der Tisch wiederum war zu hoch, so daß bei den Mahlzeiten die Gäste, die ja sehr tief sitzen mußten, wie Kinder aussahen. An den Wänden hielten Metallklemmen Imitationen alter Craquelé-Fayencen, deren Motive mustergültig verblichen und mitunter gar mit einem Sprung versehen waren. Um die Glaubhaftigkeit des Ganzen noch zu erhöhen, war der Satz von zwölf Exemplaren unvollständig.

– Ihr Eßzimmer ist reizend, sagte Madame Laffitte, als sie ihre junge Freundin besuchte. Ein Schmuckstück, so reizend, mit solch erlesenem Geschmack zusammengestellt. Würde mein Mann nicht so an seinen Möbeln hängen, wir würden genau dieselben bestellen. Ihre Fayencen sind entzückend. Und dieses Laub in den Kupfervasen! Absolut bezaubernd. Das sage ich auch all meinen Freundinnen. Ganz Paris kennt Ihr Eßzimmer. Und meine alte Schwester, die nie vor die Tür kommt, läßt keinen Tag verstreichen, ohne mich darum zu bitten, daß ich sie zu Ihrem Heim fahre.

Pierre wartete, bis der Tisch gedeckt war, bevor er das Eßzimmer betrat. Seine Frau kam ihm einige Minuten zuvor, um die kleinen Vergeßlichkeiten des Dienstmädchens auszumerzen. Schließlich sagte sie, die Tür zum Arbeitszimmer leicht öffnend:

– Liebling, du kannst kommen ... Es ist angerichtet.

Scheinbar schweren Herzens legte er seinen Federhalter nieder und ging auf die Toilette, um sich zu kämmen – hatte er bei der Arbeit doch die Angewohnheit, seine Frisur zu durchwühlen. Schließlich trat er in das Eßzimmer.

– Sind wir nicht zu früh dran? fragte er sogleich.

Aber dann nahm er gegenüber seiner Frau Platz.

– Ich hoffe, du verdienst bald etwas Geld. Du machst dir ja gar keine Vorstellung, was so ein Haushalt kostet, bemerkte Marguerite.

– Mir erscheint das nicht zuviel. Du kaufst doch nur ganz einfache Sachen.

– Ja, aber wenn man das alle Tage macht, dann kommt da schließlich etwas zusammen ...

Nach dem Essen gingen die Vilberts in den Salon; diesen schmückte eine Blumentapete, die dem bedruckten Leinen aus der Manufaktur von Jouy zum Verwechseln ähnlich sah. Dieses Zimmer war noch nicht fertig eingerichtet.

– Wir lassen uns Zeit damit, Gäste zu empfangen, sagte Marguerite. Beginnen wir mit dem, was unerläßlich ist. Im übrigen: Damit ein Salon nach etwas aussieht, muß er peu à peu eingerichtet werden. Sollten wir unterwegs einmal auf eine kleine Vase, einen Sessel, auf irgendeine Nippfigur stoßen, die uns gefällt, dann kaufen wir sie. Wir können uns Zeit lassen. Man muß die richtige Gelegenheit abwarten. Wenn man es am wenigsten erwartet, stößt man auf das Pendant zu einer Graphik, das einem noch fehlt. Glaubst du, dein Vater hat die Kostbarkeiten, die sein Heim verschönern, innerhalb eines Tages zusammengetragen?

Sechs Sessel bildeten einen Kreis. In seiner Mitte befand sich ein niedriger Tisch, auf dem zwanglos jene Zeitungen abgelegt waren, in denen eine von Pierres Geschichten erschienen war. Doch niemand schlug sie auf, denn sowie ein Besucher das Erscheinungsdatum angeschaut hatte, legte er sie mit einer Art Enttäuschung zurück. In einem auf den kleinen bräunlichen Kamin des Salons postierten Rahmen steckte ein Foto unseres Geschichtenerzählers. Sein Gesicht war in einen Lichtkreis getaucht und schien so um zehn Jahre jünger. Die Zeichnung eines großen Karikaturisten – Pierre hatte sie auf dem Tisch einer der Redaktionsräume gefunden – zierte eine Holztafel.

Der Luster nun war aus reinem Kristall. Der Salon wurde des weiteren von alten Kerzenleuchtern erhellt, durch die eine elektrische Leitung führte.

Samstag abend empfing das Ehepaar Vilbert Verwandte und sehr nahe Freunde.

Marguerite war dann nicht wiederzuerkennen. Schon morgens bereitete sie sich auf diesen Empfang vor, während Pierre unaufhörlich vor sich hin brummelte und hin und wieder betonte, daß »er auf diese Weise nicht arbeiten könne«.

Seine Frau indes kümmerte sich nicht um seine Klagen, so aufgedreht war sie.

– Du mußt heute nachmittag nur ausgiebig arbeiten. Wenn du es nicht schaffst, holst du es morgen halt nach.

– Gehen wir schlafen, es ist spät.

Als Marguerite diese Worte sagte, antwortete Pierre nicht und fuhr, den Federhalter in der Hand, mit seiner Grübelei fort.

– Na komm schon. Es ist spät. Morgen kannst du besser arbeiten.

Er aber zögerte noch ein wenig, sein Arbeitszimmer zu verlassen.

– Morgen früh hast du klarere Gedanken. Na komm.

Dieses Mal stand er auf, sagte dann als Entschuldigung:

– Du willst also nicht, daß ich arbeite?

– Aber du hast doch schon viel gearbeitet. Für heute ist Schluß. Jetzt mußt du dich ausruhen. Du hast es dir wohl verdient.

Obwohl Pierre nur ein paar Zeilen zu Papier gebracht hatte, gehorchte er.

Heute abend läuft es nicht so gut, dachte er. Marguerite hat recht. Es ist besser, ich lege mich schlafen. Mir fällt wirklich nichts ein. Ich weiß nicht, was ich schreiben soll. Es zehrt an einem, wenn man trotzdem etwas zu Papier bringen will. Mir scheint, ich wäre nicht so müde, wenn ich hundert Seiten geschrieben hätte. Ich kann trotzdem nicht andauernd das wiederholen, was ich schon gesagt habe. Und wenn ich alles hinschmeißen würde?! Wenn ich nie wieder auch nur eine Zeile schreiben würde! Was für eine Erleichterung! Ich glaube, wäre mir das erlaubt, würde ich vor Glück an die Decke springen! Feierabend! Schluß mit den Stunden mit mir selbst, mit der Leere! Schluß mit dem Schwindelgefühl, dem Ekel vor mir, dem Gefängnis in diesen vier Wänden, während draußen die Menschen wirklich arbeiten! Auch ich ginge in der Sonne spazieren, hätte Verpflichtungen, hätte nichts mehr zu tun. Alles würde mich ablenken. Und ich wäre hundertmal zufriedener als heute.

Mit griesgrämiger Miene betrat er das Schlafzimmer. Marguerite hatte sich weder für ein Kupfer- oder Holzbett noch für einen Spiegelschrank oder für ein Nachttischchen erwärmen können.

Statt dessen hatte ihr ein mit schwarzem Samt überzogener Diwan auf einem beigefarbenen Teppich zugesagt. Die Wände waren mit einer violetten Tapete bedeckt, auf der lange, goldfarbene Winkel bunt verstreut waren. Das Ganze sah ein wenig deutsch aus. Ein Schaffell diente als Bettvorleger. Kaltes Licht fiel aus einer Mattglasleuchte an der Decke. Am Kopfende des Diwans trugen zwei schwarze Würfel jeweils eine Kugel, in der es zu schneien begann, wenn man sie schüttelte. Ein roter Vorhang verdeckte einen in Silber eingefaßten Spiegel. Zog man ihn auf, schien es auf den ersten

Blick, als sei der Spiegel die Wirklichkeit und als könne man durch ihn hindurchgehen, um sich in weit abgelegene Zimmer zu begeben.

Abends wurde Marguerite in diesem seltsamen Zimmer zu einem anderen Menschen. Sie vergaß ihre Hausfrauenarbeit, die Ratschläge an ihren Mann, ihren Ehrgeiz, den Salon zu verschönern, ihren Stolz, die Frau Pierre Vilberts zu sein.

Unter dem mysteriösen Licht des Deckenlichts schien es ihr plötzlich, als sei sie eine Spenderin von Leid oder Freude. Einzig weil das Dekor ihren Träumen entsprach, gab sie sich auf einmal eine grenzenlose Wichtigkeit. Da hingen von ihr die Zukunft und das Glück ihres Mannes ab.

Er trat heran, die Augen ermüdet vom weißen Papier. In ihrem Morgenrock sah sie ihn näherkommen. Einige Momente lang hatte sie den Eindruck, als sei sie schon immer da und dieser Mann, der aus der fruchtlosen Unruhe der Städte komme, würde ihre Gegenwart suchen wie ein Verdurstender die Quelle.

Doch dann verjagte sie diese Hirngespinste, nahm ihn bei der Hand, ließ ihn sich setzen und sagte:

– Denkst du nicht, daß ich einen guten Geschmack habe? Alle finden, unser Zimmer habe etwas Intimes. Madame Laffitte meinte zu mir, es sei ein richtiges Nest. Bist du wenigstens glücklich? Du siehst immer so besorgt aus.

– Aber nein, Marguerite. Ich versichere dir, daß ich glücklich bin. Mehr kann man nicht verlangen.

– Warum machst du dann immer dieses mürrische Gesicht? Du hast eine wundervolle Wohnung, du hast deinen Frieden, diesen Frieden, den du dir so sehr erwünschst, du hast deine Arbeit – deinen besten Begleiter, wie du sagst –, und du hast mich. Du bist der Beliebteste von allen. Schreib schöne Geschichten, und wir werden glücklich sein.

Marguerite hockte sich daraufhin zu Füßen ihres Mannes hin. Das raucherfüllte Arbeitszimmer, das er soeben verlassen hatte, verlor sich bereits in der Ferne.

– Alles in allem hat Marguerite recht, dachte er. Ich bin sehr glücklich. Was morgen ist – man wird sehen. Heute abend bin ich zu müde. Hat man den ganzen Tag nachgedacht, ist es normal, sich zu entspannen. Erst einmal nichts denken, nichts.

Er senkte seinen Blick und bemerkte seine Frau zu seinen Knien, nah bei ihm. Nach und nach hörte alles für ihn zu existieren auf. Etwas wie Empfindungslosigkeit bemächtigte sich seiner.

Die beiden Jungverheirateten verblieben eine lange Zeit so in der Stille, die durch kein Geräusch von der verlassenen Straße her gestört wurde. Dann stand Marguerite abrupt auf.

– Pierre, es ist bald Mitternacht. Wir müssen schlafen.

Er rührte sich nicht, war in seine Gedanken vertieft.

– Komm schon, Pierre, steh auf. Es ist unvernünftig, wach zu bleiben, wenn du nicht arbeitest.

Schließlich gehorchte Pierre Vilbert. Kaum auf den Beinen, drückte er seine Frau an sich, küßte sie und begann, die Gedanken woanders, sich langsam auszuziehen.

[»Les Annales politiques et littéraires«
vom 1. und 15. Mai 1928]

Rückkehr
Novelle

Mitten am Nachmittag war es dunkel geworden. Seit dem Morgen hatte es geregnet, und es regnete noch immer. In der Dunkelheit sahen all die Lichter auf der Avenue d'Orléans aus wie Glut. Vor der Metrostation Mouton-Duvernet blieb Jeanne Legros stehen. Sie konnte nicht mehr. Die feuchte Wärme, die von unten her aufstieg, kam ihr sanft vor. Sie trug einen Pelzmantel aus Murmel, letztes Zeugnis eines bescheidenen Wohlstands. Er war durchnäßt, und sein gelblicher Farbton erinnerte an ganz gewöhnliches Katzenfell.

Vor drei Jahren hatte Jeanne ihren Mann und die beiden Kinder verlassen, um mit einem jungen und gutaussehenden Handelsvertreter zusammenzusein. Sie hatte mit ihm in Lille, in Le Mans und in Bar-le-Duc zusammengelebt. Eines schönen Tages wollte er nichts mehr von ihr wissen. Sie war daraufhin nach Paris zurückgekehrt und hatte in einer Fabrik gearbeitet. Dann hatte sie die Bekanntschaft eines Geschäftsführers aus der Lebensmittelbranche gemacht, eines seriösen Herrn, Familienvaters und guten Ehemanns, der dieser Liaison allerdings nicht allzuviel Bedeutung beimessen wollte. Eines schönen Tages hatte auch er mit ihr gebrochen, und Jeanne war wieder auf Arbeitssuche gegangen, dieses Mal vergeblich.

Eine Windbö hob die Markisen hoch, wirbelte schweres Laub auf. Jeanne Legros ging weiter. Noch ein paar hundert Meter, und sie würde da sein. Ihr Pelzkragen lag ihr gleich einem feuchten Handtuch um den Hals. Auf ihrem Gesicht war kein Puder mehr und auch keine Schminke. Nun ging sie die Rue d'Alésia hinunter. Sie spürte ihren Herzschlag.

Würde sie letztendlich den Mut aufbringen, in das bescheidene Haus in der Rue de la Tombe-Issoire zu gehen, wo sie so viele glückliche Jahre verbracht hatte und wo bei diesem Wind das Gaslicht hin und her tänzeln mußte? Würde sie den Mut haben, an die Tür zu klopfen und auf François' gewohnheitsmäßige Frage, wer da sei, mit »Ich bin's« zu antworten? Vor allem, würde sie die Kraft aufbringen, vor ihrem Ehemann zu erscheinen, seinem Blick standzuhalten? Sie lief, lief, so schnell sie konnte, um nicht nachzudenken.

– Wer ist da?
– Ich bin's.

Die Tür ging auf, und Jeanne erkannte in dem erleuchteten Rechteck ihren Mann. Er war barhäuptig, ohne abknöpfbaren Kragen, die Hemdsärmel waren hochgekrempelt, seine Füße steckten in Filzpantoffeln. Am Ende des Zimmers, auf einem Tisch, standen die Reste eines Essens neben einem Stapel Hefte und Bücher.

– Wie das? Du, Jeanne?
– Ja, ich bin es.

Sie traute sich nicht einzutreten. Sie blieb auf dem Absatz mit gesenktem Haupt stehen, die Hände zusammengefaltet; die Handtasche unter ihrem Arm war kurz davor abzurutschen.

– Du besuchst mich? fragte François seine Frau, als hätte sie sich in der Etage geirrt haben können, als wäre sie wegen irgendwelcher Nachbarn gekommen.
– Ja, dich will ich besuchen.
– Dann komm herein, schnell.

Trotz dieser Aufforderung betrat Jeanne langsamen Schritts die Wohnung.
Bei Licht bemerkte ihr Mann, daß sie von Kopf bis Fuß durchnäßt war.

– Jeanne, du mußt auf der Stelle deinen Mantel ausziehen.

Sie gehorchte, immer noch schwerfällig. Währenddessen holte ihr Mann Tassen aus dem Buffet, ging in die Küche, kam zurück, um sich zu überzeugen, daß der Zimmerofen gut zog.

– Rühr dich nicht. Ruh dich aus! Du siehst so erschöpft aus.

Jeanne erwiderte nichts. Sie sah starr vor sich hin. Unvermittelt sagte sie:

– Schlafen sie?
– Ja, sie schlafen. Sowie du was Warmes getrunken hast, wecke ich sie auf und sage ihnen, daß du da bist. Oh, wie glücklich sie sein werden! Jeden Tag reden sie von dir. Jeden Tag fragen sie mich, wo du steckst.

Bei den letzten Worten machte François eine Geste, die bedeutete, daß die armen Kleinen die Wahrheit nicht ahnen konnten.
– Nein, das ist nicht nötig, François, ich sehe sie morgen früh.
In diesem Moment blieb Monsieur Legros, der seit der Ankunft seiner Frau unaufhörlich auf und ab gegangen war, stehen. Einen Augenblick lang sah er Jeanne überrascht an, dann sagte er:

– Du willst also hier schlafen?
– Ja, wenn du nichts dagegen hast.
– Aber, aber, natürlich nicht. Ich glaubte, du wolltest wieder aufbrechen. Ich weiß nicht, woran ich dachte.

Als es elf Uhr schlug, erhoben sich Jeanne und ihr Mann, die neben dem Ofen miteinander geschwatzt hatten.
– Ich richte dir ein Bett auf dem Diwan her, sagte François. Ich schlafe im Kinderzimmer.
– Ich helfe dir.
– Nein, nein, laß nur. Du bist müde. Solange du bei mir bist, will ich nicht, daß du dich irgendwie bemühst.
– Bei dir?
– Ja, ich will, daß du dich ausruhst.
Als sie auseinandergingen, griff Jeanne nach der Hand ihres Mannes.
– François.
– Was hast du?
Sie zögerte eine Sekunde, bevor sie antwortete.
– Ich habe nichts. Geh zu den Kindern.

Am nächsten Morgen stand François vorsichtig auf, um keinen Lärm zu machen, zog sich an und ging dann auf Zehenspitzen in die

Küche, wo er das Frühstück mit einer ihm ungewohnten Gründlichkeit vorbereitete. Er war glücklich. Drei Jahre waren vergangen, in denen er immerzu an die Frau gedacht hatte, die ihn verlassen hatte, Jahre, in denen er keine echte Freude empfunden hatte. Er stellte zwei Tassen auf ein Tablett, die Milch, die Kaffeekanne, den Zucker, die Butter. Er dachte an alles. Dann ging er in das Zimmer, wo Jeanne schlief.

Doch das Zimmer war leer.
Jeanne war gegangen.
Sie hatte begriffen, daß, wenn ihr Mann ihr verziehen hatte, wenn er Mitleid mit ihr hatte, wenn er bereit war, alles in seiner Macht Stehende zu tun, um sie glücklich zu machen, er sie nicht mehr so liebte wie früher.
Und da man im Leid weit mehr vom anderen erwartet, als wenn es einem gutgeht, hatte sie es vorgezogen, zu verschwinden.

[»Regards«
16. Juli 1936]

Dichterseele
(Auszug aus einem Liebesroman)

Von Ferenczi & fils wurde in der Reihe »Le Petit Livre« diese Art Trivialromane im Taschenbuch (Format 10 x 13,5 cm) veröffentlicht. Sie kosteten 40 Centimes das Stück. Bove schrieb unter dem Pseudonym Emmanuel Valois. Erscheinungsjahr dieses Romans ist 1924.

Als der Dichter aufwachte, neigte sich der Tag bereits. Schatten verdunkelten die Mansarde, insbesondere im Bereich der Dachschrägen. Die Geräusche von der Straße schienen deutlicher zu sein, es war, als ob die Dunkelheit dies bewirkte. Von der Treppe her konnte man immer mehr Schritte hören, weil die Mieter, seit dem Morgen in der Arbeit, nun zum Abendessen heimkehrten.

Jean erhob sich und blickte instinktiv unter die Zimmertür, in der Hoffnung, die Concierge hätte während seines Schlafes einen Brief durch den Spalt geschoben. Doch kein weißes Viereck durchlöcherte die Dunkelheit.

Er wischte sein Gesicht mit einem benetzten Zipfel des Handtuchs ab und schob, nachdem er seine Krawatte neu gebunden hatte, in seine Gesäßtasche die Blätter seines Gedichts »Opfergaben an die Geliebte«. Denn der junge Mann wollte die Frucht seiner Geistesarbeit in die andere Welt mithinübernehmen, hatte doch niemand ihn je verstanden und selbst sein Mäzen sich von ihm abgewandt.

Dann ging der junge Mann die Treppe hinunter, leise, weil er befürchtete, daß er bemerkt werde und man ihm seine unheilvollen Absichten ansehe.

Obwohl es Frühling war, regnete es, und die geschäftigen Leute wollten schnell ihr warmes Heim aufsuchen, wo Frau und Kind sie erwarteten. Die gerade angezündeten Gaslaternen spendeten noch kein Licht, denn der Tag hatte sich ja auch noch nicht ganz geneigt. Schlammbespritzte Autos rollten geräuschlos über den Fahrdamm. Ab und zu hielt ein Schutzmann den Verkehr an, um den Fußgängern zu erlauben, die Straßen zu überqueren.

Bald befand sich der Poet auf der Place Saint-Michel. In der Ferne erhob sich die massive Silhouette der Türme von Notre-Dame in die Dunkelheit, derweil am Boulevard fast überall die Lichter angingen. Das war wahrscheinlich ein Abbild der modernen Gesellschaft: auf der einen Seite der einsame Tempel des Glaubens, auf der anderen die nach Vergnügungen und Lichterglanz lechzende Menge.

Jean Latour näherte sich dem Fluß. Auf dem Wasser trieb eine Badeeinrichtung, versehen mit überaus kleinen Fensterläden und mit Leinentüchern als Dach. Ein Stück weiter weg wurde gerade ein dunkler Lastkahn vertäut. Lichtreflexe zitterten auf der Wasseroberfläche. Trotz all seines Mutes besaß der junge Mann doch nicht die Kraft, Schluß zu machen. Der Selbsterhaltungstrieb, der jedem Menschen innewohnt, hinderte ihn am Sterben. Als er sich über seine Schwäche klar wurde, beschloß er, erst einmal einen zu heben, um sich, wie man so sagt, Mut zu machen.

Er betrat eine Bar an der Place Saint-Michel. Leute lachten auf. Ein Kellner rief die Namen bekannter Aperitifs, die vertraut waren wie die Namen großer Städte:

– Einen Anis El Oso!
– Einen Picon!
– Einen Amer mit Zitrone!

Wie weit weg diese barbarischen Rufe von der reinen Seele des Dichters waren, ihm, der bereits der anderen Welt angehörte!

Das Licht der elektrischen Glühbirnen schien die Kupfergeräte und die vernickelten Kaffeemaschinen zum Zittern zu bringen. Wände aus Keramik waren mit ägyptischen Malereien verziert. Am Ende eines winzigen Raumes spielten Gäste Karten auf rotem Tuch.

– Einen stärkenden Médoc! forderte der junge Mann.

Kaum serviert, trank er ihn in einem Zug und zahlte. Nun fühlte er sich besser; gleich diesen zum Tode Verurteilten, die vor dem Fallbeil noch ein Glas Alkohol trinken, schien ihm der Tod weniger grauenerregend. Er zündete sich gar eine Zigarette an.

Draußen ging er, ohne sich um die Passanten zu kümmern, vor sich hin, absolut dazu entschlossen, zu sterben.

Er war so zerstreut, daß er ein Automobil nicht bemerkte, das mit voller Geschwindigkeit aus einer Straße kam und nicht hupte.

Um ein Haar wäre er zerquetscht, womöglich getötet worden, als es dem Chauffeur, die Gefahr erkennend, dank seiner Beherrschung gelang, das Auto zu stoppen. Da spürte Jean Latour sein Herz mit wuchtigen Schlägen in seiner Brust schlagen.

Im Inneren der Limousine, die durch ein elektrisches Licht erhellt war, las eine junge Frau von göttlich schönem Aussehen in einem Buch. Ihre blonden Haare bildeten eine Goldaureole, so wie bei einer byzantinischen Jungfrau. Ein weißer Pelz, weiß wie das Licht, umhüllte ihre göttliche Büste. Man hätte meinen können: eine Fee, doch eine moderne Fee in der perlgrauen Schatulle der Limousine, weit entfernt, getrennt vom Alltäglichen durch die glänzenden Scheiben des Automobils. Neben ihr lagen Blumen, die diese Schönheit mit ihrem Duft wohl umhüllten.

Nachts im Viertel um die Hallen von Paris
Die »Nachtlokale«, in denen man sich einst zu amüsieren pflegte

Ein eiskalter Nordostwind fegt unter den noch unbeleuchteten Pavillons hindurch. Die Lichter erbeben. Die Straßen sind klar. Vollbeladene Lieferwagen stehen da und warten, andere kommen an. Es ist noch nicht so spät, erst zwei Uhr morgens.

Ein Leuchtschild – Lichtpfeile, die aufeinanderfolgen – erweckt meine Aufmerksamkeit. Ich gehe näher heran. Elendige Gestalten streunen in kleinen Schritten, die Hände in die Ärmel geschoben, um das Nachtlokal herum.

Bevor man den Saal erreicht, in dem man sich amüsiert, muß man an der Bar im Erdgeschoß vorbei. Gemüsehändler an den Theken trinken Punsch. Die Marmortische sind mit Säcken und Körben beladen. Man läuft auf Stroh.

Ein Page wartet unten an der von einem roten Behang, der zerknautscht ist wie ein alter Bühnenvorhang, verhüllten Treppe. Alle Nachtlokale im Viertel der Hallen liegen auf der ersten Etage. Das war notwendig gewesen, um sie vor dem Eindringen ungewollter Besucher zu schützen.

Ich steige die mit einem abgewetzten Läufer belegten engen Stufen hoch, die in den Saal im ersten Stock führen.

Das Geräusch meiner Schritte wird sicherlich von irgendeinem unsichtbaren mysteriösen Nachtwächter vernommen, denn noch bevor ich von der Treppe wegtrete, ertönt ein Läuten.

Geschieht dies, um mich anzukündigen, oder den Foxtrott, dessen erste Akkorde ich jetzt vernehmen kann, in Gang zu bringen?

Ich nehme Platz. Nah am Orchester, auf einem Bänkchen mit orangefarbenem Velours, sitzen die beiden Tänzerinnen dieses Etablissements und rauchen. Auf den granatfarbenen Wänden sind Glasscherben angebracht.

Der Saal ist menschenleer. Der Geigenspieler, der mich schon eine Weile beobachtet hat, kommt auf mich zu. Er erkundigt sich bei mir, ob ich nicht ein Musikstück hören wolle, das ich ganz besonders mag. Ich nenne einen Titel. Dreimal hintereinander spielt er das Lied, einen Meter von meinem Tisch entfernt, derweil der Pianist ihn mit einer Hand begleitet.

Dann herrscht Schweigen, zeitweise unterbrochen durch das gekünstelte Lachen zweier Frauen, einem Getuschel von der Garderobe her, das gedämpfte Rufen der Gemüseverkäufer, die im Wind stehend ihre Pferde abspannen.

Doch wo sind die berühmten Nachtschwärmer, die an diesem Ort, wo andere arbeiten, eine Party steigen lassen?

Ein Läuten beendet meine Überlegungen. Die beiden Musiker spielen ein Lied, das ihnen gerade einfällt. Sie stimmen nicht überein. Erst nach mehreren Takten spielen sie dasselbe Stück. Es entsteht ein Durcheinander. Die beiden Frauen stehen auf und tanzen, so wie sie es mir zu Ehren schon getan haben.

Dann bemerke ich schließlich diese Bonvivants, die, nachdem sie auf dem Montmartre zu Abend gegessen haben, hier bei den Markthallen landen, beschwipst und scharf darauf, sich weiter zu amüsieren.

Die Tür geht auf. Das auftauchende Paar, ohne Überzieher und Hut, scheint aus einem Nachbarzimmer zu kommen.

Es nimmt neben mir Platz. Der Mann spricht kaum ein Wort. Ich beobachte beide. Sie sehen sich neugierig um. Aus einigen überraschten Äußerungen kann ich mir schließlich den Grund ihrer Anwesenheit hier erklären.

Sie müssen morgens um halb sechs einen Zug nehmen. Um nicht lästigerweise früh aufstehen zu müssen, hatten sie beschlossen, die Nacht durchzumachen.

Als ich auf die Straße trete, geht es in den Markthallen bereits hoch her. Männer stehen Schlange, um ihre Kippkarren voll Kohl zu entladen. Will man weiterkommen, muß man sich an den Kassen und den Auslagen vorbeischlängeln. Ein leichter Dunst liegt über den Pferden. Der kleine Zug, der auf Tramwaygleisen von der Vorstadt her kommt, wendet und stößt dabei dicke Rauchwolken aus.

Ich gehe auf den Fischstand zu. In einer Straße, in der Pferde schlafen, leuchten Lichter auf. Zwei Taxen warten mit heruntergezogener Fahne.[*]

Wie beim ersten Mal durchquere ich einen nichtssagenden Barraum und gehe dann, nachdem zuvor das gleiche Läuten ertönt, eine kleine Treppe hinauf.

Champagnerkübel, Luftschlangen, Gelächter, laute Stimmen – all

---

[*] Die alten Pariser Taxen markierten »Frei« bzw. »Besetzt« durch ein hoch- bzw. heruntergezogenes Fähnchen außen am Wagen. A.d.Ü.

das wirkt sogleich auf Auge und Ohr. Drei Ausländer tanzen halb-betrunken zusammen, jeder auf seine Art, linkisch und rüpelhaft. Sie stören aber niemanden. Sie sind allein in dem großen Saal.

Ihre Begleiterinnen sehen ihnen zu und feuern sie an. Eine von ihnen hat ihr Kleid besudelt. Die Zigarette im Mund, blinzelnd und eine Karaffe Wasser in der Hand, säubert sie es so gut es geht und wettert dabei gegen die Kellner und Musiker.

Und aus dem Mund eines Arbeiters, der gerade an der Bar einen hei-ßen Kaffee trinkt und dabei Fetzen von Musik, Schreie und Geläch-ter vernimmt, schnappe ich diese simple Bemerkung auf: »Die soll-ten uns lieber was helfen.« Er sagt es, ohne den Kopf zu wenden.

Kein Neid, keinerlei Geringschätzung. Die, die sich heute im Viertel um die Markthallen amüsieren, sind Einsame. In der großen Arbeit der Nacht bemerkt niemand das Treiben der drei Ausländer, die auf-grund des Tips irgendeines Führers hierhin gekommen sind.

Ich war in sechs Nachtlokalen. In dem einen waren zwei Reisende, in dem anderen ein paar Ausländer, ansonsten keine Menschenseele. Ich wollte gerade fortgehen, als ein Page auf mich zukam.

– Ein Taxi?

– Nein, danke.

Wenige Meter weiter spüre ich, wie man nach meinem Arm greift. Ich drehe mich um. Es ist noch einmal der Page.

– Gehen Sie nach nebenan, sagt er zu mir, da findet eine Hochzeit statt ...

Ich schaue in die angezeigte Richtung. Über einem Wagen leuchten in hellen Lettern die Worte: Austern, Kapellen, Extrazimmer, Gro-ßer Saal im ersten Stock.

Die gleiche Treppe hoch, das gleiche Klingeln. Am Ende eines lan-gen Gangs, der von Türen, die zu menschenleeren Privaträumen führen, unterteilt ist, liegt der große Saal.

Girlanden baumeln von der Decke herab. Es ist wärmer hier und in-timer als in anderen Kneipen.

Dieses Mal sind Leute da: eine Hochzeit.

Kaum sitze ich, da gehen die Lichter aus. Einzig ein paar rote Glüh-birnen beleuchten noch den Saal.

Eine Frau erscheint mit Papierblättern in der Hand. Sie wird gleich zu singen anfangen. Man kommt sich vor wie in einem Salon, bereit, einem Mädchen zuzuhören, das in den Genuß von Gesangsunterricht gekommen ist.

Die Hochzeitsgesellschaft hört auf zu lachen und sich gegenseitig zu kneifen. Es kommt zu einer Art innerer Sammlung. Der Chef des Hauses, in Smokingweste, nimmt höchstpersönlich neben der Kapelle Platz.

Die Sängerin legt im falschen Moment los, faßt sich wieder, bedient sich Gesten, wenn die Stimme sie im Stich läßt.

Dann hört sie auf zu singen. Ist es nur das Ende einer Strophe, oder ist das ganze Lied schon vorbei? Niemand weiß es. Doch dann gehen die Lichter wieder an, und der Applaus braust los.

Ohne die Zoten, die einige an einem solchen Ort nicht unterlassen können, wäre das Ganze brav und familiär. In einigen Jahren werden die Jungvermählten von diesem Fest reden. Und man hat gar den Eindruck, so schlaftrunken ist die Heiterkeit um sechs Uhr früh, daß das Fest seinen Daseinsgrund nur darin hat, später eine schöne Erinnerung zu sein.

Jetzt dämmert der Morgen. Der Himmel ist grau, ohne daß eine einzige Wolke zu erkennen wäre. Der Boden ist feucht. Schon rauchen in der Ferne die Kamine. Noch leuchten ein paar Lichter im schwindenden Nebel.

Die harte Arbeit der Nacht, gleichgültig gegenüber der Traurigkeit dieses Morgengrauens, findet nun ihr Ende.

[»Le Quotidien«
15. November 1925]

Berühmte Verhaftungen
VI. Maucuer

Der bewaffnete Überfall auf das kleine Postamt von Saint-Barnabé, einem Vorort von Marseille, war der tragischste Fall der Nachkriegszeit, vergleichbar den Bravourstücken der Bonnot-Bande.

Der Sicherheitspolizei von Marseille war zuvor zugetragen worden, daß der Coup in einer Spelunke des schmutzigen alten Hafenviertels von einer fünfköpfigen Täterbande, mit Maucuer als fürchterlichem Chef, ausgeheckt worden war.

Allerdings wußte man nicht, wann genau der kriminelle Überfall vonstatten gehen sollte.

Vorsichtshalber wurden an dem Ort des Geschehens fünf Inspektoren im Hinterhalt postiert. Sie hielten sich im Speisezimmer versteckt, der an den Annahmeraum angrenzte, welcher wiederum Ziel des bevorstehenden Anschlags war.

Tage vergingen, die für die lauernden Polizisten und für die Postangestellte unendlich lang wurden. Dann begann man zu glauben, die gefährliche Bande sei noch dabei, den Angriffsplan durchzudiskutieren. So verblieben in der Nähe der sich möglicherweise abzeichnenden dramatischen Ereignisse statt der fünf Inspektoren nur noch drei, verschanzt im Speisezimmer der Postbeamtin.

An einem Aprilabend zu Schalterschluß, als die wachsamen Inspektoren Cambours, Saint-Pol und Thibou gerade aufbrechen wollten und die Büroangestellte sich daranmachte, die Gitter der Fensterfront zu schließen, preschten die mit Revolvern bewaffneten und mit Strümpfen maskierten Banditen plötzlich aus einem Auto hervor und stürmten in den Annahmeraum.

Bei den angsterfüllten Schreien der überfallenen Beamtin gingen die drei Leibwächter zur Gegenattacke über. Es kam zu einem heftigen, wilden Kampfgetümmel, das begleitet war von den Pistolenschüssen der Angreifer. Die drei couragierten Polizisten wurden niedergeschossen. Die Banditen entkamen und verschwanden, bis auf einen, den der heldenhafte Cambours mit seinen im Todeskampf verkrampften Händen zurückhalten konnte ...

Unverzüglich wurden Nachforschungen aufgenommen, unterstützt von einer wahren Treiberarmee. Die Polizei, die Bereitschaftspolizisten, die Gendarmerie, ja sogar die Zivilbevölkerung der Marseiller Vorstädte waren bei den unermüdlichen Treibjagden mit einem Eifer dabei, der Ausdruck ihrer Erregung und Empörung war.

Tag und Nacht durchstreiften die bewaffneten Suchkolonnen die Umgebung der südfranzösischen Metropole. In ihrem Tatendrang rivalisierten die besten offiziellen Spürnasen mit den Amateurdetektiven. Diese düstere, fiebrige und angsterfüllte Atmosphäre versetzte Marseille in nervöse Spannung. Doch alles umsonst! Die Maucuer-Bande tauchte unter, ohne daß man das leiseste Indiz in der Hand gehabt hätte.

Zwei Monate später, auf einer Sitzbank der Rue du Château-Gombert am Stadtrand von Saint-Jérôme, abends – die Dämmerung war gerade eingebrochen –, verzehrte ein zerlumpter und abgezehrter Vagabund mit großem Appetit einen Brotkanten, den er in der Gegend erbettelt hatte. Die Anwesenheit dieses übel aussehenden Individuums war den örtlichen Anwohnern signalisiert worden. Sie rotteten sich in einer Menge zusammen, um ihn einzukreisen. Doch noch bevor einer von ihnen ihm etwas anhaben konnte, streckte der Angst einflößende Clochard ihnen die Handgelenke entgegen:

– Ich bin Falcetti, der Kumpel von Maucuer ...

Er verpfiff dann gleich noch einen dritten Komplizen, Loulia, einen Bahnangestellten, der dann auch festgenommen wurde. Ein anderer, dessen Name bekannt war, Fusco, konnte einige Tage später der Sicherheitspolizei von Marseille übergeben werden. Er wurde von einem Trimmer zwischen der Ladung eines spanischen Segelschiffs entdeckt, das nach Barcelona unterwegs war.

Und Maucuer?

Dieser vor Staub und Schweiß strotzende Vagabund, auf Wegen ohne Ende, der in der sengenden Sonne auf der Straße nach Avignon vor Müdigkeit nur noch humpelt, in unförmigen Klamotten und mit struppigem Bart – das ist er.

Zwei Monate lang hielt er sich in Marseille und in den Vorstädten versteckt, in Schlupfwinkeln, deren Anonymität ihm entgegenkam; tagelang sah er kein Licht, verharrte ängstlich zusammengekauert, mal in den Nebengelassen eines verrufenen Cafés, mal im Verschlag eines Freudenhauses. Allmählich aber wurde er von seinen Helfershelfern ausgestoßen. Sie hatten Angst bekommen, mit ihrem Schützling zusammen in die Netze zu gehen, die die Polizei Tag für Tag im

Milieu auswarf. Der gehetzte Kriminelle begriff, daß diese wachsende Furcht seine eigenen Freunde dazu verleiten könnte, ihn zu denunzieren, um auf die Nachsicht der Polizei hoffen zu können. Er kann niemandem mehr trauen. Er hat kein Dach mehr, wo er Unterschlupf finden, keinen Strohsack, auf dem er seinen Kopf betten kann, er hat nicht einmal ein Stück Brot. Über ihm liegt ein Fluch. Überall lauert Gefahr. Es bleibt ihm nur noch ein Ausweg: die Flucht.

Er geht, wo sein Herz ihn hinführt.

Denn es gibt nur noch ein Wesen auf der Welt, auf das er noch Hoffnung setzt, ein einziges, das ihm Trost ist, wenn er an es denkt. Und schließlich: Wird er gegriffen, muß er aufs Schafott, so sollen seine letzten Tage schnell verrinnender Freiheit ihm wenigstens die Befriedigung dieses lebenswichtigen Bedürfnisses nach Mitteilung bringen, das ganz besonders verspürt, wer sich verloren weiß.

Deshalb geht Maucuer fort Richtung Avignon – hilflos, erschöpft, durch den Staub schlurfend, in Gräben schlafend, gelegentlich Brot erbettelnd; selbst sein Schatten macht ihm angst.

Doch seine Geliebte wird er wiedersehen, die einzige, die er von all denen geliebt hat, die ihr abenteuerliches und zweifelhaftes Schicksal an das seine geknüpft haben. Élisabeth Carbonel, aus anständiger Familie, hat ihm alles geopfert, ihre Familie, ihre Würde und ihren Seelenfrieden. Zur Zeit ist Élisabeth im Gefängnis, doch morgen schon ist sie frei. Zusammen werden sie nach Paris gehen, diesem weltoffenen Babylon ...

Doch seitdem Maucuer verschwunden ist (das heißt seit fast vier Monaten), nimmt man an, daß er sich an Bord irgendeines ausländischen Schiffes aus dem Staub gemacht habe. Seine Kumpel aus dem Verbrecherviertel von Marseille, darum bemüht, die polizeiliche Neugierde von ihrem Milieu abzulenken, haben ein Gerücht am Leben erhalten, wonach es ihm gelungen sei, sich nach Amerika abzusetzen. Die ob ihrer erfolglosen Nachforschungen verdrossene Sicherheitspolizei von Marseille hat diese Darstellung noch ein wenig unterstützt, befreit sie sie doch von einer schweren Verantwortung. So verläßt Élisabeth Carbonel, überzeugt, daß ihr Geliebter sie definitiv verlassen hat, das Gefängnis, ohne am Tor den struppigen Bettler wiederzuerkennen, welcher sie zwar leidenschaftlich ansieht, sich aber nicht traut, ihr auch zu sagen: »Ich bin es, Maucuer« – aus

Angst, von den dort auflauernden Inspektoren bemerkt zu werden. Auf welche Weise wird der unerkannte Flüchtling nach Paris zurückkehren, und wie wird er in der Rue de Meaux, in der Wohnung von einst, auf seine vergeßliche Geliebte stoßen? Niemand erfuhr je, wie er diese Reise bewerkstelligt hatte. Allerdings wurde die Polizei eines schönen Tages darüber unterrichtet, daß Maucuer bei Élisabeth weilte.

Er hatte sie in der Rue de Meaux nicht vorgefunden, denn als sie aus dem Gefängnis kam, hatte sie – da völlig mittellos – bei einem alten Schuhmacher in der Avenue du Maine um Unterschlupf gebeten, einem alten Anarchisten, der dieselben Ideen gehegt hatte wie der Vater von Maucuer. Die Polizei überwachte den Ort. Und sie sah den Banditen dort einkehren.

Telefonisch alarmiert, begab sich der Führungsstab der Sicherheitspolizei höchstpersönlich an den Ort des Geschehens, um die Modalitäten der Verhaftung des Verbrechers zu organisieren, wußte man doch, daß seine Gefangennahme nicht gefahrlos über die Bühne gehen würde.

Stundenlang wartete man darauf, daß er aus seinem Schlupfwinkel auftauchen würde. Vergeblich! In dieser Zeit nämlich versuchte Maucuer mit allen Argumenten, vom Betteln bis zur Drohung, Élisabeth dazu zu bringen, ihn bei sich zu behalten.

Gegen sechs Uhr abends traf der ungeduldig gewordene Führungsstab der Sicherheitspolizei Vorkehrungen, den Laden des Schuhmachers stürmen zu lassen; doch genau in diesem Moment tauchte Élisabeth Carbonel nach einen Taxi rufend auf dem Trottoir auf. Maucuer erschien seinerseits auf der Bildfläche und warf sich in das Auto, das unverzüglich losfuhr.

Die Polizisten, die eine solch plötzliche Wendung längst nicht erwartet hatten, sprangen sogleich in ihre Limousine; doch da sie von Maucuers Taxi zu weit weg waren, gelang es ihnen erst an der Kreuzung Rue Turbigo/Boulevard Sébastopol, zu ihm aufzuschließen. Und da entwischte ihnen der verfolgte Bandit aufs neue. Er war in die andere Richtung hinausgesprungen und hatte zwischen der wogenden Menge von Passanten und Autos Hals über Kopf Reißaus genommen.

Auf die Pfiffe eines der Inspektoren hin versperrte ein Polizeibeamter dem Flüchtenden den Weg; und mit einem brutalen Schlag seines weißen Knüppels schickte er ihn auf den Rand des Trottoirs, wo er sich halb erschlagen wälzte. Die Menge stürzte sich auf den zu Boden gestreckten Verbrecher, als bekäme sie einen Happen zu fressen. Kurz davor, gelyncht zu werden, da, ein Reflex: der Revolver! Doch eine schnelle Hand unterbindet den Versuch. Und dennoch geht der Schuß los; die Kugel durchschlägt Maucuers Oberschenkel.

Er wird ins Krankenhaus Hôtel-Dieu gebracht, erste Etappe auf dem Weg der Strafe hin zur Guillotine.

[»Détective«
No. 419, 5. November 1936]

Wenn Kasper die Kinder der Fürsorge
zum Lachen bringt

Das Kasperltheater vom Montsouris-Park – Guignolia –, geleitet von Monsieur Robert Desarthis, empfing gestern nachmittag die Kinder der öffentlichen Fürsorge.
– Meine Damen und Herren, meine verehrten kleinen Elefanten ...
Und unter dem Zelt ertönt ein schallendes Gelächter, wie wir es seit langem nicht mehr gehört haben.
– Der Effekt dieses Versprechers ist garantiert, sagt uns Monsieur Desarthis später, denn das, was die Kinder amüsiert, sind die Faux-pas, die Irrtümer, wenn sie von einer feierlichen Person herrühren, Aussprachefehler, all das, was nicht normal ist. Aber sie sind erbarmungslos gegenüber den Schwächen großer Persönlichkeiten, nichts bringt sie so auf die Palme wie Ungerechtigkeit.
Das Stück, das ihnen gestern gezeigt wurde, »Das gestohlene Besteck«, besaß alles, was man brauchte, um sie vom Totlachen bis zur äußersten Rage bringen zu können.
Man stelle sich vor, Kasper, ihre Lieblingsfigur, ein Kasper, der mit dem Eulenspiegel von den Champs-Élysées nichts gemein hat, ein gerechter Kasper, ein wahrhafter Rächer stand da auf der Bühne – und was für Situationen er zu bestehen hatte!
Ein Herr, des Meisters Freund, gibt ein Abendessen. Im letzten Moment indes hängt der Koch, ein Dickkopf, seine Schürze an den Nagel. Was nun? Kasper hat eine Idee, die all die kleinen Zuschauer begeistert. Er bringt ein Schild am Tor des Schlosses an: »Koch gesucht«. Doch wer stellt sich vor? Es ist Rocambole![*] Er hat einiges auf dem Kerbholz. Einst, nachdem gerade Kasper ihn verpfiffen hatte, soll er verurteilt worden sein.
– Ha, ha! ... brummt er mit tiefer Stimme und zieht die Kinder beiseite ... der Moment der Rache ist gekommen.
– Vorsicht, Vorsicht, das ist ein Bandit! schreien die Zuschauer, sowie der Kasper wieder auftaucht.

---

[*] Wichtige Figur aus dem Werk von P.-A. Ponson du Terrail (1829–1871). Der Name ist sprichwörtlich geworden für jemanden, der die tollsten Abenteuer erlebt hat (oder damit prahlt, solche erlebt zu haben). A.d.Ü.

Doch dieser ist ein viel zu großer Herr, als daß er Vorsichtsmaß-
nahmen in Betracht zieht. Genau in diesem Augenblick kommt es
zur wichtigsten Szene, die von den bedeutendsten Dramaturgen
stammen könnte.

Rocambole hat Silberbesteck in Kaspers Bett versteckt. Er beschuldigt ihn, sie gestohlen zu haben.

– Das ist gelogen, das ist gelogen! brüllen die Kinder.

Der Gendarm hat nur eine Anweisung: Kasper zu verhaften. Dieser
wehrt sich und streckt den Gendarm mit einem Kopfstoß zu Boden.

– Der Bandit war's ... Der Bandit hat gestohlen ...

Rocambole tritt auf. Von Gewissensbissen gepeinigt, gibt er vor den
Zuschauern seine Schuld zu. Ruckartig kommt der Gendarm wieder
zu sich. Rocambole bemerkt dies und streitet wieder alles ab. Das
reißt die Kinder von den Stühlen hoch. Ein solcher Zynismus ist zuviel für sie. Glücklicherweise kommt alles wieder ins Lot, die Gerechtigkeit triumphiert.

Doch die blauen Taftschleifen der Mädchen sind aufgegangen; zer-
drückt sind die Baskenmützen in den Händen der Jungen.

[»Le Journal«
13. September 1935]

Maurice Betz

Wieder sehe ich in dieser Wohnung, in der die Sonne den Balkon erst ab vier Uhr nachmittag erreicht, Maurice Betz vor mir: groß, schlank, mit leichten Schnallenschuhen, die ausgeprägte Nase, der blasse Teint. Er rührt sich nicht, beobachtet nur aufmerksam.

Im Kamin brannte ein feuchtes Stück Holz. Staub bedeckte die rote Patina seines Schreibtischs. Wohin man sah: Bücher und Akten ...

Maurice Betz liebt die Akten. Rührt dies noch aus der Zeit her, da er als junger Advokat – sicherlich mehr von den »faits divers« eines Charles-Louis Philippe als von diesem Bürgerlichen Gesetzbuch erfüllt, zu dessen Lektüre Stendhal freilich ausdrücklich aufruft – das Leben in den Gefängnissen La Roquette und Saint-Lazare kennenzulernen begann? Er legt eine Akte an für ein paar Seiten voll Aufzeichnungen zu einem Roman, den er niemals schreiben wird. Und hier liegt zwischen Aktendeckeln die komplette, bald erscheinende Rilke-Übersetzung. Und da, in einer anderen Akte, seine gesamte Post aus den letzten Wochen, die er nur deshalb so sorgsam geordnet hat, damit er weniger Schuldgefühle hat, wenn er ihrer Beantwortung nicht nachkommt.

Dann durchschritt Maurice Betz das Zimmer. Weißes Licht fiel durch unverhüllte Scheiben. Draußen erkannte ich die Blitzableiter vom Senat, die kahlen Bäume vom Bois du Luxembourg und, in der Ferne, eine Wolke, die ich nicht richtig anschauen konnte, weil die Sonne hinter ihr stand.

Die Atmosphäre war mir fremd. Das Gespräch verlief ohne roten Faden.

Als – durch einen Trommelwirbel auf den Alleen des Bois du Luxembourg angekündigt – der Abend anbrach, legte ich indiskreterweise eine Hand auf eine vergleichsweise weniger dicke Akte. Maurice Betz öffnete diese sodann und las mir die ersten Seiten dieses Buches vor, das er zu schreiben im Begriff war – dieses Buches, das ich heute zu Ende gelesen habe und das den Titel trägt: »L'Incertain«.

Warum ein Hehl daraus machen? Ich lese wenig, und selbst wenn ich mich dazu aufraffe, geschieht es allzuoft nur aus Überdruß. Kaum habe ich ein Buch aufgeschlagen, packt mich die Lust zu schreiben.

Wenn ich dann weiterlese, habe ich das Gefühl, meine Zeit zu verlieren, und nur selten kommt es vor, daß mein Interesse für das Werk auf meinem Tisch stark genug ist, um diesen Eindruck nicht zu haben. Dieses Buch – ob gut, ob schlecht, darum geht es nicht –, ich würde es auf meine Art gern neu schreiben. Ideen, Erinnerungen und Einwände tauchen so mannigfaltig auf, daß ich eine Pause einlegen muß. Das ist ein Geisteszustand, gegen den ich mich nicht mehr wehre. Meine Argumentation unterscheidet sich nun nicht sehr von dem, was der Koran dem Propheten sagt: Wenn ein Buch mich zufriedenstellt, bin ich sogleich von dem Wunsch beseelt, ein noch besseres zu machen, wenn es mich enttäuscht, dann stören mich seine Fehler, und wozu soll ich dann noch weiterlesen?

Wenn ich also ein Buch vor mir habe, das ich in einem Zug durchlesen kann, mit wachsendem Interesse, mit nicht nachlassender Aufmerksamkeit, dann darf es mir nicht nur aufgrund des Nichtvorhandenseins von Fehlern gefallen, die Anlaß zur Kritik gäben, es muß auch ein starker und ausgeprägter Charme von ihm ausgehen, eine Atmosphäre, die mich gegen meinen Willen zum Dranbleiben zwingt. Genau ein solches Buch hat Maurice Betz soeben vorgelegt.

Ich spüre, daß ich nun gezwungen bin, und sei es nur en passant, mich auf ein Genre einzulassen, das mir fremd ist: Literaturkritik.

Soll ich sagen, warum ich das Werk von Maurice Betz liebe und warum ich so sprachlos war, als ich es las?

»L'Incertain« birgt eine Charakterstudie und ein psychologisches Drama, das heißt einen Roman und möglicherweise eine Konfession, die nicht voneinander zu trennen sind, sich mal nützen und dann wieder sich gegenseitig schaden.

Der Held in »L'Incertain« ist ein Egoist, feige und verzagt, voll guten Willens und voller Schwäche. Soviel zur Charakterstudie, sie ist einfach und nüchtern.

Dieser Held, immerhin ein rechtschaffener Mann, liebt eine kranke Frau. Das Drama besteht darin, daß er sie liebt oder zu lieben glaubt, daß er sich allmählich, als sich ihr Zustand verschlimmert, von ihr lossagt, um erst dann, nachdem er sie verloren hat, zu entdecken, wie sehr er sie braucht. Hier sieht man die ganze Palette psychologischer Nuancen, alle Widersprüche und wiederkehrenden Meinungsumschwünge einer Figur, deren innerer Monolog zur Ausschöpfung des Themas beiträgt.

Das feige Verhalten eines Mannes in einer Liebesbeziehung, das feige Verhalten eines Mannes angesichts des Lebens – dies ist das heikle Thema, dessen sich Maurice Betz angenommen hat. Soll ich sagen, daß ihm seine Unternehmung gelungen ist?

Im Dunst einer drückenden Atmosphäre, der da und dort klaren und weiten Räumen glückvoller Ruhe weicht, erkennt man auf jeden Fall ein bewegendes Buch, unverwechselbar und zutiefst ehrlich. Ehrlichkeit ist ein Wort, das sowohl zum Nutzen als auch zum Schaden zu vieler Schriftsteller mißbraucht wird.

Ist man nicht ehrlich, wie es sich gehört, wenn man wie Maurice Betz Meinungen verwirft, Geswolltheit scheut? Doch diese schwierige Beschränkung, dieses unaufhörliche Suchen nach sich selbst unter dem trügerischen Schein der Worte, verläuft nicht ohne eine gewisse schmerzliche Spannung. Die Unternehmung, zunächst leicht, wird mühevoller und schwieriger. Wo man sich ganz abzubilden glaubte, hat man da nicht nur seine Bemühtheit um Reinheit wiedergegeben, weit weg von der Reinheit selbst?

Im Roman vor allem ist nichts gefährlicher als das Streben nach Aufrichtigkeit. Das liegt daran, daß Ehrlichkeit mit den Regeln dieses Genres nichts zu tun hat. Sie existiert da gewissermaßen nur als Verstoß gegen die Regel, aus Versehen und gegen den Willen des Autors. Sie ist wie das menschliche Glück. Es genügt nicht, daß die Menschen es sich herbeiwünschen, um es auch zu bekommen.

Daher kann es dem Romancier auch nicht darum gehen, ehrlich zu sein. Mag er sich damit zufriedengeben, seine Figuren minutiös darzustellen, mit einer dem Gegenstand angemessenen Bescheidenheit. Alles übrige wird ihm, so er dessen würdig ist, obendrein gegeben.

Wenn ich Maurice Betz einen Vorwurf zu machen hätte, dann ist es der, daß die Bemühung um Aufrichtigkeit in seinem Buch zu deutlich ist. Man ahnt, daß er sich nur allzu gerne mit seinem Helden identifizieren will. Mit dem Ergebnis, daß die Konfession dem Roman schadet, so wie überdies auch der Roman die Konfession hat beeinträchtigen können.

»Ein Morgen, weder hell noch dunkel. Die Sonne versucht durchzukommen, doch kaum ist das gelbliche Gittermuster auf dem Fußboden entstanden, verblaßt es schon wieder und verlöscht. Ödnis aus Staub trübt die Fensterscheiben. Nur allmählich wird man wach, so als wollte man dem Tag widerstehen ...«

»Ich gehe hinaus; eine von Akazien gesäumte Straße liegt vor mir. Ein Hund, die Pfoten in einem Bächlein, die Schnauze voller Sabber, trottet mir hinterher ... Ein Metrobahnhof zieht nach und nach sein stachelbespicktes Dach hoch. Ich gehe um das Gitter herum und biege in einen Säulengang ein mit weitläufiger Perspektive ...«

»Die Straße voller Bäume erinnert an die Vorstadt. Große neue Häuser aus rotem Backstein, Geranien am Fenster, schwarz lackierte Lattenzäune ...«

So folgen wir dem Helden aus »L'Incertain«, und diese Darstellung von Paris ist nicht der einzige Charme dieses Buches.

Man könnte auch auf Maurice Betz treffen in einer dieser Stadtlandschaften, die er in seinem Roman beschreibt: an einem spätherbstlichen Morgen in der Rue Gay-Lussac, in der Nähe des Schokoladengeschäfts Salavin (das Georges Duhamel zum Namen einer seiner Hauptfiguren anregen sollte); im Jardin du Luxembourg, wo er den Weg eines anderen Schriftsteller kreuzt, den er schätzt, den er aus Diskretion aber nicht anspricht – Rainer Maria Rilke; oder auch auf der Terrasse eines Cafés in der Avenue des Gobelins, zu der Stunde, da sich der mittägliche Strom der Leute aus der Rue Mouffetard zu den bereits kahlen Bäumen der Place d'Italie hinzieht. Genüßlich verweilt er bei dieser herbstlichen, zärtlich verzweifelten Atmosphäre von Paris, die sein Buch mit einer solch beunruhigenden Milde füllt.

Vor knapp acht Jahren, mitten im Krieg, kam Maurice Betz zum ersten Mal in diese Stadt, setzte den Fuß auf den Bahnsteig der Gare de Lyon. Er kam aus dem Elsaß, wo er geboren ist, und hatte die Schweizer Grenze bei Konstanz ohne Paß überquert. Nach Tagen in Bern, Genf und Neuchâtel, wo er hintereinanderweg die Bücher André Gides, Dostojewskis, Paul Claudels verschlungen hatte, verpflichtete er sich freiwillig bei der Fremdenlegion. Nachdem er durch diesen Akt die französische Nationalität wiedererlangt hatte, derer seine Eltern in einem anderen Krieg verlustig gegangen waren, zog er einige Monate später an die Front.

Aus diesem ersten Lebensabschnitt von Maurice Betz haben wir zwei Bücher vorliegen: »Scaferlati pour troupes«, eine Gedichtsammlung aus dem Krieg, und »Rouge et Blanc«, den Roman seiner Adoleszenz, die von den entgegengesetzten Einflüssen zweier Zivilisationen geprägt war.

Die frühe Verbitterung dieses sechsundzwanzigjährigen Schriftstellers wird uns durch diese Ereignisse klar. Er gehört nicht zu denjenigen, für die der Krieg nur vier Jahre lang große Ferien bedeutete. Er gehört aber auch nicht zu denen, die der Krieg zu sehr erschüttert hat und denen es in der Folge schwerfiel, ihr Gleichgewicht und ihre Lust an der Arbeit wiederzufinden.

Das Leben und der Krieg – Maurice Betz hat beides zugleich kennengelernt, früh genug, damit beides in ihm tiefe Schichten der Sensibilität freilegen konnte, spät genug, so daß sie ihn nicht mehr aufzehren konnten. Dieser Erfahrung verdankt er seinen hohen Anspruch an Realität, seinen markanten und einfachen Tonfall. Er verdankt ihr die Leidenschaft für das Wahre, den Respekt für seine Kunst und für die Menschen.

[»Les Nouvelles Littéraires«
No. 256, 10. Oktober 1925]

Georges Braque

Wie alle Künste existiert auch die Malerei nur dank der Künstler, und es wäre sinnlos, sie anders als über eine Analyse ihrer Werke definieren zu wollen. Etwas analysieren zu wollen, was es auch sei, setzt voraus, daß man, bevor man sein Urteil fällt, eine Idealvorstellung besitzt. Aber diese ist nur eine Annahme. Angesichts eines Künstlers wird unsere Vorstellung zu der, die auch dieser Künstler anstrebt, und wo er diese nicht erreicht, können wir uns auch erlauben, eine Kritik zu formulieren, allerdings haben wir nicht das Recht, seine Art oder seine Persönlichkeit abzulehnen, kein Recht, ein Urteil zu fällen. Man muß die Künstler also für das nehmen, was sie sind, und zu verstehen versuchen, worin ihr Werk sich am ehesten der Perfektion annähert, die zu erreichen sie sich Mühe geben. Darum soll es mir gehen, wenn ich jetzt über Georges Braque spreche. Jedes Gemälde dieses großen Malers ist von untrüglicher Fülle. Seine wichtigsten Qualitäten sind Reife und kraftvoller Ausdruck. Das Profane wird von diesem Werk sogleich durch Ausgewogenheit, Sicherheit, Vertrauen ausgestochen. Nichts ist da dem Zufall überlassen. Alles ist fest, bedächtig und stark. Solche Qualitäten sind zugleich dem Menschen wie dem Künstler eigen. Nur selten kommt es indessen vor, daß beide auf einer Stufe stehen. Häufiger kommt es vor, daß man, statt auf eine vollständige Harmonie zwischen dem Menschen und dem Künstler zu stoßen, unter herausragender Begabung eine armselige Persönlichkeit erahnt. Steht man vor einem Gemälde, das vor Talent nur so überquillt, dann spürt man stets eine Art Freude an der Mystifizierung, diese Art Hochmut und Stolz, von der Natur begünstigt worden zu sein. Dies ist meiner Meinung nach das Gefühl, das diesem Erfolg das gewisse Etwas verleiht und ihm, ohne ihn anzufechten, gleichwohl seinen Ewigkeitsanspruch nimmt. Braque verfügt sicherlich über echte Fähigkeiten, aber er bildet sich darauf nichts ein. Wie alle großen Künstler ist er eher darauf aus, sein Ziel zu erreichen, als eine Leinwand vollzubekommen. Die Malerei scheint für ihn ein Mittel und nicht ein Ziel zu sein. Es geht ihm um Höheres. Seine Malerei, das ist die Emanation der Seele. Tatsächlich spürt man bei ihm eher die mächtige De-

monstration eines Temperaments als den Wunsch nach einer Repro-
duzierung dessen, was er sieht – dies mag auch der Grund dafür sein,
daß er ein isolierter Künstler ist. Man spürt, daß er einzig und allein
darum bemüht ist, sich zu befreien, wenngleich er auch kleine Konzessionen macht – nicht etwa gegenüber der Öffentlichkeit, das
nicht, aber dem Geist von heute oder gestern. Vor allem zeigt sich
Braque selbst. Er gehört zu den Künstlern, die von einem Bedürfnis,
dem der Traurigkeit und der Aufrichtigkeit, getrieben werden. Er
unterwirft sich nicht dem Gegenstand. Ein Stilleben von Braque, im
Gegensatz zu einem Stilleben von Cézanne zum Beispiel, ist mehr
von dem Mysterium der Seele Braques gezeichnet als vom Mysterium selbst. Während Picasso eher zu den Großen des ausgehenden
letzten Jahrhunderts gehört, ist Braque womöglich der erste, der sich
davon löst, nicht durch den Wunsch, etwas anderes zu machen, sondern weil sein Geist wirklich anders ist. Mit ihm kommt ein neues
Gefühl für die Malerei zum Vorschein, ein gewichtigeres und ernste-
res Gefühl. Ihm wird vorgeworfen, zu sehr mit dem Kopf zu arbeiten, sich nicht damit zu begnügen, zu sehen und zu fühlen, sondern
zu denken. Wenn man mich fragt, hält dieser Vorwurf nicht stand.
Was als »Kopflastigkeit« angesehen wird, ist das Leiden des Künstlers. Taucht ein neues Gefühl auf, ist es bequemer, es »kopflastig« zu
nennen, als ihm einen Namen zu geben. Es gibt zwei Arten von Revolutionären: die, die sich gegen das, was ist, auflehnen, und die, die
das, was ist, ignorieren und ein Werk schaffen, das revolutionär ist,
ohne daß sie es wissen. Braque scheint mir letzteren anzugehören. Er
hat weder den Wunsch zu überraschen noch den zu kämpfen, womit
er eben, im negativen Sinne des Wortes, nicht kopflastig ist. Vor allem ist er er selbst. Wenn man weiß, welch eine Arbeit, wieviel
Wahrnehmung an Welt und Selbstbeobachtung dies erfordert, wenn
man weiß, wie schwierig es ist, zu sehen, was uns eigen ist und was
nicht, dann ist das, scheint mir, das größte Lob, das man einem
Künstler machen kann.

[»Formes«
März 1930]

Ben Sussan

Bevor ich die Gründe dafür anführe, warum ich René Ben Sussan bewundere, würde ich gerne ein paar Worte über die Illustratoren sagen.

Es gibt tausend Möglichkeiten, ein Buch zu illustrieren. Es gibt Künstler, die, bevor sie mit der Arbeit anfangen, das Buch, das sie ausgesucht haben oder mit dem sie beauftragt worden sind, in sich aufnehmen. Sie fangen nicht sogleich mit der Arbeit an. Sie möchten sich erst mit ihm vertraut machen, die Figuren kennenlernen, um sie sich wie lebende Wesen vorstellen zu können. Sie ziehen haufenweise Dokumente zu Rate. Sie leben schließlich in der Atmosphäre, die sie dem Auge zugänglich machen wollen. Doch diese lobenswerte Absicht möchten sie schließlich auf eine persönliche Weise zum Ausdruck bringen. Genau dort liegt die Schwierigkeit. Für sie gilt es, ihr eigenes Temperament dem des Autors anzupassen und aus beiden ein Ganzes zu machen. Ein wirklich glückliches Aufeinandertreffen dürfte sich bestenfalls einmal im Leben eines Illustrators ereignen. Besser, man weist von vornherein darauf hin, daß es sich um ein recht problematisches Wagnis handelt, selbst wenn er sein Lieblingsbuch hat aussuchen können, für das er sich wie geschaffen fühlt. Bei gewissenhaftem und aufrichtigem Vorgehen gelangt er zu einem Kompromiß, und das Buch ist beendet. Wie gut die Ausführung des Illustrators auch sein mag – es ist nicht mehr ein Werk, sondern es besteht jetzt aus zwei Werken. Der Künstler hat trotz seiner Bemühungen ein Werk vollbracht, das dem, was er vorgeblich zu illustrieren suchte, absolut fremd ist. Er fügt nichts hinzu, streicht nichts weg. Er legt sich darüber. Das kann etwas vorgaukeln. Es gibt Leute, die mögen viel Drum und Dran und folglich die Ausgaben mit Einleitung, Anmerkungen, Illustrationen statt des Originals in seiner Einfachheit und seiner materiellen Nähe zum Gedanken des Autors. Es mag von daher seltsam klingen, wenn ich gerade meine Bewunderung für einen Illustrator zum Ausdruck bringen will. Man wird in der Folge sehen, daß zwischen meinem Verlangen und dem gerade Geschriebenen kein Widerspruch ist. Ich sprach von den Illustratoren, die sich von ihrem Gegenstand durchdringen lassen; die sich vor ihm zurücknehmen, die sich bemühen, den empfangenen Eindruck so deutlich wiederzugeben, daß der Leser davon entbunden ist, ihn selbst zu empfinden. Es gibt auch Illustratoren, die sind Illustratoren vor allem anderen. Das sind Profis, und wenn ein Buch durch ihre Hände gegangen ist, kann man nicht sagen, daß man die Hauptpersonen nicht kennen würde, auch nicht, daß man an dem hauptsächlichen Geschehen nicht teilgenommen hätte. Es gibt auch Maler mit einem gewissen Talent, die zu keinem Kompromiß bereit sind und die alles auf dieselbe Art illustrieren. Es gibt jene, die spüren, daß sie etwas zu sagen haben, und für die die Illustration nur ein Vorwand ist. Aber es würde zu lange dauern, wollte man alle Arten der Buchillustration aufzählen. Abgesehen davon ist das nicht das Thema dieses Artikels, sondern René Ben Sussan. Es ist unmöglich, das Werk eines Künstlers mittels Worten zu definieren, und ich würde mich in Widerspruch mit mir selbst befinden – was René Ben Sussan lächeln ließe –, wenn ich dem Künstler die Möglichkeit, einen Text zu kommentieren, abspreche und dann in einem Artikel vorgäbe, das Werk eines Künstlers zu kommentieren. Man muß sich das Werk René Ben Sussans ansehen, das ist alles, was ich dazu sagen kann. Dennoch ist es dem Schriftsteller ein leichtes, die Psychologie des Schöpfers, die Motive, denen er gehorcht hat, aufzudecken. Das heißt noch nicht, daß das Werk genial sei (beim Werk René Ben Sussan indes kann ich dies wohl behaupten). Es sind schon Schriftsteller von den genauesten und intelligentesten Konzeptionen ausgegangen, um dann zu Resultaten gleich Null zu gelangen. Doch das ist eine zusätzliche Garantie, denn wir haben ja auch schon Künstler gesehen, die von idiotischen Konzeptionen ausgegangen sind und dann Meisterwerke geschaffen haben. Man wird nicht von einem auf den anderen Tag Illustrator. Es genügt nicht, das zu suchen, was sich dem Talent anbietet, damit der Erfolg auch schon garantiert sei.

Ausschlaggebend dafür, daß ich René Ben Sussan für einen der größten zeitgenössischen Illustratoren halte, ist der Umstand, daß er die Atmosphäre eines Buches nicht wiedergibt, sie nicht interpretiert, sie nicht kopiert, sondern daß er mittels seiner werkimmanenten Menschlichkeit daran anknüpft. René Ben Sussan verallgemeinert so, wie es der Autor seinerseits getan hat. Es ist klar, daß ab einem gewissen hohen Niveau die Originalität verschwindet. Alle großen

Geister ähneln einander. Es überrascht also nicht, wenn zwischen einem wahrhaften Künstler und einem ebensolchen Schriftsteller ein gegenseitiges Verstehen sein kann, welches das illustrierte Buch akzeptabel macht. Genau diese Übereinstimmung erreicht René Ben Sussan. Man mag ihm irgendein menschliches Werk reichen – er wird es illustrieren, ohne uns zu schockieren, ohne unsere Gedanken abzulenken, weil seine Interpretation sich nicht neben die des Autors stellen wird, sie auch nicht überlagern, sondern parallel zu ihr sein wird. Wenn wir allein bleiben wollen mit dem Buch, so ist uns das ganz belassen. Nachdem ich mir die außergewöhnlichen Radierungen in »Voyage dans la lune« angesehen habe, hätte ich keine Scheu, einen von René Ben Sussan illustrierten Roman von Balzac oder Stendhal aufzuschlagen. Die Illustration, das ist diese Macht, zu malen, ohne Schaden zuzufügen – nicht dem Text, sondern dem, was dieser in unserem Kopf hat entstehen lassen. René Ben Sussan denkt mehr daran, was ein Buch in uns bewirkt, als an das Buch selbst. Er gibt unserer Phantasie einen Körper und gibt ihn uns so, daß unsere Freiheit gewahrt bleibt. Wenn die Bewohner vom Mond nicht so aussehen wie die, die René Ben Sussan uns vorgestellt hat, so hindert das die unseren nicht an ihrer Existenz. Sie sind so vermenschlicht, verallgemeinert, frei von Kunstgriffen, daß sie uns zu sagen scheinen, sie seien nur Beispiele, die uns helfen sollen, unseren eigenen Mondbewohner zu entwerfen, wenn uns danach verlangt. Im übrigen, scheint mir, hat René Ben Sussan erst in seinen letzten Büchern zu dieser stolzen und ironischen Lockerheit gefunden, die ich so bewundere. Die Bücher »L'Immoraliste«, »Les Rêveurs du ghetto«, »L'Île au trésor« lassen eine solche Entwicklung voraussehen. Hinter dem Eifer und dem Gefühl zeigte sich da schon die Meisterschaft von »Voyage dans la lune«.

Ich bemerke gerade, daß meine Bewunderung für letztgenanntes Buch mich die typographischen Ausschmückungen in »L'Essai de Stendhal«, im »Livre des rêves« und im »Essai sur Montaigne« hat vergessen lassen. Dabei hatte ich mir vorgenommen, ausführlich darüber zu reden. Gerade die, die sich dem illustrierten Buch hartnäckig widersetzen, lassen den Schrifttypen, der Präsentation, den typographischen Verzierungen, kurz: dem Buch selbst die größte Bedeutung zukommen. Durch einen recht kuriosen Zufall ist René Ben Sussan für beides. Er liebt das Buch, und, mag er es illustrieren oder nicht, er versteht es, daraus ein Objekt mit einem künstlerischen Wert zu machen.

Zuerst hatte ich vor, diesen Artikel zu beenden, ohne von dem Vergnügen zu sprechen, das die Illustrationen zu einer meiner Erzählungen (nämlich »Un père et sa fille«) in mir ausgelöst haben. Ich befürchtete, man könne denken, meine Bewunderung für das gesamte Werk René Ben Sussans hätte seinen Ursprung in einer persönlichen Genugtuung. Ich fürchtete auch, man könne glauben, ich würde mich zu den großen Geistern zählen, auf die ich angespielt habe und denen René Ben Sussan durch seine Menschlichkeit zuzuordnen ist. Doch als ich darüber nachdachte, schien es mir, als sollte ich dem vorgewarnten Leser sagen, wie sehr ich meinerseits durch diese Illustrationen berührt worden bin. Ich entsinne mich noch, wie erstaunt ich gewesen war, als Monsieur Hilsum, der diese Erzählung herausgab, mir zum ersten Mal diese acht Lithographien vorlegte. Er hatte sie zuvor schon in den Himmel gelobt, aber ich war so sicher, daß sie mir mißfallen würden, und glaubte so wenig daran, daß es möglich wäre, »mich zu illustrieren«, daß ich es überhaupt nicht eilig hatte, sie zu sehen. Meine Überraschung war dann total. Sie sind so, wie ich sie selbst für mein Buch gewollt hätte. Und sie komplettieren es auf so perfekte Weise, daß mir letztens, als »Un père et sa fille« in einer gängigen Edition ohne diese Illustrationen neu herauskam, an meiner Erzählung etwas fehlte.

Die wichtigsten Bücher, die René Ben Sussan illustrierte: »Der Immoralist« von André Gide, »Die Schatzinsel« von Stevenson, »Essay über Stendhal« von Paul Valéry sowie die »Ausgewählten Erzählungen« von Cervantes.

[»Arts et Métiers graphiques«
No. 23, 15. Mai 1931]

Max Jacob ist tot

Während eines ganzen Winters, vor ungefähr zehn Jahren, sah ich Max Jacob jeden Tag. Er wohnte in einem kleinen Hotel in der Rue Nollet am Montmartre. Ich selbst wohnte in der Rue Hégésippe-Moreau. Wir waren also Nachbarn, und eine Freundschaft kommt oft auch aus solch einfachen Gründen zustande. Wir aßen jeden Abend zusammen, das war uns zur Gewohnheit geworden. Doch eines Tages wurden wir durch die Lebensumstände jählings getrennt. Und Max Jacob sah ich nie wieder. Wir haben uns nicht einmal mehr geschrieben. Alles war vorbei. Dennoch mußte es in unserer Freundschaft etwas gegeben haben, das mehr war als nur eine Freundschaft unter Nachbarn. Ich habe diese Abende nie vergessen. Ich hoffte immer, die Umstände würden es uns eines Tages erlauben, uns wie in der Vergangenheit wiederzusehen. Doch nun ist Max Jacob tot. Ich erfuhr es aus der Zeitung, so wie ich den Tod dieses anderen großen Schriftstellers, Jean Giraudoux, aus der Zeitung erfuhr. Meine Hoffnung wird sich also nicht erfüllen.

Man hatte mir gesagt, Max Jacob habe sich nach La Charité-sur-Loire zurückgezogen. Ich sah ihn vor mir, beim Malen oder Schreiben, weit weg von den Deutschen und so zurückgezogen, daß niemand an ihn dachte.

Doch nein, er war in Paris. Und dieses eigentlich unwichtige Detail verblüfft mich sehr, so wie mich vor Monaten die Pressemeldung verblüffte, Jean Giraudoux sei in eine Pariser Klinik eingeliefert worden. Die deutsche Besatzung gibt dem Sterben dieser beiden Schriftsteller, die wir so sehr geliebt und bewundert haben und die ihr Land nicht als ein freies wiedersehen sollten, etwas Tragisches. Es ist, als hätten sie uns verlassen, ohne zu uns reden zu können.

Es ist üblich, die Verstorbenen ganz zwanglos durch das Erzählen von Anekdoten und Charakterzügen zum Leben zu erwecken. Ich fühle, daß ich dazu nicht den Mut aufbringe. Was ich mit diesen paar Zeilen zum Ausdruck bringen wollte, ist, zu sagen, wie traurig es ist, wenn unser Land überrannt wird, wenn wir von allem, was uns teuer ist, entfernt sind, wenn wir trotz allem die Hoffnung hegen, das, was wir aufgeben mußten, wiederzufinden, und dann jeden Tag mitansehen müssen, wie unser Bestes weniger wird, und wir ohnmächtig an einer schleichenden Entvölkerung teilhaben.

Vor zehn Jahren war Max Jacob 58 Jahre alt, und da wähnte er sich bereits sehr alt. Er liebte allein die Jugend. Er und sein Freund Guillaume Apollinaire sind die Dichter, die den größten Einfluß auf die junge französische Literatur hatten, einen Einfluß, den man mit dem vergleichen kann, den sein anderer Freund, Pablo Picasso, auf die junge französische Malerei hatte. Er ist einer der Begründer der Dada-Bewegung. Er ist der Vater des Surrealismus. Alle Menschen weckten in ihm Interesse. Noch bei den mittelmäßigsten entdeckte er außergewöhnliche Fähigkeiten und Qualitäten.

[»La Bataille«
März 1944]

Tagebuchseiten (1936–1939)

Noblesse

Über gewisse Dinge gibt es Vorstellungen, die haben diese durch Intelligenz verliehene Art Üppigkeit. Sie kommen bei den dümmsten Menschen vor. Sie ziehen aus ihnen Vorteile, die sie nicht verdient zu haben scheinen. So hegt ein Prinz Philippe de Bourbon deutlich sichtbar die Vorstellung, die wirkliche Aristokratie verachte das Geld, es gehöre zu ihr wie eine Notwendigkeit, die man verheimlichen müsse. Recht hat er. Sein Blut könnte es ihm erlauben, diese Vorstellung gar nicht zu haben und aus Vererbung heraus genauso zu handeln, als würde gerade diese Idee ihn zum Handeln bringen. Nun, dem ist aber nicht so. Offenbar erhält er die ganze Aura eines Grandseigneurs – der er ja auch wirklich ist – aus einer gewollten Haltung heraus, und darin unterscheidet er sich nicht von diesen merkwürdigen Wesen, die, mögen sie auch aus den bescheidensten Kreisen hervorgehen, Rasse an sich entdecken und mit erstaunlicher Richtigkeit die intelligentesten Vorstellungen über echte Eleganz hegen. Ein solches Wesen wäre eine exzellente Persönlichkeit, egal, ob männlich oder weiblich. Ich könnte mir diese Person ebenso in einem bescheidenen wie in einem reichen Milieu geboren vorstellen, einem bürgerlichen und gar adeligen. Das Streben nach Eleganz, nach Rasse ist eine Regung der Seele, die Impulse gibt, ein Gefühl, das alle Menschen haben, mögen sie der Arbeiterklasse oder dem Adel angehören. Es handelt sich also um kein Privileg, auch wenn es danach aussieht. Und gerade weil es so aussieht, haben jene, die danach streben, das Bewußtsein von Überlegenheit. Mich überrascht immer wieder der Ursprung des Bewußtseins eigener Überlegenheit. Sie geht immer von einer intelligenten Idee aus. Daß, wer sie besitzt, dennoch häufig unterlegen ist, macht, daß diese Idee über ihn hinausgeht wie ein geflügeltes Samenkorn, das der Wind zu einem entfernten und unvorhergesehenen Ort transportiert. Nicht die Idee ist verkehrt, sondern das Terrain, auf dem es zu liegen kommt. Da sich die Ursprünge eines Menschen ab dem Großvater in einer Vielzahl verlieren, ist es gewiß, daß Gedanken, die ja das Ergebnis einer mehrfach hundertjährigen Nachkommenschaft sind – ihre Legitimität sei vorausgesetzt, denn niemand unterscheidet sich von seinem Nächsten –, unentschuldbar sind, falls sie Identität vorgeben. Es ist nicht recht zu fassen, wenn sich der Sohn eines Holzhändlers an Noblesse einem Prinzen aus der Nachkommenschaft Ludwigs XIV. als ebenbürtig empfindet. Doch genau das passiert meiner Figur. Sie hatte überhaupt keinen Anspruch auf einen Adelstitel, und trotzdem betrachtete sie sich als jemanden, der das blaue Blut eines Bourbonen, eines Francigny etc. in sich hat.

Als sich der Graf Tailleroque – auf englisch »Tellroc« – seinem Kammerdiener überlegen fühlte, täuschte er sich. Er war anders, und das war alles!

Als Romancier muß man das Wissen haben, und gleichzeitig darf man es nicht haben. Mängel sind unabdingbar, man muß sie erkennen, und um sie zu erkennen, muß man arbeiten, dann werden sie abgelegt.

Erinnerung

Es gibt Charaktere, die bewegt die Erinnerung an eine Torheit genauso wie die an einen kleinen Schnitzer. Der, den ich meine, war voll von solchen Erinnerungen.

Es gibt Temperamente, die werden von Erinnerungen im Innersten berührt, sei's im guten, sei's im schlechten. Sie erinnern sich.

Korrespondenz

Niemals hatte er in einem Brief seine besten Qualitäten gezeigt. Für ihn war das Briefeschreiben eine Art höhere Konversation, bei der allerdings die Tatsache, sich an eine Person zu wenden, die man nicht vor sich hat, einen Ton wie in einem Plädoyer erzeugte, das sich an die Geschworenen richtet. Wenn man nur fünf Minuten darüber nachdenkt, liegt in einem Brief, den man schreibt, eine stillschweigende Konvention, die ihn entwertet. Die Intimität, die man

dort einbringt, hat etwas Steifes, was bei einem Buch durchaus angehen kann, im Leben aber verlogen klingt. »Wenn Sie diese Zeilen lesen, meine Liebste, werde ich schon fort sein, entweder werde ich an
Sie denken, oder ich werde mich umgebracht haben.« All diese kleinen chronologischen Berechnungen machen aus dem Brief so etwas
wie einen Kalender.

26. August 1936

[...]

Las alles, was sich in »Les Superbes« auf Marie Champcenais bezieht.
Bemerkenswert. Anormales Kind. Was bei Jules Romains auffällt, ist
das sehr sympathische Fehlen von Effekthascherei. Viel Beobachtung, viel Intelligenz, aber auf natürliche Weise. Der Autor tritt
niemals auf, um das, was er schreibt, gut zu finden. Wie immer ver-
gleiche ich das mit mir selbst. Ich bin zu schwer. Meine Feinheiten
kommen nicht, so deutlich liegen sie zutage. Ich weiß zu genau, wo
sie versteckt sind. Ich muß mir Natürlichkeit geben.

Las ebenso etwa dreißig Seiten eines kleinen Werkes über eine
Thaumaturgin (eine Wunder wirkende Heilige) – die heilige Philomene. Notierte folgenden Satz: »Das größte Wunder, das der Herr
für die heilige Märtyrerin bewirkt hat, ist die ungeheure Schnelligkeit, mit der sich ihr Kult verbreiten konnte.« Ich mache dieses Zitat
nicht aus irgendeinem Skeptizismus heraus. Der Körper dieser Heiligen wurde 1802 bei Ausgrabungen in Rom gefunden, in den heiligen Grabstätten der Märtyrer. Die Katakomben der heiligen
Priscilla. Zunächst stieß man da auf den Grabstein. »Pax tecum Fi-
lumena«. Die Flecken Bluts auf einem Gefäß wurden aufgenommen
und verwandelten sich zu Gold und Diamanten. Hier die Symbole
auf dem Grabstein:
Eine Palme: Herold eines überwältigenden Sieges.
Eine Peitsche: Folterinstrument.
Zwei Pfeile: Ein Pfeil auf dem Grab der Märtyrer von J.-C. bedeutet
ein Tod ähnlich dem des heiligen Sebastian.
Lilie: Unschuld und Jungfräulichkeit.

Anker: Kraft und Hoffnung, Symbol des Märtyriums Papst Clemens'.
Ein anderer Pfeil.

Sah zufällig Gaston Gallimard im »Détective«. Sehr abweisend, weil ich ihm nicht auf seinen »Sehr geehrter Herr«-Brief von vor zwei Monaten geantwortet habe. War ein komisches Gefühl, ihn ankommen zu sehen, derweil ich mir das Auto von Larique mit Insp. Piquet und Larique ansah. Eindruck eines Gauchos, eines Südamerikaners, aber all das ist freilich gewollt. Filzhut mit Tendenz zum Sombrero, und dennoch kein Allerweltshut. Das ist wohl der Gipfel des Chics – etwas darzustellen und gleichzeitig die Banalität aller beizubehalten. (Vergessen zu sagen, daß ein maschingeschriebener Brief von einem Kaufmann ja noch durchgehen mag, aber von einem Verleger, der sich darin gefällt, nicht als ein solcher zu erscheinen – das ist so ähnlich wie die Briefe, von denen man weiß, daß der Autor sie selbst getippt hat.) Er trug ein ebenso raffiniertes Hemd, eine ganz kleine schwarze Krawatte, eine Fliege oder eher noch Heuschrecke. Ein blaues, sichtbar auf Maß geschnittenes Pikeehemd, nicht für gewöhnliche Anlässe, die Ärmel nicht zu lang, der Kragen nicht zu eng. Die Anlässe sind freilich unzureichend. In der Kleidung zeigt sich dieselbe Ermüdung wie bei den Restaurants, den Frauen. Veränderung tut not. Erfuhr bei Émile-Paul, daß in dem Moment, da dieses Haus in den Konkurs gehen sollte, G.G. zu ihnen kam, begleitet von Parain, einem seiner Sekretäre. G. sah, so scheint es, neben letzterem aus wie ein kleiner Junge. Ziemlich außergewöhnlich. Dieser mit solch unbedingter Raffinesse ausgestattete Mann geht hin und bietet über einen Mittelsmann seinem in Konkurs befindlichen Kollegen eine lächerliche Summe an. Schade, daß ich bei dieser Szene nicht dabei war. Kann sie mir aber vorstellen. Wer redet, ist Parain. (Vergessen, von den Haltungen zu sprechen, die je nach der Umgebung G.G.s sich verändern. Mit Larique geht es um den Respekt vor dem Automobil, das bedeutet offensichtlich Gleichheit an Vermögen. »Ihr Auto hat eine Hupe. Die gleiche, die ich auch habe.« Das bedeutet auch, kein Geheimnis aus den interessanten Lieferanten zu machen.) Parain also redet. G. in seinem Sessel spielt eine Frau, deren Mann sich beim Juwelier als alter Geizkragen aufführt. Dann kein Lebenszeichen mehr. Vom kommerziellen Standpunkt aus ist das geschickt und zugleich sehr lasch, und zwar nicht nur bezogen auf diese besondere Angelegenheit, sondern überhaupt in bezug auf alle Angelegenheiten.

28. August, abends

Vergaß, von Inspektor Piquet zu reden. Es gibt einen Zug, der diese Art Mensch charakterisiert. Es ist eine Art gezügelter Haß und Verbitterung. Sie sehen immer so aus, als täten sie jemanden einen Gefallen. Sie sagen uns Sachen »in unserem Interesse«. Wenn wir ihnen nicht zuhören wollen – Pech für uns. Ihre Empfindlichkeit bestimmt alle ihre Gesten. Stets sind sie in der Defensive. Es scheint, als hätten es die Banditen auf sie persönlich abgesehen. Die Geschichte mit dem Tischfeuerzeug. Schwer, auf eine größere Gewöhnlichkeit des Gefühls zu stoßen. Sie fürchten, als »Trottel« angesehen zu werden. Es wurde Strafantrag gestellt. Diese Worte machen sie überglücklich. Muß studiert werden.

Porträt eines Journalisten

Porträt von Jagot. Der ist sehr wichtig in puncto fehlender Sinn für Moral.
Ein wenig in der »Geschichte Frankreichs« von Martin gelesen. Darin ist eine ganze historische Terminologie, die ich kennen muß.
Émile-Paul sagte zu mir: »Wenn ich nur Geld hätte, mein lieber Bove, ich würde Ihnen was abgeben!« Ein anständiger Kerl, aber auch ziemlich dumm. Ärgerlich daran ist, daß er gar nicht will, daß die Dinge ins Lot kommen. Er ergötzt sich am Kummer der anderen.
Erhielt Kontoauszug von der »N.R.F.« Zufall. Nehmen wir an, daß dies keiner ist, sondern die Konsequenz meiner Begegnung mit G.G. Was soll man davon halten? Plump ist das. Am liebsten würde man das geschuldete Geld mit der Post zurückschicken. Man sagt sich: »G.G. wird es später bereuen, wenn ich berühmt bin.« Aber ist das gerecht? Wenn wir was wert sind, kann man nicht verlangen, daß die Welt es errät. Und selbst wenn sie es wüßte und sich dann nicht

rührte, wäre es nur natürlich. Die Güter hier auf Erden sind für diese Art Leute eben um einiges wertvoller als der Nachruhm, ein Nachruhm im übrigen, der ihnen nur auf Umwegen zufiele.

Heute in Paris angekommen und etwas müde. Morgen und übermorgen zwei volle Arbeitstage.

Nicht vergessen, von der Freude der anderen zu sprechen, oder besser: von den Sympathien und den Freundschaften, die unsereins findet.

29. August

Las »Geschichte Frankreichs«. Abälard. Das Rittertum.

Werfe Jules Romains seinen enzyklopädischen Hunger vor. Etwas fruchtlos. Bei Balzac war das anders. Man spürt, er geht von dem Gedanken aus, alle Menschen seien gleich. Diesen Gedanken verspürt man bei Romains nicht. Er hat etwas von einem Bekehrten. Er wechselt zu sehr von einem Thema zum anderen.

5. September 1936

(Einer der Gründe, warum ich mich G. angeschlossen habe, ist seine Liebenswürdigkeit, seine Gönnerhaftigkeit, seine Einfachheit. Seine Qualitäten veranlaßten mich, ihn überall als einen bemerkenswerten Menschen zu preisen.) Es kommt häufig vor, daß man sich auf das Interesse, das ein bedeutender Mensch einem entgegenbringt, etwas zugute hält, weil er liebenswert und einfach ist; dasselbe gilt für seine Freundschaft. Indessen habe ich so viele Leute getroffen, die sich einer scheinbar genauso großen Freundschaft mit ihm brüsteten, daß ich begriff, daß ich etwas zu dick aufgetragen hatte. Nie sagte ich, daß ich sein Freund sei, ohne daß mein Gegenüber mir sogleich erwiderte, daß er es ebenfalls sei, und meine Lobesreden noch übertraf. Kein Mensch ist groß genug, als daß er, ohne lächerlich zu werden, vertrüge, daß die verschiedensten Leute um ihn herum von ihm reden. Das wird aus meinem Verhältnis zu G. deutlich.

Las diesen Morgen einen Artikel von Pierre Brisson im »Figaro« über eine Reise, die er nach Petrograd gemacht hat. Was ihn verblüffte, war die Anonymität der Masse. Das, was er in Petrograd verspürt hat, verspürte ich in Frankreich. Das kam ihm schmerzhaft und furchtbar vor, weil er nie etwas ganz tief vernommen hat. Man ahnt, daß er sich verloren vorkam, identitätslos, er, der auf dem Kommissariat irgendeinen Einfluß hat. Seine Gewohnheiten stimmten nicht mehr. Wenn ihm während eines Bummels das Fleisch, wie Romains sagt, einen Wink gab, dann wußte er nicht, wohin er gehen sollte. Die Stadt und ihre Millionen von Einwohnern gaben ihm das Gefühl, nichts zu sein. Man muß nicht erst nach Rußland gehen, um diese Art Entfremdung kennenzulernen. Die Gründe sind bekannt.

Las die »Einführung in das Studium der experimentellen Medizin« von Claude Bernard. Ich werde nicht versuchen, diese Methode zu widerlegen, indem ich apriorische Ideen verteidige, obwohl ich überzeugt bin, daß sie ebensoviel Daseinsgrund haben wie ich selbst. Da unsere Anwesenheit auf dieser Erde nicht von Urteilskraft abhängt, sehe ich auch nicht, warum apriorische Ideen nicht genausoviel Wirklichkeit besitzen sollen wie wir selbst, auch wenn sie, wie wir auch, nicht über Vernunft verfügen. Was Bescheidenheit oder Dünkel ausmacht, ist nicht der Umstand, ein Systematiker oder Experimentator zu sein. Das ist genauso verkehrt, als wollte man bei diesem Problem über Liebe reden. Gefühle haben da nichts zu suchen. Der schulmäßige Dünkel ist ein Rausch, darin bestehend, hinter die Wahrheit gelangt zu sein. Darin ist er dem der Experimentatoren vergleichbar, die sich daran berauschen, sie gerade nicht zu finden.

Mir ist aufgefallen, daß wir unsere niedersten Instinkte anderen Menschen nicht unterstellen. Wir meinen, sie ganz alleine zu haben. Deshalb vertuschen wir sie so sorgsam und schämen uns ihrer. Aber es kommt vor, daß diese Scham, die uns der Himmel gegeben hat, bei einigen ungehobelten Menschen gar nicht auftritt, und sie stellen diese Laster gemeinsam zur Schau, ziehen daraus sogar einen gewissen Stolz.

19. Oktober 1936

Kam gestern gegen halb sechs in Paris an. Das war das dritte Mal, daß ich nach meiner Krankheit vor die Tür gekommen war. Bei den ersten beiden Malen waren es jeweils nur zehn Minuten. Raymond holte uns mit dem Taxi ab. Abfahrt gegen vier Uhr. Strahlender später Herbstnachmittag (Strahlend heißt: worauf Sonnenstrahlen sind). Sonne über dem Land. Wunderbar. Die Sonne ohne Wärme. Windstille. Man meinte, der Tag sei in einem glücklichen Augenblick aus der Zeit herausgefallen und habe all seine alltäglichen Unzulänglichkeiten dort zurückgelassen. Die Ankunft in Paris war noch bemerkenswerter. Die großen Avenuen. Die angehenden Lichter, die schwachen Scheinwerfer der Autos. Tags zuvor hatte es einen Fliegeralarm gegeben, und die Gaslaternen waren noch immer blau. All die Farben am Himmel. Aber das ist nüchterne Beschreibung. Ich würde gerne diese tollen Nuancierungen aufzeigen. Man muß den Moment der Inspiration abwarten. Ein später Frühlingsnachmittag. Das Leben beginnt von neuem. Für Augenblicke streifen einen betäubende Düfte. Die schöne Jahreszeit kündigt sich an. Gestern, am 19. Oktober, war davon nichts zu spüren, und trotzdem verspüre ich dieselbe Begierde in mir. Sie ist anders umrahmt und ausgerichtet: auf die Reichtümer des Winters, die Lust, die Geheimnisse. Las heute »Carnet vert« von Dabit, erschienen in der »N.R.F.« Traurig. Denke an unser Essen im Hôtel du Nord. Welch seltsamer und charmanter Junge; seltsam, weil unverständlich, ungreifbar! Keine sozialen Klassen: In dem Teil seines Hirns, wo sein Werk Gestalt annahm, gab es so etwas nicht. Da bin ich ganz sicher. Vielleicht war es das, was all seinen Gesten, all seinen Handlungen diese Leichtigkeit, diese vollkommene Unbefangenheit gab. Alles betrachtete er vom Gefühlsstandpunkt aus.

20. Oktober

Las die ersten vierzig Seiten aus »Dominique«[*]. Ich verstehe jetzt, warum es mir nie gelungen ist, dieses Buch zu lesen. Ich mag seinen Tonfall nicht, die Art des Schreibens. Ich kann in dem Buch nichts Mysteriöses entdecken. Der Erzähler ist konventionell. Freilich muß man anerkennen, daß es gut gemacht ist. Oliviers Brief ist lächerlich. Die ganze Szene wird aufgelöst. Olivier wird, so scheint's, verunstaltet. Dieser Abschnitt ist ungemein schockierend.
Las gestern einige Seiten aus Pater J.-B. Saint-Jures Buch, »De la mo-

[*] Liebesroman von Eugène Fromentin (1820–1876). A.d.Ü.

destie«. War überrascht von einem letztlich ja kindlichen Satz, der lautet: »Die Bescheidenheit fußt auf dem fortdauernden Gedenken göttlicher Gegenwart.« Und hier noch ein anderer: »Die Heiligen haben kein düsteres oder trübsinniges, sondern ein fröhliches und offenes Gesicht.« All das ist evident, dennoch war ich in einer Stimmungslage, in der mich das verblüffte. Ich denke, das kommt daher, daß ich immer angenehm überrascht bin, wenn ich in der literarisch anspruchslosen Erbauungsliteratur, oder besser gesagt: in den mit Liebe geschriebenen, aber talentlosen Büchern, dieselben Gedanken vorfinde wie bei den Meistern, nur eben auf derbe Weise ausgedrückt. Dies entspricht ein wenig dem Vergnügen, das uns durch die Güte zuteil wird, wenn wir in der Welt das eine oder andere Quentchen davon entdecken.

21. Oktober

Gestern Besuch von Henriette. In Colmar liegt ihr Freund M.R. im Sterben.

25. Oktober

(Die Tatsachen artikulieren, die Tatsachen aussprechen, Abschnitt für Abschnitt. Juristensprache.)
Hörte Léon Blums Rede. Er sagt »moien« statt »moi-ien«. Ein wenig enttäuschend. Über Rundfunk wird alles neutralisiert. V. nervt mich mit seiner Angewohnheit, die Finger in die Nase zu stecken, zu allem Überfluß nimmt er auch noch den kleinen Finger, damit er weiter vordringt.
War mit Monica im Wald spazieren. Sie war charmant. »Ziehen Sie was über«, sagte sie mir im allernatürlichsten Ton. Habe beschlossen, jeden Tag ein paar Seiten in der Bibel zu lesen, so daß ich in einem Jahr mit der Lektüre durch bin und jedes Jahr neu beginnen kann. Habe über einen nächsten Roman nachgedacht. Schwierigkeit, Thema zu finden. Es ist seltsam, alles außer dem Thema zu haben. Ich frage mich manchmal, ob das Thema nicht eine nachgeschaltete Leistung des Geistes ist. Wenn ich die Menschen male, so, wie sie

sind, ihre Handlungen entwerfe, so, wie ich sie vermute, dann kommt das Thema ganz von selbst. Es gibt nichts Lähmenderes als diese Suche nach einem Thema. (Antinomie: wirklicher oder augenscheinlicher Widerspruch zwischen zwei Gesetzmäßigkeiten.) Jean Fayard schaute vorgestern bei mir vorbei. Er sagte: »Man muß mit einem guten Thema loslegen. Sehen Sie sich die Russen an.« Ich bin nicht seiner Meinung. Was bei ihnen groß ist, ist der Tonfall. Die »Themen« französischer Feuilletonschreiber sind genauso groß wie die bei Dostojewski. Unterm Strich gibt es kein Thema, es gibt nur das, was man empfindet. Ich empfinde zum Beispiel mit aller Macht die Nicht-Handlung, sie wird zu einer Handlung in meinem Buch. (Aphasie: Verlust des Sprachvermögens trotz weiteren Vorhandenseins der Stimme.) J.F. hat mir angeraten, mein Buch noch einmal durchzusehen. »Es geht gut los. Du müßtest einfach die Geschichte ändern ab dem Moment, wo die Heldin Paris verläßt.« Nun verläßt sie Paris auf der Seite 20 (von insgesamt 150 Seiten). Bleiben also 130 Seiten neu zu schreiben, um die Ehre zu erhalten, in den »Œuvres libres« zu erscheinen. Der Junge ist wirklich zu dumm und zu pädagogisch. Ein Detail: Mir ist aufgefallen, daß man in bestimmten bürgerlichen Familien die Kartons aus den ersten Läden aufbewahrt, um Waren aus nur zweitrangigen hineinzutun.
Die große Schwierigkeit beim Roman besteht darin, von der Analyse der Gefühle zu ihrer Darstellung zu gelangen.
Wenn eine Figur beispielsweise die Wohnung verläßt, um zum Friseur zu gehen, dann läßt sich eine solche Szene nur rechtfertigen, wenn sie auch den Charakter dieser Figur erhellt.
Ich glaube, die Szenen, in denen die Figuren leben und handeln, müssen spärlich sein.

26. Oktober

Porträt der Vicomtesse de l'Hermite.
Sie besaß recht regelmäßige, recht feine Züge, doch was sogleich an ihr störte, war ihr Teint, ein rötlicher Teint voller Pickel, der die Nase wie einen Säuferzinken aussehen ließ. Hübsches Dekolleté. Eine Korsage aus weißem Linongewebe mit einer wallenden Halskrause, nicht die geringste Aufweichung unter den Armen, eine weiße und frische Haut sowie erlesene Manieren und eine Konversa-

tion, wie es einer Frau von Welt geziemt. Ein großer Hut gab ihr den Ausdruck eines Mädchens von 1830. In der Hand hielt sie einen Blumenstrauß.
Die Hauptfigur soll ein raffgieriger Mann sein, ein Mann, den nichts [Text bricht ab]

27. Oktober 1936

Las gestern den Anfang von »Bal de Sceaux«. Das Porträt des Comte de Fontaine ist beachtlich. Was mich bei allen Schriftstellern überrascht, ist diese Leichtigkeit, mit der sie sich durch alle sozialen Klassen bewegen.

28. Oktober

Las den »Bal de Sceaux« halb durch. Wird immer schlechter. Detail: Das alte Mädchen, das hinter uns hergeht und unsere Bequemlichkeiten konstatiert, sich eine Vorstellung von uns und von unseren unbewußten Gebärden macht. H.s Freund ist seit dreizehn Tagen tot. Er war also schon tot, als ich H. wieder Hoffnung gab. Setzte die Lektüre von Challamel fort. Begann die Lektüre von »Perfection chrétienne«, die Gewissensprüfung. Es gäbe sehr wichtige Dinge über dieses Thema zu schreiben. Mit Roman begonnen. Schrieb 5 Zeilen, denke aber, den richtigen Ton getroffen zu haben.
»Les Humbles« von Jules Romain: weit weniger interessant als »Les Superbes«. »Les Évangiles« von Lamennais: Seine Reflexionen an den Kapitelenden sind schlecht. Die Übersetzung auch.

Allgemeines

Das Tempo festhalten, mit der man die Krankheit akzeptiert.
Diese Angst festhalten, wenn es gilt, die Worte: Frau, Mädchen auszusprechen.
Der Held empfindet jedesmal eine gewisse Zurückhaltung.
Vernunft ist das Vorrecht des Mannes.

Und dann ist das Leben nicht lang genug, damit alle Gefahren, die man befürchtet, sich auch verwirklichen.

Der wirkliche, unmittelbar gegebene Ausgangspunkt der Introspektion besteht weder in einem Bewußtseinszustand, der, so wie die Dinge im Raum, anderen Zuständen gegenübergestellt wäre, noch aus einem einidentischen, einer mathematischen Größe vergleichbaren Ich, sondern aus dem totalen, zugleich deutlichen wie undeutlichen, begrenzten wie unbegrenzten, einzelnen wie vielfachen Gehalt eines bestimmten individuellen Bewußtseins in einem gegebenen Moment seiner Existenz. Selbst die Idee eines isolierten Augenblicks ist noch eine Fiktion, denn das Bewußtsein ist ein Strom, der ständig in Bewegung ist. »The stream of consciousness« ist die am wenigsten sinnentstellende Weise, sie zu bezeichnen.
William James

Bergson behauptet, man müsse die Intuition durch den Begriff ersetzen.
Intuition: schlagartiges Wissen.
Psychisches Fluidum: Das subtilste von allen bildet vermutlich die Seele.
Die Heilige Schrift läßt drei Lesarten zu: die wörtliche, die moralische und die mystische oder allegorische.
Heiliger Augustin: Nichts ist elendiger als die Versklavung einer Seele, welche Zeichen für ganz wirkliche Dinge ansieht und die die Augen der Vernunft nicht über die wahrnehmbaren Gegenstände heben kann, um vom ewigen Licht erleuchtet zu werden.

Cap-Ferret (1938–1939)

Es gibt im Moment, da man die Dinge, die man sich vorgenommen hat, umsetzen will, eine Art Kontakt, der mit der Wirklichkeit zustande kommt. Ein Besuch ist zu machen, ein Herr aufzusuchen, da ist ein Haus, in das man hinein muß. (Dieses Haus ähnelt dem, wo ein großes Ereignis stattgefunden hat. Bedeutung hat es nur in unserer Vorstellung.) Es ist die Anpassung unseres Traumes an die Wirklichkeit. Es hat etwas von einer verkehrten Erinnerung. Dieses ganze Dekor, in das wir mit unserer tief innerlichen Vorstellung eintreten, erscheint uns von dieser so weit entfernt; dennoch ist sie darauf angewiesen.

Ich habe oft bemerkt, daß man sich ans Leben gewöhnt und daß man sehr schnell aus dem Auge verliert, was es an Armseligem birgt. Aber merkwürdig – man meint dann, die Leute würden nicht dieselbe Entwicklung durchmachen wie man selbst, sie würden nicht auf die oberflächlichen, plötzlich auftauchenden Veränderungen hereinfallen. Das Gegenteil aber ist der Fall. Doch geht es nicht allein um die Leute. Es geht auch um die Staatskörper, die Justiz, um alles. Man bemerkt dann, daß auf dieser Welt alles oberflächlich ist.

7. April 1939

Ein Freund, den ich aus den Augen verloren hatte, ist vor einem Monat gestorben: Fernand Vandérem. Das hatte mich sehr bestürzt. Und dann, da ich ihn ja aus den Augen verloren hatte, habe ich an seinen Tod nicht mehr gedacht. Heute nun denke ich wieder daran, aber ich bin nicht mehr bestürzt. Trotzdem ist die Entfernung dieselbe. Man ist bestürzt, weil jemand verschwindet, der am Leben eines anderen teilgenommen hat; weil sich eine Leere um uns auftut. Ich denke wieder an F.V., der letzten Monat gestorben ist. Keine Emotion. Ein seltsames Gefühl vielmehr, das der Unabhängigkeit des Schmerzes.

Festhalten: Die Entdeckung der Eifersucht, der Rivalität armer Leute, die mit reichen Leuten Umgang pflegen. Das Gefühl eines V., der sieht, wie ich häufig mit Hermann zusammenkomme. Ich bemerke, daß ich deren Rivale bin, woran ich nie gedacht hätte.

8. April

Erfuhr vom Tod Claude Chaunères. Dasselbe wie bei Vandérem. Das Gefühl festhalten, das ich jedesmal empfinde, wenn einer, der bei meinen Anfängen dabeigewesen ist, verschwindet, bevor ich ihm habe zeigen können, daß er sich nicht getäuscht hat, als er mir sein Vertrauen gab. Sah »Entrée des artistes«.

Hermann. Studierte am Collège de Saint-Maurice, im Wallis. Er ist jemand, der überhaupt kein Unterscheidungsvermögen zu haben scheint. Seine Beziehungen. Seine Äußerungen. Seine Schamlosigkeit. Sie muß drastisch sein, damit ich sie bemerke.
Vorgestern Édith und ihre beiden Kinder.

9. April

Für einige Jahre bin ich ruhig in bezug auf meine Gesundheit. Die Jahre sind vergangen. Ich bin dennoch derselbe. Aber ich bin nicht mehr ruhig.
Sah Freudaie. Waren bei Foulon. Freudaies Überheblichkeit. Er will von niemandem kompromittiert werden. Will er selbst sein. Er kaschiert diesen Egoismus hinter einem distanzierten Blick.

Eine Figur erschaffen, die es mir erlaubt, alles sagen zu können, und die zudem komisch ist. Humor.
Tendiere zur Melancholie. Aufpassen.
Ich muß zu einer größeren Freiheit zurückfinden, die, die ich auf natürliche Weise bei meinen Anfängen hatte.
Las einige Seiten im »Robinson«. Er baut ein Boot in dem Wissen, daß er es nicht zu Wasser lassen kann, verläßt sich auf die Inspiration, die ihm schon kommen wird, wenn die Arbeit erst einmal beendet ist. Bemerkenswert.

Im »Robinson« kämpft der Mensch für sein Überleben. Ich würde dasselbe gern tun, nur in der Stadt. Die Anstrengungen meines Helden, geschätzt, geehrt zu werden, damit die Vergangenheit aufhört zu sein.
Verbrachte Nachmittag Weinkeller [?]. Las Tolstois »Intimes Tagebuch«.

10. April

Las einige Pastiches von Muller: Péguy, Bernstein, Lenôtre, Bordeaux etc.

Versuchte, »Scènes de la vie de Montmartre« zu lesen. Kam mir
langweilig vor. Einige Seiten »Fiches Elisa«. Wesentlich dichter.
Das Pastiche von Faguet, ganz witzig.
Billard gespielt, gestern abend mit Hermann.
Nichts mehr schreiben, ohne ein großes Thema zu haben. Nicht
mehr, wie zuvor, ein Thema finden in dem, was ich bereits geschrie-
ben habe.
Nachmittag Weinkeller [?].

11. April

Die vier Tage alte Rose, deren Blütenblätter noch nicht abgefallen
sind.
Der Hund, im Gegenlicht, durch dessen Augen man hindurchsieht.
Unschlüssigkeit über den Ton meines nächsten Romans.
Der Mensch, der mir am entferntesten ist: Dignac.
Ein ungutes Gefühl festhalten, das ich häufig verspüre: Der Lehrer
borgt mir das Synonymenwörterbuch. »Geben Sie es mir wieder,
wann Sie wollen.« Er verlangt es nicht von mir zurück. Ich fühle,
daß ich es ausnutzen werde.

13. April

War gestern in Arcachon. Bei Pierre Freudaie zu Mittag gegessen. In
seinen Memoiren redet Poincaré mehr von ihm als von Guynemer.
Das Montmartre-Szenario, in Gedichtform.
Sah einen wunderschönen Tümmler während der Rückfahrt auf
dem Boot. Wenn die Fischer einen fangen, reißen sie ihm die Augen
aus, durchbohren seinen Körper mit einem Messer und werfen ihn
so ins Meer zurück. Rache.

19. April

Las die ersten 3 Kapitel von »Vérité et Poésie«.
Personen: Madame Masson und Herman. Aufrichtigkeit, die stärkste

Waffe. Eine Situation aufzeigen, die es erlaubt, aufrichtig zu sein und zugleich aus Eigennutz heraus zu handeln.

Thema eines Stückes:
– der Einfluß, die Macht, die eine zwielichtige Figur annehmen kann;
– das Drama beruht auf dem Zurschaustellen von Einflußnahme;
– was gibt es Dramatischeres als Leute, die all das tun, was eine andere Person will, die sich ihrerseits über sie lustig macht?
Siehe Millet, »Cahiers de la quinzaine«.
War letzten Freitag in Bordeaux.
Seither nicht gearbeitet.
Immer noch unschlüssig.

Die Politik nimmt einen wirklich zu stark in Anspruch. Ich mache mir zu viele Sorgen. Ich leide darunter, daß Frankreich nicht stärker ist.
Las den Anfang von Dostojewskis »Dämonen«.
Mir ist aufgefallen, daß gewisse Menschen dem Tod gegenüber gefühllos sind: Herman, dessen Frau versucht hat, sich umzubringen, holt zwar eilig einen Arzt herbei, scheint aber nicht bewegt zu sein.
Bei Bost ist es dasselbe.
André Bouffard kennengelernt, einen ehemaligen Präfekten der Gironde, Staatsrat.

22. April

Las »Die schrecklichen Eltern« von Cocteau.
Thema eines Stückes: Das Glück stellt sich endlich ein.

Ich kannte viele Frauen. Keine scheint mir schön gewesen zu sein.

Arbeitsnotizen
(Aus den Carnets)

Statistiken haftet etwas Resigniertes an.

So, wie man sehr wenig braucht, um feige oder mutig zu sein, braucht man sehr wenig, um im Leben einen Weg zu wählen.

Jeder besitzt seine eigenen Worte, sich zu demütigen.

In der Erinnerung erscheinen uns die Toten so viel besser als die Lebenden, weil sie keine unvorhergesehene Tat mehr begehen können. Ihr Leben ist zu Ende.

Ich sehe mich wieder als Kind im Jardin du Luxembourg. Ich habe wieder diesen bösen Priester vor mir und den Ort im Rücken der Statue, umringt von Büschen, die mir so dicht vorkamen und die heute, für meine Erwachsenenaugen, so spärlich belaubt sind. Ich sehe wieder meinen Vater, der es untersagt, daß man mich allein dorthin gehen läßt, und sich erregt. Das war das erste Mal, daß ich dieses außergewöhnliche Geborgenheitsgefühl verspürte, vermittelt durch den Zorn derer, die einen lieben. Ein Zorn, dessen indirekter Grund man ist und der einem als Beweis einer so großen Liebe vorkommt.

Sehen wir bedeutende Leute, nehmen diese immer einen allgemeineren Rang ein als wir selbst, und wir meinen, neben ihnen nur mit ganz kleinen Dingen beschäftigt zu sein (d.h. zu sehr mit uns selbst).

Porträt des von fleischlichen Gelüsten gepeinigten Mannes.

Mein Vater war dazu gemacht, die Leute zu respektieren, doch mit zunehmendem Alter geriet er diesbezüglich immer mehr in Bedrängnis, wurden diese Leute doch immer weniger.
Ich fürchte, nach Hause zu kommen, weil ich Angst habe, vom Tod eines geliebten Menschen zu hören.

Ich bin überrascht, den Tod der Concierge zu erfahren, an die ich nicht eine Sekunde gedacht hätte.

Dies muß gesagt sein: Einer der Hauptantriebe der Moral ist ein tief verwurzeltes Gefühl von Eifersucht und Engherzigkeit. Man sieht das bei der Liebe. Die Sorge, die Scham zu verletzen, kommt fast immer aus der Angst, andere das tun zu sehen, was man eigentlich selber gern tun würde. Und in diesem Krieg rührt die ganze Lähmung von der Angst her, den Erfolg der anderen mitansehen zu müssen. Wenn keiner etwas tun könnte, würde auch kein Neid entstehen.

Das seltsame Gefühl ausdrücken, das man beim Durchblättern einer Zeitschrift empfindet, wenn man sieht, daß so viele Leute, die man gekannt hat, tot sind. Frappierend ist, daß es einem vorkommt, als würde man in diesem Moment einen Aufschub genießen.

Am Morgen sagt er sich: Ich bin glücklich. Ich habe ein Haus, eine Frau, eine Katze. Am Abend sagt er sich: Ich habe nichts.

Beim Scheitern ist es tröstlich zu denken, daß der Erfolg der anderen, jeder einzelne von nahem betrachtet, auch nicht von Dauer ist.

Durch ihre Art zu gehen mißfallen uns die Frauen, von denen wir genug haben, am meisten.

Schlimm ist nicht, Fehler zu haben, schlimm ist, daß diese zu Gewohnheiten geworden sind.

Merkwürdig sind die Beziehungen, die man mit all den Leuten, die man verlassen hat, aufrechterhält, mit all den Momenten seines Lebens, so sehr sie sich auch voneinander unterscheiden mögen.

Sie war reich gewesen, aber da war trotzdem kein Unterschied, es war, als sei sie arm gewesen.
Wie kann das Leben jener aussehen, deren Vergangenheit der Gegenwart gleicht und die nicht diese außergewöhnliche Sache kennen, ein Leben gelebt zu haben, das heute unmöglich scheint?

Das Elend ist kein unbeweglicher Zustand. Es hat seine Höhen und Tiefen, aber es bleibt trotzdem Elend, so oder so.

Die Unmöglichkeit darstellen, über seinen Rang hinauszukommen. Die Masse zeigen; was es heißt, unten zu sein.

Die Fatalität, die verantwortlich ist, daß ein Mensch isoliert ist, daß er trotz all seiner Bemühungen stets marginal bleibt, daß er seinen Platz nicht einnehmen kann, daß er immer außen vor bleibt.

Ich frage mich manchmal, womit ich wohl die Zeit, an die ich mich nicht erinnern kann, verbracht habe.

Ich glaube, niemand würde widersprechen: Das Leben ist voller Ungerechtigkeiten. Wohin man sieht: kleinkariertes Verhalten, Vetternwirtschaft, Neid, Sucht nach Luxus und Genuß. Natürlich gibt es auf dieser Welt auch schöne Dinge, uneigennützige Gefühle, Liebe, Freude, doch all dies ist nur provisorisch. Die Großzügigkeit erzeugt den Undank. Könnte man den Gefühlen eine Ordnung geben, kämen Größe und Schönheit zuerst, doch alsbald würden sie durch Häßlichkeit ersetzt werden. Man sagt mir: »Seien Sie doch optimistisch.« Ich kann nicht umhin zu denken, daß schließlich alles verschwinden muß. Das seltsame ist, daß ich niemals in meinem Leben auf einen wahrhaft bitteren Menschen gestoßen bin, einen Menschen, dem ich mein Herz hätte ausschütten, alles hätte sagen können, was ich von der Welt halte, einen Menschen, der auch so zutiefst verbittert gewesen wäre wie ich. Es liegt mir fern zu denken, daß an der Häßlichkeit und der Bosheit der Welt ich allein leide. Andere sind genausowenig wie ich auf jene gestoßen, die ihre Leiden verstanden hätten, mögen sie auch noch so einfach und legitim gewesen sein.

Taktlos wie die Person, die sich mit Interesse ein Objekt betrachtet, das man ihr, wenn man ihrer gewahr wird, liebenswürdigerweise gibt, und die nach einem Dankeschön sich für ein anderes Objekt interessiert.

So wie der, der in einem Geschäft zögert, unter mehreren ähnlichen

Gegenständen einen auszusuchen, denn obwohl es die gleichen sind, denkt er, daß einer darunter bestimmt besser und gelungener sei.

An seinen Stern glauben. Jeder fühlt im Innern seines Herzens, daß er geschützt ist.
Person, die sich vorstellt, alle Welt schulde ihr Respekt, weil sie alt ist.

50 Seiten, im Präsens,
unvollendet [imparfait] für die Vergangenheit.
Danach immerfort im Imperfekt [l'imparfait].

Ich habe einen Greuel vor Geschäftsmenschen, vor Verwandten, vor der Armee, vor allem, was mich berührt hat. Ich spucke drauf. Ich hasse sie. Diese Schwachköpfe. Ich bin ein Aufrührer. Ich wähle nicht. [...] Doch denke ich darüber nach, finde ich das übertrieben. Man kann nicht die ganze Welt hassen. Wenn man darüber nachdenkt, fühlt man, daß man übertreibt. Man kann nicht die ganze Welt hassen. Man spürt, daß man sich durch etwas zu Persönliches hinreißen läßt. Diese globale Verachtung gilt es unentdeckt in sich zu belassen. Einmal ist es mir passiert, sie auszusprechen. Ich war fortan verloren.

Man kann noch so sehr eine gewisse Geringschätzung für Feste vortäuschen, es kommt vor, daß alles sehr gut verläuft und man vergnügter ist, richtig aufgedreht.

Ich träume von einer Gesellschaft, in der sich alles öffentlich abspielt, wo das, was jeder sich wünscht, lauthals herausgerufen wird, so wie bei den Lotterien. Die Nummer wird aufgerufen, und der, der sie besitzt, braucht nur in der Menge sich zu erheben.

Die Welt ist groß, bevölkert.
Wie kommt es, daß es immer eine kleine Kette geben muß, um von dem einen zu dem anderen zu gelangen?
Ich suche das Ende der Kette.

Was an der menschlichen Natur seltsam ist, ist dieser Egozentrismus, der macht, daß in dem unendlichen Durcheinander allein das uns Umgebende zu zählen scheint.

Auf den öffentlichen Straßen in den Vierteln der Reichen überrascht der private Aspekt. Es gilt für alle Anwohner einer Straße eine Art Besitzergreifung, in dem Maße, daß das vorbeifahrende Auto sich eingeschmuggelt zu haben scheint.

Es gibt eine Art, Dinge zu tun, die besteht darin, es gar nicht zu merken.

Es gibt zwischen der Ausführung der Dinge und der Versinnbildlichung, die man sich davon macht, eine tiefe Kluft.

Außergewöhnlich ist das Gefühl, das man in bestimmten Umgebungen verspürt – Nabel der Welt zu sein.

»Er befand sich am Rand meines Blickfeldes wie auf einem schlecht geschossenen Foto.« [Irrtümlich ausgestrichener Satz auf dem ersten Korrekturabzug der Erzählung »Visite d'un soir«]

Zeittafel

1898

(20. April) Emmanuel Bobovnikoff (Bove) wird in Paris, Boulevard de Port-Royal 123, geboren. Sein Vater ist russischer Jude ohne festen Beruf oder Einkünfte. Die Mutter ist (deutschsprachige) Luxemburgerin, arbeitete als Hausmädchen.

1905–1910

Unregelmäßiger Schulbesuch. Unterricht auf der École Alsacienne (bis zur 9. Klasse) in der Rue d'Assas.

1910–1913

Der Vater lebt mit der reichen Engländerin Emily Overweg zusammen, ohne indes Emmanuels Mutter ganz zu verlassen. Emmanuel wohnt mit diesem Paar und seinem Halbbruder Victor zusammen in Genf.
Sein Bruder Léon haust mit der leiblichen Mutter in unsicheren Verhältnissen. Emmanuel wohnt vorübergehend mit ihnen zusammen. Der Gegensatz beider Milieus spielt eine entscheidende Rolle in seinem Werk. Emmanuel empfindet Zuneigung für Emily, diese wiederum nimmt Einfluß auf ihn. Er setzt seinen Unterricht am Lycée Calvin in Genf fort.

1914

Bei Ausbruch des Krieges werden Emilys Konten in England gesperrt. Dadurch finanziell schwierige Situation für beide Familien.

1915

(Mai) Emmanuel wird nach England geschickt, wo er auf der Insel Wight und in Southend-on-Sea seine Schulzeit beendet.
(Oktober) Tod des Vaters (Tuberkulose). Emily läßt sich mit Victor in Menton nieder. Da ihr Vermögen nach dem Krieg fast allen Wert verloren hat, ist ihre finanzielle Situation sehr schwierig. Sie versucht, durch den Verkauf ihrer Malerei für ihren Unterhalt zu sorgen; sie unterstützt auch Emmanuel und dessen Mutter.

1916

(April) Emmanuel kehrt nach Paris zurück und nimmt verschiedene unsichere Beschäftigungen auf: als Straßenbahnfahrer, Kellner, Hilfsarbeiter bei Renault, Taxifahrer u.a.
Dabei geht es ihm nicht nur um den Unterhalt, sondern auch um Erfahrungen für seine künftigen Romane. Er lebt allein und elendig in Paris und Marseille, dann in Versailles mit seiner Mutter und seinem Bruder Léon. Die Familie wird wegen Mietschulden häufig auf die Straße gesetzt.

1917

(Mai) Verhaftung unter der Regierung Clemenceau. Ein Monat Gefängnis in der Santé. Begründung: ein verdächtiger Familienname sowie ungewisse Einkünfte.

1918

(April) Militärdienst. Leistet seinen Grundwehrdienst bis November in Guingamp (Côtes-d'Armor) ab, wird daraufhin nach Troyes versetzt. Bove nahm an den Kriegshandlungen nicht teil. In der Zeit des dreijährigen Wehrdienstes begegnet er seiner späteren ersten Ehefrau, Suzanne Vallois.

1921

(April) Entlassung aus dem Wehrdienst; wird für die Monate Mai und Juni zur Besetzung des rechten Rheinufers wieder eingezogen. Geht dann verschiedenen Jobs nach: Versicherungsbeamter, Werbemakler u.ä.
(Dezember) Heiratet die Lehrerin Suzanne Vallois, die aus einer gutsituierten Familie stammt. Der günstige Wechselkurs veranlaßt das Paar, in Österreich zu leben. Wohnung in Tulln, unweit von Wien. Das Leben dort erweist sich als weniger leicht als erwartet.

1922

(Mai) Geburt der Tochter Nora. In Österreich beginnt Bove, seine ersten Bücher zu schreiben: »Mes amis« sowie einige Novellen für »Henri Duchemin et ses ombres«. Verfaßt unter dem Pseudonym Emmanuel Valois auch einige Trivialromane. »Ich fing an mit etwa hunderttausend Zeilen für volkstümliche Romane. Pro Stunde kam ich auf hundert Zeilen, am Tag auf achthundert, das heißt eine Ausgabe in zehn oder zwölf Tagen. Eine dem Schriftsteller vollkommen fremde Arbeit. Es ist, als ob ich in dieser Zeit einen anderen Beruf ausgeübt hätte« [Interview in »Candide«, Februar 1928].
(Oktober) Bove kehrt allein nach Paris zurück, wohnt in der Rue Berthollet.

1923

Mit Frau und Kind lebt Bove nacheinander in Paris, Blaye und Mareuil-en-Brie. Beendet »Mes amis«.
Anfänge im Bereich des Journalismus (Rubrik »Vermischtes« – »faits divers« – bei der Tageszeitung »Le Quotidien«). Schickt einen ersten Text, »Nuit de Noël« (später unbenannt in »Le Crime d'une nuit«), an den »Matin«. Colette, verantwortlich für den Erzählteil in dieser Zeitung, wird auf die Novelle aufmerksam. Sie bietet Bove an, etwas von ihm in der Reihe, die sie bei Ferenczi betreut, zu veröffentlichen. Bove bringt ihr »Mes amis«.

1924

(Februar) Geburt des Sohnes Michel.
(Juni) »Mes amis« wird ein Erfolg. Enthusiastischer Artikel von Sacha Guitry in »Candide«, Stimmen für den Prix Femina.

1925

Bove wohnt in La Ferté-sous-Jouarre, dann in Paris. Bruch mit seiner ersten Frau, von der er sich 1930 scheiden läßt.
Bis 1927: Liaison mit Henriette de Swetschine. Intensive literarische Produktion in den darauffolgenden Jahren.

1926–27

Rilke wünscht den Autor von »Mes amis« kennenzulernen und trifft ihn während seines letzten Aufenthalts in Paris.
Bove wohnt in Paris (wo er häufig die Wohnung wechselt), dann in Bécon-les-Bruyères bei Paris. Schreibt viel, unter anderem in den Cafés von Saint-Germain-des-Prés, im Dôme usw.
Arbeitet bis zum Zweiten Weltkrieg zugleich bei mehreren Zeitungen mit: bei »Le Quotidien«, »Détective«, »Le Journal«, »Paris-Soir«, »Marianne«, »Vendredi« und »Regards« – allesamt der Volksfront nahestehende Blätter. Macht Reportagen (insbesondere für die »faits divers«) und arbeitet im Feuilleton mit.
Kommt für den Unterhalt seiner ersten Familie sowie dem seiner Mutter und seines Bruders im Rahmen seiner Möglichkeiten auf.
Sein zweites Buch, »Armand«, erscheint, des weiteren »Bécon-les-Bruyères« und »Un soir chez Blutel«. Schreibt an »La Coalition«.

1928–29

Begegnet Louise Ottensooser, die er 1930 heiratet. Sie stammt aus einer begüterten und mondänen jüdischen Bankiersfamilie. Bove kommt dadurch mit Künstler-Kreisen in Berührung.

(November) Prix Figuière: »Der Romancier Emmanuel Bove erhält unter 406 Konkurrenten den Prix Figuière, den mit 50.000 Franc am höchsten dotierten Literaturpreis.«
Wohnt in Paris, Bandol und Sanary.
Fruchtbarste Schaffensperiode.

1930

Mit Louise zusammen in England. Sie verliert einen Großteil ihres Vermögens durch den Bankrott ihrer Bank. Ihr einziges Kind stirbt bei der Entbindung.

1931

(Mai) Rückkehr nach Frankreich. Bis zum Ausbruch des Krieges wohnen Louise und Emmanuel in Paris, Compiègne (1931–1936) und in Cap-Ferret (Gironde). Aus der gesamten Zeit existieren kaum Dokumente aus erster Hand über das Leben des Autors.

1936

Schwere Erkrankung (Brustfellentzündung)

1937

Boves Mutter stirbt.

1940

(März) Bove wird zur Kriegsproduktion eingezogen, in einer Gieße-rei im Departement Cher eingesetzt und im Juli entlassen.
Sucht mit seiner Frau bis 1942 Zuflucht in der Gegend um Lyon, dann in Dieulefit (Drôme) und in Cheylard (Ardèche). Beide hoffen,

über Nordafrika nach London zu gelangen. Trotz einiger Angebote weigert sich Bove, im besetzten Frankreich zu veröffentlichen.

1942

(März) Emily stirbt.
Das Paar erreicht Nordafrika eine Woche vor der Landung amerikanischer Truppen (am 8. November) und wohnt zwei Jahre lang in Algier. Bove verfaßt dort seine letzten drei Romane (»Le Piège«, »Départ dans la nuit«, »Non-Lieu«). Kontakte mit André Gide, Saint-Exupéry, Max-Pol Fouchet, dem Maler Albert Marquet, Philippe Soupault, dem Verleger Edmont Charlot, mit Jean Gaulmier u.a.
Gehört dem »Comité national des écrivains« an.
In Algier zieht sich Bove seine tödliche Krankheit zu: »Bove führte ein fast dämmerhaftes Leben. Manchmal, da führte er seine Hand an sein Gesicht, eigentlich nicht so sehr, um einen Hustenanfall zu ersticken, sondern um eine durch den Schmerz hervorgerufene Grimasse zu verdecken. Sah man den stets blassen und ausgemergelten Schriftsteller auf der Straße, hatte man das Gefühl, daß er bald verschwinden würde, daß er schon morgen nicht mehr bei den Versammlungen der einzelnen Zeitschriften – ›Fontaine‹, ›Renaissance‹, ›L'Arche‹, ›Cahiers antiracistes‹ – unter uns sein würde. Oft verschwand er zu einem Krankenhausaufenthalt, aber er sprach nicht über sein Gebrechen« [Enrico Terracini].

1944

(Oktober) Rückkehr nach Frankreich.

1945

Der Roman »Le Piège« erscheint im Mai, gefolgt von »Départ dans la nuit« im Juni.
(13. Juli) Bove stirbt im Alter von 47 Jahren in der Avenue des Ter-

nes 59 in Paris. »Monsieur Emmanuel Bove ist heute morgen an einer Kachexie und Herzschwäche infolge einer Reihe äußerst akuter Malariaanfälle verstorben« [Dr. Louis Pictet].
Bove wird auf dem Friedhof Montparnasse in der Familiengruft der Ottensoosers beigesetzt.

Bibliographie

(Die Bibliographie umfaßt die heute greifbaren Titel Boves)

Mes amis, Roman, Flammarion, Paris 1977; 1993.
[Dt.: Meine Freunde. Aus dem Französischen von Peter Handke, Suhrkamp, Frankfurt/M. 1981.]

Armand, Roman, Flammarion, Paris 1977; 1993.
[Dt.: Armand. Aus dem Französischen von Peter Handke, Suhrkamp, Frankfurt/M. 1982.]

Henri Duchemin et ses ombres, Erzählungen, Flammarion, Paris 1983.
[Auf deutsch liegen daraus vor: Die Geschichte eines Wahnsinnigen (»L'Histoire d'un fou«), in: Schreibheft (Hg.: Norbert Wehr) No. 23 (1984), S. 7–14. Übersetzung: Martin Zingg, sowie: Ein anderer Freund (»Un autre ami«), in: Schreibheft No. 26 (1985), S. 9–17. Übersetzung: Martin Zingg.]

Journal écrit en hiver, Roman, Flammarion, Paris 1983.

Un soir chez Blutel, Roman, suivi de Un Père et sa fille, Une fugue, Bécon-les-Bruyères, Erzählungen, Flammarion, Paris 1984. [Auf deutsch liegt daraus vor: Flucht (»Une fugue«), aus dem Französischen von Martin Hennig, Verlag Köln '78, o.J., sowie Bécon-les-Bruyères, aus dem Französischen von Peter Handke, Suhrkamp, Frankfurt/M. 1984.]

Un homme qui savait, Roman, La Table Ronde, Paris 1985.

Le Piège, Roman, La Table Ronde, Paris 1986.
[Dt.: Die Falle. Aus dem Französischen von Bernd Schwibs, Suhrkamp, Frankfurt/M. 1995.]

La Coalition, Roman, suivi de Un Raskolnikoff, Erzählung, Flammarion, Paris 1986.

L'Amour de Pierre Neuhart, Roman, Le Castor Astral, Pantin 1986.
[Dt.: Die Liebe des Pierre Neuhart. Aus dem Französischen von Thomas Laux, Fischer Taschenbuch Verlag, Frankfurt/M. 1991.]

Aftalion, Alexandre, Erzählung, Le Dilettante, Paris 1986.
[Dt.: Aftalion, Alexandre. Aus dem Französischen von Ursula Dörrenbächer, Friedenauer Presse, Berlin 1989.]

Un fait divers inconnu, Erzählung, L'Autodidacte, Paris 1986.

La dernière nuit, Roman, Le Castor Astral, Pantin 1987; 1993.
[Dt.: Die letzte Nacht. Aus dem Französischen von Thomas Laux, S. Böttcher Verlag, Düsseldorf 1988; Fischer Taschenbuch Verlag, Frankfurt/M. 1990.]

Un célibataire, Roman, Calmann-Lévy, Paris 1987; 1994.
[Dt.: Ein Junggeselle. Aus dem Französischen von Georges Hausemer, Manholt Verlag, Bremen 1990; Fischer Taschenbuch Verlag, Frankfurt/M. 1993.]

Mémoires d'un homme singulier, Roman, Calmann-Lévy, Paris 1987; 1994.

La Fiancée du violoniste (ehemals: La Toque de Breitschwantz), Roman, Ledrappier, Paris 1987.

Le Meurtre de Suzy Pommier, Roman, EST (Samuel Tastet Éditeur), Paris 1987.
[Dt.: Der Mord an Suzy Pommier. Aus dem Französischen von Barbara Heber-Schärer, Fischer Taschenbuch Verlag, Frankfurt/M. 1993.]

Départ dans la nuit, Roman, suivi de Non-Lieu, Roman, La Table Ronde, Paris 1988.
Cœurs et visages, Roman, Calmann-Lévy, Paris 1988.
[Dt.: Menschen und Masken. Aus dem Französischen von Uli Aumüller, Manholt Verlag, Bremen 1991; Fischer Taschenbuch Verlag, Frankfurt/M. 1995.]

Monsieur Thorpe et autres nouvelles, Erzählungen, Le Castor Astral, Pantin 1988.
[Dt.: Monsieur Thorpe (Auswahl). Aus dem Französischen von Thomas Laux, Reclam Verlag Leipzig, 1993. Titelgeschichte erschien auch separat in der Gutenberg-Presse (No. 12), Reclam Verlag Leipzig 1993.]

Le Pressentiment, Roman, Le Castor Astral, Pantin 1991.
[Dt.: Die Ahnung. Aus dem Französischen von Thomas Laux, Deuticke Verlag, Wien 1996.]

Le Beau-Fils, Roman, Critérion, Paris 1991.

La Mort de Dinah, Roman, Le Dilettante, Paris 1991.
[Dt.: Dinah. Aus dem Französischen von Michaela Ott, Friedenauer Presse, Berlin 1992; Fischer Taschenbuch Verlag, Frankfurt/M. 1995.]

L'Impossible Amour, Roman, Le Castor Astral, Pantin 1994.

Adieu Fombonne, Roman, Le Passeur-Cecofop, Nantes/Le Castor Astral, Pantin 1994.

Wissenschaftliche Abhandlungen über Emmanuel Bove

M. Séropian, Constantes psychologiques du monde romanesque d'Emmanuel Bove, Université de Louvain 1963.

Georges B. Dorlian, Emmanuel Bove, romancier. Analyse des structures narratives, (Dissertation), Université de Lyon III 1981.

G. Bennett-Powell, A study of Emmanuel Bove's writings, (Magisterarbeit), London-Birbeck 1987.

Th. Laux, Kompensation und Theatralik. Eine Studie zu Emmanuel Boves frühen Romanen (1924–1928), Peter Lang Verlag, Frankfurt/M., Paris etc. 1989.

Ch. Estel, Emmanuel Bove: Découvertes et redécouvertes d'un grand écrivain du XXe siècle, (Dissertation), Université de Paris X, Nanterre 1992.

A. Claushues, Der ›deutsche‹ Emmanuel Bove, (Diplomarbeit), Heinrich-Heine-Universität Düsseldorf, Romanistik III, 1994.

Inhaltsverzeichnis